北京信息科技大学
BEIJING INFORMATION SCIENCE & TECHNOLOGY UNIVERSITY

北京信息科技大学

BEIJING INFORMATION SCIENCE & TECHNOLOGY UNIVERSITY

2012 年鉴

BEIJING INFORMATION SCIENCE & TECHNOLOGY UNIVERSITY

《北京信息科技大学年鉴》编委会

科学普及出版社
POPULAR SCIENCE PRESS

图书在版编目（CIP）数据

北京信息科技大学年鉴 2012 / 《北京信息科技大学年鉴》编委会编.
—北京：科学普及出版社，2014.10
ISBN 978-7-110-08461-8

Ⅰ. ①北… Ⅱ. ①北… Ⅲ. ①北京信息科技大学— 2012 —年鉴
Ⅳ. ① G649.281-54

中国版本图书馆 CIP 数据核字（2013）第 310724 号

责任编辑　符晓静
责任校对　韩　玲
责任印刷　张建农

出版发行　科学普及出版社
地　　址　北京市海淀区中关村南大街 16 号
邮　　箱　100081
发行电话　010-62173865
传　　真　010-62179148
网　　址　http://www.cspbooks.com.cn

开　　本　787 毫米 ×1092 毫米　1/16
字　　数　550 千字
印　　张　25.75
印　　数　1—300 册
版　　次　2014 年 10 月第 1 版
印　　次　2014 年 10 月第 1 次印刷
印　　刷　北京顶佳世纪印刷有限公司

书　　号　ISBN 978-7-110-08461-8/G·3557
定　　价　128.00 元

《北京信息科技大学年鉴》编纂委员会

《北京信息科技大学年鉴》编辑部

编辑说明

《北京信息科技大学年鉴（2012）》重点反映了北京信息科技大学2011年学科建设、教学科研、人才培养、队伍建设、学校管理、对外交流与合作、校园文化建设、党建与思想政治工作等方面的重要活动和取得的成果等，供全校各单位及校外有关单位了解和研究学校发展情况时参考使用，同时也是北京信息科技大学历史发展的真实记载。

《北京信息科技大学年鉴（2012）》是资料性文献汇编，以文章和条目为基本载体，以条目为主。全书包括新闻图片、学校概况、大事记、特载与专文、机构与干部、教育教学与学科建设、科学研究、对外交流与合作、管理与服务、党建与思想政治工作、教学单位、表彰与奖励、附录等基本栏目。本年鉴选题时间范围为2011年1月1日至12月31日，力求全面、客观、系统记载学校2011年的重大事件、重要活动、重要动态及各个领域的新进展、新成果、新信息，其中收录的统计数据，由学校相关部门审定、提供。

《北京信息科技大学年鉴（2012）》在学校年鉴编委会的主持下，由年鉴编辑部具体开展编纂工作。编辑部设在学校办公室，联合学校副处级及以上独立设置机构具体负责年鉴组稿的工作人员共同参与编纂年鉴工作。主要撰稿人为校内各单位的负责同志和熟悉情况的工作人员。

《北京信息科技大学年鉴（2012）》的编辑出版工作得到了学校领导的支持以及全校各单位的大力协助，在此表示衷心的感谢。《北京信息科技大学年鉴（2012）》内容涉及面广、工作繁复，加上编辑人员水平所限、经验不足，故问题和疏漏在所难免，敬请全校师生和广大读者批评指正，以利于今后年鉴的编纂工作做得更好。

《北京信息科技大学年鉴》编辑部

2012年10月

10月10日，洪峰副市长来校调研

4 月 8 日，北京市外专局主任程金刚到校调研»

« 4 月 15 日，中央组织部到校调研北京高校教师党员在线建设工作

3 月 25 日，举办第一届教职工代表大会暨第一届工会会员代表大会第二次会议»

« 5 月 21 日，召开庆祝新大学成立三周年大会暨校友会筹备工作会议

5 月 21 日，举办北京信息科技大学成立三周年庆祝晚会»

《9月20日，柳贡慧任学校校长

11月2日，召开政治理论教育学院、人文社科系成立组建宣布大会》

11月28日，举行北京信息科技大学新校区土地一级开发项目委托协议书签字仪式《

6月17日，召开“十二五”事业发展规划制定征求意见会》

《12月27日，第一届“双代会”第三次会议审议通过学校“十二五”规划（草案）

1 月 11 日，学校荣获北京市党建和思想政治工作先进校提名奖》

《3 月 31 日，观摩老干部“开心聊天”活动

4 月 13 日，举办《中国共产党普通高等学校基层组织工作条例》辅导报告会》

《5 月 25 日，召开党的建设理论与实践研讨会

《5 月 29 日，召开纪念建党 90 周年座谈会

5 月 31 日，荣获“北京高校党建研究会学会工作先进单位”称号》

《6 月 9 日，举办首都高校“平安校园”建设长效机制研究会

6 月 20 日，举行庆祝建党 90 周年党旗更鲜艳教职工歌手大赛》

3 月 22 日，与北京高校毕业生就业指导中心联合举办 2011 届毕业生大型校园双选招聘会

3 月 31 日，与研华（中国）公司召开校企合作研讨会

5 月 7 日，成立北京高等学校数学教育发展研究中心

5 月 29 日，第五届青年教师基本功比赛圆满结束

6 月 17 日，举行 2011 届本科生毕业典礼》

《9 月 8 日，举行 2012 级工商管理硕士（MBA）开学典礼

11 月 12 日，承办北京市大学生人文知识竞赛》

《12 月 22 日，承办全国大学生数学建模竞赛 20 周年庆典暨“2011 高教社杯”颁奖仪式

《4 月 17 日，举行光电信息与仪器北京市工程研究中心揭牌暨第一届技术委员会会议

5 月 18 日，学校再获国家科技重大专项科研课题》

《6 月 3 日，举行国外科技人力资源研究基地揭牌仪式

10 月 21 日，召开现代测控技术教育部重点实验室揭牌典礼暨学术委员会会议》

11 月 6 日，加入北京“精机工程”的建设工作》

《 11 月 23 日至 25 日，承办“高端装备制造中精密测量、传感器及仪器仪表”高层论坛

11 月 25 日至 26 日，召开第一次科技工作大会》

《 12 月 19 日，开展自动化学院、计算机学院院长、副院长竞聘工作

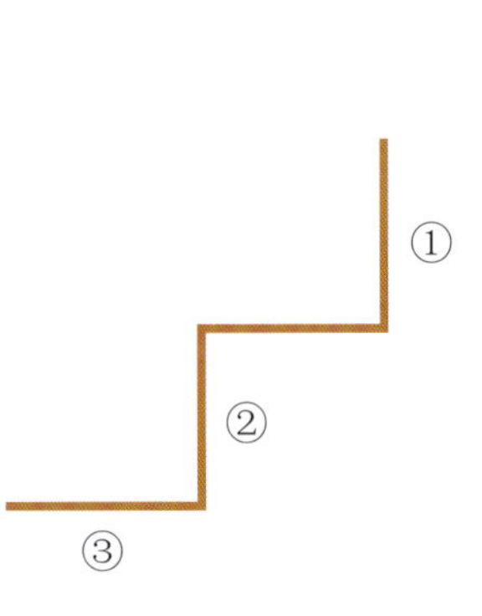

①1 月 19 日，举行新任处级干部集体谈话会

②4 月 8 日至 9 日，举办 2011 年处级干部专题研修班

③5 月 18 日，召开 2011 年辅导员、班主任表彰大会

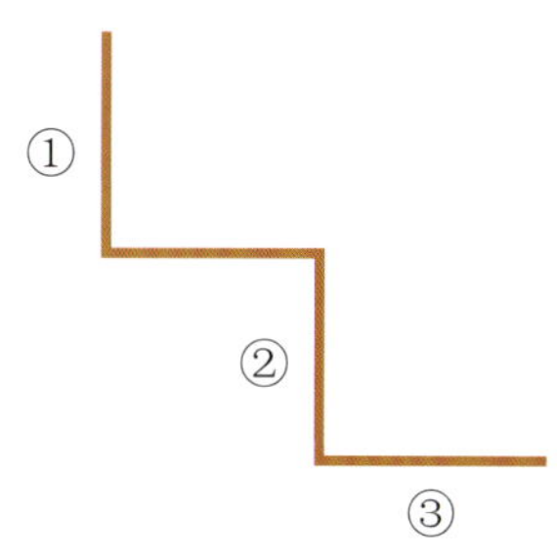

①10月19日，举办表彰首都教育先锋、青年教师教学基本功比赛获奖者暨青年教师成长发展主题论坛

②11月16日，启动首次其他专业技术职务聘任工作

③12月28日，举行青年教师新年团拜冷餐会

« 1 月 10 日下午，校长杜林会见爱尔兰都柏林格里菲斯学院代表团

9 月 29 日，举行首都学生与诺奖大师面对面活动 »

11 月 4 日，党委书记郑君礼会见美国威斯康辛大学校长 »

« 10 月 24 日，校长柳贡慧会见爱尔兰国立考克大学副校长

4 月 21 日，成立首都女教授协会北京信息科技大学分会

12 月 25 日，2011 年“和谐之韵”教职工优秀摄影作品开展

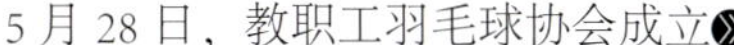

5 月 28 日，教职工羽毛球协会成立

3 月 2 日，首届 C 语言基本技能比赛圆满结束》

《3 月 22 日，举办“五四先锋杯”辩论赛

4 月 21 日，学生设计开发的智能“垃圾分类”机器人参加世界地球日环保活动》

《4 月 22 日，举办田径运动会

6 月 9 日，研究生论文获得 SPEED’2011 学术年会优秀论文奖》

6 月 17 日，举行 2011 届本科毕业生赠送母校纪念品仪式

月 20 日，新生报到，迎新“绿色通道”畅通无阻

11 月 18 日，欢送今冬首批应征入伍同学

12 月 1 日，大学生艺术团被吸纳为“北京青年艺术团”团体成员

11 月 8 日，师生踊跃参与北京市区县人大代表换届选举投票工作

《1 月 11 日，学校师生在首届北京市大学生计算机应用大赛中载誉而归

7 月 12 日，Water 机器人足球队成功卫冕机器人世界杯冠军》

《9 月 16 日，机器人表演亮相首届中国智能博览会

11 月 13 日，“捷能”车队在第五届 HONDA 中国节能竞技大赛上成功卫冕最佳技术奖》

目　录

Contents

一、学校概况

二、大事记

三、特载与专文

六、科学研究

七、对外交流与合作

八、管理与服务

九、党建与思想政治工作

十、教学单位

十一、表彰与奖励

十二、附录

一、学校概况

学校概况

北京信息科技大学是由北京机械工业学院和北京信息工程学院合并组建，以工管为主体、工管理经文法多学科协调发展，以培养高素质应用型人才为主、北京市重点支持建设的全日制普通高等学校。原北京机械工业学院的前身是1986年陕西机械学院北京研究生部和北京机械工业管理专科学校合并成立的北京机械工业管理学院，其办学历史可追溯到20世纪30年代。原北京信息工程学院的前身是1978年第四机械工业部1915所举办的北京大学第二分校。2003年8月21日，北京市委、市政府决定组建北京信息科技大学。2004年5月18日，教育部批准筹建北京信息科技大学。2008年3月26日，教育部批准正式设立北京信息科技大学。

学校秉承“勤以为学，信以立身”的校训，发扬“抢抓机遇、迎难而上、争先创优、挑战自我”的新大学精神，坚持办学指导思想，明确发展目标和办学定位，传承办学优势与特色，紧紧依靠广大师生员工，抓建设、促改革、谋发展，内涵建设与外延发展等各项事业取得显著成效。

面向未来，学校正以坚定步伐朝着“在电子信息、现代制造与光机电一体化、知识管理与技术经济等领域的优势与特色更加突出，综合办学实力稳居北京市属高校前列，并早日达到国内同类高校的一流水平”的奋斗目标迈进。

一、学科专业

学校坚持优化体系、整合资源、凝练方向、寻求突破，以经济社会发展需要和学科发展前沿为导向，着眼于首都和行业需求，立足学校定位与发展目标，不断加强学科建设，初步形成了可持续发展的学科体系。学校坚持发挥优势、打造特色、科学规划、加强建设，主动适应社会需求，优化学科结构布局，努力建设重点学科、科研基地和特色专业。

学校现有北京市重点学科3个、北京市重点建设学科9个、部级重点学科2个、教育部重点实验室1个、北京市重点实验室3个、北京市哲学社会科学研究基地1个、北京高校工程技术研究中心1个、机械工业重点实验室2个、硕士学位授权一级学科14个、硕士学位授权二级学科22个、专业学位授权领域8个、本科专业31个、国家级特色专业建设点4个、北京市级特色专业建设点9个、在京第一批招生专业10个。

二、人才培养

学校坚持以培养应用型人才为主，以全面提高学生的实践能力、创新能力和综合素质为出发点和落脚点，不断完善人才培养方案，优化课程体系，强化实践环节。坚持因材施教、分类培养，严格管理，努力培养经济社会发展需要的高素质应用型人才。2008年，学校以优秀的成绩通过教育部组织的本科教学工作水平评估。2010年，学校获批开展推荐优秀应届本科毕业生免试攻读硕士研究生工作。

学校现有全日制研究生919人，全日制本科生10665人；成教学生3351人。设有机电工程学院、光电信息与通信工程学院、自动化学院、计算机学院、经济管理学院、信息管理学院、政治理论教育学院、人文社会科学系、外国语学院、理学院、等10个学院（系）以及研究生部、体育部、计算中心、机电实习中心等教学单位。

学校现有纸质图书95.64万册，电子图书15TB；建成“千兆为主干、百兆到桌面”的校园计算机网络和丰富的网络教学资源，校园网出口总带宽850Mbps，信息点9916个，各类数据资源73TB；学校被评为北京市教育信息化工作先进单位，成为首批北京市属市管高校数字校园建设示范校。

学校大力实施“质量工程”和“创新工程”，全面提高培养质量。学生在全国和北京市各类学科科技竞赛中成绩优异。学生连续两年获得机器人足球世界杯赛中型组冠军、连续三年获得Honda节能竞技大赛唯一的最佳技术奖。学校成功举办“北京信息科技大学杯”第十届全国机器人大赛暨2010年FIRA世界杯机器人大赛中国队选拔赛。毕业生平均就业率在95%左右，毕业生在生产和管理一线发挥重要作用，用人单位高度评价毕业生“下得去、留得住、用得好”。

近年来，学校获得国家级教学成果奖特等奖1项、国家级教学成果奖一等奖1项、国家级实验教学示范中心1个、国家级规划教材选题17本、北京市教学成果奖15项、北京市精品课程9门、北京市精品教材16本、北京市实验教学示范中心4个、北京市高等学校市级校外人才培养基地2个、北京市高等学校市级人才培养模式创新试验区1个。市商务委和市教委联合认定为第一批服务外包人才培训机构。学校获批“北京信息科技大学产学研联合研究生培养基地建设”项目。

三、科学研究

学校面向首都经济社会发展，重点突出行业和国防军工领域的优势与特色，坚持优化环境、集成优势、打造团队、持续发展，不断完善和发挥科研政策的导向作用，凝练科研方向，打造创新团队，巩固科研优势与特色，培育新的科研增长点，积极推进产学研结合，保持了科研工作持续稳定协调发展。在电子信息、现代制造与光机电一体化、知识管理与技术经济等领域具有较高的科研水平，形成了明显的优势与特色。

“十一五”期间，学校连续以第一完成单位获得4项国家科技奖励：2007年国家科技进步奖二等奖1项（第一完成单位，项目名称：现代仪器制造柔性研发平台的创建及系列产品开发），2008年国家科技进步奖二等奖1项（第一完成单位，项目名称：消费类产品中有毒有害物质的评价技术平台），2008年国家技术发明奖二等奖1项（第一完成单位，项目名称：国防军工项目），2009年国家科技进步奖二等奖1项（第一完成单位，项目名称：非牛顿流体流变学特性测试技术研究及应用）。科研总经费达到2.85亿元，实到经费1.79亿元。新增科研项目国家级49项、省部级80项，获得行业、省部级及以上科技奖励32项，取得各类专利授权116项。大学科技园和中关村科学城北京高端信息产业技术研究院正式挂牌成立。学校成为“中关村国家自主创新示范区”首批6家股权激励试点单位之一。学校参股的企业北京拓尔思信息技术股份有限公司在深交所挂牌交易，学校成为首家拥有上市公司股权的市属高校。

四、师资队伍

学校大力实施人才强校战略，坚持强化聘任、优化结构、提高质量、造就名师的思路，坚持引进与培养并重，以全面提高师资队伍素质为核心，以引进和培养高层次人才为重点，精心构筑人才成长机制和事业发展平台，大力实施人才强校战略，教师队伍整体素质稳步提高，团队建设成效显著。

学校现有教职工 1359 人，其中专任教师 754 人。专任教师中正高级 99 人、副高级 221 人，博士生导师 17 人、硕士生导师 173 人。双聘中国工程院院士 2 人、特聘教授 1 人、讲座教授 3 人、入选国家新世纪百千万人才工程 1 人、北京市属高校学科首席专家岗位 1 个、国家级优秀教学团队 1 个、北京市属高校创新团队 22 个、北京市属高校拔尖创新人才 12 人、北京市属高校高层次人才 1 人、北京市属高校优秀中青年骨干教师 125 人、全国劳动模范 1 人、全国优秀教师 2 人、北京市优秀教师 12 人、北京市教学名师 7 人、北京市优秀教育工作者 2 人、首都教育先锋 8 人、北京市师德标兵 2 人、北京市师德先进个人 4 人。

五、交流与合作

学校坚持开放办学，积极扩大对外合作与交流，与爱尔兰考克大学、都柏林格里菲斯学院、沃特福德大学，德国耶拿应用技术大学，澳大利亚拉筹伯大学、维多利亚大学、卧龙岗大学，美国威斯康星大学、蒙哥马利奥本大学，日本福井大学，英国桑德兰大学，韩国京畿工业大学等 20 多所境外高校以及我国香港地区的香港理工大学建立了校际合作关系，开展合作科研、互访讲学、管理人员培训、英语教师和双语教师学习进修、互派本科生，以及联合培养研究生、本科生及专科生等交流活动。

六、育人环境

学校注重营造优良的育人环境与氛围，努力改善办学条件，校园文化活动丰富多彩，学生课外科技活动蓬勃开展。注重加强校风、师德师风建设和学风建设，广大教师爱岗敬业、教书育人、为人师表，涌现出一批师德先进集体和先进个人。重视学生的人文素质教育和人文精神培育，积极开展丰富多彩的校园文化活动，学生在课外科技活动、各级各类学科竞赛以及文化、体育、艺术比赛和社会实践等活动中屡创佳绩。

学校自 2007—2010 年连续四年荣获“首都文明单位”称号。

七、社会服务

学校为社会培养了大批高素质应用型人才，为国家和首都经济社会发展做出了成绩，得到了用人单位的广泛认可与好评，为学校赢得了良好的社会声誉。

学校坚持面向首都经济社会发展，重点突出行业和国防军工领域的优势与特色，坚持以应用研究和科技开发为重点，积极探索产学研用一体化的发展道路。学校不断拓展社会服务领域和发展空间，项目成果广泛应用于国民经济的相关领域，为地方经济文化发展提供智力和理论支持，取得了明显的社会效益和经济价值。

在北京奥运会、残奥会服务和新中国成立 60 周年庆祝活动中，充分展示学校风采，被评为北京市奥运工作和新中国成立 60 周年庆祝活动先进集体，受到了上级单位的充分肯定和高度评价。

学校积极开展对口支援、募捐活动，尤其在汶川地震的灾后重建工作中，在国内率先提出科技赈灾的理念，充分发挥科技资源和信息学科优势，为灾区数据恢复发挥了重要作用。

二、大事记

大事记

·1月·

7日，学校在北京市教委举办的2010年北京市大学生计算机应用大赛上获得2项一等奖、2项二等奖、1项三等奖、3项优秀奖及优秀组织奖，3名老师获得优秀指导教师奖。

10日，爱尔兰都柏林格里菲斯学院校长德尔墨德·赫格提（Diarmuid Hegarty）教授和市场开发部总监凯文·纪勤（Kavin Geoghegan）教授等一行4人到校访问，校长杜林会见外宾。赫格提校长一行与经济管理学院学生进行座谈。

11日，学校荣获北京市党建和思想政治工作先进校提名奖。

12日，爱尔兰国立考克大学国际交流处负责人路易丝 · 托宾（Louise Tobin）教授等一行2人到校访问。

14日，新一轮党政管理部门、直属机构和群团组织处职岗位公开竞聘工作完成。本次竞聘工作共有215人次参与，有7位干部提任正处级，11位干部提任副处级，13位干部进行了同级交流。在新任处级干部集体谈话会上，学校党委书记郑君礼、校长杜林分别代表学校党委和行政对全体新任处级干部提出工作希望和要求。

17日，副校长许晓革教授的教学成果和张健副教授的科研成果入选首届北京高校青年教师优秀教学科研成果展。

·2月·

18日，召开新学期中层干部会，全面总结2010年党政工作，部署2011年党政重点工作。全体校领导出席会议。全体中层干部参加会议。部分离退休教职工代表、教代会工会代表、民主党派代表列席会议，会议由党委书记郑君礼主持。校长杜林和郑君礼分别发表讲话。

22日，召开学校创先争优活动领导小组办公室工作会议。学校主要负责同志参加了会议。会议由校党委副书记、学校创先争优活动领导小组办公室主任刘筱毅主持。创先争优活动领导小组办公室全体成员及党委研究生工作部、老干部工作部负责人研讨如何贯彻落实《关于印发〈中共北京市委深入开展创先争优活动领导小组2011年工作要点〉的通知》（京创先发〔2011〕2号）和《关于组织做好北京市创先争优理论研讨工作的通知》（京创先发〔2011〕1号）精神。

25日，召开全校安全维稳工作会议。学校党委书记郑君礼、校纪委书记刘勇，副校长冯喜春、许宝杰出席会议。全校各单位主要领导近50人参加会议。会议由校长杜林主持。郑君礼、杜林、冯喜春分别发言。

28日，副校长冯喜春在2011年首都高校维护安全稳定工作会议作题为《高度重视，注重细节，强化责任，狠抓落实，努力推进“平安校园”建设》的发言。2010年学校获得市级交通安全先进单位、海淀区消防安全先进单位称号，学校校园治安防控工作取得重大成绩。

·3月·

2日，北京市教委副主任付志峰带队组成的安全稳定工作督查组来学校进行工作检查。学校党委书记郑君礼、校长杜林向督查组简要介绍学校安全稳定工作的开展情况，副校长冯喜春做书面汇报。学校纪委书记刘勇、副校长许宝杰参加会议，并就相关情况与督查组成员进行沟通和说明。相关部门负责人参加汇报会。

△2010年首届北京信息科技大学C语言基本技能比赛结束。C语言基本技能比赛由计算中心承办，是学校程序设计大赛的一项分赛事，是面向全校在籍本科学生的特色学科竞赛之一。比赛内容为C语言基本语法及其掌握熟练程度，使用C语言解决实际问题的能力。

4日至5日，召开重新申请保密资格认证工作研讨会。学校纪委书记、保密委员会主任刘勇，副校长、保密委员会副主任韩秋实，校长助理、保密委员会副主任冯晓春出席会议。韩秋实在重申保密工作的重要性的同时，对修订和完善各项保密规章制度以及保密宣教、落实责任制等工作进行部署。学校相关部门负责人及有关人员参加会议。会议由刘勇主持。

7日，召开数理实验班和试点专业专题工作会。校长杜林出席会议并讲话，副校长许晓革主持会议。教务处有关领导、数理实验班负责人、各试点专业建设负责人以及各学院主管院长参加会议。本次工作研讨会明确了数理实验班和五个试点专业下一步的工作思路与目标，为学校人才培养模式的改革和创新奠定了良好基础。

8日，举行以“新起点、新目标、新女性”为主题的女教工联谊会。9日，召开第一届党委会第七次全体会议（扩大）。党委书记郑君礼主持会议并作《常委会2010年工作报告》，校长杜林作《校长办公会2010年工作报告》。校党委委员、纪委委员，各党总支（机关党委、直属党支部）书记，党委职能部门负责人参加了会议。会议还向参会人员征求了对《2011年党政工作要点》的意见，讨论并通过了《贯彻落实学校党代表大会代表任期制相关工作的实施办法》。

11日，召开2011届毕业生就业工作研讨培训及动员会，会议围绕构建新形势下大学生就业服务体系实务、目前就业工作现状、下一步工作思路和主要举措等进行了培训和研讨。学校纪委书记刘勇参加会议并提出了学校今年毕业生就业工作的总体思路和工作目标。北京高校毕业生就业促进会秘书长关长海作主题为“构建新形势下大学生就业服务体系实务”的讲座。招就办、研究生工作部、学生处、教务处有关领导参加会议并介绍就业情况，各学院分管学生工作的党总支副书记、各学院毕业年级辅导员参加了会议。

15日，美国辛辛那提大学（The University of Cincinnati）文理学院数学系主任张爽教授到校交流讲学。

16日，北京高教协会心理咨询委员会秘书长、首都师范大学心理咨询中心主任蔺桂瑞教授受学生处心理健康教育中心的邀请，为全校心理委员做知识与技能培训。

△校长杜林、副校长许晓革会见爱尔兰国立考克大学（University College Cork，Ireland）副校长保罗·吉勒（Paul Giller）教授一行，就两校合作的具体细节进行协商。

17日，举行“卓越工程师教育培养计划”专题报告会。报告会由教育部高教司理工处处长李茂国和副处长侯永峰主讲，相关职能部门负责人及相关领域专家共计60余人参加。

22日，召开党的建设工作领导小组会议。会议研究学校《党建工作五年规划》工作分工方案，并研讨下一步组织实施“固基”工程，加强学校基层党建和基层党组织工作等有关问题。学校党的建设工作领导小组成员参加会议。会议由校党委副书记、学校党的建设工作领导小组组长刘筱毅主持。

24日，举行2011届硕士研究生学位授予暨毕业典礼。校长杜林、纪委书记刘勇、副校长孙百生、研究生部党政领导及各学院领导出席毕业典礼。部分导师代表以及毕业研究生家属参加典礼。

△举行“关爱在身边”宿舍安全知识竞赛决赛暨第八届宿舍文化节闭幕式。

25日，召开第一届教职工代表大会暨第一届工会会员代表大会第二次会议。120余名代表参加会议，非正式代表的处级建制单位的主要负责人、学校区人大代表和民主党派基层组织负责人列席会议。会议由教代会执委会主任、校工会主席、纪委书记刘勇主持。

26日，进行“地球一小时”活动。机电工程学院学生在这个时刻灯下捧读一小时。新华社记者对活动进行采访，并以《世界节电日京城学子：环保灯下“捧读一小时”》为题目予以报道。

31日，学校与研华（中国）公司召开校企合作研讨会。研华（中国）公司人力资源和文教基金会副总陈萍萍及校长杜林出席会议并讲话。研华公司领导、学校学院相关领导以及部分专业骨干教师参加会议。

△校长杜林、副校长许宝杰会见美国威斯康辛大学（University of Wisconsin Parkside）经济技术学院院长弗雷德·奥贝德（Fred Ebeid）教授，并签署校级合作协议。

·4月·

1日，召开2011年党风廉政建设工作会议，全体校领导、校纪委委员、全校处级领导干部参加会议。会议主要任务是按照党的十七届五中全会和十七届中央纪委第六次全会以及2011年北京教育系统党风廉政建设工作会议精神，部署学校2011年党风廉政建设工作主要任务，在教学、教辅等单位推进廉政风险防范管理工作。

6日，学校红十字会获得2010年度高校红十字会系统先进集体参与奖，校团委王继强、孙豆豆两位老师和鹿艳梅、秦思、温叶青、刘甜甜四位同学获得2010年度高校红十字会系统先进个人光荣称号。

△2011年大学生心理健康节开幕。本次活动主题为“亲近你我，给力幸福”，期间将举办名师讲坛、阳光心语传递、素质拓展、专家现场咨询等多项活动。北京高教协会心理咨询委员会秘书长、首都师范大学心理咨询中心主任藺桂瑞应邀出席开幕式，并为全校所有心理委员进行知识和技能培训。

7日，举行“名人名师讲堂”之《大宇宙之谜》。著名天文学家、中国科学院国家天文台研究员李竞教授做题为《大宇宙七迷》的讲座。

△正大集团执行董事、正大企业大学副校长王峰一行4人到访学校，洽谈校企就业合作项目。

8日，北京市外专局主任程金刚带领市外专局一行3人到学校调研。校长杜林介绍学校的基本情况，副校长韩秋实介绍学校科研工作近年来的发展情况以及取得的成绩，机电系统测控重点实验室主任徐小力和自动化学院副院长苏中就关于引智项目进行汇报。

8日至9日，举办以“拓宽视野 强化责任 提升能力 共谋发展”为主题的处级干部专题研修班。全体校领导出席研修班，全校现任处级干部参加了研修班。全国政协委员、北京师范大学校长钟秉林做关于《贯彻落实〈纲要〉精神，推动高等教育改革发展》辅导报告；校党委书记郑君礼做关于《全面提升领导干部素质的新要求》专题报告，同时还代表校党委对新任处级干部进行集体廉政谈话；市委教育工委副书记、市教育督导室主任线联平做《坚持科学发展，构建首都现代化高等教育体系》辅导报告；市委组织部副部长闫成做关于《北京市人才发展情况》专题报告；校长杜林做关于《提升处级领导干部工作执行力》的专题讲座。

13日，与北京市人力资源和社会保障局毕业生就业服务中心联合举办的2011届毕业生招聘会在德胜门毕业生就业市场召开。首钢总公司、北汽福田集团公司、北京第一机床厂、北京电光源研究所、北京地铁供电公司、北京市政路桥建材集团等大中型企业应邀参会，共提供工作岗位600余个，岗位需求涵盖计算机、电子信息、通信、信息管理、机械、自动化、外语、行政管理、财务管理、会计、工商管理等专业。近800名毕业生参加应聘，百余名毕业生与用人单位达成了初步就业意向。

14日，召开老干部工作领导小组会议。学校党委书记、老干部工作领导小组组长郑君礼，校长、老干部工作领导小组组长杜林，校党委副书记、学校老干部工作领导小组副组长刘筱毅以及相关职能部门的主要负责人参加会议。会议由郑君礼主持。会议认真讨论了学校《关于进一步做好新形势下学校离退休工作的意见》和贯彻落实《北京市离退休干部工作领导责任制》实施办法并审议通过了《2011年学校离退休工作要点》。

△举办研究生“实践、创新、就业”论坛，相关校内负责人和校外专家、研究生部师生代表共计33人参加了论坛。论坛围绕产学研培养子基地项目执行情况和子基地与校外企业对接情况、基地建设和学生受益情况展开。

15日，中共中央组织部党员教育中心副主任李志宏、三处处长徐宝林等一行五人在北京市委教育工委常务副书记刘建和组织处处长陈江华的陪同下来学校调研北京高校教师党员在线平台建设情况。校党委书记郑君礼、校长杜林、校党委副书记刘筱毅、校纪委书记刘勇，以及相关职能部门的同志参加了工作汇报会。

16日，举行2011年校园开放日暨高招咨询会，吸引了1.2万余名考生及家长前来咨询。

17日，召开光电信息与仪器北京市工程研究中心揭牌暨第一届技术委员会会议。中国工程院院士王子才、叶声华、张钟华，以及来自国家自然科学基金委员会、国内重点高校、科研院所的10余位专家出席会议。校长杜林、王子才院士共同为工程研究中心揭牌。工程研究中心第一届技术委员会由王子才主持，工程研究中心主任祝连庆做建设规划报告。报告详细介绍了该中心自2009年底成立以来的发展建设成绩、基本情况、主要研究方向、人员构成、未来发展规划等。

21日，召开校级领导干部宣布大会。市委教育工委常务副书记刘建，市委组织部宣教政法干部处处长张彤军，市委教育工委委员、干部处处长刘勇，市委教育工委干部处副处长高小军出席大会。学校领导班子成员，中层正职干部，团委、工会、教代会主要负责人，民主党派主要负责人，教授代表等70余人参加了大会。张彤军宣布了市委关于杨军同志任学校党委副书记的任职决定。

△召开首都女教授协会北京信息科技大学分会成立大会。学校具有高级职称的女教职工代表参加了成立大会。学校相关领导出席了大会。首都女教授协会会长、清华大学教育研究院常务副院长史静寰教授、北京市妇女联合会联络部副部长刘力应邀出席。校工会常务副主席卢玲军主持大会。与会女教授一致通过了《首都女教授协会北京信息科技大学分会章程》（草案）和北京信息科技大学女教授协会第一届委员会名誉主任、主任、副主任、委员会委员及秘书长、副秘书长的建议人选。

△组织绿色环保行动迎接第42个世界地球日，同学们设计开发智能“垃圾分类”机器人参加活动，宣示“以科技的力量推动环保，让人类的生活更美好”。

22日，举行2011年学校田径运动会。本届运动会共设立了90个比赛项目，来自各校区的24支代表队、846名学生、618名教职工和300多名离退休老同志参赛。经济管理学院获得学生团体总分第一名，光电通信学院获得教职工团体总分第一名。

△北京市大专院校公费医疗费用管理专项检查组到学校检查指导工作。检查组对学校公费医疗费用使用管理工作给予充分肯定，同时指出存在的问题，并对学校工作提出了“重视医疗队伍建设，确保医疗安全；加强信息化建设，尽快建立医生工作站；实施刷卡结算，提高工作效率，尽快实现与全市医保改革接轨”的建议。

△举办2011年毕业生双选招聘会。参加本次招聘会的单位有98家，提供就业岗位约1800个，基本覆盖学校所有本科专业。这是学校为2011届毕业生举办的第五次招聘会。

△“名师讲堂”第三讲由中国核能行业协会理事长、国防科工委原副主任张华祝做题为《福岛核事故及其对我国环境的影响》的报告。张华祝从核能及核能利用、放射性及其应用和防护、福岛核事故对我国环境的影响等三个方面解读日本福岛核事故的状况及其影响，就核废料的处理、中国核电的发展前景、福岛核泄漏事故背后的深层原因等问题进行交流。本次报告会也是信息管理学院“绿色之星”学生社团成立10周年系列纪念活动之一。

29日，举行机关教工应急疏散演习，在第二办公楼办公的14个部门的机关工作人员以及相关安保人员等逾百人参加了演习。

·5月·

5日，召开学校“十二五”学科建设规划草案研讨会，市教委科研与研究生处处长赵清以及来自北京工业大学、北京交通大学、北京科技大学、首都师范大学、北方工业大学等高校的专家学者参会。

△学校2011年硕士研究生招生录取工作基本完成。学校共录取全日制硕士研究生360人，比2010年实际招生人数增长15.76%，首次超额完成教育部最初下达的招生计划。

6日，召开信息化工作研讨会。总结“十一五”信息化建设成果，并从网络基础设施、数据共享、应用系统、校园卡应用推广、信息安全、数字校园示范校建设、新校区建设、信息服务、可持续发展等九个方面探讨“十二五”信息化建设工作的发展。

7日，举行北京高校数学教育发展研究中心成立大会。中国科学院院士、中国数学会理事长马志明，市教委副主任付志峰等应邀出席大会并讲话。北京高校数学教育发展研究中心是由学校和北京邮电大学、北京航空航天大学等高校联合组成，中心设立在学校，面向全市高校开放。目的是推动新形势下数学教学中的热点与难点问题的研究，建立具有广泛代表性的数学教育研究实践基地，加大交流、培训师资，开展大型数学教育研讨会与专题学术报告会， 建立国际交流机制，保持研究方向与成果的先进性与科学性，推动北京高校数学课程的建设与改革，提高人才培养质量。

8日，召开座谈会听取对教师职务聘任工作的意见，座谈会分三场，分别由各学院院长和总支书记、新晋升职务的教师代表、其他参聘的教师代表出席，反映学校不同层面、不同群体对首次教师职务全员聘任工作的意见。10日，学校党委书记郑君礼主持召开党委常委会，专题研究座谈会提出的意见和建议，以做好教师职务聘任常态化工作。

11日，2010—2011赛季“信息科大杯”三球联赛落幕。本届三球联赛由校团委和体育部主办、校学生会承办，自2010年11月开幕，历时7个多月，共计73场比赛，来自研究生部和9个学院的462名运动员参与赛事，并完善了联赛仲裁制度。

△北京信息科技大学2011年动漫大赛启动。大赛由党委学生工作部主办，校团委、机电工程学院、人文社科学院承办。5月11日开始到10月30日结束，以“快乐文明的都市生活”为创作主题，以首都文明委提出的“礼仪文明、环境文明、秩序文明、服务文明、观赏文明、网络文明”六大文明引导行动为创作主线。

12日，举行北京信息科技大学第五届“创新杯”课外学术科技竞赛决赛答辩暨颁奖典礼，竞赛由校团委主办，校学术科技联合会承办，各参赛选手利用多媒体分别从作品的可行性、创新性、科学性、先进性、理论意义或实践价值等方面进行阐述，并就评委老师及现场同学们的提问作了精彩回答。最终，《山体滑坡远程无人系统》等5份作品获个人特等奖。经济管理学院获得学院团体一等奖，获得本届“创新杯”。其中获得特等奖和一等奖的15份作品将被推荐参加第六届“挑战杯”首都大学生课外学术科技作品竞赛。

15日，学校志愿者联合会参与第二届北京市高校论坛之志愿者爱心联盟活动并获公益广告设计三等奖。

18日，举行2011年辅导员、班主任表彰大会。校党委书记郑君礼、校长杜林、党委副书记杨军出席大会，有关职能部门领导，各学院党总支副书记、辅导员、班主任及班级学生代表参加了表彰会。会议由杨军主持。学校对2008—2009学年优秀等级辅导员杨菁等10人，良好等级辅导员马骏等10人，优秀等级班主任钟建琳等54人，良好等级班主任刘泉等78人；2009—2010学年优秀辅导员李哲谦等8人，良好等级辅导员吕丽峰等11人，优秀等级班主任李忠刚等59人，良好等级班主任戴丽萍等87人一并进行表彰。表彰会由与会领导为受表彰辅导员、班主任代表进行了颁奖。

△由学校光电信息与通信工程学院朱希安老师为组长的科研课题组在完成“十一五”国家科技重大专项专题项目“煤层气产业信息化工程数据库建设与软件系统开发”的基础上，获得了“十二五”国家科技重大专项研究项目2项——“煤层气田地面集输信息集成及深度开发技术”和“二氧化碳注入后的运移监测和安全技术研究”，学校承担的两项科技重大专项签约额为1200万元。两个专题项目的研究内容与“信息与通信工程”一级学科密切相关，是数字信号与图像处理技术和电磁场与电磁波理论在新能源领域的应用与交叉。“国家科技重大专项——大型油气田及煤层气开发”的甲方——中联煤层气有限责任公司与相关课题承担单位举行“十二五”国家科技重大专项合同签订仪式。

19日，以市委教育工委委员、教育纪工委书记周燕为组长的北京高校思想政治理论课建设督查组到学校，就落实教育部关于高等学校思想政治理论课建设标准的情况开展检查。校党委书记郑君礼、副书记杨军以及人文社科学院、相关职能部门领导、老师参加检查汇报会。督查组专家考察了教学部门办公场所，查阅了学校思想政治理论课建设的相关支撑材料，并与教师代表和学生代表进行了座谈。

21日，举行学校成立三周年庆祝晚会暨纪念建党90周年合唱比赛。经过激烈角逐，最终光电学院以96.18分的高分获得合唱比赛一等奖，机电学院和自动化学院获得二等奖，计算机学院、外国语学院、信管学院获得三等奖，经管学院、理学院、人文社科学院获得优秀奖。校党委书记郑君礼、校长杜林为获奖的队伍颁奖。

22日，举行学校第三届智能汽车竞赛。智能汽车竞赛是学校重点支持的校级学科竞赛项目，由自动化学院承办。本次竞赛分为摄像头组，光电组，电磁组三个组别。来自光电通信学院和自动化学院的30支代表队80余名同学报名参赛。自动化学院的6支代表队包揽了一等奖。

△学校研究生会换届，1001班机械电子工程专业研究生赵贤当选为第十七届研究生会主席。本次换届选举预备会议中，研究生部领导、老师以及大会全体代表审议并通过了《北京信息科技大学第十六届研究生会换届选举大会选举办法》。

24日，举行由校团委主办、校学生会承办的“感悟光辉历程 争做时代先锋”“五四先锋杯”辩论赛决赛。本届“五四先锋杯”辩论赛自3月开赛以来，共举办15场比赛。本场决赛以“解决食品安全问题主要应依靠法律手段还是道德建设”为辩题。自动化学院姚逸潇同学荣获全程最佳辩手，自动化学院代表队蝉联辩论赛冠军。

25日，举办党的建设理论与实践研讨会。本次研讨会由组织部、宣传部、人文社科学院主办，是学校纪念中国共产党成立90周年系列活动之一。学校党委中心组全体成员，各总支（直属支部）书记、副书记、党务秘书、专职学生辅导员，学校党委职能部门工作人员，教工党支部书记、学生党支部书记代表，思想政治理论课教师、人文学院研究生，本科生等200余人参加了研讨会。校党委副书记杨军主持研讨会。校党委书记郑君礼结合胡锦涛总书记在十七大报告中的论述做重要讲话，强调党的思想理论建设的重要性。

△举行学校与北京回龙观医院心理健康与精神卫生服务共建合作签约仪式。

26日，由学校团委主办、校社团联合会承办的“社韵芳华 团花溢彩”第四届社团文化节闭幕式暨颁奖晚会在清河小营校区大学生活动中心举行。校党委副书记杨军及相关职能部门领导和相关学院学生工作老师观看了晚会，来自北京交通大学等20余所高校的社团、社联代表参加了晚会。第四届社团文化节以“向建党90周年献礼”为主题，先后举办了“革命精神代代传”主题讲座暨第四届社团文化节开幕式、“祝福你，我的祖国”千人留言收集活动、“一颗红心献给党”照片、书法、绘画评比活动、“社团负责人年度工作述职大会”、“社团十佳评比”等活动。

27日，举办以“感悟光辉历程 争做时代先锋”为主题的团日活动公开赛决赛。来自理学院的电技1001团支部夺得本次团日活动公开赛的一等奖。同时召开了以表彰2010—2011年度优秀团员、优秀团干部、优秀团支部为主要内容的五四评优表彰大会。

△市委教育工委常务副书记刘建等领导来学校宣布刘勇、孙百生同志职务任免决定。中共北京市委决定，免去刘勇同志中共北京信息科技大学纪律检查委员会书记职务；经北京市人民政府2011年4月26日第91次常务会议决定，刘勇任学校副校长；孙百生同志因年龄原因不再担任学校副校长职务。学校领导班子成员参加了宣布大会，会议由校党委书记郑君礼主持。

27日至30日，面向党员干部、教师，学生党员，支部书记、党员分别组织召开了“回顾党的光辉历程，向党寄心语践承诺”系列座谈会，纪念建党90周年。

28日，举行由学校和北京科技大学共同承办的“2011年北京大学生跆拳道精英赛”。来自北京市10余所高校200多名跆拳道运动员、教练员参加比赛。学校在本次精英赛中分别获得男子组58公斤级第一名，男子组78公斤级和女子组55公斤级第三名，并获得突出贡献奖。

△学校教职工羽毛球协会正式成立。通过《北京信息科技大学教职工羽毛球协会章程（试行）》，产生了协会的组织机构。随后，举行由校工会主办、校教职工羽毛球协会承办的“羽空间·磊牌杯”2011年教职工羽毛球团体赛。光电通信学院夺冠。

△在北京市大学生第二届轮滑比赛中，取得两项第一名、一项第二名、一项第三名、两项第四名、两项第七名，并获得男子团体第一名、男女团体第二名。

28日至29日，举行第四届学校电子设计竞赛。自动化学院、光电信息与通信工程学院和理学院的33支队伍参加比赛，最终自动化学院的3支代表队和光电信息与通信工程学院的5支代表队获得一等奖。

29日，举行北京信息科技大学第五届青年教师教学基本功比赛决赛公开课。经济管理学院杜昱、理学院王昕分别获得文科组和理科组一等奖。本次比赛于4月启动，经各教学单位的初选推荐和学校审核，共有来自全校11个教学单位的26位青年教师进入决赛。

30日，召开党政联席会专题研讨“十二五”事业发展规划编制工作。在校全体校领导，学校“十二五”事业发展规划的6个配套子规划的主责部门主要负责人，学校“十二五”事业发展规划写作组全体成员等参加会议。学校党委书记郑君礼主持会议。会议主要围绕学校“十二五”事业发展规划的框架结构和顶层设计展开讨论，并分别对学校“十一五”期间建设工作回顾、“十二五”发展背景分析、指导思想与发展理念、战略目标、主要任务、保障措施等内容提出了具体的建设性的意见，会议进一步提出下一阶段编制学校

“十二五”事业发展规划工作必须遵循的基本点、工作思路、总体原则。

31 日，举办“纪念建党 90 周年”党史知识竞赛。竞赛的主题是“学习党史，坚定信念”，共有来自 9 个学院的 9 支代表队参加。经济管理学院代表队获团体一等奖。

△在北京高校纪念中国共产党成立 90 周年党建论坛暨北京高校党建研究会第八次会员大会上，学校被授予“北京高校党建研究会 2008—2010 年度学会工作先进单位”称号。

·6月·

1 日，举办“庆祝建党 90 周年”演讲比赛。比赛评委由宣传部和团委的老师担任。自动化学院李澴同学获一等奖。

2 日，由中央创先争优活动领导小组办公室主办、人民网与中国共产党新闻网承办的“创先争优网”以“北京信息科技大学：扎实开展四项工程，加强党员队伍建设”为题报道学校创先争优活动特色工作。该报道同时收入全国“创先争优”活动主题案例展示。

△市教委副主任何劲松牵头，组织召开了有市发改委、规划委、国土局和财政局等领导参加的协调会，专题研究加快推进学校新校区征地拆迁工作。学校新校区建设项目立项于 2011 年 3 月 15 日获得市政府批准，市发改委于 4 月 13 日印发了批准函，正式进入总体规划设计以及征地拆迁等工作的阶段。市规划委于 5 月 31 日印发了批复学校新校区的选址意见书，确定总用地规模 1183.6 亩（其中建设用地 760 亩），容积率 1.7。学校新校区建设总体规划设计方案征集工作已经启动，将于 6 月底面向国内外公开征集设计方案，9 月底在全校范围开展征集方案的评选工作。

3 日，中国科学技术协会国外科技人力资源研究基地揭牌仪式在学校外国语学院举行。该基地是中国科学技术协会在全国设立的唯一的国外人力资源研究基地。校长杜林，副校长韩秋实，中国科学技术协会调宣部部长罗晖、副部长那翔以及学校职能部门、外国语学院、中国科学技术协会相关领导和人士出席了揭牌仪式。

8 日，召开 2011 届毕业生信息员大会。党委副书记杨军及相关职能部门负责人和各学院主管学生工作的副书记出席了会议，88 名 2011 届毕业生信息员参加了会议。毕业生信息员制度是为加强学校与毕业生之间的信息沟通而设立的制度，学校招生就业办公室每年从大四毕业班中聘请 1 名毕业生担任信息员，负责沟通班级同学与学校，搜集并反馈毕业生对学校人才培养、就业指导、学生管理中的意见与建议，为学校的改革、发展提供有益的信息。

9 日，学校代表队在北京高校学生工作学会举办的“学习党史、坚定信念”——纪念建党90周年党史知识竞赛中获得二等奖。

△召开“北京高校数学教育发展研究中心”专家组会议。各成员单位 20 余位专家参加会议。副校长、中心主任许晓革介绍了《北京高校数学教育发展研究中心工作规程》，与会专家交流了本单位数学教育经验，并就北京高校数学教育面临的问题和解决的方法进行研讨，提出下一步工作建议。

12 日，鲁雷、邵长生撰写的论文《以创先争优活动成效提升大学文化软实力》在“首都高校纪念中国共产党成立 90 周年”理论研讨会上获得二等奖并作交流发言。

13 日，中共北京市委教育工作委员会

举办的“庆祝建党 90 周年巡回宣讲活动”评奖结果揭晓，学校党委宣传部获得优秀组织奖，梁玉竹同学获得优秀宣讲员二等奖，岳梦柳同学获得优秀宣讲员鼓励奖。

△由学校承担的“北京高校教师党员在线”平台建设项目一、二期工程通过评审验收。来自教育部信息管理中心、北京大学、清华大学、中国人民大学、北京交通大学的权威专家对该建设项目进行了评审验收，北京市委教育工委组织处处长陈江华、北京教育网络和信息中心主任武装以及学校参与项目建设的有关人员参加了验收会。“北京高校教师党员在线”学习平台已于 2010 年 6 月正式上线运行，面向北京高校约 6 万名教师党员提供网络在线学习服务。

△召开“十二五”事业发展规划研讨会。全体在校的校领导出席会议，相关子规划编制单位主要负责人和学校“十二五”事业发展规划编制工作领导小组办公室相关人员等 40 人参加会议。会议由副校长许宝杰主持。许宝杰简要通报了自学校“十二五”事业发展规划编制工作启动以来的工作开展情况，《北京信息科技大学“十二五”事业发展规划（草案）》[以下简称《规划（草案）》]起草情况和学校召开主要由学院教授参加的五个规划研讨会的背景情况。校长杜林针对“十二五”规划草案中的一流理念内涵、教学科研型大学的提出、新校区建设等部分内容进行了说明。校党委书记郑君礼对改革创新、开放办学，积极参与、完善草案提出要求。13—20 日，在清河小营校区、健翔桥校区连续召开了五个“十二五”事业发展规划研讨会。21 日，学校“十二五”事业发展规划编制工作领导小组办公室召开完善《规划（草案）》工作会，梳理前期五个“十二五”事业发展规划研讨会提出的意见建议，对《规划（草案）》的修改进行讨论，形成较为统一的修改方案。

15 日，由学校参股、北京信息科技大学资产公司——北京市北信计算机系统工程公司持股的北京拓尔思信息技术股份有限公司在创业板成功上市，成为北京市属市管高校中首家上市企业，也是国内第一家在 A 股上市的搜索引擎公司。北京日报 6 月 16 日以《首家市属市管高校校办企业上市》为题进行了报道。

17 日，举行 2011 届本科生毕业典礼。毕业典礼在清河小营校区和健翔桥校区分 9 个会场进行，教师代表、各学院毕业代表及家长代表分别发言，学校党政领导代表全校师生向本科毕业生表示祝贺，并提出希望：践行“勤以为学　信以立身”的校训精神，勤奋敬业，诚信为本。

24 日，召开庆祝中国共产党成立 90 周年庆祝大会。校领导班子成员、离退休老领导代表、全体处级干部、受到党内评优表彰人员、在职教职工党支部书记、离退休教职工党支部书记、学生党支部书记、教工党员代表、学生党员代表和民主党派代表，共计 500 余人参加。大会由校长杜林主持。校党委副书记刘筱毅宣读了荣获北京市和北京高校先进基层党组织、优秀共产党员和优秀党务工作者名单，以及荣获学校先进党支部、优秀共产党员和优秀党务工作者表彰决定。校党副书记杨军宣读了获得学校“纪念中国共产党成立 90 周年征文”奖励表彰决定。学校领导为获得学校先进党支部荣誉称号的集体代表颁发奖牌，向获得学校优秀共产党员和优秀党务工作者荣誉称号的个人，获得学校“纪念中国共产党成立 90 周年征文”奖励的个人颁发证书。校党委书记郑君礼做了题为

《回顾光辉历史 发扬优良传统 努力开创学校科学发展新局面》的讲话，回顾党的光辉历程，全面总结近年来学校发展建设的成绩，详细分析学校建设发展所面临的新形势、新任务、新挑战。

26日至27日，学校报送的“扎实开展四项工程，加强党员队伍建设”项目，继入选由人民网与中国共产党新闻网主办的全国“创先争优”活动主题案例展示之后，再次入选“全国基层党建理论创新与实践案例库”。

27日，与美国奥克兰大学（Oakland University，简称OU）正式签署学校本科生“2+2”联合培养协议。参加该培养计划的学校相关专业本科生大学前2年在北京信息科技大学学习，后2年在美国奥克兰大学学习，双方互认所修课程学分，学生顺利毕业后可以同时获得两所大学颁发的本科文凭。美国奥克兰大学1957年建校于美国密歇根州罗切斯特市，是一所综合性公立大学，2009年其本科教育排名全美第99位，设有129个学士学位专业、99个硕、博士研究生学位专业，在校生18000多人。

·7月·

5日至12日，学校机器人足球队“Water”卫冕机器人世界杯中型组冠军。在土耳其首都伊斯坦布尔举行的第15届RoboCup机器人世界杯赛上，学校机器人足球队“Water”在RoboCup中型组决赛中以6:5再次击败荷兰埃因霍温科技大学的“TU/e”队，以13战全胜、进98球失9球的成绩卫冕机器人世界杯中型组冠军。此外，Water队还获得RoboCup中型组技术挑战赛季军，再次刷新我国参加该项赛事的最好成绩。本届RoboCup机器人世界杯，吸引了43个国家和地区的2800余名代表参加，是15年来规模最大的一届。

6日，学校首次获得北京市哲学社会科学规划重大项目招标立项。学校知识管理研究基地首席专家葛新权教授主持的“北京市生活垃圾减量化对策研究” 在北京市社科规划办召开的关于第二批北京市哲学社会科学规划重大项目下达会上中标，批准经费30万元。

24日至26日，在牡丹江大学承办的“林海雪原”杯第十三届全国机器人大赛暨2011年FIRA世界杯机器人大赛中国队选拔赛上，学校代表队取得了包括全自主导航、人对机器人的1vs1点球2项冠军、全自主型3vs3机器人足球、半自主型3人组队2项亚军，共计5个一等奖、2个二等奖、14个三等奖。来自全国高校、中学和小学的56支参赛队伍参加了比赛。

28日至29日，在牡丹江大学承办的“三星杯”第二届国际仿人机器人奥林匹克大赛上，学校代表队取得了包括广播体操、芭蕾舞、八人舞3项亚军，高尔夫球季军，共计7个一等奖、2个二等奖、2个三等奖。本次大赛设置了6大类24项比赛，有来自国内外的25支代表队参加。

·8月·

23日至25日，在兰州举行的“读者杯”2011中国机器人大赛暨RoboCup公开赛上，学校I-KID足球队在RoboCup类人组（Kid-size）项目比赛中，获得一等奖（亚军）。本次比赛分12个大类共89个比赛项目，有来自全国162所高校的近千支队伍参加。

·9月·

2日，学校郭春燕老师在第五届北京高校思想政治理论课教学基本功比赛中，获得中国近现代史纲要组个人二等奖，学校获得优秀组织三等奖。这是学校首次在北京高校思想政治理论课教学基本功比赛中获奖。本次比赛由北京市委教育工委举办，从5月持续至7月，共有40余所高校组织100多名教师参加比赛。

6日，学校经济管理学院工商管理教学团队获得“教育先锋先进集体”称号；光电信息与通信工程学院祝连庆教授、经济管理学院张建副教授获得“教育先锋教书育人先进个人”称号。

13日，清河小营校区新建三号办公楼顺利通过设计单位、监理单位、施工单位和学校的四方验收，正式投入使用。办公楼为两层砖混结构，建筑面积2594平方米。

13日至14日，召开暑期中层干部扩大会议，讨论学校“十二五”事业发展规划征求意见稿。全体中层干部、教授，部分老领导参加会议。副校长许宝杰从规划编制工作的启动与相关工作安排，编制过程中的重要进展和完成的主要工作，以及下一步的主要工作等3个方面对学校“十二五”事业发展规划编制过程进行说明。校长杜林介绍学校编制“十二五”事业发展规划征求意见稿的总体思路，并简要总结上半年工作，部署下半年重点工作。校党委书记郑君礼总结本次大会，就开展好下半年工作提出要求。

14日，学校暑期14项抗震加固工程全部通过学校、设计单位、监理单位及施工单位的四方竣工验收并交付使用。14项抗震加固工程建筑总面积达30015.9平方米，涉及清河小营、清河和酒仙桥三个校区的教学科研用房、学生公寓、教师宿舍、生活附属用房等多种设施。

15日，清河小营校区实验楼工程通过学校、设计、监理及施工单位四方验收并交付使用。清河小营校区实验楼工程是2011年学校重点建设工程之一，于2011年3月15日正式开工，为二层框架结构，建筑面积2505.52平方米。

18日，在2011年首届“全国大学生智能设计竞赛”决赛上，学校智能科学与技术专业代表队取得1个二等奖、1个三等奖。本次比赛由北京邮电大学承办，来自全国高校的45支参赛队伍参加。

20日，举行学校干部宣布大会。市委组织部副部长闫成，市委教育工委常务副书记刘建以及市委组织部、市委教育工委的有关领导到校宣布学校领导干部任免决定。学校领导班子成员，离退休老领导代表，中层干部，团委、工会、教代会主要负责人，民主党派主要负责人，教授代表等90余人参加大会。会议由学校党委书记郑君礼主持。闫成宣布任职决定，任命柳贡慧同志为北京信息科技大学校长，同时因年龄原因免去杜林同志北京信息科技大学校长职务，任命冯晓春同志为中共北京信息科技大学纪律检查委员会书记。

22日，国务院学位委员会发布《关于下达2010年审核增列的部分马克思主义理论博士和硕士学位授权一级学科名单的通知》（校学位发〔2011〕64号），学校获得马克思主义理论一级学科硕士学位授予权。

△举行2011级本科生、研究生开学典礼。新入学的2011级本科生有2680名，硕士研究生有360名。

28日，举行第二届国泰安杯投资争霸

赛颁奖典礼暨全国大学生金融投资模拟交易大赛启动仪式。

29日，根据《教育部关于批准第二批卓越工程师教育培养计划高校的通知》，学校获批为第二批卓越工程师教育培养计划高校。学校机械设计制造及自动化、自动化、通信工程、网络工程和软件工程等五个专业为卓越计划的试点专业。“卓越计划”于2010年6月启动，清华大学等61所高校由教育部直接遴选成为第一批“卓越计划”实施高校。

△1999年诺贝尔经济学奖获得者、美国哥伦比亚大学教授罗伯特·蒙代尔先生到学校做题为《货币战争，欧元狂热及黄金价格》的演讲。本次演讲是由北京市教委发起举办的“首都学生与诺奖大师面对面”系列活动之一。校长柳贡慧向蒙代尔先生颁发了学校“荣誉教授证书”。

·10月·

17日至21日，开展“纪念建党90周年 深入推进创先争优”主题党日活动评选工作，各党总支申报的参评“优秀主题党日活动”32个项目在清河小营校区图书馆大厅面向全校进行了公开展示，共评出一等奖3个，二等奖8个，三等奖12个，创新奖8个，鼓励奖1个。

24日至26日，校工会在平谷教工疗养院举办2011年教代会工会干部培训会议。北京市教育工会主席张青山做了“学习贯彻胡锦涛七一讲话精神，展示工会组织在社会管理创新中的作为”的主题报告。学校党委副书记杨军，副校长刘勇出席了会议。教代会执委会及各专门工作委员会委员，工会委员会及各专门工作委员会委员，工会经审委员会委员，部门工会委员近70人参加了培训。

25日至11月6日，中瑞典大学Martin Erik Benny Thörnberg博士到校进行为期2周的学术交流与讲学活动。此次学术交流是学校于2009年12月与中瑞典大学签署的学术交流合作协议的一部分。

27日，学校与中国科技成果管理研究会、国家科学技术奖励工作办公室、广东省科学与科技管理研究会、暨南大学、广东国际科学技术合作协会联合主办的“2011技术转移与成果转化暨沿海区域科技管理学术交流会”在贵阳召开。来自全国科技管理部门、高校、科研院所和企业的近百名科技管理专家、学者和管理人员参加了学术交流会，其中包括台湾地区的新竹大学、开南大学和华梵大学的学者。本次会议将部分会议论文编辑整理成《2011技术转移与成果转化暨沿海区域科技管理学术交流会论文集》。

28日，举行学校2012届毕业生供需见面会。270余家京内外用人单位参加。此次招聘共提供4000余个工作岗位，涉及学校30多个专业，约2000余名毕业生参加。

28日至30日，在中国电子教育学会院校思想政治教育分会2011年年会上，学校四篇论文获得奖励，其中人文社科学院傅正华的《“即”与“离”的辩证法》获得特等奖。

29日，举行第三届学校机器人竞赛决赛。本次竞赛分为5大类10个项目，包括类人机器人竞技赛、机器人5ＶＳ5足球赛、半自主型机器人队形及追捕赛、机器人创意设计和机器人舞蹈赛等。有100多支代表队参与比赛，11支代表队获得决赛一等奖。北京信息科技大学机器人大赛是以智能机器人为研究对象的创意性科技竞赛，涵盖多学科专业知识，是学校重点支持的校级学科竞赛项目，由自动化学院承办，已经成功举办三届。

29日至30日，第二届全国大学生电子信息类创新作品评选决赛，学校作品“基于方位检测的光伏双轴跟踪控制装置设计”、“太阳能水泵”分别获得本科综合组二等奖、三等奖。此项赛事由中国电子学会主办，每年举办一次，本次评选从2011年8月开始网上申报和初评，最终有180项作品入围。

30日，学校越野登山队获得第八届北京大学生越野攀登比赛乙组团体冠军。

30日至31日，由全国博弈论与实验经济学研究会主办，学校承办的“微观行为分析与复杂经济仿真国际研讨会”在北京召开。来自世界各地40余位该领域的专家学者参加研讨会。本次研讨会在行为动力学建模及其在经济/金融中的应用、演化博弈论及其经济建模应用、基于互异主体（Heterogeneous Interacting Agent，HIA）的建模及其在金融中的应用等话题方面进行深入讨论。

31日，正式启动学校新校区总体规划设计征集方案的评选活动。由11家设计单位和设计单位联合体按照学校制定的《新校区总体规划设计任务书》设计制作的模型与展板分别展示，全校教职工和评审专家组参观评选。评选活动将持续11天，分为校内评选和校外专家评审两部分。参展的11家设计单位的是学校通过招标和组织校内外专家联合评审产生的，包括了4个具有高校背景的设计院，有3家境内外联合体和1家独立的外国设计单位。

·11月·

1日，俄罗斯托木斯克理工大学（Tomsk Polytechnic University，TPU）副校长Shepotenko Natalia教授及外事处处长一行访问学校。副校长韩秋实会见并就两校的科研合作进行探讨。

4日，美国威斯康星大学（University of Wisconsin Parkside）校长Deborah Ford教授一行访问学校。学校党委书记郑君礼、副校长许宝杰会见并对两校开展的经济管理学院及信息管理学院的师生交流交换意见。

3日至5日，校长柳贡慧代表学校与台湾地区的龙华科技大学、朝阳科技大学在2011年海峡两岸应用性（技术与职业）高等教育研讨会上签订合作协议。海峡两岸应用性（技术与职业）高等教育研讨会开始于1999年，现已成功举办了13届，是两岸高等教育特别是应用性高等教育交流合作的重要平台。本届研讨会主题是“变革与发展：全球化趋势下的两岸应用性（技术与职业）高等教育”。来自中国大陆及台湾地区的十余位大学校长参会。

4日至5日，召开2011届本科毕业生就业工作总结研讨培训会。围绕2011届本科毕业生就业工作总结、目前就业工作遇到的问题和面临的困难、下一步工作思路和措施以及怎样促进毕业生充分就业、如何进一步提高就业质量等进行了培训研讨。学校党委副书记杨军出席会议并讲话。北京市教委学生处、高校毕业生就业指导中心主任助理王效斌做了毕业生就业工作政策解读及操作实务的专题培训。

4日至6日，由中国社会科学院主办，学校与中国社会科学院数量经济与技术经济研究所、北京市科学技术研究院北京科学学研究中心承办的中国社会科学论坛“经济政策模拟与技术创新国际研讨会”在北京召开。来自海内外大学与研究机构的学者出席了会议。学校副校长韩秋实致辞。

6日，北京市科委启动“北京高端数控装备产业技术跨越发展工程（即精机工程）”和“北京新一代移动通信技术及产品突破工程（即4G工程）”，学校机电工程学院杨庆东教授的研究团队作为国内装备领域首家联盟“北京数控装备创新联盟”成员单位之一，承担“精机工程公共研发服务平台”——“直驱及功能部件研发实验室”的建设工作。

8日，学校与国家审计署计算机技术中心、清华大学、北京邮电大学、哈尔滨工程大学、北京中软国际信息技术有限公司等共9家单位作为课题的合作单位，联合签署合作协议。学校信息管理学院代表学校联合申报的国家“十二五”规划科技支撑计划《面向国家审计“免疫系统”的审计模拟与仿真平台研发及应用示范》（项目号：2012BAH08B02）课题正式启动。信息管理学院院长李忱为该课题子课题负责人。

△北京市区县人大代表换届选举投票工作在全市展开，学校设北京信息科技大学投票站、清河校区投票站、健翔桥校区投票站共三个投票站，12600余名师生踊跃参与本次选举投票。

11日，召开学科建设研讨会，就学科现状、学科发展思路、特色学科建设等议题展开研讨。校长柳贡慧参加会议并发表讲话，指出各学科要进行学科发展比较分析，找准学科定位，尤其是应用学科要在对社会需求进行分析的基础上实行错位竞争。各学院主管学科建设领导、一级学科负责人参加会议。会议由副校长许宝杰主持。

12日，学校承办的北京市大学生人文知识竞赛半决赛在健翔桥校区举行。清华大学教育部国家大学生文化素质教育基地副主任程刚教授、中国政法大学和中国青年政治学院副校长及来自各个高校的专家和评委共20余人到校观赛。本次北京市大学生人文知识竞赛设置了古诗创作、人文知识抢答和必答题、即兴说理、人文演绎四个环节。

13日，在第五届HONDA中国节能竞技大赛上，学校“捷能车”队的师生们设计并制造的“捷能”车卫冕最佳技术奖。这是学校连续第三次获得该项赛事的最佳技术奖。HONDA节能竞技大赛于1981年创办于日本，目的是通过比赛来提高社会的节能和环保意识。本届赛事有来自日本、泰国和中国在内的共计111支的企业和大学生参赛队伍参加表演和竞技，设定最节能奖、最佳技术奖、最佳设计奖、最吸引眼球奖共5个奖项。

15日，举行学校学生学术科技联合会换届大会暨校科普协会成立大会。15日，根据“海淀区第十五届人民代表大会代表选举结果的公告”和“朝阳区第十五届人民代表大会代表选举结果的公告”，学校许宝杰、王丽坤、何深思三位教授分别当选为海淀区、朝阳区第十五届人民代表大会代表。

16日，召开首次其他专业技术职务聘任工作动员会，学校2011年其他专业技术职务聘任工作正式进入实际操作阶段。

17日，召开2011年本科生招生就业工作会议。学校党委副书记杨军，各学院院长、党总支书记、主管教学的副院长、主管学生工作的党总支副书记，学校教务处、招生就业办公室和校友办公室领导参加会议。会议由副校长许晓革主持。学校招生就业办公室主任杜世智通报了2011级本科生招生情况和2011届本科毕业生就业情况，机电工程学院院长戈新生、自动化学院院长李邓化分别介绍了学院本科生就业工作和本科专业建设工作的经验。杨军对各学院、学校就业办公室的工作给予充分肯定。许晓革要求各个学院从招生就业实际情况出发修订与完善学校本科生教育培养方案，进一步加强学校招生宣传工作，努力改善学校在京内外招生批次的结构。

△北京市委组织部优秀人才培养资助工作专家组到学校进行实地检查工作和调研，专家组成员包括清华大学教育研究院教授王孙禺、中国人民大学公共管理学院区域经济与城市管理研究所教授孙久文、市委教育工委干部处王俊空、市委组织部人才处王涛以及市科委人才中心汪欣。学校副校长韩秋实，党委常委、组织部长邵长生以及人事处、科技处相关领导出席了工作汇报会，学校接受北京市优秀人才培养资助项目的部分教师代表参加了会议。会议由科技处处长邢济收主持。邵长生就学校 2008 年以来开展北京市优秀人才培养资助工作总体情况进行了汇报。张仰森、缪旻、朴林华等 5 位接受北京市优秀人才培养资助项目人员代表就个人已结题或进行中课题情况以及个人成长情况进行汇报，并与专家进行交流。

18 日，举行仪式欢送学校首批应征入伍进藏服役的六名同学。学校党委书记郑君礼、党委学生工作部部长兼武装部部长回世勇、各相关学院党总支副书记、辅导员以及入伍学生参加欢送仪式，仪式由学校党委副书记杨军主持。

19 日，科技部委托安徽省科技厅，组织专家对学校经济管理学院教授葛新权主持的国家科技人员服务企业项目《基于 GIS 的企业智能化管理信息系统建设》进行验收。专家组认为，该项目结合企业的实际，开发了基于 GIS 的企业智能化管理信息系统，开展了技术培训与服务工作，为企业制定市场战略提供决策支持，强化了企业客户管理，提升了企业自主创新能力。

20 日，学校代表队在 2010 年北京高校第十一届传统养生体育比赛上，获得太极拳类比赛李氏太极拳第一名和第二名。

21 日，举办第二届 “新星杯” 新生创业创意大赛决赛。大赛由校团委主办，校学术科技联合会承办，历时 2 个月，来自 9 个学院（部）的学生作品共计 81 份参赛。经济管理学院获得团体冠军，信息管理学院的作品《交通运输信息查询网站》获得一等奖。

△ 英国安格利亚鲁斯金大学（Anglia Ruskin University）副校长桑德拉•何丽丝（ Sandra Hollis）教授和副校长艾伦•施保仑（Alan Sibbald）教授一行访问学校。校长柳贡慧代表学校与安格利亚鲁斯金大学签订两校合作备忘录。

23 日，中国台湾“建国”科技大学校长黄燕飞博士一行访问学校。校长柳贡慧代表学校与“建国”科技大学签订两校合作备忘录。

24 日，在北京市高等教育学会成立 30 周年研讨会上，学校高教研究室荣获北京市高等教育学会“优秀高等教育研究机构”荣誉称号。

23 日至 25 日，由中国工程院主办，学校与精密测试技术及仪器国家重点实验室（天津大学、清华大学）、合肥工业大学共同承办的“高端装备制造中精密测量、传感器及仪器仪表”高层论坛在合肥市召开。国内相关高校和研究院所的精密测量、先进制造领域的学术与学科带头人 40 余名专家教授参加了会议。学校党委书记郑君礼、副校长韩秋实，光电信息与通信工程学院吕乃光教授、祝连庆教授参加本次论坛。党委书记郑君礼在开幕式上致辞。

25 日至 26 日，召开 2011 年学生工作研讨会。校长柳贡慧、校党委副书记杨军出席会议并讲话，学生工作部、研究生工作部、校团委、各学院、人文社科系及清河校区从事学生工作的全体干部、教师参加会议。研讨会总结近年来学校学生工作的总体情况，探讨当前学生工作面临的挑战和解决的对策，确定“十二五”时期学生工作的目标任务和重点。

△召开第一次科技工作大会。教育部科技司、自然科学基金委、北京市教委等相关领导应邀出席大会并讲话。校党委书记郑君礼、校长柳贡慧和副校长韩秋实分别主持会议并围绕学校“十二五”科技发展规划分别作了专题报告。全体校领导，各学院院长、教授、科研骨干和职能部门负责人参加会议。会议围绕学校“十二五”科技发展规划和建设“教学研究型大学”的学校发展总体目标，展开深入讨论，明确了“十二五”期间学校科研工作的方向和工作思路。

28日，举行学校新校区土地一级开发项目委托协议书签字仪式。北京市教委副主任何劲松、昌平区副区长刘淑华、校党委书记郑君礼、校长柳贡慧、副校长冯喜春出席了签字仪式并讲话。仪式由柳贡慧主持。学校新校区建设工作主管副校长冯喜春和北京振邦承基开发建设有限公司董事长王小渟共同在协议书上签字。该协议书的主要内容是委托该公司对学校新校区范围内的城市国有土地、乡村集体土地进行统一的征地、拆迁、转非、安置及补偿，并进行适当的市政配套设施建设，使新校区范围内的土地达到“七通一平”的建设条件。

29日，举行学校2012届毕业生校园招聘会。这是学校组织的第二场大型综合双向选择洽谈会，共吸引了108家单位参会，提供约1500个用人岗位。

·12月·

3日，学校外国语学院承办的第三届北京市研究生英语演讲比赛复赛在健翔桥校区举行。来自首都20多个高校的24名研究生代表参加比赛。

△学校作品获得以“快乐文明的都市生活”为主题的第二届做文明有礼的北京人《大学生》杯动漫大赛漫画类金奖1项、银奖1项、优秀奖3项，动画类优秀奖1项。学校被授予优秀组织奖。

7日，举行2011年新生校情校规知识竞赛。本次活动主题为“遵章守纪 知校爱校 健康成长 兴校荣校”，9支代表队参加比赛，信息管理学院获得一等奖。

△北京市民政局下达行政许可决定书批准学校成立校友会。此前，学校于10月17日得到北京市教育工作委员会同意设立北京信息科技大学校友会的批复。

8日，举行学校2011年应征入伍学生欢送大会，欢送学校第二批应征入伍的23名同学。大会由学校党委副书记杨军主持，校长柳贡慧、征兵工作领导小组成员、各学院党总支副书记、辅导员、应征入伍学生、退役复学学生代表、在校学生代表参加欢送大会，海淀区人民政府征兵工作办公室宣传组组长刘洋出席大会。

△举办神华集团有限责任公司副总经理李东受聘学校兼职教授仪式。

9日，韩国建国大学副校长金宇峰教授一行访问学校，校长柳贡慧会见。双方就专业设置、学科建设和学生培养等问题进行深入交谈。

△召开干部宣布大会。市委组织部副部长闫成，市委教育工委常务副书记刘建，

市委教育工委委员、干部处处长刘勇，市委组织部宣教政法干部处处长张彤军和市委教育工委干部处副处长高小军等上级领导出席会议并讲话。学校相关领导70余人参加了会议。会议由校党委书记郑君礼主持。闫成宣读了陶志红同志担任学校副校长的任职决定，并颁发了市政府任命书。陶志红同志曾任北京市国土资源和房屋管理局规划科技处副处长，北京市国土资源局规划处副处长，北京市国土资源勘测规划中心主任；2010年10月任北京市国土资源局规划处处长。

△第七届“一二．九学术科技节”开幕。学术科技节旨在营造全校崇尚科学、追求真理的科技学术氛围，丰富学生的科技知识，全面提高学生科技创新能力。本届学术科技节将以讲座、学术科技竞赛等多种形式展开，为期一个月。

9日至10日，召开2011年心理健康教育培训暨研讨会。学校党委副书记杨军、校纪委书记冯晓春出席会议，学生工作部、各学院及清河校区相关领导，心理健康教育中心全体教师、学生处相关教师及各学院心理辅导员参加会议。参会人员就“如何加强学校心理健康教育工作三级体系建设”等四个主题进行讨论。此次培训及研讨会还聘请美国知名心理咨询与治疗专家海蓝博士进行心理危机干预相关业务知识培训。

12日，学校学生在第27届全国部分地区大学生物理竞赛非物理B组的竞赛中共有38人获奖，其中8人获一等奖。

18日，2011年中国大学生就业模拟大赛闭幕式暨颁奖典礼在学校清河小营校区举行。2011年中国大学生就业模拟大赛由学校和全国博弈论与实验经济学研究会联合主办，由学校经济管理学院承办，本次比赛共有18个学校或单位派出611名选手参赛，经过8个月的比赛，评选出一等奖11名，二等奖19名，三等奖40名，学校4名同学获得一等奖。

19日，举行自动化学院、计算机学院院长、副院长竞争上岗面试。面试工作组成员由全体校领导，职能部门负责人，教代会、民主党派、教授代表共计25人组成。面试由校党委书记郑君礼主持。两个学院本次竞争上岗的职位共有6个，共有11人竞争岗位。

20日，举行“新希望、新征程、新辉煌”新年联欢会，全体校领导与机关广大干部职工一起辞旧迎新，校长柳贡慧致辞。

21日，举行杨连祥教授受聘“北京市海外高层次人才”暨“北京市特聘专家”受聘仪式。校长柳贡慧出席受聘仪式，仪式由副校长冯喜春主持。杨连祥教授毕业于德国卡塞尔大学，获机械工程学博士学位，于2001年10月加入美国奥克兰大学，2008年受聘于教育部长江学者讲座教授，2011年10月被认定为“北京市海外高层次人才”及“北京市特聘专家”。

22日，市委教育工委、市教委党风廉政建设责任制第九检查组一行6人，在组长北京市教委副主任何劲松、中央财经大学党委副书记侯慧君的带领下，来学校检查2011年落实党风廉政建设责任制、推进惩防体系建设任务完成情况。参加汇报会的有学校校领导、校纪委委员、重点职能部门负责人和各学院教师代表，校长柳贡慧致辞，校党委书记郑君礼作专题汇报。检查组对学校认真落实党风廉政建设责任制给予高度评价。

△学校与北京市教委、全国大学生数学建模竞赛北京赛区组委会共同承办的全国大学生数学建模竞赛20周年庆典暨2011

年“高教社杯”颁奖仪式在人民大会堂举行。全国人大常委会副委员长路甬祥，全国政协副主席王志珍，全国大学生数学建模竞赛组委会主任李大潜，全国电子设计竞赛组委会主任王越等20名中国科学院院士出席庆典暨颁奖仪式，中国高等教育学会会长周远清，教育部高等教育司司长张大良，北京市教委副主任付志峰，学校党委书记郑君礼、副校长许晓革以及高等教育出版社总编辑杨祥等领导，来自全国各地的全国大学生数学建模竞赛组委会成员、特邀专家及领导，各省（市、自治区）教育厅（教委）主管竞赛工作的负责人、各赛区组委会主要负责人、赛区评阅工作负责人，全国部分高校获奖学生和教师代表参加庆典暨颁奖仪式。校党委书记郑君礼致欢迎词。全国大学生数学建模竞赛于1992年创办，今年有全国33个省（市、自治区，包括香港和澳门）以及新加坡和美国的1251所学校参加，参赛队数达19490队（学生数58000多人），是我国高校规模最大的学科性竞赛活动。在数学建模竞赛20周年评奖中，学校被评为“北京市优秀组织学校”。新华社、《北京晚报》、中国教育电视台、搜狐网等媒体给予关注和报道。

23日，召开学校校友工作座谈会。学校校友会筹备工作委员会主任、党委书记郑君礼，校长柳贡慧，纪委书记冯晓春，副校长韩秋实、刘勇等主要领导，20余位杰出校友代表以及各学院的院长和党总支书记出席参加了会议。座谈会由校友会筹备工作委员会副主任韩秋实主持。会议主要内容是讨论确定校友会第一次会员大会召开的时间、地点、内容和议程，以及第一届理事会、常务理事会和监事会成员构成原则。

27日，第一届教职工代表大会暨第一届工会会员代表大会第三次会议举行。会议由学校党委副书记、教代会执委会主任、工会主席杨军主持。校长柳贡慧对学校“十二五”事业发展规划（草案）作的解释说明。与会代表听取汇报并审议通过了学校“十二五”事业发展规划（草案）。

30日，举行学校第一届高级团校结业典礼。本届学员由校、院（系）两级主要学生干部组成。本次高级团校从11月20日开始，期间邀请了中央党校赵虎吉教授、中国社会科学院辛向阳教授做的关于“创先争优”活动及青年理想信念养成的培训报告，组织团校学员参加了集体调研拓展活动。

30日，举行2012“新年嘉年华”活动。“新年嘉年华” 活动从2010年开始，今年是第三次举办，活动第一次设立了大学生创业集市。

31日，学校政治理论教育学院与北京高教学会中国近现代史研究会、首都师范大学马克思主义教育学院举办“中国共产党90周年、辛亥革命100周年与中国社会变迁学术研讨会暨北京高教学会中国近现代史研究会年会”。北京市委教育工委宣教处、50多所高校马克思主义学院的院领导、知名专家学者和中国近现代史纲要课程的教师共120余人参加会议。

三、特载与专文

北京市副市长洪峰到校调研

2011年10月10日上午，北京市副市长洪峰在相关委办局领导的陪同下到学校调研工作。

上午9时，洪峰及相关委办局领导在学校领导的陪同下首先来到位于健翔桥校区的北京市重点实验室传感技术研究中心，他与年逾古稀却仍然奋战在科研第一线的张福学教授亲切交谈，了解实验室建设发展情况。离开传感技术研究中心，他来到学校的校企合作实训基地——3G移动通信实训实验室，了解实验室的建设、应用情况，并观看学生自行设计的3G网络运转的手机视频通话。随后他又来到过程控制实验室，了解实验室的开放情况，并饶有兴致地观看学生自己设计制作的电路板、智能交通系统以及舞蹈机器人表演。

离开健翔桥校区后，洪峰赴清河小营校区调研教育部机电系统测控重点实验室，机械工程实验教学中心，了解该重点实验室的科研方向、科研成果及校企合作、成果转化等情况。观看两次在中型机器人足球世界杯赛中获得冠军的“Water”队的机器人表演。实地调研结束后，他在图书馆大厅观看了学校的科技成果展示。

随后洪峰一行在清河小营校区第四会议室听取学校领导汇报。学校党委书记郑君礼详细汇报了学校的基本情况、近年来学校发展建设的主要情况、学校“十二五”期间的主要发展思路和新校区建设工作相关情况及问题。听取汇报后，洪峰又向市发改委、市教委、市住建委、昌平区等单位陪同领导详细了解了学校新校区征地拆迁、资金筹措等问题。他首先肯定学校近年来在科研、教学及全面建设中取得的成绩。他强调，成绩的取得是学校领导班子带领全校师生员工奋斗的结果；他指出，学校注重培养学生的动手实践能力，注重产学研用的相互结合相互促进，特色突出，定位准确；他表示市政府将全力支持学校博士点的申报工作；他特别强调要加快推进学校新校区建设，春节后将实质性启动新校区建设，并同步推进校区周边配套工程。

第一届教职工代表大会暨第一届工会会员代表大会第二次会议专题

学校第一届教职工代表大会暨第一届工会会员代表大会第二次会议综述

2011年3月25日至4月1日，学校召开了第一届教职工代表大会暨第一届工会会员代表大会第二次会议。会上，学校党委书记郑君礼同志作了题为《集聚智慧力量 推进改革创新 努力实现“十二五”良好开局》的重要讲话，强调要从积极推进学校民主管理、促进教职工发展成长、努力提高为职工服务能力三方面来强化工作职能，充分发挥教代会、工会作用，做好“十二五”规划编制工作和学校2011年工作。

会议先后听取并讨论了校长杜林同志所作的题为《求实创新 开拓进取 凝心聚力 继往开来 为开创学校科学发展新局面而努力奋斗》的工作报告；校教代会执委会主任、校工会主席刘勇同志所作的题为《团结动员全校广大教职员工 为实现学校“十二五”事业发展的良好开局贡献力量》的教代会和工会工作报告；财务处处长姜玉勇同志作的学校2010年财务工作报告；工会经费审查委员会主任徐燕同志作的2010年工会经费审查报告；教代会提案工作委员会主任周金和同志作的提案工作报告。

会议期间，各代表团进行了分组讨论，针对学校的改革建设和发展以及教职工普遍关注的问题，提出了许多宝贵的意见和建议，对进一步推动学校科学发展、进一步增强广大教职工建设好学校的信心和决心、实现学校“十二五”事业发展的良好开局具有重要作用。

本次会议是在全校深入贯彻落实学校第一次党代会精神、积极谋划学校“十二五”事业发展并启动学校“十二五”规划编制工作的背景下召开的一次重要会议，对团结动员广大师生员工凝心聚力，加快推进学校各项事业发展贡献智慧和力量具有重要意义。

集聚智慧力量　推进改革创新 努力实现“十二五”良好开局

——在第一届教职工代表大会暨第一届工会会员代表大会第二次会议上的讲话

党委书记　郑君礼

（2011年3月25日）

各位代表、同志们：

学校第一届教职工代表大会暨第一届工会会员代表大会第二次会议是在全校学习贯彻党的十七届五中全会精神、全国教育工作会议精神、《国家“十二五”规划纲要》和《国家中长期教育改革和发展规划纲要》，深入落实学校第一次党代会精神，积极谋划学校“十二五”事业发展并启动学校“十二五”规划编制工作的背景下召开的一次重要会议。会上，杜林校长作了2010年学校行政工作报告，全面系统地回顾和总结了过去一年学校教学、科研、管理、服务等各个领域的工作，充分展示了在广大师生员工的共同努力下，学校各项事业取得的丰硕成果。这些既为学校未来科学发展奠定了坚实的基础，也必将进一步坚定广大师生员工谋划好“十二五”事业发展，加快推进学校改革建设的信心和决心。会议还先后听取了学校2010年财务预算执行情况和2011年财务预算报告、提案工作报告、2010年教代会和工会工作报告，还以书面形式提交了2010年工会经费审查报告。按照本次会议安排，各位代表将在会后对这些报告进行分团讨论和审议，希望各位代表紧紧围绕学校中心工作，本着对学校发展建设高度负责的精神，多提意见建议，积极献言献策，为制定好学校“十二五”事业发展规划，为实现学校“十二五”良好开局贡献自己的智慧和力量。

各位代表，2010年，在市委市政府、市委教育工委市教委的正确领导和大力支持下，在全校广大师生员工的共同努力下，我们全面完成了学校“十一五”事业发展规划确定的各项任务，取得了一系列标志性成果，学校呈现出良好的发展态势，广大师生员工建设好学校的信心更加坚定，学校的凝聚力不断增强。这些成绩的取得，是全校上下集体智慧和力量的结晶。在这里，我代表学校党委和学校领导班子，向为学校发展建设付出心血和做出贡献的全体师生员工，表示崇高的敬意和衷心的感谢！

2011年，我们要在“十一五”发展建设取得显著成绩的基础上，在新的起点上开始“十二五”发展建设的新征程，做好2011年的工作十分重要。学校党政已经对2011年的工作做了全面部署，下面，我就做好今年两方面重点工作和更好发挥教代会工会作用，讲一些意见。

一、集中师生智慧，科学编制“十二五”事业发展规划

今年是“十二五”的开局之年，科学编制好“十二五”事业发展规划，对于学校今后五年的发展建设至关重要。学校党委已经对该项工作进行了专题研究和部署。我们要在已经着手开展的前期相关工作的基础上，广泛发动师生、充分发扬民主，集中全校师生智慧，科学编制“十一五”事业发展规划。编制好“十一五”事业发展规划，必须把握好以下几点。

一是要认清教育发展的新形势，准确把握发展机遇和政策导向。全国教育工作会议的召开和《国家教育中长期改革和发展纲要》的颁布，标志着我国教育进入了新的发展时期。“优先发展、育人为本、提高质量、改革创新、促进公平”的总要求，为教育事业指明了新的发展方向。突出育人为本，坚持以提高质量为主要任务的内涵式发展，大力推进改革创新，将成为高等学校未来一个时期的主要任务，也是政府、社会检验我们工作的主要标准。我们要深入学习党的十七届五中全会、全国教育工作会议和北京市教育工作会议精神，深刻领会精神实质和发展思路，准确把握发展机遇和政策导向，将党中央、国务院和北京市委、市政府“十二五”规划的部署要求、国家及北京市中长期教育改革和发展规划纲要及中长期人才发展规划纲要，作为指导我们学校深入谋划“十二五”事业发展的基本依据，把全体师生员工的思想统一到中央和市委市政府的工作部署与总体要求上来。

二是要坚持以科学发展观为统领，充分体现改革创新精神。要认真总结实施“十一五”事业发展规划所取得的基本经验和突出成绩，找准影响学校科学发展的关键问题和薄弱环节，科学分析学校面临的新的发展机遇和挑战，既要正视学校发展基础相对薄弱、当前仍面临较多难题的现状，更要看到学校近几年取得的发展成效为未来发展奠定的良好基础、提供的广阔空间和创造的美好前景。要坚持以科学发展观为统领，注意与落实第一次党代会精神和深入实施六项工程相衔接，谋求学

校新的更好更快的发展。要充分体现改革创新精神，既要敢于抢抓机遇，应对挑战，又要敢于突破常规，创新发展。

三是要主动适应国家和社会需要，重点突出学校的优势与特色。要深刻理解“十二五”赋予高校的新的历史使命和责任担当，主动适应国家及北京市经济社会发展需要，进一步增强为首都服务的意识，在学科专业方向的凝练、人才培养模式的创新、科技工作战略的选择和社会服务领域的拓展等任务的制定上，重点突出学校的优势与特色；还要通过“十二五”事业发展规划的制定和实施，创造新的优势，形成新的特色。

四是要全心全意依靠广大教职工，充分发挥师生的聪明才智。制定“十二五”事业发展规划是一项复杂的系统工程，涉及学科建设、队伍建设、人才培养、科学研究和服务社会等方方面面，关系到每一个教职工的长远发展和切身利益，只有依靠广大教职工共同参与才能高质量完成。要紧紧围绕建设“国内同类高校一流水平大学”的发展目标，充分发挥全体师生员工的聪明才智，使编制学校“十二五”事业发展规划的过程，成为坚定发展信心、强化一流理念的过程，成为凝聚师生智慧、共谋事业发展的过程，成为统一思想认识、促进深度融合的过程。

二、推进改革创新，努力开创学校科学发展新局面

改革创新是推动教育科学发展的根本动力，《国家中长期教育改革和发展纲要》（下文简称《纲要》）中突出体现了改革创新精神。当前，高等教育发展进入关键时期，改革处于攻坚阶段。贯彻落实《纲要》，实现学校科学发展，关键在于推进改革创新。改革创新的核心是体制机制改革创新，要立足学校当前实际，充分挖掘学校发展潜力，进一步强化改革创新意识，着力推进以下几个方面的改革创新。

一是要进一步推进人才培养模式改革创新，努力提高人才培养质量。教学是学校的中心工作，人才培养是学校的根本任务。人才培养质量关系到学校的社会形象与社会声誉，关系到学校的生存与发展。时代的迅猛发展、经济社会的深刻变革，对高校人才培养的规格、质量等都提出了新的更高的要求。近年来，学校在组织推进“以信息类为主的特色专业应用型人才培养模式创新试验区”为切入点的应用型人才培养模式改革方面，已经取得了可喜的阶段性成果。我们还要在更大的范围内，加大改革力度，主动适应时代和社会发展需要，继续在两个层面上推进人才培养模式的改革创新。其一，要以社会需要为参照基准，调整学校的专业设置以及专业的培养目标、培养规格，使培养出来的人才能够更好地适应经济社会发展的需要；其二，要以专业的培养目标、培养规格为参照基准，调整专业的培养方案、培养途径，使人才培养模式中的诸要素更加协调，提高人才培养质量与人才培养目标的符合程度。要将人才培养模式改革视为根本性的系统工程，全员发动，深化教育教学改革，努力形成全员育人的新格局；要坚持以学生为本，充分重视学生在人才培养模式改革过程中应有的地位和作用，力求使人才培养模式适应社会的需求和学生成长成才的需要。

二是要进一步推进内部管理体制改革创新，不断健全管理服务体系。要切实根据经济社会发展实际和高等教育发展要求，着力推进内部管理体制改革创新。首先，要坚持依法办学、科学管理，进一步健全和完善校内制度体系，促进管理的规范化、科学化、精细化；其次，要立足学校实际，着眼发展需要，进一步完善校院两级管理模式，着力探索建立实施目标管理、强化过程监督、突出评估与考核的激励与约束相挂钩的工作机制，切实发挥好校院两级在办学过程中的积极性、主动性；第三，要在调整后勤部门设置与职能的基础上，继续深化后勤管理改革，积极探索后勤服务保障的新体制、新机制，努力提高工作水平和服务能力，为学校各项事业发展和师生员工学习、工作、生活提供优质高效的服务。

三是要进一步推进干部人事制度改革创新，着力优化人才成长环境。干部人事制度改革在体制机制改革中具有重要的导向意义，只有形成了比较完善的、符合科学发展要求的用人机制，有利于创新发展的愿望才能得到尊重，有利于创新发展的活动才能得到鼓励，有利于创新发展的才智才能得到发挥，有利于创新发展的成果才能得到肯定，才能为广大干部教师干事创业创造良好环境、营造良好氛围。要在年初完成机关处级岗位公开聘任的基础上，年内进行党政学院领导班子换届和干部调整工作；要在完成教师专业技术职务岗位聘任工作后，做好教师专业技术职务分级工作；要研究学生工作队伍建设相关问题；要按照国家和北京市有关工作部署和要求，以推进实施绩效工资改革为契机，进一步理顺分配机制，着力建立健全相关考核、评价、激励体系；要抢抓北京市人才工作相关新政策推出后带来的新机遇，引进与培养并举，推进人才队伍建设取得新成效。

三、强化工作职能，充分发挥教代会工会的作用

教职工是以知识分子为主体的育人队伍，是承担教育教学改革各项工作任务、促进学校各项事业科学发展的不可替代的主体力量。学校党委将一如既往地站在全心全意依靠教职工办学的高度上，加强和改进对教代会工会的领导，不断强化教代会工会工作职能，充分发挥工会在团结、动员、服务广大教职工以及教代会在推进学校民主管理等方面的作用。

一是要积极推进学校民主管理。教代会制度是学校管理体制的重要组成部分，是教职工在校党委领导下依法行使民主权利，实行民主管理、民主监督的基本制度和形式，也是学校领导广泛听取教职工意见，促进决策科学化、民主化的重要渠道。要以进一步完善教代会制度、推进二级教代会建设为重点，充分发挥教代会作为教职工理性表达利益诉求的主渠道作用，使广大教职工真正能够参与学校事务管理，切实落实广大教职工的知情权、表达权和监督权。要充分发挥教代会代表紧密联系教职工的优势，深入了解和掌握广大教职工的学习、工作和生活情况，了解和掌握广大教职工的发展需求和实际问题，为学校科学决策提供可靠依据。要切实实现好、维护好、发展好广大教职工的切身利益，努力解除其后顾之忧，使之更好地履行教书育人、管理育人、服务育人的主体责任。

二是要着力促进教职工发展成长。要以组织、引导、服务教职工和维护教职工合法权益为核心，大力弘扬时代精神，努力营造尊重知识、尊重人才、尊重创新的良好氛围，搭建教职工发展的良好平台，建立切实有效的服务体系和激励机制，保护好、调动好、发挥好教职工的创新精神，激发广大教职工的无穷智慧和创造潜能，推进学校事业发展。要主动适应时代要求不断加强以教师队伍建设为核心的人才队伍建设，努力提高广大教职工的整体素质，为教职工的职业技能培训、职业生涯规划提供有力的支持和保障，积极努力地创造条件。

三是要努力提高为教职工服务的能力。要主动适应我国经济体制深刻变革和社会结构、利益格局、思想观念等发生的深化变化，着力加强工会自身建设，推进在工作领域、工作对象、工作任务和工作方式等方面的改革与创新，把工会建设成为组织健全、维权到位、工作扎实、作用明显、教职工信赖的教职工之家，不断提高服务教职工的能力。要坚持以人为本，牢固树立群众意识，关注民生、重视民生、保障民生、改善民生，真诚倾听教职工意见和呼声，真实反映教职工的愿望和要求，关注师生学习、工作、生活中的实际困难和问题，切实维护好教职工的合法权益，努力为广大教职工营造良好的工作氛围和宽松的工作环境。

各位代表、同志们，在新的历史时期和新的形势下，加快推进学校科学发展，我们面临的任务十分艰巨、责任十分重大。希望各位代表牢记任务使命，认真履行职责，密切联系教职工，充分发挥作用，努力增强大局意识和主人翁意识，团结广大教职工，同心同德、克服困难、锐意改革、共谋发展，为实现学校“十二五”事业发展的良好开局而共同努力奋斗！

谢谢大家！

求实创新 开拓进取 凝心聚力 继往开来 为开创学校科学发展新局面而努力奋斗

——在第一届教职工代表大会暨第一届工会会员代表大会第二次会议上的报告

校长 杜 林

（2011 年 3 月 25 日）

各位代表：

大家下午好！

2010 年是“十一五”的最后一年，在学校党委的领导下，全校师生员工坚持贯彻科学发展观，认真落实第一次党代会精神，深入开展六项工程建设，以学科建设为龙头，以人才培养为中心，以深化改革为动力，巩固发展成果，强化科技创新，大力推进和谐校园建设。根据学校 2010 年党政工作要点和 2010 年下半年重点工作的部署和要求，我们加强领导、统筹规划，强化基础、完善机制、深化改革，加大力度推进重点工作，在全校师生共同努力下，全面完成了“十一五”规划确定的各项内涵建设任务，各项事业继续保持良好的发展势头。下面，我向大会报告工作，请予审议。

一、2010 年主要工作回顾

（一）学科建设取得新成果

深入落实学校第一次学科建设工作会议精神，进一步加强学科建设，整合优势与特色学科资源，强化优势学科，发展特色学科，进一步提升学校的核心竞争力。积极组织新增北京市重点学科和北京市重点实验室的申报以及部、市级重点实验室检查、验收工作。新增北京市重点学科2个、北京市重点实验室1个，2个部、市级重点实验室顺利通过检查、验收。

组织申报了10个一级学科硕士学位授权点并通过北京市学位委员会审核。新增工商管理硕士专业学位门类，新增工程硕士专业学位授权领域3个。经教育部批准，我校自2011年起开展推荐优秀应届本科毕业生免试攻读硕士学位研究生的工作。

（二）继续深入实施“质量工程”和“创新工程”，人才培养质量稳步提高

召开了学校第一次本科教学工作会议，在总结工作、分析形势的基础上，明确了今后一段时期本科教学工作的总体思路和主要任务，对下一步本科教学工作做出总体部署。

教学质量工程项目取得新成绩。我校高等数学教学团队被评为国家级教学团队，实现了我校国家级教学团队项目“零”的突破。新增市级实验教学示范中心1个、校外人才培养基地1个、优秀教学团队2个、教学名师2名、精品课程1门。新增金融学本科专业。

积极推进人才培养模式改革，以人才培养模式改革创新试验区建设为切入点，通过在国内外的深入调研，形成了试点专业和数理实验班的新的人才培养方案，完成了平台模块课程的设计，并从2010级部分新生中开始试行。

组织开展了本科教学实验条件建设和全部国家级与市级质量工程项目建设三年规划的校院两级论证，明确了建设的目标和任务，为保证建设质量和提升管理水平打下了基础。

进一步加大实践教学改革的力度，促进人才培养模式创新。投入近50万元完成新研制实验、课内拓展型实验、学生科技创新活动等各类开放实验项目93项，更新了实践教学内容；投入专项资金支持学生实物型毕业设计，促进了毕业设计改革，举办了2010届毕业设计实物作品展，学生作品受到来自企业代表的好评。

进一步深入实施“创新工程”，着力提高研究生培养质量。完善并实施了研究生教学管理的系列文件，加强了对研究生课程的指导、检查和质量监控；结合学位论文的开题资格审查和盲评送审，加强了研究生中期考核工作；进一步加强研究生导师队伍建设，推进了指导教师培养团队建设，新增硕士研究生导师17人；进一步加强研究生实践教学，建设了一批符合研究生教学特点的实践类课程，积极推进产学研联合研究生培养基地建设。

（三）服务学生成长成才工作取得新进展

充分发挥“两课”主渠道作用，用中国特色社会主义理论和马克思主义中国化的最新成果武装学生头脑，以理想信念为核心，以社会主义核心价值体系为重要内容，开展系列主题教育活动，突出思想内涵，收到了良好效果。继续深入开展红色“1+1”社会实践活动，有2个学生党支部获得市级奖励；全面开展“我的班级我的家”先进班集体建设工作，1个班级获得全国先进班集体称号，填补了我校的空白，7个被评为“北京市先进班集体”、荣获1个北京市学习型示范班集体；注重思想教育与学生日常的评优、困难补助、助学贷款、考

风学风建设紧密结合，积极探索建立加强学生诚信教育机制；加强研究生学术道德和学术规范教育，开展了研究生学术道德、学术规范的系列讲座，建立了学术论文导师预审制度和研究生遵守学术道德承诺签约制度。

组织开展了优良学风班创建和评选以及“百名学习标兵”评选活动，对促进学风建设、带动整体学风状况的提升起到了积极作用；鼓励研究生积极参与本科生的指导与管理，在学风建设方面发挥引领作用。

进一步完善以国家助学贷款为主要手段，以奖助学金激励为主，勤工助学、学费减免、困难补助、专项补贴等为辅的多元化、分层次、全覆盖的资助服务体系，2147 人获各类国家奖助学金；203 名家庭经济困难学生通过绿色通道入学；注重对来自经济困难家庭、老少边穷地区、少数民族等特殊学生群体的帮扶，为特困学生发放了困难补助；设立勤工助学岗位 844 个，参加勤工助学 5070 人次、发放劳务费 181.3 万元。学校助学贷款工作得到上级的充分肯定。

加强组织领导，完善体制机制，重视队伍建设，构建了学生心理素质教育三级工作体系；加强了对大学生心理健康知识的普及教育和心理普查、心理危机排查，提高了学生心理健康水平，促进学生心理健康发展。

大力加强校园文化建设，校园文化氛围不断浓郁，校园文化品位逐步提升，在第三届北京大学生艺术展演和艺术作品评选活动中，我校获一等奖 5 个、二等奖 4 个、三等奖 1 个和“优秀组织奖”。

（四）科研与产业工作保持良好态势，科研水平迈上新的台阶

科研总经费达 6758.4 万元，实到科研经费首次突破 4000 万元、达到 4324.4 万元；新增科研项目 280 项、比上一年增加 46 项，其中新增国家自然科学基金 10 项、国家科技计划项目和科技重大专项项目 6 项、教育部人文社科项目 4 项、北京市自然科学基金及其他省部级项目 19 项；获省部和行业科技奖 5 项，其中二等奖 2 项、三等奖 3 项。获各类专利授权 61 项、其中发明专利 7 项（中国发明专利 6 项、美国发明专利 1 项）；公开发表学术论文 836 篇，其中进入三大检索 270 篇，比上一年增长近 1/3；出版科技类著作 13 部。科技创新和服务首都的能力明显上升。

学术交流活动呈现好的发展势头。主办、承办了高水平的国际性学术会议 2 次、国内学术会议 4 次，接待国外专家学者 120 余人次。

学报更名并改版为自然科学版后，稿件作者层次、稿源数量、内容质量等明显提升，学报的影响因子达到 0.536，影响因子排名上升了 95 位、排名第 125 位。

我校“北京市大学科技园”的建设申请得到正式批准，并已着手建设；市政府批准我校申报的“北京高端信息产业技术研究院”列入中关村科学城第二批建设项目；校办产业规范化建设有序推进，学校参股的北京拓尔思信息技术股份有限公司的上市申请，已于 12 月 24 日经中国证监会创业板发行审核委员会 2010 年第 90 次会议审核通过，我校将成为首家拥有上市公司股权的市属高校；科技产业上交学校 834 万元。

（五）人才队伍得到进一步优化

继续深入实施人才强教及其深化计划，完成了特聘教授、讲座教授、中青年骨干人才等项目遴选与申报工作，我校特

聘教授陈迎潮入选北京市第三批海外高层次人才；新增北京市海外高层次人才 1 人、百千万人才 2 人、讲座教授 2 人、享受政府特贴人员 2 人、北京市创新团队 4 个、中青年骨干人才 24 人。

积极推进人事制度改革工作。按照以学科建设为龙头的要求，完成了全校教师职务聘任工作的岗位设置。完成了八个学院的正高级责任岗位、七个学院正高级重要岗位的聘任工作，已聘任责任岗位教授 42 人，重要岗位教授 49 人。完成了工程系列的岗位设置和聘任工作，共有 37 名人员受聘到工程系列职务岗位，其中副高级 9 人、中级及以下 28 人。

不断拓宽渠道，加强现有教师的培养。探索网络培训方式方法，坚持贴近实际、按需培训、学用一致、注重实效的原则，开展教师培训，被评为 2010 年度全国高校教师网络培训工作先进集体。通过举办第四届青年教师教学基本功比赛以及第三届实验教学基本功比赛暨优秀实验项目评选、校级优秀教学团队评选等活动，促进了教师间的学习与交流，提高了教学水平。全年共派出访问团组 23 个、120 人次；组织校内各类培训 200 余人次。

根据学科与专业建设需要，接收应届毕业生 14 人，全部具有博士学位，其中博士后 2 人。

（六）管理服务与基础条件建设工作取得新成效，办学条件得到改善。

招生、就业工作保持良好势头。研究生招生规模继续稳步增长，完成招生计划 326 人。本科招生范围增加了海南、青海、宁夏 3 个省（区），京外生源比例增加到 35%，完成招生计划 2790 人。招收来自美国、韩国、澳大利亚等国家语言生、进修生、交换生等层次的留学生 150 余人次。引导和鼓励毕业生面向基层就业；高度重视家庭经济困难和就业困难毕业生的帮扶工作；进一步加强了就业信息服务；采取多种方式、多种措施，积极开展毕业生推荐工作，组织召开大型双选招聘会 5 场、专场招聘会 100 余场；充分发挥教师的作用，推荐毕业生求职应聘；加强了与产业、地区的合作，积极引导并鼓励毕业生自主创业。应届本科和硕士毕业生的就业率分别为 98.36% 和 98.87%。

加强财经制度建设，完善内部监督机制，促进学校财经管理工作进一步科学化、规范化、民主化、精细化。进一步深化和完善校院两级财务管理改革，改进和细化部门预算管理。改进了专项经费立项论证工作，聘请了校内外专家参与论证，提高了论证质量。改进、规范工作程序，加强了对科研经费的管理。完成审计项目 60 项、总额 4031.6 万元，提出审计建议 21 条。

完成了全校资产清查工作，固定资产账物相符率为 99.62%，统一了原两校资产数据，解决了部分历史遗留问题。完成了 33 项、总额 4184.6 万元的设备购置专项，政府采购率达 100%。专项支付进度得到市教委的好评，我校被市教委评为专项管理二等奖，增拨教育事业费 200 万元。

坚持内涵发展、开拓创新，完善制度、强化管理，较好地完成了后勤服务和保障任务。认真实施“奉献”工程，开展“爱岗敬业大家谈”活动、业务技能竞赛、“优质服务月”等活动，后勤服务质量进一步提升。

投入 6372 万元用于教学实验条件、科研平台和图书资源建设，其中教学实验条件建设 3623 万元、科研平台建设 2434 万元、图书资源建设 315 万元。投入经费 3340 万元，加强基础设施的维修与改造，校园环境明显改善。清河校区学生食堂及图书馆危房改造工程先后竣工，增加可使用校舍面积3200多平方米；筹措经费300万元，租用了汇海商务酒店，增加了校舍面积2360平方米。积极推进小营校区办公周转房及机电实习中心两个专项工程的实施；完成了30项基础设施修缮改造项目、面积3.2万平方米。

(七)民主管理的体制机制不断完善，校务公开工作得到强化

隆重召开新大学第一届“双代会”，建立健全了教代会、工会组织体系和工作机制。着力发挥工会教代会在民主决策、民主管理、民主监督、师德建设、维护教职工合法权益、为教职工办实事、构建和谐校园等方面的积极作用。认真落实提案，提案的答复率为100%。

坚持做好校务公开工作。调整充实了校务公开工作领导小组及其办公室和校务公开工作监督小组，修订完善并补充制订了校务公开的实施办法与细则，加大了校务公开工作的力度。各部门通过校园网新闻、校园网办公系统、公开栏、宣传栏、各类会议、校报、广播等形式，及时公开了涉及学校改革发展的重大举措，涉及人、财、物、基本建设等领域和涉及教职工及学生切身利益的重大事项。规定需要公开的事项41项均已全部公开，其中向社会公开的有学校概况、管理机构、学院专业设置和领导分工，招生录取各项政策、程序与收费，有关招标项目的内容；向校内师生公开的有党建、教学、学生、人事、财务、资产、安全、校务管理各类规章制度共76个，机构成立和调整事项15项，2010年学校教师职务聘任工作的方案、岗位设置、拟聘任人选以及处级岗位公开竞聘工作实施方案、拟提任人选，教职工考核、培训、进修、各类评奖评优及困难职工补助，学生评优和奖贷补评定结果，国际交流合作事项，学校经费预决算等。

各位代表，我校连续三年以第一完成单位获得4项国家级科技奖励，引起了市委市政府和社会各界的高度关注。1月20日，中共中央政治局委员、市委书记刘淇，市委副书记、市长郭金龙等市领导专程到我校调研。刘淇代表市委市政府对学校围绕服务首都发展大局，立足科技创新，坚持产学研用相结合、做强重点优势学科、不断创新体制机制，在科技创新、人才培养、科研成果产业化等方面取得的突出成绩给予高度评价。

11月15日，市人大常委会刘新成副主任及40多位市人大代表到我校专题视察落实国家中长期教育改革和发展规划纲要及创新人才培养情况。市人大代表们认为，我校在努力推动思想认识上从培养精英人才到培养面向一线的应用型人才的转变，突出对学生实践能力和创新意识的培养，努力激发学生学习兴趣、明确学习方向、增强学习动力、挖掘学习潜能、促进学生全面发展和个性发展等方面，做了大量卓有成效的工作。

我校大学生在2010年的科技创新活动与学科竞赛中屡获殊荣、再创佳绩，成为我校人才培养的一大亮点。6月，我校以本科生为主组成的代表队在新加坡举行的中型机器人足球世界杯赛中战胜以博士生、硕士生和本科生混合编组的上届冠军荷兰爱因霍夫理工大学队取得冠军，为国家争得了荣誉，极大提升了我校的社会形象和影响力。7月，我校举办了“北京信息科技大学杯”第十届全国机器人大赛暨2010年FIRA世界杯机器人大赛中国队选拔赛，参赛院校、参赛队伍、参赛人员均为历届之

最，得到了市政府、市教委领导的高度重视，多家知名主流媒体进行了采访和报道，被主办大赛的中国人工智能学会机器人足球工作委员会的领导、专家誉为最成功的一届大赛。在大赛的27个项目81块奖牌中，我校学生取得了金牌6块、银牌7块、铜牌7块的优异成绩。

2010年，全校参加各级各类学科竞赛的学生6497人次、获奖1403人次，其中世界冠军1项、国家级特等奖3项以及国家和北京市一等奖34项、二等奖50项、三等奖56项，获首都“挑战杯”大学生创业计划竞赛奖励7项，连续三年蝉联了HONDA节能车竞技大赛唯一的最佳技术奖。

各位代表，回顾过去的一年，在学校党委的领导下，全校师生共同努力，学校各项事业的发展取得了显著的成绩，这些成绩的取得来之不易。在此，我代表学校党政领导，向在教学、科研、管理和服务一线辛勤工作、默默奉献并做出突出成绩与贡献的全校师生员工表示崇高的敬意和衷心的感谢！

在回顾成绩时也应该清醒看到，我们的工作与科学发展观的要求，与上级确定的目标，与广大师生员工的期望还存在差距和不足。一是新校区建设项目立项没有实质性突破；二是编制学校“十二五”规划的工作尚未摆上日程；三是推进改革的力度、深度还不平衡；四是解决好影响师生发展的难点问题还需进一步加大力度。要求我们在以后的工作中努力加以改进、提升和推动。

二、关于2011年的工作

2011年是“十二五”的开局之年。面对学校发展的新形势、新任务、新要求，我们要坚持以科学发展观为统领，贯彻落实国家及北京市教育工作会议和国家及北京市中长期教育改革和发展规划纲要的要求，贯彻落实学校第一次党代会精神，强化一流理念，实施六项工程，锐意改革创新，切实做好编制“十二五”规划、强化内涵建设、增强学生教育管理服务成效、完善服务保障体系、改善办学条件、促进师生发展等工作，加快推进学校各项事业取得新成效、新发展。

一是以编制“十二五”规划为契机，进一步谋划学校的发展。要深入学习领会党的十七届五中全会精神，准确理解把握国家及北京市教育工作会议以及中长期教育改革发展规划纲要、中长期人才发展规划纲要精神，全员发动、凝心聚力，认清形势、把握现状，明确任务、突出重点，全面总结固化推动“十一五”发展的经验，进一步完善学校科学发展、创新发展、和谐发展的顶层设计。

二是以提高质量为中心，全面贯彻国家与北京市教育规划纲要的要求，夯实基础、强化内涵，着力提升学校办学实力。以学科建设与发展为主线，强化优势学科，扶持新建学科，培育新兴学科，进一步发挥学科的龙头作用，促进学校核心竞争力的提升。进一步推进以“以信息类为主的特色专业应用型人才培养模式创新试验区”为切入点的应用型人才培养模式改革；着力推进专业、实践创新基地、核心课程、教学团队的建设，进一步完善教学管理制度和教学质量监控机制；进一步巩固评建成果，着力夯实教学基础，促进教学工作规范化、制度化。召开第一次研究生教育工作大会，以实施科学技术与研究生教育创新工程为载体，不断提升研究生培养质量。着力改进和完善学校人才工作管理体制，创新人才工作机制，明确人才工作思路，加大培养和引进高层次、高水平人才工作力度，统筹推进各类人才队伍的建设。召开第一次科技工作会议，进一步明确学校科技工作可持续发展的新路径、新举措；以大学科技园建设和建设北京高端信息产业技术研究院为契机，促进产学研用结合，加快推进科技成果转化和产业化，进一步提高服务首都经济社会的贡献率。

三是要抓住市政府批准我校新校区建设项目立项的有利机遇，充分依靠昌平区委区政府的支持帮助配合，全面完成新校区建设的总体规划设计，启动征地拆迁，积极推进完成开工准备，争取尽快开工建设，为抓紧完成建设开好局。

四是加强教育、完善体系，进一步增强学生教育管理服务成效。实施“勤学立信 思睿博雅”校风学风文化建设工程，努力打造积极向上、健康和谐、内涵丰富、特色鲜明的校风学风文化氛围，力争在2～3年内形成品牌与亮点；适应切实解决学生思想、学习、生活、就业等现实问题的需要，完成服务学生的“一站式”网络平台架构；做好召开第一次学生工作会议的筹备工作，进一步加强和改进学生思想政治教育工作，努力在解决学生深层次思想问题上有所突破，在增强工作的吸引力、感染力上取得新成效。

五是深化改革、规范管理，进一步完善服务保障体系。着力推进校内二级单位规章制度建设，初步形成校院两级有序衔接、科学规范的制度体系；着力探索建立实施目标管理、强化过程监督、突出评估与考核的激励与约束相挂钩的校院两级管理工作机制和制度体系；继续推进干部人事制度改革，努力完成校内各类岗位设置、教职工全员聘任和分级工作，探索建立“以绩效为导向，岗位职责和工作业绩为主要考核内容，考核结果与激励约束相挂钩”的教职工收入分配体系；深化以规划论证和绩效考评为重点的专项经费管理改革，实现全过程规范化管理，努力提高资金、资产使用效益；研究形成继续教育运行模式改革和后勤管理改革的方案，为推进改革做好准备。

六是加强基础、关注民生，努力创造学校办学和师生发展的条件。精心组织，加快推进现有校区相关改造、建设项目，整合优化现有校区存量资源，努力加强学科、教学、科研平台和基地条件建设；认真研究涉及广大教职工特别是青年教职工住房、收入、职业生涯规划等切身利益的问题，做好相关工作。

各位代表，回顾过去，工作的成绩令人鼓舞；展望未来，发展的前景催人奋进。我们正处在学校改革、建设与发展的重要时期和关键阶段，这需要我们以更加坚定的信心，更加振奋的精神，更加紧迫的责任感，求实创新、开拓进取、凝心聚力、继往开来，聚精会神干事业，改革创新谋发展，突出特色上水平，创造更加亮丽的工作业绩，再谱新篇章，再创新辉煌，为开创学校科学发展新局面而努力奋斗！

关于《北京信息科技大学“十二五”事业发展规划（草案）》编制情况的说明

——在第一届教职工代表大会暨第一届工会会员代表大会第三次会议上的发言

校长 柳贡慧

（2011年12月27日）

各位代表下午好！

现在，我受学校委托，向大会作《北京信息科技大学“十二五”事业发展规划（草案）》（以下简称《“十二五”规划》）编制情况的说明。

“十二五”时期是学校加强内涵建设、实施转型的关键时期。编制学校“十二五”时期事业发展规划，明确“十二五”时期学校改革发展的目标和任务，是学校全面总结办学经验、查找发展差距、科学谋划未来的必要举措。为切实做好学校“十二五”事业发展规划的编制工作，2010年3月24日，学校发文成立了以学校主要领导为组长，一位副校长任常务副组长，其他校领导、常委、校长助理为成员的领导小组，领导小组下设办公室，挂靠在学校办公室，成员有学校办公室、教务处、人事处、研究生部、科技处、高教研究室（战略规划研究室）、基建处（新校区建设办公室）主要负责人，同时成立规划起草组，由学校办公室、研究生部、高教研究室（战略规划研究室）、基建处（新校区建设办公室）有关人员组成。以上机构具体负责学校“十二五”时期发展规划的编制组织工作和学校总体发展规划的起草工作。经过近10个多月的努力，在学校党委、行政的高度重视和正确领导下，在全校各单位的大力支持和广大师生员工的积极参与下，领导小组办公室广泛征求师生员工的意见，深入开展调查研究，经过反复修改，编制形成了《“十二五”规划（草案）》。现将编制工作有关情况说明如下：

一、起草过程

起草过程大体分为三个阶段：

第一阶段：前期准备阶段（2011年3—5月底）。

这一阶段的主要工作是开展建言献策、学习调研宣传和完成子规划初稿阶段。制定了《学校“十二五”事业发展规划制定工作实施方案》，明确了规划编制工作指导思想、工作任务、工作体制、工作进程安排、规划框架及工作要求。学校开通了专题网站、印发有关简报、进行了广泛宣传组织，参加了全国普通高校“十二五”发展规划编制工作交流研讨会暨第三期高校教师规划管理能力提高培训班，有关子规划部门和学院邀请校外专家进行研讨，学校召开党政联席会专题研讨“十二五”事业发展规划编制工作，重点对“十二五”时期学校的目标定位与发展战略进行充分讨论，并确定了规划的核心内容。

第二阶段是研讨论证、形成规划初稿阶段（2011年6—9月中旬）。

学校在此阶段进行了大量和广泛的调

研，所有校领导全部参加，先后召集9个学院、机电实习中心、机电系统测控重点实验室、传感技术研究中心、体育部，研究生部、教务处、科技处、人事处、宣传部等单位200余人次召开了5个“十二五”事业发展规划研讨会，规划起草组在认真研究、讨论、梳理各种意见建议的基础上，不断完善“十二五”规划草案，并提交给党委常委会讨论，在进一步完善的基础上，学校暑期中层干部扩大会议又对《规划》进行了讨论，形成了58条意见与建议。

第三阶段是进一步完善和形成规划草案阶段（9月中下旬至12月底）。

起草组针对中干会58条意见建议进行了集中研讨，就规划文本词句仔细进行推敲，向有关部门再次征询沟通，前后15次易稿，至2011年12月中旬，形成规划草案。

二、指导思想

立足我校“十一五”期间发展基础，根据《国家中长期教育改革和发展规划纲要》（2010—2020）、《北京市中长期教育改革和发展规划纲要》（2010—2020）和我校第一次党代会确定的基本发展思路，契合《北京市“十二五”时期科技北京发展建设规划》和《首都中长期人才发展规划纲要》（2010—2020）精神，适应国内外高等教育发展大趋势和首都经济社会发展、国家行业发展要求，在市委、市政府领导下，坚持以人为本，以育人为中心，充分调动广大教职工的积极性和创造性，在学科、科研、教学、队伍、管理、服务六个方面争创一流，实现由教学型大学向教学研究型大学转变。

三、基本思路

以学校“十一五”时期发展为基础，以实现由教学型向教学研究型大学转变为中心，以全面提升学科、科研、教学、队伍、管理、服务水平，争创全国同类高校一流水平为重点，以培养高素质应用型人才和创造高水平科技成果，服务首都经济社会及国家行业发展为价值追求，以充分调动广大教职工积极性和创造性为发展动力，以创造和谐大学文化为发展环境，以努力做好6项重点工作，带动学校工作全面跃升为重要保障，以不断加强和改善党的建设及思想政治工作为坚强保证。

四、规划框架

规划共分为七个部分，约10500字。

第一部分发展回顾。“十一五”期间，学校扎实推进“信心建设、内涵建设、条件建设、制度建设、能力建设、和谐建设”，各项工作取得了显著成就。

新增北京市重点学科和重点建设学科6个；新增一级学科硕士点9个、专业硕士学位授予权领域9个。新增省部共建教育部重点实验室1个、其他省部级和行业重点实验室、研究基地、研究中心等5个。

牢固确立教学工作中心地位，培养高素质应用型人才的探索取得积极成果，10个本科专业在北京市进入第一批本科招生，建成国家级特色专业建设点4个、国家级实验教学示范中心1个；作为主要完成单位获国家级教学成果特等奖、一等奖各1项。

坚持面向首都经济社会发展，重点突出行业和国防军工领域优势，坚持以应用研究和科技开发为重点，积极推进产学研用结合，连续以第一完成单位获得4项国家科技奖励，学校大学科技园和中关村科学城北京高端信息产业技术研究院正式挂牌成立。

师资总量稳步增长，队伍结构不断改善和优化，引进“双聘院士”2人，新增北京高校学科首席专家岗位1个，具有博士学位教师增长160.5%，国家级教学团队建设实现零突破。

以促进文化认同、构建和谐校园、推进科学发展为目标，开展了校风教风学风建设、大学制度建设和校园文化活动，为学校发展提供了强有力的思想保证和精神动力，连续三年获得“首都文明单位”称号，2010 年获北京市党建和思想政治工作先进校提名奖。

挖掘现有校区资源，改善办学条件；推动新校区建设，在市委、市政府支持下，新校区建设项目立项正式获批。

大力开展国际交流合作和开放办学，与 9 个国家和地区近 25 所高校建立了校际合作关系。

“十一五”时期发展积累的重要经验是：必须坚持党对学校全局工作的坚强领导；必须以发展的成果解决存在的问题，促进校园和谐；必须坚持人才强校战略，为新大学快速发展提供强有力的人才保证和智力支持；必须坚持以人为本，切实解决民生问题；必须大力弘扬师生员工顾大局、识大体、同舟共济、迎难而上的精神，全心全意依靠师生员工，推进改革、建设和发展；必须坚持抓党建、促发展，不断提高各级党组织的创造力、凝聚力和战斗力。

第二部分发展背景。“十二五”时期，学校面临重要发展机遇。当今世界经济、政治、科技发展的大趋势及世界高等教育的改革创新与发展，为我校进一步开放办学、国际化办学，提高人才培养质量提供了强大的压力、动力和宽广的发展平台；国家确定了以信息化带动工业化发展战略，大力发展制造业和信息产业，北京市重点发展现代制造业、电子信息产业和现代服务业，为我校充分发挥学科优势，强化办学特色，增强服务首都经济社会的人才和科技贡献力，提供了难得的政策环境。国家和北京市相继颁布的教育改革发展、人才发展和科技发展的中长期规划纲要，以及国家和北京市相继召开的教育工作会议，为我校进一步优化发展的顶层设计、创新发展战略、推进全面发展提供了重要前提。“人文北京、科技北京、绿色北京”战略的实施以及中国特色世界城市建设，为我校进一步明晰目标、找准思路、科学发展提供了极其重要的历史机遇。

“十二五”时期，我校发展建设也面临严峻挑战。我国高等教育进入了以全面提高质量为主的新阶段，首都高等教育普及化带来的生源结构深刻变化和就业形势日益严峻，使我校提高教育教学质量，推动学生就业面临一系列新的情况和深层次问题；在新形势下打造特色、形成优势、实现学校一流发展目标的有效途径还需要深入探索；适应教育、科技变革发展的趋势，培育新的学科生长点及交叉学科、增强学科发展后劲的要求更加迫切；创新人才培养模式，优化科技工作体制机制，整体改善人才队伍特别是师资队伍结构，提高教学与科研水平的任务还相当繁重；现代大学制度建设以及内部管理体制机制需要进一步完善；建设高品位大学文化、推进深度文化融合更需要进一步加强；全面建成新校区，从根本上改善学校发展的空间环境，任务极其艰巨。

第三部分指导思想。坚持以邓小平理论和“三个代表”重要思想为指导，全面贯彻科学发展观；坚持社会主义办学方向和党的教育方针，育人为本、德育为先，努力培养高素质应用型人才；坚持创新建校、质量立校、学科兴校、人才强校，实现由教学型大学向教学研究型大学转变；坚持立足北京，面向全国，突出信息特色，大力提升为首都经济社会及国家行业发展的人才及科技贡献率；坚持以人为本、依法治校，“勤以为学、信以立身”，努力塑造高品位的大学文化。

第四部分办学定位。

学校类型：教学研究型。

办学层次：以本科教育为主，加快发展研究生教育，积极发展留学生教育。

专业结构：以工、管为主体，工、管、理、经、文、法多学科协调发展。

培养目标：创新能力较强的高素质应用型人才。

服务面向：立足北京、服务首都、面向全国、面向行业。

第五部分发展目标。长远目标是努力建设在电子信息、现代制造与光机电一体化、知识管理与技术经济等领域特色鲜明，立足北京、面向全国、培养高素质应用型人才为主，对首都经济社会及国家行业发展的人才及科技贡献较大，办学实力稳居北京市属高校前列，达到全国同类高校一流水平的教学研究型大学。“十二五”期间的发展目标是，高素质应用型人才培养模式改革取得实质性成果，教学质量达到北京同类高校一流水平；博士学位授权点实现零突破，学科布局结构进一步优化，科学研究指标及在校研究生人数较大增长；师资队伍与管理队伍结构进一步优化；国际合作办学与交流规模进一步扩大、水平进一步提升，办学条件得到实质性改善，全面建成新校区；改善民生，教职工收入水平显著提高；契合“人文北京”要求，大学文化建设取得明显成效。

第六部分主要任务，包括人才培养、学科建设、科学研究、队伍建设、文化建设、条件建设六大方面。

稳定生源数量，提高生源质量。“十二五”末，全日制普通高等教育在校生13000人，其中研究生2000人、本科生11000人。外国留学生100人。中外合作和交流培养学生年均100人。继续教育在籍注册人数稳定在5000人左右。教学质量工程建设取得创新性成果，与企业联合建设国家级工程教育中心1～2个；力争以第一完成单位国家级教学成果奖获得零突破。建立健全研究生教学质量保障体系，建设具有一定规模和学科覆盖面的产学研实验创新基地3～4个，实现与国外4～5所高校联合培养研究生。

“十二五”末，建设特色鲜明的一级学科6～7个，整体实力达到一级学科博士学位授权水平；以适应国家特殊需求为主攻方向，实现博士点零突破；硕士学位授予权一级学科增加3～4个，专业学位授权领域增加4～6个，北京市重点学科以及3～5个北京市重点建设学科增加2～3个。

“十二五”末，年实到科研经费7000万元，科研总经费9000万～1亿元。“十二五”期间，年均公开发表学术论文1000篇，SCI、EI、ISTP、CSSCI年收录论文300篇，中文核心期刊300篇；各类专利授权总数达到200项；省部级及以上奖励10项以上，力争再获国家级奖励1～2项，获奖总数超过30项。新增国家级或教育部科学研究机构1个、省部级或行业重点科学研究机构2个；大学科技园建设力争创北京市级科技园先进水平；努力建设北京高端信息产业技术研究院规划建设项目一期及二期工程，落实重大科研成果产业化落地项目2～3项。

“十二五”期间，教学科研一线教师规模保持800人左右，新增博士学位教师80～100人；具有博士学位的教师超过

40%；具有硕士及以上学历学位的教师超过80%。力争实现院士、“千人计划”、“国家杰出青年基金获得者”零突破，“双聘”院士增加1～2名；“长城学者”入选2～3名；国家级教学名师实现零突破，新增北京市教学名师2～3名；培养具有发展潜力的中青年拔尖人才10～20名；新增新世纪优秀人才1～2名。新增市级及以上教学团队或科技创新团队3～5个，新增教育部教学、科技创新团队1～2个，培育高水平校级学科团队7～8个，科研团队5个以上，力争实现国家自然科学基金创新团队零突破。新增硕士生导师100名、博士生导师25名、学科带头人15名，培养市级优秀导师和知名导师15名、校级优秀导师和知名导师30名。

以中国特色社会主义理论为指导，以社会主义核心价值体系为引领，以实施科学文化素质教育为基础，强化对校训和新大学精神的认同，打造校园文化建设精品，形成优良的学风、教风和校风，努力建设现代、文明、理性、和谐、充满生机与活力的大学文化，着力健全完善平安校园、和谐校园工作机制体制。

“十二五”末，馆藏中外文纸质图书累计达到110万册以上，争取实现本地镜像安装的电子图书70万册，中外文全文电子期刊数量达到3.8万种以上。“十二五”末，建成总体水平在北京市高校领先的“数字校园”。挖掘潜力，寻求合作，充分利用学校周边资源，努力改善现行办学条件。全力推进新校区建设，到“十二五”末，全面建成满足学校教学、科研发展需要的现代化、信息化、园林化新校区。

第七部分重要保障。一是强化办学理念，引领科学发展，具体包括创建一流、学生为本、服务社会和特色办学4个理念。二是推进改革创新，完善体制机制。包括改革创新人才培养模式，有效培养高素质应用型人才；改革完善六个方面的内部管理机制以及干部人事制度改革创新。三是坚持开放办学，拓宽办学路径，包括加强国际交流与合作，加强与企业、行业合作，加强与兄弟院校交流与合作。四是狠抓6项重点工作，带动全面跃升，包括实现博士学位授权点零突破，全面推动学科建设上水平；抓好产业研究院建设，全面推动科学研究和社会服务上台阶；培养和引进高水平学科带头人，全面增强师资队伍实力；努力解决教职工切身利益，有效激发员工的积极性和创造性；全力推进新校区建设，为学校可持续发展提供空间保障；大力加强校风建设，显著提升学校文化建设水平。五是加强党建和思想政治工作，提供坚强的政治保证。具体包括深入推进创先争优活动，加强领导班子和干部队伍建设，切实加强教职工和大学生的思想政治工作，努力形成推动各项事业发展的合力。

五、规划重点

1. 充分调动广大教职工的积极性、创造性，学科、科研、教学、队伍、管理、服务六个方面争创一流，实现由教学型大学向教学研究型大学转变。

2. 牢固确立教学工作中心地位，以提高教育质量为主题，全面推进第二期本科教学质量工程建设，着力培养高素质应用型人才。

3. 学科建设进一步整合资源，凝练特色，提升整体实力，力争实现博士学位授权的零突破。

4. 改革创新科研奖励制度，积极调动广大教师从事科学研究，服务教育教学和学科发展的积极性，服务首都经济社会发展，大幅增加国家自然科学基金项目，力争承担一批重大攻关项目或重大专项，整体提高科研水平。

5. 加大高端人才的培养和引进力度，加大博士学位教师尤其是具有海外学习背景的博士学位教师引进力度，整体提高教师队伍的学历层次和水平。

6. 大力加强和谐文化建设，为广大师生的工作、学习、发展提供适宜的软环境。

六、规划特色

1. 注重提升学校发展层次，明确提出学校由教学型向教学研究型转变的重大任务。

2. 坚持以人为本，关注民生，关注教师的职业生涯规划与发展，关注党政机关干部及服务人员的发展。

3. 注重大学文化的建设和培育，强调师生对“勤以为学，信以立身”校训的认同与内化，弘扬“抢抓机遇、迎难而上、争先创优、挑战自我、和谐厚德”的新大学精神，为学校“十二五”时期的发展提供良好的文化支撑。

4. 坚持改革创新，注重人才培养模式、内部管理体制、干部人事制度的改革、健全与完善。

各位代表，同志们，《“十二五”规划》将是未来几年学校改革发展的纲领性文献，是我们谋划发展、推进改革的路线图。请各位代表们充分履行责任和义务，以高度的责任感和使命感聚精会神、集思广益，认真审议规划文本，提出宝贵意见和建议，审议并通过学校“十二五”事业发展规划。让我们在校党委、校行政的正确领导下，进一步解放思想、团结一致，锐意进取、扎实工作，为实现学校的宏伟发展目标而努力奋斗！

庆祝新大学成立 3 周年暨校友会筹备工作会议专题

庆祝新大学成立 3 周年暨校友会筹备工作会议综述

5 月 21 日，庆祝新大学成立 3 周年大会暨校友会筹备工作会议在北京信息科技大学小营校区举行。50 多位来自全国各地各行各业的校友，部分离退休老领导、老同志，学校领导班子成员，部分中层领导干部以及师生代表出席了大会。会议由校党委书记郑君礼主持。

校长杜林就学校的发展建设情况做了报告。新大学成立三年来，学校主动适应高等教育发展形势和首都经济社会发展需要，各项事业均取得了显著成绩，人才队伍建设取得了较大进展，国际交流合作不断加强，办学条件得到改善，新校区建设项目通过立项。

校党委书记郑君礼做了题为《围绕中心工作 发挥校友作用 不断续写科学发展新篇章》的讲话。讲话详细分析了我校发展和建设面临的机遇和挑战，重点介绍了我校将主要推进的几方面工作，一是进一步优化顶层设计，切实找准“创建一流”的有效途径；二是努力推进改革创新，不断完善科学发展的体制机制；三是加快建设软硬环境，努力营造学校的办学条件和氛围。同时，他向校友也提出三点希望，一是希望广大校友积极参与学校“十二五”规划的制定，为学校“十二五”规划的编制献计献策，为学校“十二五”规划的实施出谋出力；二是希望广大校友自觉增强对学校的认同感、归属感，秉持和践行学校“勤以为学 信以立身”的校训，以自身的努力和成就不断扩大学校的社会影响力，提升学校的社会声誉；三是希望广大校友通过掌握的社会资源，通过各种渠道，采取各种形式，加强与学校的联系，关心和支持学校的发展建设。

1984级计算机软件专业毕业生，现为中科红旗软件技术有限公司副总裁王明华，1997级管理科学与工程专业毕业硕士研究生，现为吉利控股集团有限公司副总裁李东辉作为校友代表发言，表达了对母校的祝贺与祝愿。

围绕中心工作 发挥校友作用 不断续写科学发展新篇章

——在庆祝新大学成立3周年暨校友会筹备工作会议上的讲话

党委书记 郑君礼

（2011年5月21日）

各位校友、老师们、同学们：

刚才，杜校长代表学校向大家报告了新大学成立以来学校发展建设的情况；几位校友和师生代表围绕学校几年来的发展和 “十二五”建设发了言；宣布了校友会筹备工作委员会成立和委员的名单；向捐赠企业和校友颁发了捐赠证书，会议顺利完成了既定的各项议程。在此，我代表学校向热情参会的各位校友、老师和同学们表示衷心的感谢！

新大学成立以来，在市委市政府的领导和支持下，在广大师生员工的共同努力下，在各位老领导、老同志和校友们的关心和支持下，学校取得了快速发展，为“十二五”奠定了良好的基础。今年是“十二五”开局之年，当前学校上下正在积极谋划“十二五”事业发展，描绘“十二五”学校事业发展蓝图。“十二五”期间，我们拥有着难得的机遇，也面临着严峻的挑战。

全国和北京市教育工作会议、教育改革和发展规划纲要，为我国高校特别是地方高校科学定位、创新发展指明了方向，对我校进一步优化顶层设计、深化发展战略、推进教育教学改革、强化师生发展共识等，提供了难得的机遇；在“人文北京、科技北京、绿色北京”建设和向世界城市迈进的过程中，首都教育肩负的历史使命更加重要，其先导性、全局性、基础性作用也日益突出。这些都为我校的进一步科学发展提供了极其重要的机遇和背景。国家高度重视制造业和信息产业的发展，特别是北京市重点发展现代制造业和电子信息产业，为我们充分发挥我校的学科优势和办学特色，提供了很好的政策环境和发展契机；国家和北京市强调教育现代化、国际化的发展趋向，为我校的开放办学、国际化办学提供了良好的社会环境。就学校自身而言，经过几年来的快速发展，各项事业均取得了长足的进步，综合办学实力显著提升，有效彰显了学校未来发展的巨大潜力和美好前景；全体师生员工和广大校友对学校的认同感、归属感显著增强，并始终保持着良好的精神风貌和工作状态，这构成了学校未来发展的强大精神动力。所有这些，都为学校今后发展提供了有利契机和有力支撑。

但是，我们也要清醒地认识到，我们面临着的严峻挑战。例如，提高教育质量是新时期高校发展的主题，但首都高等教育普及化带来的生源结构深刻变化和就业形势的日益严峻，使高校提高教育教学质量仍然面临一系列新情况和深层次问题；我们提出了“创建一流”目标，但打造特色、形成优势、“创建一流”的有效途径还需要深入探索；落实《纲要》精神，推进学校快速发展，关键在于改革创新，但创新人才培养模式，优化科技工作体制机制，提高人才队伍整体水平的任务仍相当繁重；现代大学制度仍需要深入摸索，适应学校发展建设的内部管理体制机制仍需要进一步完善，和谐文化的建设仍待进一步加强；全面建成新校区，从根本上改善学校发展的空间环境，仍是极其艰巨的任务。所有这些对我校是压力、也是动力，学校在“十二五”期间，将进一步改革思想，抓住机遇，迎接挑战，破解难题，努力推动建设上水平，发展上台阶，为努力创造国内同类高校一流水平奠定坚实基础。

面对机遇和挑战，我们要在科学制定和全面实施学校“十二五”规划的同时，重点推进以下几方面工作。

一、进一步优化顶层设计，切实找准“创建一流”的有效途径

深入谋划学校“十二五”事业发展，全力以赴做好顶层设计，是学校当前工作的重中之重。我们要在深入学习领会党和国家的战略意图，贯彻落实相关工作部署，全员发动，上下同心，内外结合，凝心聚力，高标准、高质量地做好学校顶层设计工作。

谋划“十二五”发展，一个重要任务就是要找准“创建一流”的有效途径。学校第一次党代会已经将创建“国内同类高校一流水平”明确为学校今后几年的奋斗目标，要实现这个目标，任务还是比较艰巨的，必须细化相应的发展思路，走出符合学校实际的独特的“创建一流”之路。相对于同类院校，我们空间规模较小、学科专业较少、办学层次不高，但我们学科相对集中、优势较为突出，地处首都北京。关键是，如何能够立足学校的实际，借助地处北京的优势，走出追求“精”、突出“特”，做“精”成“特”的道路，从而在应用型人才培养、学科建设、科学研究和社会服务等方面形成特色，超越国内同类高校，达到一流水平。这是我们在谋划学校“十二五”事业发展，创建“一流大学”的过程中，始终应该予以高度关注、认真思考和重点研究的重大问题。我们既要全面总结、固化组织实施“十一五”事业发展规划的有益经验，借鉴兄弟院校好的做法，又要调动一切可以调动的因素和力量，充分发挥广大师生员工和校友的聪明才智，凝心聚力，切实找准创建“国内同类高校一流水平”的有效途径。

二、努力推进改革创新，不断完善科学发展的体制机制

第一，努力推进人才培养模式的改革

创新。人才培养是高校的根本任务。人才培养的质量关系到高校的社会形象与社会声誉，关系到高校的生存与发展。近年来，学校紧密围绕提升人才培养质量，积极推进“以信息类为主的特色专业应用型人才培养模式创新试验区”为切入点的应用型人才培养模式改革，并取得了一系列阶段性成果。但是，人才培养质量的提升是一项长期的工作，我们还将在以下几个方面加以推进。一是以经济社会的发展需要为参照系，调整学校的专业设置以及专业的培养目标、培养规格，使培养出来的人才更好地适应经济社会发展的需要；二是以专业的培养目标、培养规格为参照系，调整专业的培养方案、培养途径，使人才培养模式中的诸要素更加协调；三是以学生为本，深化教育教学改革，努力形成全员育人的新格局，使人才培养模式不仅适应经济社会发展的需求，也适应学生成长成才的需要；四是牢固树立教学中心地位，加大资源投入，把有限的资源更多地投向教学工作、师资队伍建设、学科专业建设等方面，保障人才培养模式的改革创新。

第二，努力推进科技工作的改革创新。服务经济社会发展是高校的基本功能之一，科技创新作为高校服务经济社会发展的主要途径之一，也是高校综合办学实力的重要体现。近年来，学校科技工作取得了突破性的进展，不仅3年连续获得4项国家级奖，极大提升了学校的社会影响力，而且大学科技园、高端产业研究院先后获批建设，也为学校产学研用一体化建设提供了有利契机。但总体来说，学校科技工作发展还很不平衡，创新能力还相对较弱。学校科技工作要实现持续稳定发展，不断上水平、上层次，很大程度上取决于科学有效的科技管理体制和运行机制。因此，“十二五”期间，我们要根据自身实际，借鉴兄弟院校的先进经验，建立和完善科学合理的科技工作评价体系，形成激励与约束相结合的科技运行机制。要通过完善政策、整合资源、深化改革，调动教师们从事科技工作的积极性，促进科技创新团队建设，提高科技创新能力。

第三，努力推进内部管理体制的改革创新。一是要在近几年工作的基础上，加快形成适应新大学发展需要制度体系，并按照科学、民主、依法办学的要求，进一步完善校内行政、学术、民主三种权力的运行机制，努力提高决策的科学性和规范性；二是进一步推进校院两级管理改革，着力探索建立实施目标管理、强化过程监督、突出评估与考核的激励与约束相挂钩的工作机制，切实激发校院两级在办学过程中的积极性、主动性；三是着力推进干部人事制度改革，继续深化劳动、人事、分配等改革，强化激励竞争机制，优化分配机制，努力营造干事创业的良好环境，调动教职工干事创业的积极性；四是深化后勤管理改革，积极探索后勤服务保障的新体制、新机制，努力提高后勤运行效率，提升服务师生的能力和水平。

三、加快建设软硬环境，努力解决学校办学的条件和文化支撑

第一，竭力推进新校区建设。当前，办学空间狭小，办学资源不足，已经成为制约学校科学发展的瓶颈。虽然经过多年努力，新校区建设已于今年4月立项。但影响和制约的因素仍然较多，建设的难度依然很大。学校要全力以赴，充分调动一切可以调动的因素，积极争取北京市和昌平区的支持，充分发挥各方面的积极性，加大工作力度，精心设计、精心组织、精心实施，早日建成布局合理、功能完善的新校园，为学校科学发展提供空间保障。

第二，大力推进学校文化建设。校园文化反映着一所高校的办学历史、办学特色、办学传统和学科优势，以及学校师生员工的价值观念、精神追求等。先进的大学文化不仅能够为学生的健康成长营造良好的环境和氛围，而且能够使学校主动适应市场经济对高等教育的要求，从而保证和促进学校的快速发展。一是要进一步弘扬“抢抓机遇、迎难而上、争先创优、挑战自我”的新大学精神，强化推动学校科学发展的内在动力；二是要大力弘扬“勤以为学 信以立身”的校训精神，扎实推进精神文明创建工作，努力形成积极向上、宽松和谐的学术氛围和创新环境；三是要进一步加强校风学风建设，弘扬高尚师德，注重对学生的养成教育，构建学生服务、教育、管理的新体系与新模式；四是切实加强人文环境建设，创建特色校园文化活动，充分发挥校园文化的育人功能和涵养作用，不断提高校园文化品位。

做好“十二五”，必须依靠广大师生员工，凝聚广大师生员工的智慧和力量，也离不开广大校友的关心和支持。长期以来，广大校友时刻心系学校，关注学校发展，通过各种形式，支持学校的发展建设，为学校办了很多实事，体现了对学校的深情厚谊。我们真诚地希望，广大校友的积极参与学校“十二五”规划的制定，为学校“十二五”规划的编制献计献策，为学校“十二五”规划的实施出谋出力。这也是我们今天成立校友筹备工作委员会，启动校友会筹备工作的重要目的之一。

校友会是加强校友与学校、校友之间联系与友谊的组织。建立校友会，能够为学校与校友、校友与校友开展联谊、交流、合作提供一个合法有效的形式。这既是学校工作的需要，也是广大校友的迫切愿望，更是校友工作由自发分散状态走向规范有序的必经之路。学校向来高度重视校友工作。2008年借新大学成立的契机，设置校友工作办公室，负责筹备成立校友会的相关前期工作；当前，校友工作已经成为学校总体工作的一个重要组成部分，已经成为学校面向社会、面向海内外广大校友的一个重要窗口。加强校友工作，把社会各界的校友团结起来，增进感情，互通信息，增强校友之间以及校友与学校之间的凝聚力，推动学校事业的发展，既是广大校友的强烈愿望，也是学校发展建设的必然要求。今后，学校还将进一步加大校友工作力度，深化工作内涵，拓展工作空间，创新工作机制，加强与校友的联系与沟通，探索建立学校和校友在教育培训、科技开发、成果转化、学术交流、就业供求等各方面的合作平台，为展开全方位的深入合作奠定基础。

校友是学校极其宝贵的资源和财富，是学校得天独厚的无形资产。学校自办学以来，已经为社会培养和输送了大量的人才。广大校友活跃在国家发展建设的各条战线，很多校友已经成为所在行业领域的骨干力量和优秀人才，不仅为国家经济社会发展做出了重要贡献，而且也为学校赢得了良好的社会声誉。学校为拥有你们这样的优秀校友感到由衷的自豪！学校将进一步加强校友工作，以服务校友为校友工作的宗旨，全心全意为校友建功立业提供服务和支持，赢得广大校友的信任，凝聚校友对学校的感情；以开展多种多样的活动为校友工作的基本形式，鼓励和支持各地校友会开展丰富多彩的活动，加强校友与学校、校友与校友之间的交流与联络；加强校友工作队伍建设，积极保障校友工作的开展，形成各学院、各部门共同参与和支持校友工作的良好格局。同时，我们也希望广大校友自觉增强对学校的认同感、归属感，秉持和践行学校“勤以为学、信以立身”的校训，以自身的努力和成就不断扩大学校的社会影响力，提升学校的社会声誉；希望广大校友通过掌握的社会资源，通过各种渠道，采取人力、财力、智力等形式，加强与学校的联系，关心和支持学校的发展建设。我们相信，以感情为纽带，以沟通为基础，以活动为载体，以事业发展为目标，就一定能够开创出学校关心校友、校友支持学校，互相支持、共同发展的新局面，就一定能够齐心协力不断续写学校科学发展的新篇章，再创北京信息科技大学的新辉煌！

最后，祝愿各位老领导、老同志老有所为、身体健康！祝广大校友事业发达，生活幸福！祝全体师生学业进步、再创佳绩！

谢谢大家！

在庆祝新大学成立3周年暨校友会筹备工作会议上的报告

校长 杜 林

（2011 年 5 月 21 日）

尊敬的各位校友，同学们、老师们：

大家上午好！

今天，我们欢聚一堂，庆祝北京信息科技大学成立3周年。首先，请允许我代表信息科技大学全体师生员工向各位远道而来的校友们表示最热烈的欢迎和最衷心的感谢！

2008年3月26日，教育部批准北京机械工业学院和北京信息工程学院合并设立北京信息科技大学，2008年5月18日，北京市政府召开北京信息科技大学成立大会。如今，新大学已经走过了发展建设的3年时光，借此机会，我代表学校向离开母校多年的校友们汇报一下学校近些年来发展建设的情况。

几年来，在上级领导和有关部门的正确领导和大力支持下，在广大校友们的鼎力支持下，学校主动适应高等教育发展形势和首都经济社会发展需要，深入贯彻落实科学发展观，全面谋划学校发展，坚持办学指导思想，明确发展目标和办学定位，传承办学优势与特色，紧紧依靠广大师生员工，发扬“勤以为学，信以立身”的校训精神，抢抓机遇、迎难而上、争先创优、挑战自我，全面推进“十一五”规划实施，各项事业取得了显著成绩，学校正在为实现“优势特色更加突出，综合办学实力稳居北京市属高校前列，力争早日达到国内同类高校的一流水平”的奋斗目标而努力。

学校办学思路更加明确。在制定《2004—2013年发展规划》、《“十一五”事业发展规划》及配套子规划的基础上，学校又以召开第一次党代会、开展学习实践科学发展观活动、开展创先争优活动为契机，进一步明确了学校今后几年发展的指导思想、工作思路、奋斗目标和主要任务，明确了“综合办学实力稳居北京市属高校前列，早日达到国内同类高校的一流水平”的发展目标和实施“信心建设、内涵建设、条件建设、制度建设、能力建设、和谐建设”六项工程的工作思路。为推进新大学全面协调可持续发展，奠定了坚实的政治基础、思想基础和组织基础。学校在年度工作要点中，将各项任务分解到年度工作中，加大推进力度，确保工作任务的落实和发展目标的逐步实现。

学科体系逐步完善。学校坚持以学科建设为龙头，立足学校定位与发展目标，整合优势与特色学科资源，强化优势学科，发展特色学科，基本形成了工、管、理、经、法多学科分布，工、管学科优势较为突出、特色较为鲜明的协调发展的学科体系。2009 年，学校召开了首次学科建设工作会议，全面谋划学科发展与建设，进一步强化了学科兴校和学科建设为龙头的理念，提高了全员参与学科建设的意识，明确了学科建设的目标和任务，确定了今后一段时期加强学科建设的主要思路，为学科方向、学科队伍、学科基地、科研水平等方面的可持续发展奠定了坚实基础。3 年来，新增北京市重点学科 2 个、北京市重点建设学科 4 个；新增省部共建教育部重点实验室 1 个、北京市重点实验室 1 个、北京市工程研究中心 1 个、机械行业重点实验室 2 个；新增一级学科硕士点 9 个。新增工商管理硕士专业学位门类，新增工程硕士专业学位授予权领域 5 个。经教育部批准，学校自 2011 年起获准开展推荐优秀应届本科毕业生免试攻读硕士学位研究生的工作。

教学水平与人才培养质量进一步提升。学校牢固树立教学工作的中心地位，以本科教学评建和大力实施质量工程为契机，加强教学基本建设，推进专业建设、课程建设和实践教学建设，深化教学改革，积极探索应用型人才培养模式，实施研究生教育的“创新工程”，教育教学质量和人才培养质量不断提高。2008 年，学校在教育部本科教学工作评估中被评为优秀。2010 年，学校召开了学校第一次本科教学工作会议，在总结工作、分析形势的基础上，明确了今后一段时期本科教学工作的总体思路和主要任务，对下一步本科教学工作做出了总体部署。三年来，新增国家级特色专业建设点 3 个，北京市级特色专业建设点 9 个，目前学校有本科专业 31 个，覆盖工、管、理、经、文等学科门类。高等数学教学团队被评为国家级教学团队。2008 年一部分专业在北京市进入第一批本科招生，目前在京一批招生专业已达 13 个。3 年来，新增市级精品教材 4 本，被评为市级精品课程 4 门，获得国家级教学成果奖一等奖 1 项，北京市教学成果奖 10 项。新增国家级实验教学示范中心 1 个、北京市实验教学示范中心 3 个。新增校外实习基地 21 个；信息类专业校外实践教学基地被评为市级校外人才培养示范基地；学校被市商务委和市教委联合认定为第一批服务外包人才培训机构。学校毕业生平均就业率 95.74%，居北京市属市管高校前列，毕业生受到社会和用人单位的好评。学生在全国和北京市各类学科科技文体竞赛中屡获殊荣，成为学校人才培养的一大亮点。三年来，我校学生获全国和北京市各类奖项 1250 人次，其中特等奖 30 人次、一等奖 324 人次。在 2010 年机器人足球世界杯赛中取得中型组冠军；成功举办了第十届全国机器人大赛暨 2010 年 FIRA 世界杯机器人大赛中国队选拔赛。

科学研究取得重大成果。学校坚持面向首都经济社会发展，重点突出行业和国防军工领域的优势与特色，坚持以应用研究和科技开发为重点，凝练科研方向，打造创新团队，巩固科研特色与优势，培育新的科研增长点，积极推进产学研结合，科学研究持续稳定快速发展。三年来，科研总经费达到1.9亿元，实到经费近1.2亿元；获国家自然科学基金项目21项、国家社科基金项目1项、国家科技计划项目和科技重大专项项目1项、教育部人文社科项目8项，北京市自然科学基金立项14项。获得行业、省部级及以上科技奖励15项，其中：学校为第一完成单位取得的1项成果获2008年国家技术发明二等奖，学校为第一完成单位取得的3项成果分别获得2007年、2008年、2009年国家科技进步二等奖。取得发明专利21项、软件著作权101项；发表论文2615篇，进入三大检索论文676篇，出版著作55部。经北京市政府批准，我校正在建设北京市大学科技园和中关村科学城北京高端信息产业技术研究院。学校成为“中关村国家自主创新示范区”首批6家股权激励试点单位之一。学校参股的北京拓尔思信息技术股份有限公司的上市申请，已经中国证监会创业板发行审核委员会审核通过，学校将成为首家拥有上市公司股权的市属高校。

服务首都社会能力持续增强。学校着眼于建设“人文北京、科技北京、绿色北京”的需求，全方位增强为国家和首都经济社会发展服务能力。学校为社会培养了大批高素质应用型人才，为国家和首都经济社会发展做出了贡献，得到了用人单位的广泛认可与好评，为学校赢得了良好的社会声誉。学校坚持以应用研究和科技开发为重点，积极探索产学研用一体化的发展道路，相关科研成果广泛应用于国民经济的相关领域，为地方经济文化发展提供智力和理论支持，取得了明显的社会效益和经济价值。学校积极开展对口支援、募捐活动，尤其在汶川地震的灾后重建工作中，在国内率先提出科技赈灾的理念，充分发挥科技资源和信息学科优势，为灾区数据恢复做出了重要贡献，学校1名教师因此当选2008年“首都十大教育新闻人物”。在北京奥运会、残奥会志愿服务工作和新中国成立60周年庆祝活动中，充分展示学校风采，被评为北京市奥运工作和新中国成立60周年庆祝活动先进集体，受到了上级单位的充分肯定和高度评价。学校近年来取得的突出成绩，特别是科学研究、人才培养方面取得的成绩得到市委市政府领导的高度肯定与重视。2010年1月20日，中共中央政治局委员、市委书记刘淇，市委副书记、市长郭金龙等7位市领导到我校调研，刘淇书记高度评价学校服务首都发展，立足科技创新，坚持产学研用相结合、做强重点优势学科、不断创新体制机制，在科技创新、人才培养、科研成果产业化等方面取得的突出成绩。2010年11月15日，教科文卫系统的40多位市人大代表到我校集体考察创新人才培养模式改革，对学校的工作给予高度认可。

人才队伍建设取得较大进展。学校大力实施人才强校战略，以全面提高师资队伍素质为核心，坚持自主培养和重点引进并举的原则，师资总量稳步增长，队伍结构不断改善和优化；高层次人才引进成效明显，团队建设成效显著，人才队伍整体素质稳步提高。三年来，引进“双聘院士”2人，特聘教授1人，讲座教授3人。引进教授1人、副教授3人。专任教师中，新晋升正高级教师职务岗位30人、副高级教师职务岗位72人；具有硕士、博士学位人员达到73.6%，上升8.4%。新增高级职务职称108人，高级职务职称比例上升30%。硕士生导师（含企业硕士生导师）和兼职博士生导师（含外聘博士生导师）分别增加82人和7人。新增国家级优秀教学团队1个、北京高校学科首席专家岗位1个、北京市级学术创新团队8个、管理创新团队2个、优秀教学团队8个、高层次人才2人、创新人才6人、教学名师3人、优秀中青年骨干人才51人。新增全国优秀教师1人、北京市优秀教师3人、优秀教育工作者1人、师德标兵及先进个人4人、优秀辅导员12人。

国际交流与境外合作不断加强。学校大力开展国际交流合作和开放办学，积极发展留学生教育，已经与爱尔兰、德国、澳大利亚、美国、日本、英国、韩国等国家和地区近22所高校建立了校际合作关系，开展了与香港合作科研、互访讲学、干部考察培训、英语教师和双语教师学习进修、互派本科生，以及联合培养研究生、本科生及专科生等交流活动。三年来，聘请外籍专家27人，招收国外语言生、进修生、交换生等外国留学生380人次。组织中青年教师、管理干部出国（境）学术交流、进修、培训164人次。国际交流与境外合作拓宽了学校办学的视野，提升了教师的学术水平与教学能力，促进了教育质量的提高。

办学条件得到改善，新校区建设项目通过立项。学校高度重视办学条件的建设、改善与有效利用，多渠道筹措建设资金，优化教学条件、科研平台、学科建设以及校园基础设施资源配置，办学条件得到显著改善。新增固定资产2亿元。在市政府的大力支持下，利用专项经费，投入1.09亿元用于教学条件建设；投入1621万元用于学科建设；投入7272万元用于科研平台建设；分别投入1255万元和1827万元用于图书文献资源建设与校园计算机网络及信息化建设，投入5259万元用于校园基础设施建设与办学环境治理。在市委市政府的支持下，经过多年的不懈努力，学校新校区建设项目立项已于2011年3月15日获得市政府批准，学校将于昌平沙河新区西北组团内，即八达岭高速公路与北六环交叉路口的西南角新征土地1227亩，其中建设用地755亩、建设校舍42万平方米，建设资金以校区置换和市政府投资解决。学校正在抓紧进行新校区校园总体规划设计、征地拆迁等各项工作，力争早日开工，早日建成，为学校发展提供强有力的空间与资源的支撑。

此外，学校在党建与思想政治工作、完善体制机制、财经工作、后勤管理与服务工作、校区工作等方面都取得了长足的进步。全校师生员工展现了良好的精神风貌，学校各项事业呈现良好的发展态势。

学校这些成绩的取得，是市委市政府正确领导、大力支持的结果；是学校认真贯彻落实科学发展观，紧密结合校情，全校师生员工锐意进取、共同奋斗的结果；更是原两校几代人艰苦奋斗和广大校友鼎力支持的结果。在此，我代表学校对广大师生员工和离退休老同志为学校发展建设做出的突出贡献、付出的辛勤劳动和广大校友心系学校、关心和支持学校的发展建设表示衷心的感谢和崇高的敬意！

面对成绩，我们充满欣慰自豪；展望未来，我们更觉责任重大、充满信心。今后几年是学校贯彻科学发展观，落实第一次党代会精神，推动实现学校长远发展目标的关键时期。我们将坚持以邓小平理论和"三个代表"重要思想为指导，以科学发展观统领全局，全面贯彻落实全国和北京市教育工作会议精神，以编制"十二五"规划为契机，进一步统一思想，凝聚各方力量，同心同德，真抓实干，努力开创学校建设的新局面！我们真诚希望，广大校友能够利用即将成立的校友会的平台，加强交流，积极沟通，共同发展。也期望校友们一如既往地关心和支持母校的建设与发展，通过校友会的平台和多种渠道方式为学校发展积极建言献策。

最后，我衷心地祝愿广大校友身体健康，工作顺利，阖家幸福！祝愿北京信息科技大学在广大校友们的大力支持与帮助下建设得更加美好！

谢谢大家！

在庆祝新大学成立3周年暨校友会筹备工作会议上的致辞

校友代表　王明华

（2011年5月21日）

各位领导，老师们、同学们，校友们：

上午好！

值此母校隆重召开成立3周年庆祝暨校友会筹备委员会成立大会之际，非常高兴能重返母校并作为校友代表在此发言。首先，请允许我对母校成立3周年表示热烈的祝贺！向全体老师和学生致以诚挚的问候！向为母校成立3周年庆祝暨校友会筹备大会付出辛勤劳动的老师和同学表示衷心的感谢！

我是原北京信息工程学院计算机系1980届的毕业生，离开母校已30多年。在过去的几十年里，学生时代的美好记忆总是浮现在眼前，恩师的嘱托不时萦绕在耳边，母校的发展时刻牵动着我们的心。广大校友，从毕业离开母校的那一刻起，怀揣着美好的憧憬与梦想，肩负着时代赋予的使命与责任，凭借自己的智慧与才干，伴随国家和社会经济的发展不断进步与成长，在各个不同的舞台上展示自己，在各个不同的领域取得了较好的业绩，在不同程度上实现了自己的人生价值和社会价值。我们的收获，我们的成绩，我们的贡献，都归功于精心培养我们的母校，都归功于谆谆教导我们的恩师，都归功于许许多多为我们营造良好学习和生活环境的老师们！

国家和社会的发展日新月异，母校的发展蒸蒸日上，呈现出良好的发展态势。无论身处何方，我们时刻关注母校的发展，母校和我们校友心连心。每当看到母校的变化都心潮澎湃，每当听到母校取得好成绩的消息都满心喜悦，每次重返母校都耳目一新，每次离开母校都依依不舍。刚才，杜校长在讲话中总结了大学成立三年来在学科建设、人才培养、科学研究、队伍建设、国际合作与交流、办学条件建设等方面取得的丰硕成果，实现的巨大跨越，得到上级的充分肯定与社会的高度认可，让作为信息科大校友的我们，再一次感到无比的自豪与骄傲，给予我们无穷的动力与信心，也再次让我们充满巨大的希望与热切的期待，母校的未来一定会更加美好与再度辉煌！

作为一名普通校友，母校的辉煌让我倍感荣光。与此同时，拿什么来回报母校这个问题也迫切需要得到回答。母校值此校庆机会成立校友会筹备委员会恰逢其时，校友会的成立将会为来自五湖四海的广大校友提供一个促进交流的平台，也将会为来自社会各界的广大校友支持母校的发展创造机会。在此，我对校友会筹备委员会的成立表示热烈的祝贺，对母校此举表示衷心的感谢！

“十二五”时期，面对国家和首都高等教育政策与形势，母校的发展迎来巨大的机遇，也将面临一定的挑战。我们广大校友将和母校手牵手，心连心，全力支持母校抢抓机遇，迎接挑战，坚持内涵发展与外延建设并重，走出一条特色、创新、科学的发展之路！

最后，祝大会取得圆满成功！祝母校各项事业愈加兴盛！祝在座各位身体健康，万事如意！

谢谢大家！

在庆祝新大学成立3周年暨校友会筹备工作会议上的致辞

校友代表　李东辉

（2011年5月21日）

各位领导，老师们、同学们，校友们：

大家上午好！

今天能够出席我们北京信息科技大学成立三周年以及校友会筹备委员会成立的庆典活动倍感激动和荣幸。作为一个校友代表，在此我想利用这个难得的机会向各位领导老师以及我们的校友同学们做一个汇报，讲几句自己的心里话。

第一句心里话，我非常感谢校领导和老师们邀请我们这些校友重返母校。尤其对于我这个原北京机械学院的毕业生来说，真的有一种重新找到了家的感觉。因为两个学校合并成立了北京信息科技大学的缘故，我们这些老校友一方面感到光荣和骄傲，但同时，由于与新的学校没有了联系，北京信息科技大学这个校名对于我们还比较陌生。那么现在，我们可以说，我们回到了家里。就像我们在2008年观看北京奥运会的时候，看到北京信息科技大学的字样时，感觉既遥远又亲切，那么以后我想我们有的更多的是亲切的感觉。

第二句心里话，我想和在座的各位分享一下作为北京信息科技大学，也就是原北京机械工业学院的一个毕业生对于学校的感情和对学校方方面面的感觉。应该说，我们这个学校不是一个多么著名、办学规模多么大的学校，但是我们的学校很值得我们骄傲和自豪。我觉得自己过去的工作经历和成长都离不开母校的培养，并且我自己走过的这条路也跟母校培养学生的定位息息相关。我们的学校虽然不大，但是我们在各个领域都很有影响力。我们有很多著名的教授，也有一批优秀的校友的人才队伍，他们在国内像信息、机械、汽车等行业领域都有一定的知名度。所以在这里，我会把分享感受的过程同对母校今后的建设的建议结合起来谈。

第一点，希望学校能够坚持打造名师队伍。我们学校无论是在信息领域还是在机械领域，确实都有很多名师。比如我当年的指导教师徐光武教授在中国的机械工业财经领域，是公认的有影响力的教授。这些老师给学校带来的影响力是不可低估的。当我们作为学校的毕业生走向社会的时候，我们首先想到的是那些培育过我们的老师，因为他们的影响力，使得我们在工作中受到了更多的重视。

第二点，希望学校能够继续培养打造优秀的学生队伍，努力引进高素质的学生，同时也希望学生们毕业走向社会以后能和校友们保持联系。关于这一点，我对原北京机械学院有着非常深刻的印象，他们对于研究生的培养有一个高于别的学校的思路，例如到清华、北大和人大这种全国一流的大学去找所谓的研究生漏子。我本人就是一个北大漏子，本科毕业于人大，研究生报考北大，分数线是够了，但由于报考的人数非常多及种种原因，没有被北大录取。而当时的原机械学院找到了我，我就选择了在机械学院读工商管理专业的硕士学位。据我了解当时原机械学院上几届和下几届很多研究生都是从一些著名的本科院校毕业的，也是开始选择报考名校的研究生，最后被机械学院录取过来。当然，我们学校现在很多本科的专业就能录取到一本的高水平学生，那么经过母校的培养，这些学生将来走向社会，他们的成功对学校的影响力和未来学校学生的发展必将创造很好的条件。比如当初我走向工作岗位的时候，如果同事对北京机械学院不是很了解，我可以讲一汽大众的总裁就是我们的校友。

第三点，我想从学生的培养和学生未来的发展出路来谈。我觉得我们的学校应该发挥我们在信息、机械这些专业领域的独到之处，为首都为国家的发展培养经济型人才，把综合性和实用性人才很好地结合在一起。当时我从人大本科毕业的时候，很多学生理想的工作单位就是像中粮、五矿、中化这些国字号的大公司，或是国家机关。但是北京机械工业学院的学生，如果想一开始就进这些单位，难度要大很多，而且未必是一条最好的路。我的第一个工作单位就只是一家小型的零部件公司。这样的发展环境需要更迅速地成长，需要承担更多的责任。而恰恰我在母校既学到了综合的知识，又掌握了很多能够迅速上手的专业的知识，这些都让我在工作中就得以迅速展现和证明自己的能力。当别人在大公司做会计的时候，我做了财务经理，别人做财务经理的时候我做财务总监，然后总经理、总裁。2001年，我31岁的时候，经过从小的零部件公司，到外企到大国企一路的锻炼，已经出任了上市公司金杯汽车的副总裁，同时也负责全球宝马汽车这种高端汽车项目，出任华田宝马总裁等。后来又担任了世界500强康明斯公司的全球战略总监，直到现在出任吉利控股集团副总裁。我的这条路可能有别于很多名牌院校毕业生直接进大企业的发展之路，但因为有母校的培养，也因为肯踏踏实实从小做起，最后也取得了一定的成功。

最后要说的心里话是关于我们校友会的筹备工作。通过校友会这个平台，我们对学校进一步凝聚了感情，通过校友会内部的交流，我们校友之间可以共同促进，互相提供支持，得到更好的发展。但更为重要的是，通过校友会，我们可以为学校的发展作出自觉的回报。校友对学校的回报可以是方方面面的。校友会，作为一座联系的桥梁，可以更好地凝聚我们为学校的发展贡献力量，这些力量既有经济上的支持，同时更重要的是无形的力量。比如说我们可以为学校的学生提供更好的就业机会，或者通过我们自身的发展为学校、为我们的校友创造更好的影响力，为学校的发展和以后学生的成功做出更大的贡献。

这些就是我想说的心里话，最后，再次祝大会取得圆满成功！祝母校发展得越来越好！祝大家身体健康、万事如意！谢谢大家。

回顾光辉历史 发扬优良传统 努力开创学校科学发展新局面

——在纪念中国共产党成立 90 周年庆祝大会上的讲话

党委书记 郑君礼

（2011 年 6 月 24 日）

同志们：

今天，我们在这里隆重举行庆祝中国共产党成立 90 周年大会，同时表彰先进基层党组织、优秀共产党员、优秀党务工作者和纪念建党 90 周年征文获奖者，是为了回顾党的光辉历史、发扬党的优良传统；是为了坚定理想信念、增强责任使命；是为了树立先进典型、激发党员斗志。在此，我谨代表学校党委和行政向今天受到表彰的基层党组织和个人表示衷心的祝贺！向辛勤耕耘在学校各条战线上的全体党员和广大师生致以崇高的敬意和诚挚的问候！

90 年前，中国共产党第一次全国代表大会的召开，向全世界庄严宣告了中国共产党的正式成立，由此拉开了中国革命的新序幕。以毛泽东同志为核心的第一代领导集体，带领全国各族人民，冲破艰难险阻，不怕流血牺牲，开辟了农村包围城市、武装夺取政权的革命道路，取得了新民主主义革命的伟大胜利，建立了人民民主专政的新中国，完成了对生产资料私有制的社会主义改造，确立了社会主义的基本制度，奠定了中国社会主义现代化建设的初步基础。以邓小平同志为核心的党的第二代领导集体，以巨大的政治勇气和理论勇气，拨乱反正，彻底否定了“以阶级斗争为纲”的错误理论和实践，带领全国各族人民，以经济建设为中心，坚持改革开放，开辟了具有中国特色的社会主义建设道路，中国由此进入了社会主义现代化建设的新时期。以江泽民同志为核心的党的第三代领导集体，高举邓小平理论伟大旗帜，与时俱进，开拓创新，带领全国各族人民推进党的建设新的伟大工程，创建了社会主义市场经济新体制，经受住了国内外政治风波、经济风险等严峻考验，引领中国特色社会主义事业的航船沿着正确方向破浪前进。新世纪以来，以胡锦涛同志为总书记的党中央，顺应国内外形势的发展变化，善于抓住机遇，敢于迎接挑战，以科学发展观统领国家改革发展建设全局，加快推进政治体制改革，全面扩大对外开放，不断完善社会主义市场经济体制，努力构建社会主义和谐社会，开创了中国特色社会主义建设的新局面。

新中国成立以来，特别是改革开放以来，在中国共产党的领导下，中国的面貌发生了翻天覆地的变化。中国的发展速度居世界第一，经济总量跃居世界第二，人民生活水平大幅度提高，基本达到小康水平。中国作为最大的发展中国家，在经济上为发展中国家摆脱贫困提供了可资借鉴的成功经验；在政治上为反对霸权主义、维护世界和平做出了重要贡献。北京奥运会和上海世博会的成功举办，使全世界各国人民惊羡于五千年文明古国的悠久历史、灿烂文化和创新能力，惊羡于中华民族的崛起、综合国力的提升和人文底蕴的深厚；抗击“非典”、严重低温雨雪冰冻灾害、四川汶川特大地震等自然灾害，凸显了中国人民团结互助的精神和不畏艰难的昂扬心态，凸显了社会主义制度的优越性；积极应对、妥善处理和成功抵御国际金融危机的冲击，则充分展示了中国作为经济大国的负责任态度以及党在新时期新形势下的执政能力，中国的国际地位和国际影响与日俱增。

90年来，党之所以能够由小到大、从弱到强，成为建设中国特色社会主义事业的领导核心，始终得到广大人民群众的拥护与支持，从根本上说，就在于党是始终代表中国先进生产力发展要求、先进文化前进方向和中国最广大人民根本利益的具有时代先进性和政治远见的党；是用科学理论武装起来的富有革命创新精神的党；是密切联系群众具有严格纪律和优良作风的党；是坚持真理、修正错误，经得起各种考验，思想上、政治上、组织上、作风上无比坚强的党；是与时俱进、始终走在时代前列，不断开辟新局面的党。

90年的风雨历程、90年的沧桑巨变雄辩地证明了：没有中国共产党，就没有新中国；没有中国共产党，就没有中国特色社会主义道路；我们党能够领导中国人民取得民族独立、人民解放和社会主义建设的伟大胜利，也一定能够带领全国各族人民沿着建设中国特色社会主义的正确道路，实现民族振兴、国家富强和人民幸福的宏伟目标。

长期以来，我们党高度重视发展教育事业，把发展教育事业作为实现社会主义现代化的根本大计，大力实施科教兴国和人才强国战略，有力地推进了我国教育事业的快速发展。教育事业的快速发展，为国家的建设发展输送了数以亿计的各级各类人才，教育在经济社会发展中具有的先导性、全局性、基础性作用日益突出。就高等教育来说，我国也已经建成了世界上规模最大的高等教育体系，实现了跨越式的发展。

近年来特别是新大学成立以来，在上级党组织和学校党委的领导下，我们始终坚持以邓小平理论和“三个代表”重要思想为指导，深入贯彻落实科学发展观，抓住合并组建新大学的契机，努力克服各种困难，深入谋划学校发展，明确了学校的办学定位和发展战略，确定了“综合实力稳居市属高校前列，争取早日达到国内同类高校一流水平”的奋斗目标，实现了学校的快速发展和特色领域的重点突破，为首都经济社会发展做出了积极贡献。学校取得的标志性成果，有力彰显了“1+1 ＞ 2”的合并组建成效，明显提升了学校的社会形象。

今年是“十二五”开局之年，“十二五”时期是我们实现既定发展目标的关键时期。从国内外经济社会和高等教育发展趋势来看，我们在“十二五”时期既拥有难得的条件和机遇，也将面临严峻的困难和挑战。一方面，国家高度重视制造业和信息产业的发展，特别是北京市重点发展现代制造业和电子信息产业，为我校充分发挥学科优势和办学特色，提供了很好的政策环境和发展契机；国家和北京市强调教育现代化、国际化的发展趋向，为我校开放办学和国际化办学提供了良好的社会环境；国家和北京市教育改革和发展规划纲要的颁布实施，为我校进一步优化顶层设计、深化发展战略、推进教育教学改革、强化师生发展共识等指明了前进的方向；学校近年来发展建设取得的显著成效，为我校未来发展奠定了坚实的现实基础；全体师生和广大校友对学校认同感、归属感的显著增强以及展现出来的良好精神风貌和工作状态，为我校未来发展注入了强大的精神动力。所有这些，都是我校“十二五”发展的良好契机和重要机遇。另一方面，我们也要看到，我国正从教育大国向教育强国迈进，对我校办学水平和教育质量提出了更高的要求，但高等教育普及化带来的生源结构深刻变化和就业形势的日益严峻，使我校发展建设仍然面临一系列新情况和深层次问题。例如，学校虽然已经提出“创建一流”的目标，但打造特色、形成优势、“创建一流”的有效途径还需要深入探索；落实《纲要》精神，推进学校快速发展，关键在于改革创新，但创新人才培养模式，优化科技工作体制机制，提高人才队伍整体水平的任务仍相当繁重；现代大学制度仍需要深入摸索，适应学校发展建设的内部管理体制机制还需要进一步完善，和谐文化的建设有待进一步加强；全面建成新校区，从根本上改善学校发展的空间环境，仍是极其艰巨的任务。

面对新的机遇和挑战，我们要继续坚持以科学发展观为统领，不断解放思想，自觉更新理念，推进改革创新，优化办学环境，切实抓住用好机遇，克服各种现实困难，深入谋划和推动学校科学发展；我们要切实加强和改进党对学校的领导，充分发挥各级党组织推动发展、服务群众、凝聚人心、促进和谐的作用和广大党员的先锋模范作用，调动全体师生员工干事创业的积极性和创造性，同心同德，齐心协力推动学校科学发展上水平、和谐建设见成效，为创建国内同类高校一流水平奠定坚实基础。深入谋划和有效推动学校“十二五”事业发展，应着重抓好以下三个方面工作。

第一，着力优化顶层设计，切实找准“创建一流”的有效途径。深入谋划学校“十二五”事业发展，全力以赴做好顶层设计，是学校当前工作的重中之重。我们要深入学习领会党和国家的战略意图，贯彻落实相关工作部署，全员发动，上下同心，内外结合，集智聚力，高标准、高质量地做好学校“十二五”事业发展规划的编制工作，着力优化学校顶层设计。谋划学校“十二五”事业发展，一个重要任务就是要找准“创建一流”的有效途径。学校第一次党代会已经明确“创建国内同类高校一流水平”的奋斗目标，要实现这个目标，任务还是比较艰巨的，必须深化发展思路，细化发展目标，走出符合学校实际的独特的“创建一流”之路。应该看到，相对于同类院校，我们空间规模较小、学科专业较少、办学层次不高，但我们学科相对集中、优势较为突出，地处首都北京。关键是，如何能够根据发展要求，立足学校实际，借助区位优势，整合各类资源，追求“精”、突出“特”，走出做“精”成“特”的道路，从而在学科专业建设、应用型人才培养、科技创新服务、人才队伍建设和办学条件环境的某些方面形成优势或特色，达到国内同类高校一流水平。例如，要整合资源，组织攻关，力争获得特殊需要博士学位授予权；要积极争取进入国家或北京市实施教育发展纲要有关人才培养模式改革项目，为形成具有我校特色的应用型人才培养模式创造有利条件；要抓住用好北京高端信息产业技术研究院建设和学校参股企业上市契机，着力推进产学研用一体化进程；要充分利用地处首都的区位优势和北京市人才强教政策，积极引进海内外高端人才和学术骨干；要全力以赴，充分调动一切可以调动的因素，积极争取北京市和昌平区的支持，充分发挥各方面的积极性，科学规划设计、精心组织实施，确保“十二五”期间建成布局合理、功能完善的新校区，从根本上解决制约学校发展的空间问题，等等。所有这些，我们在谋划学校“十二五”事业发展，“创建一流”的过程中，始终应该予以高度关注、认真思考和重点研究。我们既要认真总结学校“十一五”发展建设的经验，又要认真借鉴兄弟院校好的做法，发挥广大师生的聪明才智，切实找准并逐步形成学校创建“国内同类高校一流水平”的有效途径。

第二，努力推进开放创新，探索形成科学发展的特色模式。开放办学是时代发展的要求，对实现“创建一流”目标至关重要；改革创新则是实现“创建一流”目标的根本动力。一方面，我们要坚持开放办学，注重借力发展，拓宽国际视野，加大合作力度，争取更大支持，推进学校发展。要充分利用北京的区位优势和投入优势，进一步加大与国内外大学、科研机构、社会企业的合作，争取在学科建设、人才培养、科学研究、成果转化等方面，形成有效合作模式，实现互利双赢效果。要进一步加强与国内同类高校的交流，学习借鉴他们的好思路、好经验，明确自身差距和不足，找准“创建一流”的努力方向和着力点。要有效利用自身的优势和特色，充分发挥校友作用，主动服务社会，积极为国家和首都经济社会发展做贡献，努力争取政府和社会的更多支持。另一方面，我们要坚持改革创新，完善体制机制，更新办学理念，打造办学特色，不断提升人才培养质量、科学研究能力和社会服务水平。要进一步适应经济社会需要和学生成长成才需要，推进人才培养模式改革，探索形成符合学校实际的应用型人才培养体系；要进一步完善科技工作评价体系，形成激励与约束相结合的、更加科学合理的科技运行管理机制，通过完善政策、整合资源、深化改革，调动教师们从事科技工作的积极性，加强科技创新团队建设，提高科技创新能力，推动科技工作不断上水平、上层次，努力增强服务经济社会发展的能力；要坚持“党管人才”原则，积极推进干部人事制度改革创新，大力实施人才强校战略，营造尊重劳动、尊重知识、尊重人才、尊重创造的风气，形成从实绩看德才，凭德才用干部的用人导向和使优秀人才能够脱颖而出、施展才干的用人机制，努力建设一支政治上坚定、文化素质较高、整体结构合理的干部队伍；要进一步完善党、政、群、团的领导体制和工作机制，深化校院两级管理改革和人事分配制度改革，推进后勤管理改革，以内部管理体制机制的改革创新，调动广大师生员工干事创业的积极性、主动性和创造性，激发学校科学发展的内在动力。

第三，全面加强党的建设，努力提高学校党的工作科学化水平。党的建设和思想政治工作是推进学校科学发展的重要保证。我们要在巩固党建先进校建设成果的基础上，认真贯彻落实《中国共产党普通高等学校基层党组织工作条例》，深入实施学校党的建设五年规划，全面加强和改进学校党的建设，努力提高我校党的工作科学化水平，为学校科学发展提供思想、政治、组织保证。要把思想理论武装放在党建工作的首位，以建设学习型党组织为契机，着重加强中国特色社会主义理论体系、科学发展观、社会主义核心价值观等的学习宣传，使广大干部、党员和师生自觉坚定理想信念，牢固树立党的宗旨，不断提高思想政治素质和业务工作能力；要按照《条例》的精神和要求，以深入开展创先争优活动为载体，进一步完善学校的领导体制，发挥好党委领导核心作用，积极落实学院党组织新的工作体制和运行机制、建立健全学校基层党的组织体系，着力强化基层党组织工作职能，积极推进党内民主建设，努力加强党员教育服务管理，不断激发党组织和党员在推进学校事业发展中的生机活力；要按照“德才兼备、以德为先”的要求，努力加强校院两级领导班子和干部队伍建设，切实提高领导干部的思想政治素质和推进科学发展的能力，把校院两级领导班子建设成为政治坚定、业务精湛、求真务实、开拓创新、勤政廉政、团结协调的坚强领导集体；要以实施《廉政准则》为抓手，结合惩防体系构建、廉政风险管理等工作，进一步增强干部、党员和师生的廉洁意识，建立健全决策权、执行权、监督权既相互制约又相互协调的权力结构和运行机制，不断加大从源头上预防和治理腐败的力度，努力提高党员干部拒腐防变的能力；要以增进和谐为目的，进一步加强学校软环境建设，不断推进和谐文化构建、精神文明创建、校风学风建设，大力弘扬“抢抓机遇、迎难而上、争先创优、挑战自我”新大学精神和“勤以为学，信以立身”的校训精神，注重对学生的养成教育，充分发挥校园文化的育人功能和涵养作用，努力营造良好的校园环境。

同志们，回顾党的光辉历史，我们倍感自豪；谋划学校新的发展，我们激情满怀；实现“十二五”发展目标，我们充满信心。希望学校各级党组织明确责任使命，学习先进典型，进一步解放思想，开拓创新，不断增强创造力、凝聚力和战斗力，为实现学校“十二五”发展目标发挥应有作用；希望广大共产党员以今天受到表彰的优秀党员、优秀党务工作者为榜样，坚定理想信念，牢记党的宗旨，立足本职岗位，为党和国家的教育事业、为学校的发展建设做出新的更大的贡献。让我们继承和发扬党的光荣传统和优良作风，以更加昂扬的精神状态和更加饱满的工作热情，积极投身于学校改革建设发展，再创学校科学发展新辉煌！

谢谢大家！

暑期中层干部扩大会议召开

9月13日、14日，学校召开暑期中层干部扩大会议讨论学校“十二五”事业发展规划征求意见稿，总结上半年工作，部署下半年重点工作。全体中层干部、教授，部分老领导参加会议。大会分别由校党委书记郑君礼和校党委副书记刘筱毅主持。

“十二五”事业发展规划是指导学校“十二五”期间建设发展工作的重要纲领性文件。在学校党政领导的高度重视和统一领导下，通过参与规划编制工作的有关部门和老师们的辛勤努力，通过广大师生员工的积极参与和建言献策，规划征求意见稿已经起草完成，并提交本次会议讨论。

会上，副校长许宝杰从规划编制工作的启动与相关工作安排，编制过程中的重要进展和完成的主要工作，以及下一步的主要工作等三个方面对学校“十二五”事业发展规划编制过程进行详细说明。在征求意见稿起草期间，为全面听取全校师生的意见建议，学校专门开通 “十二五”规划专题网站和专用电子邮箱，编制工作简报及时通报进展情况；5月30日，学校召开党政联席会议专题讨论规划编制工作，6月13—20日，学校又分别在清河小营和健翔桥校区连续召开5个研讨会，通报编制工作开展情况，听取师生员工的意见和建议。许宝杰指出，在本次会议上，各位领导和专家提出的新的建设性意见和建议，也将被总结提炼，纳入规划征求意见稿的进一步修改完善环节。

校长杜林特别介绍了学校编制“十二五”事业发展规划征求意见稿的总体思路。他指出，学校规划编制紧紧围绕国家和北京市的有关文件精神，贯彻落实胡锦涛总书记在清华大学百年校庆讲话和建党90周年大会讲话中有关教育工作的指示，坚持继承学校第一次党代会有关精神，总体思路上充分考虑学校已经取得的事业发展基础；规划编制力求指导思想和主要任务表述清晰明确，确立目标可实现、可检查、可落实，保障措施具体有效、可操作。他还向与会人员详细解释说明了“十二五”事业发展规划征求意见稿。

大会进行的分组讨论中，大家一致认为征求意见稿总体目标明确、思路清晰，对学校“十一五”期间的经验成果总结凝练准确，新的目标任务设置具体，保障措施切实可行。大家对征求意见稿中的某些新提法，例如发展目标中“达到全国同类高校一流水平的教学研究型大学”“博士学位授权点实现零突破”等表现出了浓厚的热情；此外，与会人员还对某些任务目标时间设定的远近，文稿相关文字表述等内容提出了建设性的意见；同时对学校教育教学、教育管理、科学研究等各个方面提出了意见和建议。大家认为，编制好的规划是基础，更重要的任务在于落实规划。讨论之后，各组组长对讨论情况进行交流汇报。

教务处、科技处、研究生部、机电工程学院、自动化学院、经济管理学院、理学院的主要领导围绕学校“十二五”事业发展规划的编制，介绍本单位“十二五”期间主要工作的开展思路和初步考虑。学校暑期赴美、赴港培训团组汇报相关情况。

杜林简要总结上半年学校主要工作的开展情况，部署下半年的12项重点工作，具体有：深入学习胡锦涛总书记在清华大学百年校庆上的讲话和建党90周年大会讲话精神；完成学校“十二五”事业发展规划的编制工作；大力推进新校区建设相关工作；全力做好博士学位授权点的申报工作；制定本科教学工程的实施方案；召开学校科技工作会议；进一步抓好学生实践创新活动；开展学院党政领导换届工作；开展全员聘任岗位分级工作；推进后勤改革工作；召开第一次党建工作会议；做好区人大代表换届选举工作等。

郑君礼全面总结本次大会，就开展好下半年工作提出三点要求：一是要求广大师生员工立足学校实际，进一步解放思想，整合资源，主动出击，发现并抓住“十二五”期间学校面临的各种发展机遇；二是切实编制好“十二五”事业发展规划，找准学校创建一流的途径，寻找各种资源，通过内部机制体制的改革创新，以及软环境的优化提升等保障措施，增强学校发展的动力，全力推动学校“十二五”事业发展；三是积极落实深入学习胡锦涛总书记讲话精神，申报博士点，加快新校区建设以及教师职务聘任等重点工作，确保学校“十二五”事业发展开好局。

第一次科技工作大会专题

统一思想 凝聚人心 总结成果 共谋发展 实现我校由教学型大学向教学研究型大学转变

——第一次科技工作大会综述

为进一步贯彻落实科学发展观，树立科研兴校理念，统一思想、凝聚人心，总结成果、共谋发展，实现学校由教学型大学向教学研究型大学转变，11月25日至26日，学校召开第一次科技工作大会。这是新大学成立后召开的第一次科技工作大会。

教育部科技司、自然科学基金委、北京市教委等相关领导应邀出席大会，学校党委书记郑君礼，校长柳贡慧，党委副书记杨军、刘筱毅，纪委书记冯晓春，副校长冯喜春、韩秋实、刘勇、许晓革、许宝杰，各学院院长、教授、科研骨干和职能部门负责人参加会议。会议由郑君礼、柳贡慧和韩秋实分别主持。

教育部科技司领导介绍了我国大学科研的基本情况以及科研发展对大学的重要性，强调科研工作要将产学研用相结合。基金委领导介绍了国家自然科学基金资助对象和资助重点以及基金申报的注意事项等。

柳贡慧分别从大学为什么要开展科学研究、开展什么样的科学研究和怎样开展科学研究三个方面做了题为《加强科研工作建设教学研究型大学》的重要讲话，他认为，我们提出要建设教学研究型大学，是一个庞大的系统工程。我们应该认识到自身的差距，审时度势，有计划、有重点地推进科研工作；要进一步分析需求，明确面向，突出重点，强化应用；“十二五”期间，学校要坚持把科学研究工作放在重要位置；要高度重视科研工作，实现高端引领，全面发展；要加强管理，保障政策，导向支持；要建设规模化科研队伍，建立团队，培育新人，努力实现教学研究型大学的建设目标。

韩秋实在讲话中，回顾和总结了“十一五”期间我校科技工作的主要成绩和基本经验，安排部署了“十二五”科技工作计划，并提出“十二五”期间的工作思路、发展目标和保障措施。“十二五”期间，学校将继续以科技政策为导向，以科技队伍建设为抓手，以科技平台建设为支撑，以产学研结合为纽带，以体制机制创新为保障，培育科研特色，凝聚科研方向，突出自主创新，提高科研水平，加快科研成果转化及产业化，全面推动学校科技工作又好又快发展，实现我校由教学型大学向教学研究型大学转变。

北京市教委副主任付志峰到会并作重要报告。付志峰认为，培养人才是大学的根本任务，大学科研为人才培养提供有力的保障；科研工作对教学工作具有积极的促进作用；科研发展要上层次上水平，并积极促进科技成果转化。

与会人员在听取报告的基础上进行分组讨论，大家积极为“十二五”科技发展规划献言献策，进一步明确了认识，统一了思想。葛新权、李邓化、朱希安、陈昕四名代表在大会上进行交流发言，结合自身工作，从不同方面进行交流总结。杨庆东作为教授代表，在大会上宣读科研人员财务与学术规范承诺书。

郑君礼在总结讲话中指出，近年来，我校科技工作取得的突破性进展提高了学校的整体实力，扩大了学校的社会影响，振奋了师生和校友的精神状态，引起了领导和同行的高度关注。通过总结升华认识、凝练精神成果，“找准战略定位，明确科研方向”“完善激励政策，激发科研活力”“整合科技资源，加强团队建设”“坚持产学研用，注重借力发展”将为科技工作形成长效机制奠定坚实基础。他说，我们要集全校之力，聚专家之智，找准新时期科技工作的着力点，力争“十二五”科技工作取得新突破。一要抓住“十二五”科技发展机遇，推进我校科技工作上层次；二要大力整合校内外科技资源，争取获得一批高层次的重大科技项目；三要进一步创新科技政策机制，促进科技总量大幅度跃升；四要着力打造科技工作团队，集团队力量再出高水平科技成果。他强调，“十二五”期间学校将努力实现“教学型”向“教学研究型”大学的转型，要加大对科技工作的支持和服务力度，为教师开展科技工作提供良好环境。为此，学校将继续加大经费投入，进一步加强科研平台和基地建设；盘活资源，优化配置，尽可能为开展科技工作提供条件保障；加强管理队伍建设，为一线教师从事科研提供优质高效的服务；创造良好的工作环境，充分调动广大教师从事科技工作的积极性。他希望全校同志强化转型理念，重视科技工作，促进我校的科技工作实现跨越式发展，共同开创科技工作新局面。

与会人员一致认为此次大会的召开非常必要和及时，加强了各学院之间的交流，有利于促进统一思想、凝聚人心。为我校

“十二五”期间科研工作发展奠定了良好的基础，为实现教学型大学向教学研究型大学转变提供了重要保证。

总结经验并抓住机遇 努力开创我校科技工作新局面

——在第一次科技工作大会上的讲话

党委书记 郑君礼

（2011 年 11 月 26 日）

各位专家、同志们：

学校第一次科技工作大会，经过大家的共同努力，完成了预定任务，就要闭幕了。在这次大会上，我们听取了教育部科技司雷朝滋副司长和北京市教委付志峰副主任的报告；国家自然科学基金信息科学部张兆田副主任和熊小云处长为我们讲解了如何申报国家自然科学基金的有关问题，开阔了我们的思路，明确了工作的要求。柳校长围绕大学为什么要搞科研，我们应开展什么样的科学研究，以及怎样开展科学研究，谈了自己的理解和认识，进一步阐明了我校科技工作的地位和方向。韩秋实副校长作了《学校“十一五”科技工作总结和“十二五”科技工作规划》报告，总结了学校在新大学建设中科技工作取得的成就，对“十二五”学校科技发展的目标和工作重点做了说明。在分组的研讨过程中，与会者对学校“十二五”期间的科技工作提出了很好的建议。通过专家报告、分组讨论、大会交流以及相关单位前期开展的有关工作，这次大会，进一步统一了我校科技工作的思路，明确了我校科技工作的方向，强化了我校转型的理念，细化了我校“十二五”科技工作的措施，为学校“十二五”期间科研工作发展奠定了很好基础，为建设教学研究型大学起到了重要促进作用。会后，我们要认真落实会议精神，把大家好的意见和建议吸纳到学校“十二五”规划及其子规划的制定和实施中。下面，作为这次会议的总结，我想结合大家讨论的情况再谈 3 点意见。

一、认真总结近年来学校科技工作经验，明确我校“十二五”科技发展新思路

近年来，我校科技工作取得了突破性进展。科研规模稳步扩大，科研经费到款额实现了 30％的年增长率，2010 年已突破 4300 万元。科研项目的层次逐步提高，国家科技支撑计划项目、国家重大科技项目、863 子课题、国防重大科技项目等高层次项目都取得了突破。科技成果水平大大提升，特别是三年内连续以第一完成单位获得了四项国家级科技奖励。科研基地建设和科技队伍建设成效突出，涌现出一批优秀科研带头人，如张福学教授、徐小力教授、葛新权教授、祝连庆教授等，以及他们的团队。一批年轻科研骨干也正在脱颖而出。科技成果产业化迈出了新的步伐，学校参股的 TRS 公司今年 6 月 15 日在深交所上市，学校成为北京市属高校中持有上市公司股

份的第一家，标志着学校重大横向项目、科技成果转化等取得新的突破；学校获批北京市大学科技园、中关村科技园区高端信息技术产业研究院等。

近年来取得的这些科技成果，提高了学校的整体实力，扩大了学校的社会影响，振奋了师生和校友的精神状态，引起了领导和同行的高度关注，为“十二五”的科技发展奠定了基础，使我们更加坚定了建设教学研究型大学的决心和信心。应该说，我们这些成绩的取得是实不容易的，因为我们正值合并组建新大学之际，资源整合头绪多，各项工作任务重，原两校科研基础都相对比较薄弱。在这样的背景下，我们能够取得科技工作的突破性进展，一定有一些成绩之外的宝贵经验，从推动进一步发展角度来看，这些比我们取得的成绩本身更为重要。大家都要认真总结，通过总结升华我们的认识，凝练精神成果，形成长效机制，指导我们进一步的工作。通过讨论，大家认为至少以下几点经验对我们今后工作有重要指导意义：一是找准战略定位，明确科研方向；二是完善激励政策，激发科研活力；三是整合科技资源，加强团队建设；四是坚持产学研用，注重借力发展。

学校在“十二五”发展规划中提出建设教学研究型大学的目标，这在全校已经取得了广泛共识。要实现“十二五”期间建设教学研究型大学的目标，学校的科研工作必须要有新突破，要上新台阶。虽然近年来我们跟自己纵向比，科研工作取得了历史的突破。但是与建设教学科研型大学的目标相比，与国内外同类大学相比，我们的差距还是非常明显的，主要体现在科技工作还没有普遍得到大家高度重视，学校科技工作的发展还很不平衡，科研规模还比较小，科研层次、水平还都达不到教学研究型大学的要求等等。如何抓住新时期科技发展的机遇，进一步整合学校科技资源，保持我校科技工作可持续发展，还有很多艰苦的工作要做。针对上述问题，我们要深入贯彻落实国家和北京市“十二五”科技发展规划，通过制定“十二五”科技发展规划，集全校之力，聚专家之智，找准新时期我校科技工作的着力点，明确学校“十二五”科技发展新思路。

二、准确把握国家和北京市科技发展脉络，力求我校“十二五”科技工作新突破

国家和北京市“十二五”科学和技术发展规划，是我们“十二五”科技发展的纲领性文献，是我们制定“十二五”规划的重要依据。我们要认真研读国家和北京市“十二五”科学和技术发展规划纲要，准确把国家和北京市科技发展脉络，抓住“十二五”科技发展机遇，找准我们的科技工作着力点，力争我校“十二五”科技工作取得新突破。

（一）抓住“十二五”科技发展机遇，推进我校科技工作上层次。在国家和北京市实施“十二五”科学和技术发展规划中，一定会有一些有利于我校科技发展上水平的机遇，我们要积极参与规划中确定的改革项目，争取国家和北京市资金和政策投入，加强原有基地平台和队伍建设，创建新的基地和平台，包括国家级或教育部科学研究机构，省部级或行业重点科学研究机构等。

（二）大力整合校内外科技资源，争取获得一批大的科技项目。

一是要进一步整合校内科技资源。要在近年工作的基础上，进一步打破不同学科领域和科研方向的界限，充分发挥学校特色和优势学科的作用，通过优势互补、强强联合等方式，组建学科群，形成新的科研方向，打造新的科技工作团队；要在更好发挥已有重点实验室、科研基地和平台的基础上同时，整合校内的空间和硬件资源，为争取和开展大的科技项目提供硬件条件支撑。

二是要注重整合社会科技资源。要大力推动学术交流和合作，推进整合。通过政策和资金支持，进一步加大国际国内交流与合作力度，不断开拓国际国内交流、合作渠道，为科学研究和教职员工的发展提供良好的条件和基础。支持和鼓励学院、教师与国外开展交流与合作，支持重点实验室和重点学科与国外大学联合开展科学研究；研究设立专项资金，支持教师国外培训和科研合作；加强与企业和行业合作。进一步完善与科研院所、行业、企业合作科研的体制机制。

三是要利用产业技术研究院建设，推进科技资源整合。积极促进科研成果产业化。开展应用研究是学校科研工作的主要方向，促进研究成果转化为现实生产力是科技的落脚点，是学校对社会科技贡献率的具体体现。学校科技处、经营性资产管理办公室要及时宣传有关科技产业政策，制定学校科技产业化的有关管理文件，对具有产业前景的科技成果，及时发现，发挥大学科技园的孵化作用，积极推动产业化进程。加快大学科技园建设，力争创北京市级科技园先进水平；积极推进北京高端信息产业技术研究院规划建设项目一期及二期工程，落实重大科研成果产业化落地项目2～3项。

（三）进一步创新科技政策机制，促进科技总量大幅度跃升。近年来，学校制定的各项科研激励政策对学校的科研工作起到了很大作用，在保持政策连续性的基础上，对具有标志性意义的科研项目、科技成果、科技论文、科技获奖等，要加大奖励力度；对国家重大专项项目、科技支撑计划项目、“863”项目、“973”项目、国家自然科学基金重点项目等高水平项目，要建立新的奖励机制；对SCI、EI、CSSCI年收录论文，特别是期刊发表的收录论文，加大奖励力度。对各学科具有最大影响的“超核心”期刊，要与一般核心期刊有所区别，加大奖励力度；研究建立按照论文影响因子对论文成果进行奖励的机制。对获得的国家级奖励，要继续加大奖励；同时要调整降低对一些普通项目、成果的奖励，发挥政策的导向作用。

（四）着力打造科技工作团队，集团队力量再出高水平科技成果。新时期，建立和完善一流的教师队伍，创建和打造卓越的团队，健全和完善有效的团队合作和共赢机制，成为经济全球化、高等教育大众化时代背景下高等教育发展的重要任务。何谓团队？团队通常是指由数名知识与技能互补、彼此承诺协作完成某一共同任务的人员组成的一个精神的、文化的、实践的结合体。正如美国学者乔恩·R·卡曾巴赫指出的，团队是指一定的有互补技能、愿意为了共同目标而相互协作的个体所组成的正式群体。作为一个精神、文化、实践结合的特殊群体，团队的形成要有共同的目标，要有具备较高学术造诣和创新性学术思想、较好组织协调能力和号召力的团队带头人，要有较为合理的专业结构和年龄结构，具备合作精神的团队成员。它倡导合作精神、共赢理念，强调相互信任、相互沟通，决策科学高效且富有创意。与一般的群体、团体相比，团队有如下特点：一是团队个体在知识、能力或年龄、性格上具有互补性；二是团队的个人除要有共同的价值观、兴趣、目标外，还要有遵守、践行共同的目标、承诺的意识和机制；三是团队对集体的协作有更多的依赖，团队的工作效果既要由团队个体负责，更要由团队整体共同负责。团队的形成首先要有好的带头人，这往往是比较难的，因为团队带头人是团队共同目标的策划和制定者，不仅需要具备精湛的业务素质和创新能力，需要高超的组织协调能力，而且要能够以其深厚的知识文化底蕴展示出独特的人格魅力、凝聚力和号召力。所以我们加强团队建设，要首先选好团队带头人，对已有的团队要采取有效措施加强带头人的培养，提升带头人的素质和水平。广大教师特别是教授、副教授，是学校科研队伍的主体，要积极参加科技团队建设，借助团队的力量作出更高水平的科研成果。

三、加大对科技工作的支持和服务力度，为教师开展科技工作提供良好环境

“十二五”期间，全校上下特别是各级领导干部要强化转型理念，重视科研工作，创造条件支持科研工作的开展，全方位为教师开展科技工作提供服务。要使大家理解，通过提升科技工作水平，进一步提升学校为首都经济社会及国家行业发展的科技贡献率，同时提升学校的办学实力和社会声誉，是我们实现转型、“创建一流”的重中之重。学校和学院党政班子每年要召开专门会议研究部署科技工作，及时对学校或学院的科研工作提出指导意见和政策支持，解决科研工作中存在的制约问题，为科研工作创造条件，提供服务。各有关职能部门要经常深入基层，走近教师，与基层、与教师一起研究科技工作的有关问题，如科学研究的方向，项目的申报，基地建设、经费使用，以及如何为教师从事科研提供有效的支持方式等问题。在具体支持和服务方式上，主要有以下几方面。

一是继续加大经费投入，进一步加强科研平台和基地建设。在积极争取上级主管部门的专项经费加强科研平台建设投入的同时，学校也要积极安排经费，进一步促进科研平台的建设。对优势科研方向、重大项目等要重点支持，对有发展前景的新型学科、交叉学科，积极发挥学术委员会、专家组等作用，看准苗头，提前投入，培植新的科研增长点。注意发挥经费的使用效益，加强绩效考核工作。对于绩效优秀的项目，建立滚动投入机制；对于绩效一般甚至较差的项目，及时提出整改建议，或中断经费继续投入。

二是盘活资源，优化配置，为开展科技工作提供尽可能多的空间资源。在目前新校区建设还不能很快到位的情况下，学校的各种资源，特别是教学、科研用房极其紧张的情况下，以学科为龙头，加强学科建设、本科教学、科学研究工作的统筹规划，实现资源有序共享，合理配置。有关职能部门要加强全局观念，建立协调机制，促进各种资源的利用率不断提高。同时挖掘潜力，寻求合作，充分利用学校周边资源，努力改善现有条件，不断增加对科研用房的投入。

三是要加强管理队伍的建设，为一线教师从事科研提供优质高效的服务。要按照高标准建设好科技管理队伍，充分发挥他们在科学管理、组织攻关等方面的作用。学校的科研管理职能部门，要自觉不断加强自身队伍建设，强化服务理念，提高服务水平；要积极与国家有关科技主管部门沟通，主动与大企业建立联系，拓宽课题申报的渠道，及时提供信息，在教师的业务培训，课题申报、立项，基地建设，团队建设、科研成果鉴定、报奖等环节中，主动服务，为参加科研的教师和团队排除困难。

四是创造良好的工作环境，充分调动广大教师从事科技工作的积极性。在目前学校师资力量整体不足的情况下，要为广大教师从事科技工作创造良好的环境，调动教师投身科技工作的积极性，鼓励教师把更多时间和精力投入在科研上；要针对我校教师队伍的实际情况，科学合理安排教学任务，为承担大重点科研项目的教师创造更加宽松的科研环境；要注重对青年教师的培养，对新引进的年轻教师，各学院、研究机构等要及时引导、遴选，及早促进年轻教师完成职业发展规划，及早进课题、进学科、进队伍，解决年轻教师发展的“瓶颈”问题；对重点科研机构，要支持引进专职科研人员，包括高水平的科研教师和专职管理人员，采取灵活机制，解决实际问题。要关心并努力解决好教师特别是青年教师工作和生活中的实际问题，为教师更好地完成教学科研工作解决后顾之忧。

同志们，作为一所大学必须重视科研工作，这是大学在社会存在的必要性的基础。建设教学研究型大学是我们学校的既定目标，加强科技工作是实现这一目标的重要保证。“十二五”期间，我们要强化转型理念，重视科技工作，促进学校的科技工作实现跨越式发展，共同开创我校科技工作的新局面。

加强科研工作　建设教学研究型大学

——在第一次科技工作大会上的讲话

校长　柳贡慧

（2011年11月26日）

同志们：

今天，我们在这里召开北京信息科技大学成立以来第一次“科技工作大会”，这是继学校顺利召开了第一次党代会、第一次教代会、第一次本科教学大会、第一次学科建设大会后，召开的又一次重要的大会。它是学校科研工作经过多年快速发展的第一次全面性总结与回顾，也将为学校科研工作的长远发展奠定良好的基础。

学校在“十二五”发展规划中提出，“坚持创新建校、质量立校、德育为先、人才强校，实现由教学型大学向教学研究型大学转变”，这是学校在全面分析面临的重要发展机遇、发展环境、发展条件及其严峻挑战的基础上，根据《国家中长期教育改革和发展规划纲要（2010—2020）》《北京市中长期教育改革和发展规划纲要（2010—2020）》和第一次党代会确定的发展目标和基本思路，提出的学校发展长远目标，为了实现这个目标，学校的各项工作，包括科研工作该如何开展，是我们在“十二五”期间要认真研究，重点解决的问题。

我今天主要谈三方面的问题，请大家指正。

一、大学为什么要开展科学研究

1. 科学研究是现代大学的典型特征

众所周知，大学主要有三大功能，即人才培养、科学研究和服务社会。而明确赋予现代大学科学研究功能始于德国。19世纪初，一批受新人文主义影响的德国思想家、教育家如洪堡、费希特等，着手建立了柏林大学等一批以科学研究为主要功能的新大学，强调通过科学研究和科学发现获得知识是大学的重要功能。他们的大学理念在大学发展史上引起了革命性的变革，使中世纪以来大学的职能首次得到了拓展，促进了大学从教学型大学向研究型大学的转变。实践证明，今天公认的世界一流大学汇集了一流的学者、一流的教学科研队伍，培养了世界一流的学生，这些大学通过开展高水平的科学研究，创造了世界顶尖的研究成果。

2011年4月24日，在庆祝清华大学建校100周年大会上，胡锦涛总书记指出，全面提高高等教育质量，必须大力提升人才培养水平，大力增强科学研究能力，大力服务经济社会发展，大力推进文化传承创新。科学研究无疑是大学基本的职能和使命。

北京信息科技大学正处于建设新大学的关键阶段，“十二五”期间的发展目标是，高素质应用型人才培养模式改革取得实质性成果，教学质量达到北京同类高校一流水平，博士学位授权点实现零突破，学科布局结构进一步优化，科学研究各项指标及在校研究生人数翻一番；师资队伍与管理队伍结构进一步优化，国际合作办学与交流规模进一步扩大、水平进一步提升，办学条件得到实质性改善，全面建成新校区，教职工收入水平显著提高。开展科学研究工作是我们发展的根本保证。

2. 科学研究是教师学术水平、执教能力提高的有效途径

科研是提升教师执教能力、学术水平的重要手段。学校最重要的工作就是培养出合格的人才，要想提高人才培养质量，就要求教师必须搞科研。高等学校没有一流的科研，不可能造就和凝聚一流的教师，也不可能培养出一流的学生；没有一流的科研，不可能建成一流的学科，也不可能建设出一流的大学。

科学研究是人才培养的重要载体。科学研究和人才培养从来都不是相互对立的，也不存在谁挤压谁发展空间的问题，它们是相互联系、不可分割的。一方面，人才培养工作中传播的知识是科学研究的成果，通过钻研探索创造知识，才能通过教学活动来传授；人才培养本身也贯穿着研究，学生实验、实践本身就是科学研究，研究生培养更是教师引导学生开展科学研究。另一方面，科学研究对提升人才培养水平具有重要作用。教学与科研是互动的，教学中发现问题、提出问题，科研研究问题、解决问题。科学研究的成果运用到教学当中，将提升人才培养水平，为教学活动提供源头活水。可以说，科学研究是人才培养的重要方法和基本手段，没有科研的教学是没有灵魂的教学。

鼓励教师搞科研，但不强迫所有教师搞科研。要把外在的要求转化成教师内在的自觉行动。不拿同一把尺子衡量所有的人，要分类指导。不能片面理解科研，教学研究也是科研，是学校科研的重要表现形式之一。

3. 科学研究是学校核心竞争力与社会服务力的体现

科学研究是服务社会的重要途径。正如胡锦涛总书记所说，“高等学校特别是研究型大学，既是高层次创新人才培养的

重要基地，又是基础研究和高技术领域创新成果的重要源泉”。在国家自然科学奖、技术发明奖和科技进步奖三大奖项中，高校获奖比例均超70%。积极适应经济社会发展的重大需求，开展国家急需的战略性研究、科学技术尖端领域的前瞻性研究、涉及国计民生重大问题的公益性研究，是今天的大学的重要历史使命。今天的大学必须积极参与产学研用合作，主动适应国家建设需要、大力服务经济社会发展，为国家和区域经济建设源源不断地提供科技创新成果，使科技成果转化为现实的生产力。大学参与产学研用合作的方式有很多，比如学校建设的科技园、产业技术研究院、工程研究中心、行业背景的重点实验室、学校教师创新创业、技术转让、横向合作、为企业提供技术服务等。

科学研究能力是大学的核心竞争力之一。高校生存靠人才培养，发展靠科学研究，要提升大学的综合实力，必须提升大学的科研能力。项目、经费、成果获奖以及与此相关的队伍建设是学校被评价的重要指标，有些更是标志性的指标。举一个简单的例子，如果我们的综合科研实力仍停留在两校合并前的水平，大学这块牌子我们不可能拿到，更不可能取得如今学校综合实力在市属高校排名靠前的成绩，归根结底是因为这些年我们科研工作发展了、进步了，支撑着学校的排名提高了。当然，我们不能让成绩冲昏了头脑，更不能躺在功劳簿上吃老本，其他学校的发展也很快，如果我们稍有懈怠，就可能被其他学校赶上、超过。因此，我们必须明确使命，增强科研能力，以高水平科研来支撑学校的建设发展。

二、开展什么样的科学研究

我们提出要建设教学研究型大学，是一个庞大的系统工程，不是仅靠一个“十二五”就可以实现的，可能需要学校全体师生员工10年甚至更长时间的努力。所以我们更应该认识到自身的差距，审时度势，有计划、有重点地推进科研工作，向成为教学研究型大学的长远目标迈进。

从与教学研究型大学各项指标的对比看，以学校当前的科研发展阶段和水平，还存在较大差距。

首先是学校在整体科研规模上有差距。以2010年为例，当年学校科研总经费6758万元，其中实到经费4324万元，而同样体量的“211”高校，科研经费一般为3亿～6亿元。假设在市财政科研平台专项经费支持强度不变的情况下，实到科研经费至少要翻一番才能使科研总经费达到1亿元以上。其次是学校在创新能力上有差距。高水平的大学一定要有高水平的基础研究能力，学校基础研究相对薄弱严重制约了高水平科研论文以及标志性国家科研成果的取得，自2007年到2009年连续3年取得4项国家奖后，我感觉要想再取得国家级奖励的突破将不是很容易的事情，原因很简单，4个大奖是学校科研工作多年积累的集中爆发，以我们目前的科研规模和研究基础要想重新积累再获国家奖，不是短期内就可以实现的。最后是学校在资源投入上有差距。优良的研究平台和研究手段是取得一流科研成果的必要条件，要建设一流的实验室、工程中心，必须保证研发场地和建设资金的投入。学校目前空间资源紧张，腾挪盘活的潜力有限，制约着科研工作的进一步发展。

当然，把差距摆出来绝不是找客观理由或推诿责任，这是要明确解决问题的决心和实现目标的信心，因为我们有自己的优势和有利条件。

首先，近年来学校科研工作发展势头强劲。特别是“十一五”期间，学校科研总经费翻了两番；获国家自然科学基金资助项目数显著增长，国家社科基金、国家科技支撑计划等高级别项目立项方面取得多项历史性突破；年获各类专利授权数翻了两番；教师发表学术论文数逐年增加，高级别论文占比显著增长；科研基地建设渐成规模，基本形成了以重点实验室为龙头、科研机构为骨干、课题组为基础，科技创新平台为支撑的科研工作体系。

1. 分析需求，明确面向

从“十二五”起，学校已站在了更高的新起点上。从国家层面看，学校优势学科和科研方向均与《国家中长期科学和技术发展规划纲要（2006—2020 年）》部署确定的重点发展领域重叠或相关，特别是我国信息产业、装备制造产业已进入高速发展阶段，大量的新技术、新装备将广泛应用，这些都为我校进一步发挥计算机科学技术、电子信息、机械制造与光机电一体化等领域的科研优势，加快推进科技发展提供了千载难逢的历史机遇；从地方层面看，北京市推动3个北京和世界城市建设，中关村开展具有世界影响力的科技创新中心建设，也为我校体现科技支撑作用、服务首都经济社会发展提供了更大空间；此外，大科园和产业技术研究院的成功获批，也为学校科研工作进一步发展开辟了空间。

2. 突出重点，强化应用

学校在电子信息、计算机软件、现代制造与光机电一体化、知识管理与技术经济等领域具有较强的科研实力，在行业内有较高的知名度和影响力，取得了一批高水平的研究成果，多项成果填补了国内空白。特别是部分科研成果成功产业化，取得了显著的经济效益和社会效益。

要建设产业园区，推进科技成果转化及产业化。以大学科技园及北京高端信息产业技术研究院建设为契机，促进科技成果转化及产业化，使学校科研成果切实转化为经济效益，改变学校科技工作“重研发，轻转化”的现实情况。

要进一步增强与行业、企业的联系，广泛开展应用性科研，增加行业对我们的依附度和学校科研对社会的贡献力。

三、怎样开展科学研究

今年是“十二五”的开局之年。“十二五”期间，学校要坚持把把科学研究工作放在重要位置。

1. 高端引领，全面发展

要高度重视科研工作。要充分发挥学校科研特色和优势，整合资源，联合攻关，争取重大重点项目支持，培育新的科研增长点。充分发挥重大重点项目的带动作用，切实加强科技人才、团队、平台的培育和建设。继续推进校、院二级管理，进一步强化各级学院在科技管理和服务过程中的作用，围绕学校“十二五”科技规划的各项指标和年度计划的落实，制定相应的制度和政策。由重大项目、重点学科为引领，一般项目，基础学科为支撑，带动学校科研工作全面发展。要把任务进行分解，将任务落实到团队和个人。

2. 政策保障，导向支持

要加强管理，为提升科技创新能力提供优质服务保障。科技管理部门要强化管理和服务同样是生产力、同样是科技能力的意识，开展科技政策宣讲、项目申报培训等工作，做好教师特别是青年教师的科研工作入门辅导工作，调动教师开展科研工作的积极性；要加强学校科技管理和服务队伍的建设，着力构建与学校科技工作相适应的科技管理组织构架和队伍，发挥科技管理部门的组织、协调、管理和服务的职能和作用。改善机关工作作风，增强服务意识，提高服务水平和科研管理业务水平，为教师创造良好的外部环境和提供良好的内部条件，要做到使教师满意，使科技工作者满意。

有一个现象引起我们的思考：信息科技大学有780名教师，学生13500名学生，师生比为1 ∶ 17.3，不是很高，但教师们反映教学工作量大，没时间搞科研。搞科研是要花费时间的，同时由于教师科研少，为保证收入也希望多上课。这个问题要研究。改革开放之所以取得成功，首先是农村的改革，简单一点就是联产承包，分田到户。从根本上解决了土地主人的问题，极大地调动了农民的积极性，极大地解放了生产力。我们要开展好我们的科研，要搞好教学，提高人才培养质量，就要让教师有时间去思考、去研究、去提高。就要改革，解放思想，解放我们教师的生产力。要从学校的整体角度考虑问题，从根本上制定政策，不能就科研问题而谈科研问题，也不能就科研问题制定简单的政策，这是头痛医头脚痛医脚，不能从根本上解决问题反而会带来混乱。核心是要对我们的课程体系、教学管理、教学组织、教学运行进行改革，使教师从课堂中解放出来，有更多的时间精力投入科研，同时通过科研获得更多的收益，一举多得，不仅是报酬上的，还有学术上的、水平上的提高。

3. 建设团队，培育新人

科研的能力是要培养的，要锻炼的，科研素质是在不断的科研工作中提升的，并不是硕士、博士就一定能搞科研，也并不是当了教授科研工作就一定能做好。

要建设规模化科研队伍。要利用科学研究加强学术梯队建设，要加大青年学术骨干的培养力度，使青年教师尽快融入大团队，通过开展高水平科研，培养高水平科研生力军。对脱颖而出的青年教师要重点培养。要鼓励每位教师参与科学研究，形成教学科研相结合、相促进的科技工作新局面。扩大学校专职科研人员队伍规模，逐渐形成一支上规模、上水平、专兼职结合的科研队伍。

同志们，建设教学研究型大学是学校主动适应高等学校发展和首都经济社会发展的需要。展望“十二五”，我们要继续传承和发扬“勤以为学，信以立身”的校训精神，紧紧抓住高校科技工作发展的契机，坚持立足北京，面向全国，突出信息特色，提升科研创新能力和水平，以高水平的科研支撑高质量的人才培养、支撑高水平大学的建设，实现教学研究型大学的建设目标，为创新型国家建设做出应有的努力和贡献。

拓宽视野 强化责任 提升能力 共谋发展

——2011年处级干部专题研修班综述

4月8日至9日，学校党委组织部举办了以“拓宽视野 强化责任 提升能力 共谋发展”为主题的处级干部专题研修班。本次研修班是在学校新一轮党政管理部门、直属机构和群团组织处级岗位竞聘工作结束，一部分处级干部岗位交流，一批优秀年轻干部走上领导岗位，以及“十二五”规划开局之年的背景下举办的。全体校领导出席研修班，全校现任处级干部参加了研修班。

本次研修班邀请全国政协委员、北京师范大学钟秉林校长做了关于《贯彻落实〈纲要〉精神，推动高等教育改革发展》辅导报告；校党委郑君礼书记做了关于《全面提升领导干部素质的新要求》专题报告，同时还代表校党委对新任处级干部进行了集体廉政谈话；市委教育工委副书记、市教育督导室线联平主任做了《坚持科学发展，构建首都现代化高等教育体系》辅导报告；市委组织部闫成副部长做了关于《北京市人才发展情况》专题报告；杜林校长做了关于《提升处级领导干部工作执行力》的专题讲座。

钟秉林首先概括阐述了《国家中长期教育改革和发展规划纲要》主要精神，介绍了中国教育发展的战略目标、战略主题、工作原则。随后结合高等教育的现状和实际，着重从高等教育改革发展的动因、跨越式发展及矛盾、热点、任务出发，详细谈了“提高质量是核心”“观念变革是先导”“改革创新是动力”3 个论题。

郑君礼结合新时期选人用人的新要求，分析阐述了新形势下坚持德才兼备、以德为先的实质内涵和基本要求。提出全校处级干部应从“4 个着力点”来提升自我道德修养，一是增强责任感、使命感，全力推进学校发展；二是树立新的管理理念，竭诚服务广大师生；三是强化团结合作精神，努力促进团队建设；四是坚持求真务实作风，切实抓好工作落实。专题报告之后，郑书记还专门对新任处级干部进行了集体廉政谈话。谈话结合《关于实行党风廉政建设责任制的规定》《中国共产党党员领导干部廉洁从政若干准则》《高校领导干部廉洁自律“十不准”》等文件要求和实际案例，从分析当前反腐倡廉工作面临的严峻形势入手，提醒新任干部严格遵守《廉政准则》，尤其不准在公务活动中接受礼金和各种有价证券、支付凭证；不准违反规定在经济实体、社会团体等单位中兼职或者兼职取酬，以及从事有偿中介活动；不准私存私放公款；不准干预和插手建设工程项目承发包、土地使用权出让、政府采购、房地产开发与经营、矿产资源开发利用、中介机构服务等市场经济活动。坚决杜绝各种形式的“小金库”。

线联平在《坚持科学发展，构建首都现代化高等教育体系》辅导报告中归纳了国家在今后一段时间内改革的思路、方针，总结了北京教育在“十一五”期间所取得的成绩和首都高等教育的现实基础。他用翔实的数据和有说服力的事例向在座人员分析了首都高等教育面临的压力和挑战，讲解了首都高等教育改革发展的基本思路。线联平在对我校近年来的建设发展成绩给予充分肯定的同时提出了中肯建议，他希望学校在今后的发展中要明确定位，办高水平大学；突出重点，建设特色专业； 服务首都，提供人才支撑；加强管理，创造发展环境。

闫成在《北京市人才发展情况》专题报告中从“战略、规划、项目和党管人才”四个关键词展开，介绍了国家和北京市的人才发展战略，北京市的人才发展规划、重点项目，阐释了党管人才的根本内涵。闫成指出，党管人才广义上讲，就是统筹人才政策、整合人才资源、促进人才发展，为党的中心工作提供人才和智力保证；狭义上讲，就是要构建高效、顺畅、有序的人才工作体制机制。党管人才重在统筹兼顾。他还结合高校的实际情况就关于加强高校党管人才工作的领导体制、管理机制、队伍建设提出了明确要求和具体指导意见。

杜林着重就提升处级领导干部工作执行力问题进行了专题辅导。他针对目前领导干部在执行力方面存在的“被动、消极、形式、教条、低速度、低力度、低成效、低标准”等现象，在分析原因的基础上提出领导干部必须具备强烈的事业心、牢固的责任意识，从领悟、计划、指挥、控制、协调、授权、判断、创新等8个方面来提高自己的执行力。他还着重强调了领悟能力是提高执行力的前提和基础，希望全体干部要学会在学习、实践中，在谋事、做事中，在细微观察中，在反思、总结中，在分析、判断中努力提高自己的领悟能力。

研修期间，还进行了《党风廉政建设责任书》签字仪式和“推进平安校园建设，维护学校安全稳定”责任书签字仪式，郑君礼书记和杜林校长代表学校与全校各单位签订了责任书。参加研修班的大多数学员普遍认为，本次组织的学习研修内容丰富充实，针对性强，对于大家理解教育发展和人才工作面临的新形势、新任务，把握学校发展建设的新机遇，进一步拓宽视野、强化责任、提升能力，以良好的精神状态投身到谋划学校“十二五”发展的具体工作中，增强廉洁自律意识，切实履行好党风廉政责任，真正做到廉洁从政有良好的促进作用。

北京高校数学教育发展研究中心落户学校

5月7日上午，北京高校数学教育发展研究中心成立大会在北京信息科技大学举行。中国科学院院士、中国数学会理事长马志明，北京市教委副主任付志峰，北京信息科技大学党委书记郑君礼等专家和领导出席了成立大会。

北京高校数学教育发展研究中心由北京信息科技大学和北京邮电大学、北京航空航天大学等高校联合组成。中心成立的目的在于研究新形势下数学教学中的热点与难点问题，建立具有广泛代表性的数学教育研究实践基地，加大交流和培训师资的力度，开展大型数学教育研讨会与专题学术报告会，建立国际交流机制，保持研究方向与成果的先进性与科学性，推动北京高校数学课程的建设与改革，提高人才培养质量。

北京信息科技大学校长杜林代表学校致辞，希望中心的成立能够有力推动北京高校数学教育教学研究，课程建设与改革，提高人才培养质量。北京市教委高教处处长黄侃宣读了中心领导及首届专家组名单。该中心主任由北京信息科技大学副校长许晓革担任，专家组组长由马志明院士担任。

马志明院士表达了两个重要的理念：一是培养学生的数学思想和思维方式以及抽象思维能力比教给他们具体的数学技能和知识重要得多；二是高等学校数学教育的发展，教师要起到很大的推动作用，必须具备较高的数学修养，教育研究中要具备全面的学术研究视角，同时要科研教学相互促进。

市教委副主任付志峰希望中心成立后能够积极协助市教委开展北京高校数学网络公开课的建设，他代表市教委对中心提出三点要求：第一，希望中心能从我国当前大学数学教学现状和今后一段时期的发展趋势出发，借鉴国内外先进的教育理念和成功的经验，求真务实，用科学的思维方法对教学改革中的热点与难点问题，进行深入研究，在此基础上真正取得一批符合科学规律的成果。第二，希望中心注意加强高校间合作与共建，坚持自身研究与开放式研究的有机结合，广泛吸收有志于教学研究和教学改革的教师，共同开展研究，有效发挥首都高校力量，建立交流机制，推动国内外高校合作，不断实现体制机制创新，共享改革及研究成果，共同实现提高教育教学质量这一核心任务。第三，希望中心服务于高校人才培养的要求，通过开展卓有成效的活动，培养师资，不断推进我国高校数学教育模式、教学内容、教学方法的改革和实践，为提高首都高校数学的教学水平发挥重要作用。付志峰还表示，市教委将拨付专项经费，支持研究中心开展工作。

中心成立大会召开后，马志明院士做了专题报告。报告用翔实的数据和生动的事例介绍了中国的数学正在走向世界以及我们与数学强国的差距。马志明院士再三指出，数学研究、教育要拒绝浮躁，数学教学与研究工作者要淡泊明志。他还在报告中介绍了自己对于应用数学与交叉研究的思考。报告受到了师生的欢迎。

北京信息科技大学“十二五”事业发展规划

（校党发〔2011〕59号）

北京信息科技大学“十二五”（2011—2015）事业发展规划，是在全面分析学校面临的重要发展机遇、发展环境、发展条件及其严峻挑战的基础上，根据《国家中长期教育改革和发展规划纲要（2010—2020）》《北京市中长期教育改革和发展规划纲要（2010—2020）》精神和北京信息科技大学第一次党代会确定的发展目标与基本思路编制而成，主要阐明学校“十二五”期间的发展背景、指导思想、办学定位、发展目标、主要任务及保障措施，是“十二五”期间学校事业发展建设的基本依据。

一、发展回顾

发扬“勤以为学 信以立身”的校训精神，抢抓机遇、迎难而上、争先创优、挑战自我，扎实推进学校建设发展，确立了“综合办学实力稳居北京市属高校前列，并早日达到国内同类高校一流水平”的长远发展目标，扎实推进“信心建设、内涵建设、条件建设、制度建设、能力建设、和谐建设”，完成了“十一五”事业发展规划确定的各项任务，取得了显著成就。

坚持以学科建设为龙头，以院系调整、学科专业整合为契机，整合学科资源，强化优势学科，发展特色学科，基本形成了工、管、理、经、法多学科分布，工、管学科优势较为突出、特色较为鲜明的协调发展的学科体系。新增北京市重点学科和重点建设学科6个；新增一级学科硕士点12个、专业硕士学位授予权领域8个；新增省部共建教育部重点实验室1个、其他省部级和行业重点实验室、研究基地、研究中心5个。

牢固树立教学工作中心地位，以本科教学评建和实施质量工程与研究生教育创新工程为契机，深化教学改革，全面加强专业、课程和实践教学内涵建设，积极探索应用型人才培养模式，教育教学质量和人才培养质量不断提高。本科教学评估取得优秀成绩；获准开展推荐优秀应届本科毕业生免试攻读硕士学位研究生工作；10个本科专业进入北京市第一批招生，建成国家级特色专业建设点4个、国家级实验教学示范中心1个；作为主要完成单位获国家级教学成果一等奖1项；学生在2010年机器人足球世界杯赛中取得中型组冠军。

坚持面向首都经济社会发展，重点突出行业和国防军工领域的优势、特色，坚持以应用研究和科技开发为重点，积极推进产学研用结合，科学研究持续稳定快速发展。以第一完成单位获4项国家级科技奖励，获得行业、省部级及以上科技奖励32项；大学科技园和中关村科学城北京高端信息产业技术研究院正式挂牌成立；学校成为“中关村国家自主创新示范区”首批股权激励试点单位之一。学校参股的企业获批在深交所创业板上市。

大力实施人才强校战略，以全面提高师资队伍素质为核心，坚持自主培养和重点引进并举，师资总量保持稳定，队伍结构不断改善，学术水平明显提高，高层次人才引进成效明显，团队建设成效显著，人才队伍整体素质稳步提高。引进“双聘院士”2人，新增北京高校学科首席专家岗位1个，具有博士学位教师增长160.5%，国家级教学团队建设实现零突破。

紧密围绕发展建设主线，以促进文化认同、构建和谐校园、推进科学发展为目标，开展校风学风教风建设和丰富多彩的校园文化活动，取得良好成效，为学校发展提供了强有力的思想保证和精神动力。连续三年获“首都文明单位”称号，2010年获北京市党建和思想政治工作先进校提名奖。

多渠道筹措资金，加强现有校区的建设、改善和充分利用，优化教学条件、科研平台、学科建设以及校园基础设施资源配置，办学条件显著改善。在市委市政府的支持下，新校区建设项目前期工作取得突破性进展。

大力开展国际交流合作和开放办学，积极发展留学生教育，与9个国家和地区近25所高校建立了校际合作关系，拓宽了办学视野，提升了教师的学术水平与教学能力，促进了教育质量提高。

“十一五”时期的发展积累了重要经验。必须坚持党对学校全局工作的坚强领导，全面贯彻落实科学发展观，确保正确的办学方向和发展方向；必须把发展作为第一要务，抓住机遇，明确战略，求真务实，挖掘潜力，以发展的成果解决存在的问题，以发展的成效促进校园和谐；必须坚持人才强校战略，切实加强人才队伍建设，不断提高教学、科研、管理和服务水平，为新大学快速发展提供强有力的人才保证和智力支持；必须坚持以人为本，切实解决民生问题，使发展成果更好地惠及师生员工；必须大力弘扬师生员工顾大局、识大体、同舟共济、迎难而上的精神，充分调动师生员工的积极性、主动性和创造性，全心全意依靠师生员工加快推进改革、建设和发展；必须坚持抓党建、促发展，不断提高各级党组织的创造力、凝聚力和战斗力，充分发挥广大党员、干部在建设新大学过程中的重要作用。

“十一五”的发展成就，为学校在“十二五”期间实现更好更快的发展提供了极为重要的前提和基础。

二、发展背景

当今世界正处在大发展、大变革、大调整时期。世界多极化、经济全球化深入发展，科技进步日新月异，人才竞争日趋激烈，进一步将高等教育推向经济社会发展中心，世界高等教育改革创新进一步发展，人才培养的国际化交流与合作进一步增强，这一历史大趋势为学校进一步开放办学、国际化办学，提高人才培养质量提供了强大的动力和宽广的发展平台。

国家确定了以信息化带动工业化的发展战略，大力发展制造业和信息产业，北京市重点发展现代制造业、电子信息产业和现代服务业，为学校充分发挥学科优势，强化办学特色，增强服务首都经济社会的贡献力，提供了难得的政策环境。位于中关村的地域优势，将有利于充分吸收国家自主创新示范区建设对学校以信息类为主的学科及专业发展的强劲辐射和推动作用，使学校的学科、专业优势进一步彰显。

胡锦涛总书记在庆祝中国共产党成立90周年以及清华大学建校100周年2个大会上的重要讲话，国家和北京市相继颁布的教育改革发展、人才发展和科技发展的中长期规划纲要，以及国家和北京市相继召开的教育工作会议为全国高校和北京市属高校科学定位、创新发展指明了方向，也为学校进一步优化顶层设计、创新发展战略、推进教育教学改革、全面提高教育质量、履行大学功能、强化师生发展共识，提供了重要前提。

“人文北京、科技北京、绿色北京”战略的实施以及中国特色世界城市建设，使首都教育特别是高等教育肩负的历史使命更加重要，先导性、全局性、基础性作用更加突出，为学校进一步明晰目标、找准思路、科学发展提供了极其重要的历史机遇。

“十二五”时期，学校发展建设也面临严峻挑战。

我国高等教育进入了以全面提高质量为主的新阶段，首都高等教育普及化带来的生源结构深刻变化和就业形势日益严峻，使学校提高教育教学质量，推动学生就业面临一系列新的情况和深层次问题；在新形势下打造特色、形成优势、实现学校一流发展目标的有效途径还需要深入探索；适应教育、科技发展趋势，培育新的学科生长点及交叉学科、增强学科发展后劲的要求更加迫切；创新人才培养模式，优化科技工作体制机制，整体改善人才队伍特别是师资队伍结构，提高教学与科研水平的任务还相当繁重；现代大学制度建设以及适应学校发展建设的内部管理体制机制需要进一步完善；建设高品位大学文化、推进深度文化融合更需要进一步加强；全面建成新校区，从根本上改善学校发展的空间环境，任务极其艰巨。

“十二五”期间，学校必须抓住机遇进一步解放思想，破解难题，推动建设上水平、发展上台阶。

三、指导思想

坚持以邓小平理论和“三个代表”重要思想为指导，全面贯彻科学发展观；坚持社会主义办学方向和党的教育方针，育人为本、德育为先，努力培养高素质应用型人才；坚持创新建校、质量立校、学科兴校、人才强校，推进由教学型大学向教学研究型大学转变；坚持立足北京，面向全国，突出信息特色，大力提升对首都经济社会及行业发展的贡献力；坚持以人为本、依法治校，“勤以为学、信以立身”，努力塑造高品位的大学文化。

四、办学定位

学校类型：教学研究型。

办学层次：以本科教育为主，加快发展研究生教育，积极发展留学生教育。

专业结构：以工、管为主体，工、管、理、经、文、法多学科协调发展。

培养目标：创新能力较强的高素质应用型人才。

服务面向：立足北京、服务首都，面向全国、服务行业。

五、发展目标

学校发展的长远目标是，努力建设在电子信息、现代制造与光机电一体化、知识管理与技术经济等领域特色鲜明，立足北京、面向全国，培养高素质应用型人才为主，对首都经济社会及行业发展的人才支持及科技贡献力较大，办学实力稳居北京市属高校前列，达到国内同类高校一流水平的教学研究型大学。

“十二五”期间的发展目标是，高素质应用型人才培养模式改革取得实质性成果，教学质量达到北京市属高校一流水平；博士学位授权点实现零突破，学科布局结构进一步优化，科学研究指标及在校研究生人数翻一番；师资队伍与管理队伍结构进一步优化；国际合作办学与交流规模进一步扩大、水平进一步提升；办学条件得到实质性改善，全面建成新校区；改善民生，教职工收入水平显著提高；契合“人文北京”要求，大学文化建设取得明显成效。

六、主要任务

（一）人才培养

稳定生源数量，提高生源质量。适度调整普通本科规模；加快发展研究生教育，扩大研究生规模；加强国际交流与合作，积极发展留学生教育；稳步发展继续教育。“十二五”末，全日制普通高等教育在校生13000人，其中研究生2000人、本科生11000人。外国留学生100人。中外合作和交流培养学生年均100人。继续教育在籍注册人数稳定在5000人左右，积极发展非学历教育。

适应北京市经济社会发展及行业发展需要，探索与人才培养和学生就业相结合的专业结构调整机制；继续推进课程体系和教学内容改革，构建并完善培养创新意识和创新能力较强的高素质应用型人才的课程内容体系，“十二五”期间力争建设校级优质课程100门左右，校级精品课程30门左右，带动课程建设质量全面提升；鼓励教师选用、编写和出版高水平教材。

加强国家级、市级和校级实验教学示范中心、工程中心建设，校内大学生创新实践基地及校外实习基地建设，质量工程二期建设取得一批标志性成果，稳居北京市属高校前列；与企业联合建设国家级工程教育中心1～2个；加强就业创业和就业服务指导，就业率保持在北京市属高校前列。

不断深化教育教学改革，加强教育教学研究，到“十二五”末，力争省市级教学成果奖居北京市属高校前列，以第一完成单位获得国家级教学成果奖取得零的突破。

牢固树立人才培养在学校工作中的中心地位，全面推进人才培养模式改革，应用型人才培养模式创新取得实质性成果，教育教学质量大幅提升，逐渐形成北京信息科技大学品牌优势。

大力推进研究生培养机制改革，积极探索具有学校特色的学术型和专业型学位研究生培养模式，建立健全研究生教学质量保障体系，建设具有一定规模和学科覆盖面的产学研实验创新基地 3～4 个，实现与国外 4～5 所高校联合培养研究生。

（二）学科建设

坚持以学科建设为龙头，优化学科布局，整合学科资源，突出学科特色，积极发展优势学科，择优扶持新建学科，夯实基础学科，优化提升薄弱学科，鼓励交叉、新兴学科领域发展，形成工、管、理、经、文、法多学科协调发展的学科体系，在优势学科及学科方向的学术梯队结构优化、科研成果、科研水平提升等方面取得显著成效。

机械工程、仪器科学与技术、控制科学与工程、计算机科学与技术、电子科学与技术、信息与通信工程、管理科学与工程、工商管理等优势领域积极整合资源，集中力量，到“十二五”末，建设特色鲜明的一级学科 6～7 个，整体实力达到一级学科博士学位授权水平；以适应国家特殊需求为主攻方向，实现博士点零突破；硕士学位授予权一级学科增加 3～4 个，专业学位授权领域增加 4～6 个，北京市重点学科增加 3～5 个，北京市重点建设学科增加 2～3 个。

（三）科学研究

立足“科技北京”要求，坚持产学研用相结合，以服务首都经济社会及行业、产业发展的重大战略需求为导向，大力加强科学研究，着力突出科学研究对学科建设和教育教学、人才培养的强力支撑作用；坚持服务首都经济社会发展与服务行业发展相统一，加强科研平台和基地建设，努力培育科研特色，凝聚优势科研方向，强化重大应用研究，鼓励自由探索，加快科研成果转化，不断提升科研综合实力以及对首都经济社会和行业发展的科技贡献力。

国家自然科学基金项目立项大幅增加，力争承担一批国家级重大项目，到“十二五”末，年实到科研经费 7000 万元，科研总经费 9000 万～1 亿元。“十二五”期间，年均公开发表学术论文 1200 篇，SCI、EI、CSSCI 年收录论文 300 篇，中文核心期刊 300 篇；各类专利授权总数达到 200 项；省部级及以上奖励 10～15 项，其中力争获国家级奖励 1～2 项，获奖总数超过 35 项。

新增国家级或教育部科研机构 1 个、省部级或行业重点科研机构 2 个；不断深化科技开发水平，积极促进科研成果产业化，大学科技园建设力争创北京市级科技园建设先进水平；努力建设北京高端信息产业技术研究院规划建设项目一期及二期工程，落实重大科研成果转化及产业化落地项目 2～3 项。

改革创新科研奖励制度，科研奖励制度要有利于推动学科建设，特别是重点学科建设，有利于出人才、出成果，有利于推动教育教学质量的稳步提高，成为学科建设、人才培养、科学研究、教育教学质量提高的重要引擎。

（四）队伍建设

进一步加强人才队伍建设，优化结构，创新体制机制，教师队伍、专业技术队伍、管理队伍与服务队伍统筹规划、协调发展，为实现学校转型提供有力的人才资源支撑。

“十二五”期间，教职工总量适度增长，优化内部人员结构比例，教学科研一线教师规模保持 800 人左右，新增博士学位教师 80～100 人；具有博士学位的教师超过 40%；具有硕士及以上学历学位的教师超过 80%。

努力建设高端人才队伍，力争实现院

士、“千人计划”、“国家杰出青年基金获得者”零突破，“双聘”院士增加 1 ～ 2 名；“长城学者”入选 2 ～ 3 名；国家级教学名师实现零突破，新增北京市教学名师 2 ～ 3 名；新增新世纪优秀人才 1 ～ 2 名；培养具有发展潜力的中青年优秀人才 10 ～ 20 名。

加强教学科研团队建设，新增市级及以上教学团队或科技创新团队 3 ～5 个，新增教育部创新团队 1 ～2 个，培育高水平校级学科团队 7 ～8 个，科研团队 5 个以上。

加强研究生导师队伍建设，新增硕士生导师 100 名、博士生导师 25 名、学科带头人 15 名，培养市级优秀导师和知名导师 15 名、校级优秀导师和知名导师 30 名。

积极创造条件，解决党政管理人员及服务人员的发展问题，促进管理队伍和服务队伍建设上水平、上台阶。

（五）文化建设

引导广大师生学习践行社会主义核心价值体系。立足学校发展实际，加强思想道德建设，建立健全开展社会主义核心价值体系学习教育活动的工作机制，积极营造有利于广大师生学习践行社会主义核心价值体系的和谐氛围，坚持把社会主义核心价值体系融入广大师生工作学习全过程。

着力探索、凝练大学精神。注重校训精神建设与大学精神建设相结合，不断丰富特色鲜明的大学文化内涵；进一步加强“勤以为学 信以立身”校训的学习和宣传，组织开展以大学精神为主题的系列研讨座谈活动，弘扬抢抓机遇、追求卓越、务实创新、和谐厚德的精神。

深入推进良好学风和校风建设。努力营造具有凝聚、陶冶、示范和导向作用的育人氛围；多渠道、分层次扎实开展多种形式的师德教育，健全完善师德建设长效机制；注重对学生的养成教育，推动形成勤于学习、善于钻研、勇于实践的优良学风。

努力建设校园文化精品。坚持育人为本，充分发挥学生社团作用，开展主题鲜明、内涵丰富、品位高雅、形式多样的特色校园文化活动，不断推动校园文化建设上水平、上台阶。

健全完善平安校园、和谐校园工作机制体制。深入开展“平安校园”创建活动，加强形势政策教育和安全稳定教育，建立健全校园公共安全防控体系和安全保卫工作长效机制，不断完善师生的诉求表达、矛盾调处与利益协调机制，着力构建平安和谐校园。

（六）条件建设

整合传统资源与数字资源，逐步形成特色鲜明、资源共享的文献资源保障体系。“十二五”末，馆藏中外文纸质图书累计达到 110 万册以上，争取实现本地镜像安装的电子图书 70 万册，中外文全文电子期刊达到 3.8 万种以上。

建设一批可供北京市教育系统充分共享的特色教育资源库和市级教育信息化示范意义的应用系统；进一步推进数字校园业务整合，实现综合信息门户与教务、一卡通等关键业务的深度集成，到“十二五”末，建成总体水平在北京市属高校领先的“数字校园”。

挖掘潜力，寻求合作，充分利用学校周边资源，努力改善现行办学条件，不断增加教学、科研用房；全力推进新校区建设，到“十二五”末，全面建成满足教学、科研发展需要，既体现传统文明又具有时代感的现代化、信息化、园林化的新校区。

七、重要保障

（一）强化办学理念，引领科学发展

强化创建一流理念。开展全校性办学理念大讨论，引导全校教职工深入理解学科一流、科研一流、教学一流、队伍一流、管理一流、服务一流的目标内涵。深入学习贯彻《国家中长期教育改革和发展规划纲要（2010—2020）》，不断强化本科教育基础地位的思想认识，更加重视科学研究和社会服务，形成更加适应教学研究型大学的教育教学观和人才观；进一步强化质量意识，推进规模、结构、质量、效益协调发展。

强化学生为本理念。深入落实科学发展观，全校教职工要牢固树立“一切为了学生发展，一切为了学生”成人成才的理念；坚持育人为本、德育为先，遵循教育规律和学生发展规律，强化教师队伍、管理队伍和服务人员的教育教学与管理服务意识，牢固确立教育育人、管理育人、服务育人理念；突出学生主体地位，加强全方位育人，努力营造全员育人、全过程育人的环境和氛围。

强化服务社会理念。注重研究首都经济社会和行业发展的高等教育需求，加强与社会互动，增强社会服务意识，以服务求发展，以贡献求支持，不断提升人才培养、科学研究、社会服务、文化传承与创新的能力和水平，努力为首都经济社会及行业发展提供高质量的人才资源和科技成果。

强化特色办学理念。认真总结学校学科建设、人才培养、科学研究、社会服务等方面的成绩和经验，精心凝练办学特色，坚持以特色求生存，以特色求发展，进一步创新特色、提升特色，拓展新的特色生长点，努力创建富有特色的教学研究型大学。

（二）推进改革创新，完善体制机制

改革创新人才培养模式。以首都人才培养模式创新试验区建设和加入国家“卓越工程师培养计划”为契机，积极推进“以信息类为主的特色专业应用型人才培养模式创新试验区”建设；适应学校高素质应用型人才培养要求，优化课程体系，整合教学内容，提高教材质量；积极探索适合高素质应用型人才培养的教学方式和方法，有效激发学生的学习兴趣、发掘学习潜能，显著提升学生的实践能力、创新能力和社会适应能力。

改革、完善内部管理体制机制。适应学校转型要求，健全完善现代大学制度，积极推进和完善校、院两级管理体制；健全完善有效发挥校、院两级学术委员会以及学位委员会和教学工作委员会作用的运行机制；建立、健全资金筹措、保障以及创收激励机制，完善资金使用绩效考评机制；探索建立以人才培养和科研贡献为主要依据的动态经费投入机制；进一步改革创新后勤保障运行机制；健全、完善教职工代表大会执委会和工会委员会作用发挥机制；加强党务公开、校务公开和民主监督的制度化、规范化建设，着力提高制度建设的科学化、规范化水平。

积极推进人事制度改革创新。强化人才第一资源意识，统筹规划各类人才队伍建设方案；以学科建设为龙头，大力实施高端人才优先发展工程，加强专业技术人才队伍建设；加强分类管理和考核，完善与学校发展目标相适应的人事制度与保障机制，实现教师职称聘任常态化；逐步形成新引进教师的选拔、培养、激励、约束及淘汰机制；探索完善教学考核评价与科研考核评价相结合，岗位职责、工作业绩挂钩的薪酬分配制度与激励机制；积极构建多层次教师职业发展计划，完善教师职业生涯支持体系，努力创造适合人才长远发展的条件和环境。

（三）坚持开放办学，拓宽办学路径

加强国际交流与合作。不断开拓国外高校校际合作渠道，为人才培养、科学研究和教师发展提供良好的条件和基础。支持和鼓励学院及教师与国外开展交流、合作，聘请高水平海外学者来校工作；设立专项资金，支持教师到国外参加培训，开展科研合作等工作；学校设专门机构、学院设专门人员，加强对学生留学的指导和服务。

加强与企业、行业合作。进一步完善与科研院所及企业联合培养人才、教师挂职锻炼、开展科研合作的体制机制，建立校外人才培养基地和教师培训基地。学校设专项资金，加强“双师型”教师培养，合理安排教师到企业和科研院所从事实际工作和科研锻炼，提升学术水平、科研水平、实践能力和教学的水平与能力；聘请企业与科研院所高水平科技人员担任学校兼职教师。

加强与兄弟院校交流与合作。按照“不求所有，但求所用”的原则，制定政策，加强与兄弟高校交流、合作，尤其是加强与重点高校的交流、合作，探索与重点高校资源共享、教师互聘、合作科研的办法与途径，积极探索共同建立二级联合学术机构、科研机构，有效推动学校科研工作，有效提升学校的学术及科研水平。

（四）狠抓重点工作，带动全面跃升

1. 实现博士学位授权点零突破，全面推动学科建设上水平

加强领导、周密筹划、认真组织、积极沟通，最大可能地争取教育部、北京市教委及国家有关部委和行业协会对学校博士点申报工作的支持；在重点优势学科领域，以博士授权学科标准加强学科建设，在主要学科的突破方向上加强研究基地建设，在符合博士授权点申报水平的高水平科研项目、学术论文和科研成果方面集中研究力量，开展研究工作；以优势特色研究方向和重点科研基地为平台，加强高层次队伍建设。

2. 大力促进科研成果产业化，全面推动科学研究和社会服务上台阶

完善产学研用运行机制，加强与企业科研院所合作，努力建设产业研究院、大学科技园和工程中心，争取更多的政府投入和高层次项目，促进科技成果产业化。组建精干、有力的领导班子，以改革创新精神，开拓思路，创造条件，保证产业研究院一期、二期工程建设按计划推进；加强与北京市及有关方面的沟通和联系，调动一切可以调动的资源和人力，按照北京市和中关村国家自主创新示范区管委会要求，积极落实产业研究院空间建设以及与有关企业建立紧密合作的体制机制，落实科学研究成果产业化计划落地项目。

3. 培养和引进高水平学科带头人，全面增强师资实力

完善政策机制，重点引进学校学科建设、科研发展急需的高水平学科带头人和学科骨干；建立以公开、竞争、择优为导向，有利于优秀教师脱颖而出、充分施展才能的选拔、任用机制；健全教育培训机制，引导广大教师在实践中不断提高、完善自己，为学校建设发展贡献聪明才智。

4. 全力推进新校区建设，为学校可持续发展提供空间保障

加强新校区建设领导力量，积极与市有关委、办、局及昌平区政府沟通和联系，争取大力支持，确保征地拆迁等工作按时完成；科学、及时做好新校区的具体建设规划、内部保障等工作，保证新校区建设有序推进。

5. 进一步加强校风建设，显著提升学校文化建设水平

大力加强校、院两级领导班子、领导干部作风建设，为建设良好校风提供有力保障；重视加强学术诚信教育，推动广大教师严谨治学，教书育人，保障广大学子成人成才；进一步加强学风建设，建立健全学风建设责任制，明确学校党委、主管校领导、职能部门、学院领导、辅导员、班主任以及教师的相应责任与义务，管理重心下移，严明奖惩制度，强化责任落实；不断倡导民主、平等精神，建立协调、包容的良好文化氛围，为广大教职工的工作、学习和生活提供宽松的校园环境。

6. 努力解决教职工切身利益，有效激发员工的积极性和创造性

把促进发展作为教师工作的根本出发点，关注教师成长，加强教师职业生涯规划，建立教师发展中心，为教师教学、科研及其成长提供及时有效的服务；坚持使用与培养相结合、整体发展与个体发展相结合，不断增强教师发展后劲；合理规划、开源节流，充分利用各种机会，拓展有效解决途径，稳步改善广大教职工工作生活条件及福利待遇，关心中青年教职工住房及其他生活问题；努力创造条件，显著提高教职工收入水平。

（五）加强党建工作，提供坚强保障

深入推进创先争优活动。以加强党的基层组织建设为抓手，推进创先争优活动常态化；围绕抓基层打基础，着力开展抓作风促和谐活动；围绕保障和改善民生，着力开展强素质谋发展活动；以“争两先”、“创五好”、“五带头”、“当先锋”活动为抓手，深入实施“四项工程”；积极推进党建创新，抓好党建特色工作，创新党支部共建、党建带团建工作机制；高度重视党员发展质量，确保新吸收党员的先进性。

加强领导班子和干部队伍建设。坚持和完善党委领导下的校长负责制；健全完善党委联系基层工作机制，努力建设高素质的校、院两级领导班子；切实加强干部队伍的思想作风建设和能力建设，不断提高领导班子和干部队伍的科学决策能力及工作合力；制定完善后备干部队伍建设规划，着力抓好后备干部队伍建设；贯彻落实党风廉政建设责任制和廉政准则，进一步推进廉政风险防范管理工作，努力提高党员干部拒腐防变能力。

着力加强和改进思想政治工作。切实加强教职工思想政治教育，着力培养爱校兴校意识，为学校建设发展提供强大的精神动力；充分发挥思想政治理论课和形势政策课的主渠道作用，不断改进教育教学方法，提高教育教学质量；围绕学生学习、生活、思想和实际问题，有针对性地加强和改进大学生思想政治工作；高度重视网络思想政治教育工作，健全完善校、院两级网络思想政治教育工作体系；进一步加强和改进理论宣传和舆论引导工作，营造积极向上的校园环境；重视并发挥统战、老干部、工会、共青团、学生会等群团组织的积极作用，努力形成推动学校事业发展的合力。

2011年工作总结

2011年是学校“十二五”事业发展的开局之年，也是落实学校第一次党代会精神的关键之年。过去的一年，在校党委的领导下，全校师生员工坚持以邓小平理论和“三个代表”重要思想为指导，坚持以科学发展观为统领，深入贯彻落实国家及北京市中长期教育改革和发展规划纲要，按照学校第一次党代会确定的发展战略、发展目标与主要任务，全力推进学校2011年党政工作要点和下半年重点工作确定的各项任务，学校各项事业得到快速发展，为学校“十二五”事业发展奠定了坚实基础。

一、学校“十二五”规划编制工作有效完成

深入谋划、集思广益，编制学校“十二五”事业发展规划（以下简称“十二五”规划）及相关子规划。学校高度重视“十二五”规划的编制工作，在认真总结“十一五”规划实施经验的基础上，精心组织、深入谋划，集思广益、凝聚智慧，努力做好“十二五”规划编制工作，力求“十二五”规划既体现学校党政领导集体的战略构想，也充分反映学院、部门的发展意图、专家意见和广大师生员工对新大学的美好愿景，“十二五”规划编制过程成为凝聚人心、汇集合力、鼓舞干劲、共谋发展的过程。学校成立了“十二五”规划编制工作组织机构，开通“十二五”规划专题网站和专用电子邮箱，编制工作简报及时通报进展情况。先后召开2次党委常委会、2次党政联席会议专题讨论规划编制工作，规划领导小组办公室通过召开近20次工作会议、5个全校范围内的研讨会和暑期中干会，研讨或通报编制工作开展情况，听取全体中层干部、教授、教职工代表意见和建议。经过广泛征求各方意见建议，15次易稿，达成共识。“十二五”规划已经学校第一届“双代会”第三次会议审议通过。同时，与“十二五”规划配套的相应子规划的编制工作也基本完成。“十二五”规划及相关子规划的编制完成，进一步完善了学校“十二五”时期的顶层设计，进一步明确了学校长远的发展战略。

二、内涵建设取得新进展

（一）学科建设成效显著

以获得博士授权资格为重点，学科建设工作成效显著。完成了硕士学位授权一级学科申报及硕士学位授权二级学科的调整工作，新增硕士学位授权一级学科11个，学校硕士学位授权一级学科达到14个，覆盖面大幅度提高。新增目录内硕士学位授权二级学科11个，新增目录外硕士学位授权二级学科4个。学校硕士学位授权点总数达到44个。以实现突破博士授权资格为目标，开展了工业装备安全信息化国家特殊需求人才培养项目申报工作。完成了北京市产学研联合培养研究生基地申报工作，并获批新增成为北京市产学研联合培养研究生基地。

（二）教育教学水平与人才培养质量稳步提升

认真贯彻落实学校第一次本科教学工作会议精神，深化应用型人才培养模式改革，各项基础环节建设进一步加强、教学

管理机制不断创新，本科教学质量与水平进一步提升。全面推进试点专业及数理实验班的改革工作，在课程内容整合、教学方式方法、课程考核、数理基础课及专业模块课的课程建设等方面开展了改革工作。经过组织调研、研讨、专家论证等环节，完成了机械设计制造及自动化、自动化、通信工程、网络工程和软件工程等5个专业申请加入教育部第二批“卓越工程师教育培养计划”的申报工作并成功入选。积极开展国内外院校联合人才培养，与美国、德国、日本、爱尔兰等国的11所国外高校合作，近40名学生采用“3+1”、“3+2”、“2+2”短期交流的培养模式留学，取得良好效果。进一步加强与兄弟院校的交流与合作，实现“资源共享、互惠互利、共同发展”的目标，与北京交通大学、北京科技大学签订联合培养协议，灵活采用“1+1+2”、“2+1+1”等培养模式，选派优秀学生到两所学校相应专业学习。申报并获批成为2012年首届北京市大学生机器人大赛的承办单位。圆满完成了全国数学建模竞赛20周年庆典的相关工作，接待来自全国的教师、学生代表近500名，受到了全国数学建模组委会专家、北京市教委领导及各位与会代表的好评。

在土耳其伊斯坦布尔举行的第15届RoboCup机器人世界杯赛上，我校以本科生为主组成的代表队再次击败以博士生、硕士生和本科生混合编组的荷兰埃因霍温科技大学代表队，以全胜的骄人战绩成功卫冕机器人世界杯冠军，再次为国家争得了荣誉，极大提升了我校的社会形象和影响力。在第五届HONDA中国节能竞技大赛上，我校学生“捷能车”队成功卫冕最佳技术奖，实现“三连冠”。在第二届中国大学生方程式汽车大赛（FSC）中，我校奇才丰华FSC车队在最佳高速避障项目中勇夺国内第一。在第28届全国部分地区大学生物理竞赛中，我校学生在非物理B组的竞赛中共获得一等奖11项、二等奖8项、三等奖20项。在第十三届全国机器人大赛暨2011年FIRA世界杯机器人大赛中国队选拔赛上，我校取得了一等奖5项、二等奖2项、三等奖14项。在2011全国三维数字化创新设计大赛北京赛区比赛中，我校获得学生组工业与工程方向特等奖2项、一等奖5项、二等奖4项、三等奖5项。在首届北京市大学生计算机应用大赛中，我校学生获得一等奖2项、二等奖2项、三等奖1项及优秀奖3项。在第二届全国大学生电子信息类创新作品评选中，我校获得本科综合组二等奖、三等奖各1项。

新生质量稳中有升，就业率保持市属院校前列。学校招生计划为2790人，其中本科生计划2680人，高职升本计划110人。本科毕业生2747人，按全口径计算，全校一次就业率为95.67%，居北京市属院校前列。

研究生教育呈现良好态势。招收研究生345名，比上一年增加11%，在校研究生规模已达919人。大力加强毕业研究生的就业指导工作，研究生就业率达到100%，成为历年来最高纪录。新增兼职博士生导师3人，兼职博士生导师达到17人。组织遴选并新增校外硕士研究生导师22人，校外硕士生导师数达到61人。学校层面的研究生教育质量工程建设进一步推动，研究生教育与管理不断加强，研究生联合培养基地建设和研究生创新创业计划建设得到加强。

（三）科研与产业工作成果丰硕

以提高科技创新能力和科研成果水平为重点，全面推进科学研究与管理工作，学校科研工作继续保持稳定快速发展态势，超额完成年度科研工作基本目标。全年科研总经费达7429.21万元，其中实到科研经费5208.91万元，年度科研总经费和实到科研经费均创历史新高。发表学术论文923篇，其中北大中文核心期刊122篇，三大检索收录论文360篇，出版学术专著22部。发明专利18项、实用新型专利4项、计算机软件著作权37项。新增各类科研项目268项，其中，纵向项目141项、军工项目9项、横向项目118项。新增国家自然科学基金11项，立项数再创新大学成立以来新高，国家科技支撑项目2项，教育部人文社科项目3项，北京市自然科学基金4项，推荐申报的3项市教委重点项目均获立项资助（北京市自然科学基金B类重点），北京市哲学社会科学规划项目9项，首次获得北京市哲学社会科学重大项目、北京市社科联出版基金项目北京市优秀人才集体项目、北京市人力资源和社会保障局百千万人才项目、北京市外专局引智项目资助。获北京市科学技术奖二等奖1项、三等奖1项，中国机械工业科学技术奖二等奖1项、三等奖1项，中国仪器仪表学会科学技术奖二等奖1项。学校学报正式改为双月刊出版，满足了教学、科研工作快速发展的要求。学校主办或承办国内学术会议4次，国际性学术会议5次，聘请包括“欧元之父”、诺贝尔经济学奖获得者、美国哥伦比亚大学蒙代尔教授在内的国内外专家举办全校性学术讲座20余场（次）。学校召开新大学成立以来的第一次科技工作会议，为我校“十二五”时期科研工作发展奠定了良好的基础。

6月15日，由我校参股的北京拓尔思信息技术股份有限公司在创业板成功上市，成为北京市属市管高校中首家上市企业，也是国内第一家在A股上市的搜索引擎公司。拓尔思公司的成功上市，标志着学校科研成果转化及产业化工作进入了新的发展阶段，北京日报6月16日以《首家市属市管高校校办企业上市》为题对拓尔思信息技术股份有限公司在创业板成功上市给予了报道。大学科技园及产业技术研究院建设初见成效，完成了2012年度科研成果转化项目申报推荐工作。积极推荐申报产业化落地项目，产业技术研究院规划建设项目推进工作取得进展。

同时，以重新申请军工保密资格审查认证工作为契机，认真做好我校重新申请军工保密资格审查认证的各项准备工作。深入开展保密宣传教育和培训工作。根据相关要求，完成了我校31项保密规章制度修订和完善工作。进一步加强涉密计算机、存储介质、涉密要害部门部位等的保密管理工作。

（四）师资队伍建设取得明显成效

贯彻落实国家及北京市中长期人才发展规划纲要，着眼学校科学发展需要，加大培养和引进高层次、高水平人才工作力度，统筹推进各类人才队伍的建设。

学校获批“第五批海外高层次人才”1人，北京市“百千万人才”经费资助项目2项，“第七批千人计划”1人，被评为教育部新世纪优秀人才1人。组织推荐2011年“两院”院士候选人1人、“第十三届中国青年科技奖”候选人1人。1个学术团队被列入教育部长江学者与创新团队项目的创新团队培育计划予以支持，成为我校首个经教育部认定的教育部学术团队。组织2011年人才强教深化计划讲学名师1个、高层次人才2个、创新人才9个、创新团队17个项目的实施工作，以及组织2011年人才强教深化计划项目中特聘教授、讲座教授、教学技能、骨干教师等项目的实施工作。接受北京市教委对我校2009年人才强教深化计划创新人才、创新团队两个项目的绩效考评工作，2个项目在考评中均取得优异成绩。全年接收应届毕业生24人，其中博士后7人、博士7人、硕士10人。资助在职攻读博士学位11人、在职攻读硕士学位4人。选派国外访问学者5人，“第一期市属高校英语专业骨干教师教学技能培训班”2人，赴澳大利亚高校参加双语教学培训骨干教师9人，“北京市属高校教师发展基地”培训教师8人。组织教师参加精品专业课程、研究生导师高级研修班等各类培训200余人次，组织参加UML与面向对象分析设计培训、Android系统开发培训等各类教学实践技能培训150人次，组织教师35人参加暑期社会实践活动，组织教育管理人员21人赴香港理工大学参加高校教育管理培训，组织31名新入职教师参加第61期、62期岗前培训、教育部全国高校教师网络培训中心举办的“高校新入职教师的教学适应性培训”、人众人拓展培训公司举办的拓展培训以及校内岗前培训。

实行岗位管理，积极稳妥推进各项聘任工作。完成首次教师职务岗位全员聘任工作，应聘到教师职务岗位735人，其中正高级岗位100人，副高级岗位232人，中级岗位390人，初级岗位13人。完成了2008年来校应届硕士和2010年来校应届博士、调入人员等教师职务岗位聘任工作。完成其他专业技术职务岗位和工勤技能岗位全员聘任工作，聘任到其他专业技术职务岗位87人，其中高级岗位14人，中级岗位53人，初级岗位20人；聘任到高级工岗位44人，聘到任中级工岗位64人，聘任到初级工岗位26人，普通工岗位1人。

三、学生教育管理服务成效进一步增强

大学生思想政治教育工作得到稳步推进。按照大学生思想政治工作要体现时代性、把握规律性、富有创造性的要求，紧紧围绕立德树人这一根本要务，坚持德育为先、育人为本，不断增强大学生思想政治工作的感染力，突出重点环节、重点内容、重点力量，不断强化大学生日常思想政治教育工作的成果。与学生学习生活相结合，与教学、管理、服务工作相衔接，大学生思想政治教育工作的氛围进一步活跃。校风学风文化建设初见成效，深入开展学风调查工作，启动“勤学立信 思睿博雅”校风学风文化建设工程，营造良好的学习氛围。严抓考风考纪教育，有效促进考风好转。认真做好综合测评及各项评定工作，充分发挥奖学金的激励引导作用。进一步规范学生日常管理相关业务流程，以“一站式”学生管理服务信息系统为主的信息化建设得以稳步推进。认真落实国家资助政策，进一步强化资助育人功能，学生日常管理与服务工作水平得到进一步提升。调整岗位，优化结构，加强培训，提高素质，为学生工作队伍的持续发展创造了条件，增强了学生工作队伍整体力量。心理健康教育工作再上新台阶，挂牌成立心理健康教育中心、心理健康咨询中心，心理健康教育工作的规范性、科学性得到进一步提高。

四、对外交流与合作取得新成效

逐步探索形成“交换派出＋接收外国学生＋短期培训”的国际化教育模式，着力搭建良好的国际教育与服务平台，结合学院需求，与4所国外大学和3所台湾地区大学签署校际合作协议。加大引进外国智力、对外访问交流和接收留学生力度，全年聘请来自于20余个国家高等院校和研

究机构长、短期外国专家27名，派出21批次、102人次进行出访交流，接待来访15批次、63人次进行来访交流，签署合作协议7项，基本达成的交流合作意向6项，接收留学生共132人。申报获得国家外专局和市外专局引进智力项目3项。

五、财经工作的保障作用得到有效发挥

全力配合学校中心工作，保证建设资金需求。在争取上级专项经费的同时，积极筹措建设资金追加抗震加固辅助经费以及办公楼和机电实习中心自筹经费合计1259万元。全力配合学校保障和改善民生，积极筹措资金约1500万元，确保发放绩效工资及生活补贴、提高职工津贴待遇。进一步深化校院二级财务管理体制改革。高度重视预算执行过程中的沟通协调，及时反馈二级财务管理审计中发现的问题，不断总结二级财务管理体制实施中的经验，进一步规范二级预算指标经费开支范围和内容。认真贯彻落实“真实、准确、全面、及时”的方针，被评为市教委决算先进单位，连续3年获绩效考评二等奖励拨款。加强专项经费管理，继续深化、细化项目管理，把项目的论证和绩效考评工作放在突出位置上，注重考评结果的反馈整改，以考评促管理，校内专项和教委专项进行绩效考评成绩良好。

全年顺利完成政府采购工作和专项建设任务。完成设备购置专项项目86个，总金额7941万余元。进行政府公开招标26次，中标金额7807万余元，政府协议采购566万余元，零星采购286万余元。加大专项购置、支付改革工作，学校的专项支付进度工作得到市教委的好评，获得市教委专项管理二等奖。及时组织各类新增资产验收入库登记及有效落实管理责任、严格按照市财政局固定资产管理规定，进一步规范了固定资产的处置各个环节。

以财务收支审计为基础，以经济责任审计、基建修缮项目审计为重点，积极开展各种审计活动，促进完善内部控制，规范财务经济管理，提高经费使用效益，全年共完成各类审计项目135项，审计资金总额52774万余元，提出审计建议36条。

六、学校办学和师生发展的条件进一步改善

优化各校区存量资源，努力改善办学条件，最大限度地满足教学、科研、服务和管理需要，为师生工作、学习、生活创造更好的环境和条件。顺利完成了14项抗震加固工程，为师生的学习、工作和生活提供了更加可靠的安全保障，2500平方米的新建实验楼，和2600平方米的新建第三办公楼投入使用后，在一定程度上缓解了教学、行政用房的紧张状况。顺利完成了2011年市财政和学校投入的1625.46万元的40项基础设施改造工程。

3月15日，市政府批准我校新校区建设项目立项，4月13日，市发改委印发了《关于批准北京信息科技大学新校区建设项目建议书的函》，5月31日，市规委批复了《建设项目选址意见书》。学校成立了新校区总体规划设计工作领导小组，学校与昌平区建立了区校联合工作组，专题研究、大力推进新校区建设工作。10月10日，北京市副市长洪峰在相关委办局领导的陪同下，专门到学校调研，推进新校区建设工作。10月31日，我校新校区总体规划设计征集方案的评选活动拉开帷幕，有11家设计单位或设计单位联合体提交了我校新校区总体规划设计的展板与沙盘，广大师生及离退休人员给予了高度关注，并对11个设计方案提出了修改建议。11月8日，中共北

京市委常委、教育工委书记赵凤桐召集相关委办局及昌平区领导，研究解决实际问题，明确工作任务和时间节点，落实我校新校区建设的相关前期工作。11 月 28 日，我校与北京振邦承基开发建设有限公司正式签署新校区土地一级开发项目委托协议书。

学校投入 536.8 万元用于文献资源建设工作，获得北京市网络图书馆虚拟参考咨询评比集体二等奖，获得 BALIS 馆际互借年度评选先进集体三等奖。学校被教育部科技发展中心评为“2011 高等教育信息化先进单位”。着力建设“市属高等学校数字校园示范校”，启动 2 个示范应用项目建设，顺利完成专项经费建设项目建设工作，确保校园网安全稳定运行，全面提供优质信息服务。推进了后勤系统管理改革，初步建立了新的管理方式和运行机制，进一步提高后勤日常服务保障工作质量与后勤管理水平，有效完成了后勤管理与服务保障任务。

七、工会教代会、共青团、校友工作得到切实加强

（一）工会教代会作用得到充分发挥

充分发挥教代会作用，积极推进学校民主建设。3 月，召开第一届“双代会”第二次会议，听取了校长工作报告、学校财务工作报告、提案工作报告、工会经费审查报告和教代会工会工作报告。会议征集教职工代表提出提案和建议 30 件，其中立案 23 件，并、转案件 7 件，学校召开专门提案办理工作会议，部署提案的办理和落实工作。举办“首都教育先锋、青年教师教学基本功比赛表彰暨青年教师成长发展主题论坛”，表彰教育管理服务中优秀典型，搭建青年教师学习交流平台。学校选派 2 名教师参加北京市第七届高校青年教师教学基本功比赛，分别获得文科类B组二等奖、理科类B组三等奖。12 月，召开了第一届“双代会”第三次会议，审议通过学校“十二五”事业发展规划。

（二）共青团工作不断加强

全面落实第一次团代会提出的目标要求，努力加强基层团组织建设，推进社团团建和社区团建，努力提高团组织的凝聚力和战斗力。认真开展创先争优活动，全面提升共青团工作水平，狠抓青年学生的思想道德素质教育，创新教育活动的载体和方式，增强青年学生综合素质。利用纪念建党 90 周年、辛亥革命 100 周年等契机，广泛开展爱国、爱校等主题教育活动，以大学生“三下乡”社会实践活动为载体，开展丰富多彩的主题社会实践活动。注重培养青年学生的科技创新能力，完善学生课外科技创新培养体系，通过组织“创新杯”等竞赛活动，营造以创新为核心的校园学术氛围，深化特色校园文化培育工作，努力提升校园文化品位。积极推进青年志愿服务工作，建设志愿服务品牌和特色队伍。努力开拓青年就业创业工作思路，加强并深化“青年就业创业见习基地”建设。

（三）校友工作取得较大进展

以新大学成立 3 周年庆典为契机，学校组织召开了校友会筹备工作委员会会议，进一步整合校友资源，搭建沟通交流平台。5月21日校友会筹备工作委员会会议以后，正式向业务主管部门——北京市教育委员会递交申请筹备成立北京信息科技大学校友会报告，10 月 18 日获得北京市教育委员会批复，12月7日，获得北京市民政局批复，同意我校筹备成立校友会。10 月 24 日，中国高等教育学会校友工作研究分会经第二次会长单位会议审核，同意我校校友工作办公室加入中国高等教育学会校友工作研究分会。12 月 23 日，学校召开了首批会员

代表座谈会，商议了第一次会员大会召开的时间、地点、内容和议程，以及第一届理事会、常务理事会和监事会成员构成原则等。

八、党建工作成效进一步提升

（一）巩固申报党建先进校工作成果，大力实施“固基”工程，着力加强领导班子建设

认真总结申报党建先进校工作经验，以问题为导向，根据市委教育工委专家组的反馈意见，进一步加强校院两级领导班子建设、加强干部队伍建设和党员队伍建设。健全学院工作体制和运行机制，不断提高基层党组织党建工作的科学化水平，以学院换届为契机，进一步推进基层民主建设，学校党建工作科学化水平进一步提高。制定印发了《北京信息科技大学“固基”工程实施方案》，按照“规范+创新”的要求，围绕思想建设、组织建设、作风建设、制度建设和反腐倡廉建设等5个方面的薄弱环节，组织党总支（机关党委、直属党支部）重点开展以建设学习型党组织项目引领党员思想建设，以健全党支部工作机制项目促进组织建设，以提升基层党组织功能项目强化作风建设，以完善党总支制度体系项目带动制度建设，以构建廉政风险防范体系项目推动反腐倡廉建设，推动“抓基层、打基础”工作不断向纵深发展。

坚持校级理论中心组学习，不断丰富内容，改进形式，增强针对性，提高实效性。深入学习贯彻胡锦涛总书记在清华大学百年校庆上的重要讲话、在建党90周年纪念大会上的重要讲话精神和党的十七届六中全会精神，准确理解把握国家及北京市教育工作会议、中长期教育改革和发展规划纲要、中长期人才发展规划纲要精神实质，将全体师生思想和行动统一到中央和市委的工作要求和部署上，不断深化“四个工程”建设，以努力实现“推动学校发展、提高党员素质、加强组织建设、服务师生员工、促进和谐稳定”的创先争优活动为目标，不断加强政治理论学习。继续坚持和完善校级中心组理论学习制度，充分发挥校级中心组的带动和示范作用，全年校级理论中心组分6个专题，组织集中学习14次，听取专家专题讲座5次，组织观看专家辅导报告录像2次。校级领导班子成员全部按要求撰写了理论学习文章。

坚持党委领导下的校长负责制，认真贯彻落实民主集中制，坚持深入开展经常性调研，不断完善民主决策机制，扩大民主决策咨询和听取意见渠道，有效促进了党委常委会的科学、规范、民主决策。密切联系群众，工作作风更加务实，坚持深入教学一线，既对开展教学工作给予指导，又为科学决策提供依据。坚持校级领导干部联系基层、老干部制度和群众接待日制度，扩大了科学决策的群众基础，研究解决了涉及师生的切身利益问题。以“提升水平，打造特色，推进改革”为着眼点，本着“解放思想，开阔视野，知己知彼，取长补短”的目的，加强干部的学习培训，全年组织完成校级领导13人次的调训学习，以及2名校级后备干部为期90天的学习培训。借助合作办学、校际交流、人才强教深化计划等条件，广泛开展处级干部境外学习交流，组织了第二期处级干部赴美21天学习培训和第四期赴港8天学习培训，努力拓宽国际化视野。有针对性地组织党总支书记、党支部书记进行培训，努力建设好“北京高校教师党员在线”系统。认真做好干部推荐选拔和交流挂职工作。配合上级考察组完成对我校1名校级领导干部的推荐、考察和提任等工作。以脱产方式选派4名现任处级干部到区县政府部门或

教育部重点大学同级挂职。

开展了新一轮院系党政班子换届工作。依据《北京信息科技大学2011年院系行政班子换届实施方案》和《2011年院系党的总支部委员会 直属支部委员会换届选举工作实施方案》，组织开展了院系党政班子新一轮换届工作。按照进一步深化干部人事制度改革要求，本次换届在部分学院试点采用竞争上岗方式选拔产生行政领导班子，在部分党总支试点探索“公推直选”新一届党的总支部委员会。

（二）扎实推进创先争优活动，第三阶段工作取得阶段性成果

按照上级有关工作部署和要求，深入开展了创先争优活动第三阶段工作。制定印发了《北京信息科技大学深入开展“提高办学质量促发展、服务人民群众树形象”活动实施方案》，围绕“提高服务社会的贡献率和提高师生群众的满意率”两个目标，进一步深化领导干部队伍建设、“九型”党支部建设和党员“魅力”、“能力”、“奉献”、“成长”工程建设，明确工作内容，创新活动方式，引导广大党员紧密围绕提高办学质量的核心任务创先争优，加快推进学校科学发展。按照上级要求组织开展了对基层党组织和党员开展创先争优活动情况进行群众评议的工作。人民网与中国共产党新闻网承办的“创先争优网”以“北京信息科技大学：扎实开展四项工程，加强党员队伍建设”为题报道我校创先争优活动特色工作，同时收入全国“创先争优”活动主题案例展示。之后，再次入选中央党校理论网、新华网联合推出“全国基层党建理论创新与实践案例库”，并从全国6000余个主题案例中脱颖而出，获得人民网与《党建文汇》主办的全国创先争优征集优秀主题案例50佳之一。

（三）进一步增强了宣传教育工作的实效性

学校隆重召开了庆祝中国共产党成立九十周年大会，并举办了系列庆祝活动。通过回顾党的光辉历程，表彰奖励在学校改革、发展和稳定工作中涌现出来的先进基层党组织、优秀共产党员和优秀党务工作者，坚定了广大师生的理想信念，增强了责任感和使命感，激发斗志，振奋精神，同心同德建设新大学。自动化学院党总支获得了北京市、北京高校先进基层党组织荣誉称号，1人被评为北京市优秀共产党员，2人被评为北京高校优秀共产党员，1人被评为北京高校优秀党务工作者。

遵循“服务中心、正确导向，统一思想、凝聚力量，增强信心、树立形象”的工作思路，大力加强宣传教育工作。围绕深入学习贯彻中央精神、开展创先争优活动等重点领域，积极探索理论学习的新形式、新载体、新途径，丰富理论学习内容，激发理论学习热情，增强理论学习的选择性、针对性，努力提高广大师生理论学习的实际效果。

加大对学校特色和亮点工作宣传报道力度，提升了学校的社会声誉和社会形象。围绕我校学生科技创新成果不断涌现、连续获得国际国内大奖的良好态势，加强对外专题宣传，分别在中央电视台、北京电视台、《光明日报》《北京日报》《中国教育报》《科技日报》《教育与职业》等媒体进行了全面报道，受到社会媒体和公众的高度重视。

围绕创先争优活动、学校庆祝建党90周系列活动、庆祝新大学成立3周年、诺奖大师进校园等各种重要活动重点开展宣传工作，在《北京教育》《北京年鉴》3次集中宣传展示学校整体工作、党建和思想

政治工作、学生科技创新活动成果成效。以增强师生凝聚力和向心力为目标，深入开展精神文明创建活动，举办丰富多彩的文体活动，营造积极向上的育人环境和氛围。

（四）坚持落实党风廉政建设责任制，着力推进廉政风险防范管理工作

落实党风廉政建设责任制，构建反腐倡廉责任体系。进一步完善了“党委统一领导，党政齐抓共管，纪委组织协调，部门各负其责，依靠群众的支持和参与”的领导体制和工作机制。认真贯彻执行《廉政准则》，领导干部廉洁自律意识不断加强。建立健全惩防体系基本制度，全面推进廉政风险防范管理工作，实现了从重点领域的试点向所有领域的全面覆盖。组织开展教育收费检查、“小金库”专项治理复查工作，巩固了治理成果，构建防治长效机制取得成效。深入开展对人财物等重点部位的监督工作，建立健全“案件通报”制度和“一案两报告”制度。坚持实事求是原则，认真做好信访工作。

（五）统战工作、老干部与离退休工作不断加强

认真贯彻落实党的统战工作方针政策，充分发挥党外知识分子在教育教学中的积极作用。精心组织统战人士集中学习，邀请民主党派成员和无党派人士代表参与到学校的重要工作部署中，积极参与学校民主管理，发挥党外人士的重要作用。圆满完成学校区县人大代表换届选举工作，支持和鼓励统战人士参政议政，三位教授分别当选为海淀区、朝阳区第十五届人民代表大会代表。学校另有1人被推举为政协北京市朝阳区第十二届委员会委员、1人当选九三学社朝阳区副主委、1人当选民盟海淀区委员、1人当选九三学社北京市第四综合支社主委。有计划地组织民主党派的领导和骨干成员参加相关培训，积极选拔推荐年轻的党外干部进入市委统战部党外后备干部人才库。

认真贯彻落实《北京市离退休干部工作领导责任制》，从政治上、生活上关心和照顾好老干部，积极开展适合老同志特点的各项有益活动，使“老有所学、老有所为、老有所乐”落到实处。深入开展离退休党支部创先争优活动，“讲党性、重品行、作表率”，老干部与离退休工作队伍的管理服务水平不断提高，离退休工作办公室被评为“北京市老干部工作先进集体”。

（六）校园的安全稳定得到有效维护

坚定不移地贯彻“稳定压倒一切”的工作方针，以创建“平安校园”为主线，以确保校园安全稳定为核心，不断深化“创建平安校园、服务科学发展”主题。强化消防工作，开展了“清剿火灾”战役和“消防平安”二号行动，收到良好效果。全面做好政治保卫、国家安全、校园治安综合治理、消防、安全宣传教育等工作。健全了应急处置体系，妥善处置不安定事端，积极应对各类风险挑战。有效地维护了校园的安全稳定，实现了“不出大事，减少小事，有事及时妥善处置，把危害和后果减小到最低程度”的工作目标，圆满完成了本年度的各项工作任务，为实现学校事业又好又快发展提供了坚强有力的安全稳定保障。学校荣获2011年首都国家安全工作先进集体，2人荣获2011年首都国家安全工作先进个人。

过去的一年，全校师生员工“抢抓机遇、迎难而上、争先创优、挑战自我”，推动学校各项事业呈现出良好的发展态势，各方面工作都取得了较大成绩。学校为首都经济社会发展做出了积极贡献，得到了

上级领导机关和社会的高度认可，学校连续第四年被评为“首都文明单位”并荣获2011年“首都劳动奖状”。

回顾过去一年的工作，在校党委的领导下，在全校师生员工的共同努力下，学校各项事业取得了长足发展，但是，我们还存在着一些问题与不足，展望新的一年，作为实施学校“十二五”规划承上启下的重要一年，学校面临的任务依然艰巨，我们要全力以赴加大力度推进新校区的开工建设，抓紧落实好学校“十二五”规划和各个子规划确定的各项目标与任务，利用有利契机加快推进改革步伐，全校师生员工要进一步坚定信心、抢抓机遇、发扬成绩、开拓创新，为落实好学校“十二五”事业发展规划做出新的更大的贡献。

2011年学校重要新闻

一、科学编制学校“十二五”事业发展规划

于2011年3月下旬开始编制的学校“十二五”事业发展规划（草案）经过第一届教职工代表大会暨第一届工会会员代表大会审议和第一届党委全委会第八次会议（扩大）审定，正式通过。学校为编制“十二五”事业发展规划，专门成立了规划编制领导小组、领导小组办公室和规划起草工作组；开通了“十二五”事业发展规划专题网站和专用电子邮箱，编制工作简报及时通报进展情况；先后召开2次党委常委会、2次党政联席会议专题讨论规划编制工作，规划领导小组办公室先后召开近20次工作会议、5个全校范围内的研讨会和暑期中干会，通报编制工作开展情况，听取全体中层干部、教授、教职工代表意见和建议。通过广泛征求各方意见建议，15次易稿，最终达成共识。根据规划，在“十二五”期间我校的中心工作将是推进由教学型大学向教学研究型大学转变；重点工作是以全面提升学科、科研、教学、队伍、管理、服务水平，争创全国同类高校一流水平；学校将以“培养高素质应用型人才和创造高水平科技成果，服务首都经济社会及国家行业发展”作为自己的价值追求。

二、学校领导班子进一步充实和加强

在市委市政府的亲切关怀下，学校领导班子得到进一步充实和加强。9月20日上午，北京市委组织部宣布任命柳贡慧同志为北京信息科技大学校长。4月21日，杨军同志被任命为我校党委副书记，9月20日，冯晓春同志被任命为我校纪委书记，12月9日，陶志红同志被任命为我校副校长。

三、学校首获“首都劳动奖状”

“五一”前夕，鉴于为首都经济建设和社会发展做出的突出贡献，北京市总工会向我校颁发2011年“首都劳动奖状”，本次获得“首都劳动奖状”称号的除我校外，还有北京奔驰汽车有限公司等60个集体。

四、北京高校数学教育发展研究中心落户我校

5月7日上午，北京高校数学教育发展研究中心在我校正式成立。北京高校数学教育发展研究中心由我校和北京邮电大学、

北京航空航天大学等高校联合组成，中心设立在我校，面向全市高校开放。我校非常重视数学教育在实践素质教育中的作用，本年度，学校与北京市教委、全国大学生数学建模竞赛北京赛区组委会一起承办了全国大学生数学建模竞赛20周年庆典暨2011年“高教社杯”颁奖仪式，在数学建模竞赛20周年评奖中，我校被评为“北京市优秀组织学校”。

五、创先争优活动取得实效

学校在第二阶段创先争优活动中扎实开展四项工程，加强党员队伍建设，活动取得的成效受到媒体和社会关注，入选新华网和中央党校“全国基层党建理论创新与实践案例库”，并从6000余个主题案例中脱颖而出，获得全国创先争优征集优秀主题案例50佳之一。在此基础上，学校在第三阶段集中开展“提高办学质量促发展，服务人民群众树形象”主题活动，目标要求是提高服务社会的贡献率、提高服务师生群众的满意度。

六、学校参股的企业在创业板成功上市

6月15日，学校参股的北京拓尔思信息技术股份有限公司在创业板成功上市，成为北京市属高校中首家上市企业，也是国内第一家在A股上市的搜索引擎公司。拓尔思公司的成功上市，标志着学校科研成果转化及产业化工作进入新的发展阶段。

七、隆重纪念中国共产党成立90周年

6月24日，学校隆重召开了庆祝中国共产党成立90周年大会。在此前后，学校举办了主题党日、团日活动，召开理论研讨会、座谈会，进行征文评比、红歌会、合唱赛、辩论赛、演讲赛、党史知识竞赛、艺术作品展览，组织参观各种主题展览，宣传先进事迹，出版文集，放映党史教育影片，组织看望老党员、困难党员代表等系列庆祝活动。通过回顾党的光辉历程，表彰奖励在学校改革、发展和稳定工作中涌现出来的先进基层党组织、优秀共产党员和优秀党务工作者，坚定了广大师生的理想信念，增强了大家同心同德建设新大学的责任感和使命感。自动化学院党总支获得了北京市先进基层党组织荣誉称号，经济管理学院葛新权教授被评为北京市优秀共产党员。

八、学生在国内外各类学科竞赛中捷报频传

7月12日，在土耳其伊斯坦布尔举行的第15届RoboCup机器人世界杯赛上，我校以本科生为主组成的代表队在中型组决赛中再次击败以博士生、硕士生和本科生混合编组的荷兰埃因霍温科技大学代表队，蝉联世界冠军。11月13日，学生“捷能车”队在第五届HONDA中国节能竞技大赛上，连续第三次获得最佳技术奖。10月21日，在第二届中国大学生方程式汽车大赛（FSC）中，奇才丰华FSC车队在最佳高速避障项目中勇夺国内第一。此外，我校学生在第十三届全国机器人大赛暨FIRA世界杯机器人大赛中国队选拔赛、全国大学生就业模拟大赛、全国大学生电子信息类创新作品评选、全国部分地区大学生物理竞赛、全国三维数字化创新设计大赛北京赛区比赛、首届北京市大学生计算机应用大赛等比赛中均取得了优异成绩，向社会展示了我校人才培养的优势和特色。

九、队伍建设取得较大进展

年内，我校由祝连庆教授带领的学术团队被列入教育部“长江学者和创新团队”培育计划；工商管理教学团队荣获首都教育先锋先进集体，祝连庆、张健荣获首都

教育先锋先进个人称号；李邓化教授被授予2011年“首都劳动奖章”；我校推荐申报的美国奥克兰大学杨连祥教授被认定为北京市第五批“海聚工程”高层次人才，受聘“北京市特聘专家”。

十、多项工程顺利通过验收投入使用，有效缓解办学资源紧张状况

在学校党委、行政的领导和全校各部门的通力协作下，小营校区新建三号办公楼工程、暑期14项抗震加固工程全部通过四方竣工验收并交付使用。三号办公楼为两层砖混结构，建筑面积2594平方米，暑期14项抗震加固工程建筑总面积达30015.9平方米，涉及小营、清河和酒仙桥三个校区的教学科研用房、学生公寓、教师宿舍、生活附属用房等多种设施，涵盖了我校主要的教学服务资源。这些项工程的竣工启用，有效缓解了学校办学资源紧张的状况，使我校的教学、办公条件得到一定程度的提升和改善。

十一、跻身教育部第二批卓越工程师教育培养计划高校

9月29日，我校获批为教育部第二批“卓越工程师教育培养计划”高校。“卓越计划”的基本目标是面向工业界、面向世界、面向未来，培养造就一大批创新能力强、适应经济社会发展需要的高质量各类型工程技术人才，为建设创新型国家、实现工业化和现代化奠定坚实的人力资源优势，增强我国的核心竞争力和综合国力。我校机械设计制造及自动化、自动化、通信工程、网络工程和软件工程等5个试点专业已经完成了2011级学校培养方案和企业阶段培养方案的制订，落实了合作企业及相关指导人员，将结合我校的办学优势与特色，全面构建有利于卓越工程师培养的工程教育体系。

十二、诺贝尔经济学奖获得者罗伯特·蒙代尔先生到我校演讲

9月29日下午，1999年诺贝尔经济学奖获得者、美国哥伦比亚大学教授罗伯特·蒙代尔先生到我校演讲。本次演讲是由北京市教委发起举办的“首都学生与诺奖大师面对面”系列活动之一。演讲题目为《货币战争，欧元狂热及黄金价格》。蒙代尔从金银的复本位时代讲起，简要介绍了200年来国际货币体系的发展演变状况、变化的经济政治原因，美国从19世纪以来的兴衰演变、经济政策以及对世界的影响，2008年的世界性经济危机以及当下的欧元债务危机，这些危机对于国际货币体系的影响。校长柳贡慧教授向蒙代尔先生颁发了我校“荣誉教授证书”，并赠送礼品。

十三、北京市副市长洪峰到我校调研

10月10日上午，北京市副市长洪峰在相关委办局领导的陪同下到我校调研工作。此行，洪峰调研了北京市重点实验室传感技术研究中心、3G移动通信实训实验室、过程控制实验室、教育部现代测控技术重点实验室，机械工程实验教学中心，了解学校科学研究、人才培养、校企合作、成果转化等情况。随后洪峰一行听取了校党委书记郑君礼的工作汇报。洪峰副市长充分肯定了学校近年来在科研、教学及全面建设中取得的成绩，并向市发改委、市教委、市住建委、昌平区等单位陪同领导详细了解了我校新校区征地拆迁、资金筹措等情况。

十四、“产学研联合研究生培养基地建设”项目获得批准

我校申报的“北京信息科技大学产学研联合研究生培养基地建设”项目获得北京市教委批准。本项目作为一个统一的研

究生培养基地建设项目，最终将形成一个内容和任务密切关联、相互支撑、总体目标相统一的集成化培养基地，并统一规范建设、制度建设和保障措施，从而探索并实现产学研联合研究生培养基地的建设机制创新。

十五、4 名教授分别当选区人大代表和政协委员

根据“海淀区第十五届人民代表大会代表选举结果的公告”和“朝阳区第十五届人民代表大会代表选举结果的公告”，我校许宝杰、王丽坤、何深思三位教授得到所在选区参加投票的选民过半数的选票，分别当选为海淀区、朝阳区第十五届人民代表大会代表。经中共朝阳区委、朝阳区各民主党派、无党派人士和各人民团体提名，政协北京市朝阳区第十一届委员会常务委员会会议协商确定，我校自动化学院刘小河教授成为政协北京市朝阳区第十二届委员会委员。

十六、新增 11 个一级学科硕士学位授予权

2011 年，我校新增 11 个一级学科硕士学位授权点，分别是：应用经济学、数学、光学工程、电气工程、电子科学与技术、信息与通信工程、控制科学与工程、计算机科学与技术、工商管理、马克思主义理论和软件工程。

十七、完成首次教师职务岗位、其他专业技术职务岗位、工勤技能岗位全员聘任工作

本年度，我校稳步有序地完成了学校教师职务岗位、其他专业技术职务岗位、工勤技能岗位全员聘任工作：完成了首次教师职务岗位全员聘任工作，先后共 735 位同志应聘到教师职务岗位；完成了其他专业技术职务岗位全员聘任工作，共涉及 8 个系列，18 个单位的专业技术职务岗位，124 位同志应聘到其他专业技术职务岗位；完成了工勤技能岗位全员聘任工作，共涉及 16 个部门的 135 位工勤人员。 聘任工作全部完成推动了我校实现由身份管理向岗位管理的转变，推行竞争上岗，签订聘任合同，并逐步规范按岗考核、按岗定酬，以贡献定绩效的收入分配模式，进一步完善校院两级管理体制，建立以岗位职责和绩效考核相关联的动态激励机制，为学校的全面、可持续发展提供坚强的人才支持和制度保障。

十八、第一次科技工作大会召开

11 月 25 日至 26 日，新大学成立后第一次科技工作大会召开。大会回顾和总结了“十一五”期间我校科技工作的主要成绩和基本经验，安排部署了“十二五”科技工作计划，并提出“十二五”期间的工作思路、发展目标和保障措施。2011 年作为“十二五”开局之年，学校围绕服务首都科学发展大局，立足科技创新，坚持产学研用相结合、做强重点优势学科、不断创新体制机制，在科技创新、科研立项、科研成果产业化等多个方面取得了突出成绩。“十二五”期间，学校将继续以科技政策为导向，以科技队伍建设为抓手，以科技平台建设为支撑，以产学研结合为纽带，以体制机制创新为保障，培育科研特色，凝聚科研方向，突出自主创新，提高科研水平，加快科研成果转化及产业化，全面推动学校科技工作又好又快发展，实现由教学型大学向教学研究型大学转变。

十九、新校区土地一级开发项目委托协议书正式签署

11 月 28 日，我校与北京振邦承基开发建设有限公司正式签署新校区土地一级开发项目委托协议书。《委托土地一级开发

协议书》的签署在我校新校区建设历史上具有里程碑式的意义。协议书明确了北京振邦承基开发建设公司具体实施新校区土地一级开发的主体地位，使我校新校区建设工作得到实质性的推进。此外，学校还于 11 月初开展了新校区总体规划设计征集方案的评选活动，由 11 家设计单位或设计单位联合体按照学校制定的《新校区总体规划设计任务书》设计制作的模型与展板供全校教职工和评审专家组参观评选。

二十、校友会筹备成立获批准

12 月 7 日，北京市民政局发布行政许可决定书，批准我校校友会筹备成立，标志着我校校友工作全面步入正轨。在此前后，学校于 5 月 21 日召开庆祝新大学成立 3 周年大会暨校友会筹备工作会议；又于 12 月 23 日下午，召开了校友工作座谈会，校领导与广大校友一起商议校友会第一次会员大会召开的时间、地点、内容和议程以及第一届理事会、常务理事会与监事会成员构成原则。学校领导指出，学校未来的发展离不开全校师生员工的艰苦努力和辛勤劳动，也离不开社会各界特别是广大校友的关心支持。我校的校友工作将坚持“服务校友、服务母校、服务社会”的宗旨，深入发掘和整合各方面资源，聚合广大校友一道推动学校的教学和科研工作迈上一个新的台阶，为北京经济发展做出新贡献。

四、机构与干部

校级党政领导

中共北京信息科技大学委员会

党委书记：郑君礼
党委副书记：刘筱毅　杨　军（3 月 30 日任）
党委委员：（按姓氏笔画排序）
冯晓春　冯喜春　卢玲军　刘　勇　刘筱毅　孙百生
孙福友　许晓革　杜　林　邵长生　林国策　郑君礼
栾忠权　彭斌柏　葛新权　韩秋实　鲁　雷
党委常委：郑君礼　刘筱毅　冯喜春　韩秋实　刘　勇　邵长生
杜　林（8 月 10 日免）　柳贡慧（8 月 10 日任）
杨　军（3 月 30 日任）　冯晓春（8 月 10 日任）
孙百生（4 月 26 日免）

北京信息科技大学校长 副校长

校　长：杜　林（8 月 9 日免）　柳贡慧（8 月 9 日任）
副校长：冯喜春　韩秋实　孙百生（4 月 26 日免）　刘　勇（4 月 26 日任）
许晓革　彭斌柏　许宝杰　陶志红（11 月 28 日任）

中共北京信息科技大学纪律检查委员会

纪委书记：刘　勇（4 月 20 日免）　冯晓春（8 月 10 日任）
纪委副书记：李　燕
纪委委员：刘　勇　刘小河　刘永成　邢济收　李　燕　徐　燕
崔仲凯　韩俊彦　滕功清

专门委员会和专门工作组

新校区总体规划工作小组和专家咨询委员会

（校党发〔2010〕16号　2010年6月1日）

一、新校区总体规划工作小组

组　长：校长

副组长：主管基本建设工作副校长

成　员：学校办公室主任、基建处处长、财务处处长、审计处处长、教务处处长、科技处处长、研究生部主任、图书馆馆长、网管中心主任、后勤管理处处长兼后勤服务集团总经理、体育部主任、监察处处长

（一）协调组

组　长：学校办公室主任

组　员：基建处处长、教务处处长、科技处处长、研究生部主任、后勤管理处处长兼后勤服务集团总经理

（二）招标组

组　长：基建处处长

组　员：财务处处长、审计处处长

（三）监督组

组　长：监察处处长

二、新校区总体规划专家咨询委员会

市国土局分管副局长、昌平区分管副区长、市教委分管副主任、市发改委社会处处长、市发改委环资处处长、市教委基建处处长、市建筑质量安全监督总站站长、市规委相关处处长，国内外有关规划、建筑设计领域专家（15人以内）

党务公开工作组织机构

（校党发〔2010〕30号　2010年9月30日）

党务公开工作领导小组

组　长：郑君礼

成　员：杜　林　刘筱毅　刘　勇　冯喜春　韩秋实　孙百生
许晓革　彭斌柏　邵长生

领导小组下设党务公开工作办公室，办公室设在党委办公室（学校办公室）

党务公开工作办公室

主　　任：党委办公室（学校办公室）主任（兼）

成　　员：党委组织部、党委宣传部、纪委办公室、保密工作办公室、党委研究生工作部、党委学生工作部、党委保卫部、党委老干部工作部主要领导

党务公开工作监督小组

组　　长：纪委办公室主任（兼）

小组成员：一般党员和学校区人大代表各 1 人、教代会党员代表 1 人、民主党派和无党派代表各 1 人、学生代表 1 人、离退休干部党员代表 1 人

校务公开工作组织机构

（校党发〔2010〕41 号　2010 年 12 月 17 日）

校务公开工作领导小组

组　　长：郑君礼　杜　林

组　　员：刘筱毅　刘　勇　冯喜春　韩秋实　孙百生　许晓革
彭斌柏　许宝杰　邵长生　冯晓春

校务公开工作办公室

主　　任：郑君礼　杜　林

副 主 任：学校办公室（党委办公室）主任

成　　员：组织部部长、统战部部长、纪委办公室（监察处）主任、教务处处长、科技处处长、研究生部主任、人事处处长、财务处处长、学生工作处处长、招生就业工作办公室主任、资产管理处处长、审计处处长、基建处处长、校工会常务副主席、校团委书记

校友会筹备工作组

（校党发〔2011〕11 号　2011 年 4 月 1 日）

组　　长：郑君礼

副 组 长：韩秋实　冯晓春

成　　员：（按姓氏笔画排序）
王　蕾　王　鹰　王志伟　卢　静　田杨萌　回世勇
刘小河　刘永成　孙福友　杜世智　李　健　李　燕
李华涛　林国策　赵　刚　赵晓林　崔仲凯　韩　光
韩俊彦　张怀存　谢瑞峰　谭胜国　滕功清

思想政治理论课建设工作领导小组

（校党发〔2011〕19号 2011年4月29日）

组　　长：郑君礼

副 组 长：杨　军　许晓革

成　　员：党委办公室（学校办公室）主任、党委宣传部部长、教务处处长、科技处处长、研究生部主任、人事处处长、财务处处长、党委学生工作部部长、校团委书记、政治理论教育学院负责人等

领导小组下设办公室，办公室设在政治理论教育学院

党建和思想政治工作研究会

（校党发〔2011〕21号 2011年5月16日）

理事会

会　　长：郑君礼

副 会 长：杨　军　刘筱毅

秘 书 长：邵长生

副秘书长：林国策　鲁　雷

成　　员：（按姓氏笔画排序）

王　鹰　王兴伟　卢玲军　叶　超　田杨萌　刘小河

刘永成　回世勇　孙　晨　孙福友　张怀存　李　健

李　燕　李华涛　李荣华　赵　刚　郭小兵　郭春燕

崔仲凯　谢瑞峰　韩俊彦　滕功清　谭胜国

秘　　书：李　哲

党建工作组

主　　任：刘筱毅（兼）

副 主 任：邵长生

成　　员：（按姓氏笔画排序）

李　燕　林国策　姜伟华

秘　　书：李　哲

思想政治工作组

主　　任：杨　军（兼）

副 主 任：鲁　雷

成　　员：（按姓氏笔画排序）

田杨萌　回世勇　李华涛

秘　　书：薛　涛

心理健康教育及心理咨询相关机构

（校党发〔2011〕25号 2011年9月19日）

一、大学生心理健康教育领导小组

组　　长：杨　军

副 组 长：刘　勇　许晓革

成　　员：学生工作部部长、宣传部部长、研究生工作部党总支书记、教务处处长、人事处处长、财务处处长、保卫处处长、后勤管理处处长、心理健康教育中心（心理咨询中心）主任、团委书记、后勤管理处门诊部主任

领导小组下设办公室，办公室与心理健康教育中心（心理咨询中心）合署办公，主任由中心主任兼任

二、心理健康教育中心和心理咨询中心

心理健康教育中心和心理咨询中心（以下简称中心）合署办公，是心理健康教育与咨询的专业机构，负责心理健康教育、教学、心理咨询与研究等工作，负责心理健康教育课程的管理与建设工作。中心不设行政级别，挂靠学生工作部，主任由学生工作部分管领导兼任。

党风廉政建设责任制领导小组

（校党发〔2011〕39号 2011年10月25日）

组　　长：郑君礼　柳贡慧

副 组 长：冯晓春

成　　员：杨　军　刘筱毅　冯喜春　韩秋实　刘　勇　许晓革　彭斌柏　许宝杰　邵长生

领导小组办公室设在纪委办公室（监察处）

信访工作领导小组

（校党发〔2011〕42号 2011年12月5日）

组　　长：郑君礼　柳贡慧

副 组 长：刘筱毅　冯晓春

成　　员：杨　军　冯喜春　刘　勇　许晓革　林国策　李　燕　回世勇　孙福友　王兴芬

信访工作领导小组下设办公室，办公室设在学校办公室

主　　任：林国策

成　　员：李丛建　李小平　李蒙丝

党校校务委员会

（校党发〔2011〕43号 2011年12月5日）

党校校务委员会主任：郑君礼

党校校务委员会副主任：刘筱毅 杨 军

党校校务委员会委员：（按姓氏笔画排序）

卢玲军 田杨萌 刘永成 回世勇 孙福友 李 燕
李华涛 杨兴林 邵长生 林国策 姜伟华 崔仲凯
韩俊彦 鲁 雷

党校校长：郑君礼（兼）

党校常务副校长：姜伟华

党校副校长：刘永成（兼）

党校日常工作机构设在党委组织部

人才工作领导小组和工作组

（校党发〔2011〕44号 2011年12月5日）

一、校人才工作领导小组

组　　长：郑君礼 柳贡慧

副 组 长：刘筱毅 冯喜春

成　　员：组织部部长、人事处处长、研究生部主任、教务处处长、科技处处长

二、校人才工作组

组　　长：刘筱毅 冯喜春

成　　员：党委组织部部长、人事处处长、研究生部主任、教务处处长、科技处处长、党委学生工作部部长和各学院（系）院长（主任）

党的建设工作领导小组

（校党发〔2011〕45号 2011年12月5日）

组　　长：刘筱毅

副 组 长：杨 军 邵长生

成　　员：林国策 鲁 雷 李 燕 姜伟华 回世勇 田杨萌
韩俊彦 孙福友

学校党的建设工作领导小组办公室设在党委组织部

民族宗教工作领导小组

（校党发〔2011〕46 号　2011 年 12 月 5 日）

组　　长：杨　军　刘　勇

副 组 长：党委统战部部长、学校办公室主任

组　　员：党委组织部部长、党委学生工作部部长、党委研究生工作部部长、人事处处长、党委保卫部部长、后勤管理处处长（后勤服务集团总经理）、工会常务副主席、党委老干部工作部部长、团委书记

领导小组下设办公室，办公室设在党委统战部

师德建设领导小组和工作小组

（校党发〔2011〕47 号　2011 年 12 月 5 日）

一、学校师德建设领导小组构成

组　　长：郑君礼　柳贡慧

副 组 长：冯喜春　杨　军　刘筱毅

成　　员：党委组织部、党委宣传部、党委学生工作部、党委研究生工作部、校工会、教务处、科技处、人事处等部门的主要负责人

学校师德建设领导小组办公室设在人事处

二、学校师德建设工作小组构成

组　　长：冯喜春

副 组 长：刘筱毅

成　　员：党委组织部、党委宣传部、党委学生工作部、党委研究生工作部、校工会、教务处、科技处、人事处等部门的主要负责人；各教学单位党总支（直属党支部）负责人

保密委员会

（校党发〔2011〕48 号　2011 年 12 月 5 日）

主　　任：冯晓春

副 主 任：韩秋实

委　　员：（按姓氏笔画排序）

王久和　王兴芬　王丽坤　卢　静　吉莉莉　邢济收

李　擎　邵长生　麦　苗　林国策　侯军岐　姜玉勇

栾忠权　高国伟　龚汉明　韩俊彦　鲁　雷

关心下一代工作委员会

（校党发〔2011〕49号　2011年12月5日）

名誉主任：郑君礼　柳贡慧
主　　任：甘圣予
常务副主任：刘筱毅　孙毓仁
副 主 任：张鸣岐　唐树艺　张银增　陈　虎　林少岩
副主任单位：党委组织部、人事处、财务处、后勤处、党委学生工作部、党委研究生工作部、党委老干部工作部
委　　员：（按姓氏笔画排序）
王兰俊　王芹芳　田杨萌　刘景怀　毕万全　张祖荫
张福学　李华涛　杜振祁　肖笃生　邵长生　陈大稳
岳文元　赵平生　柴鸿斌　钱崇越　黄永水　鲁　雷
甄同树　腾　启　翟友民
秘 书 长：孙福友　回世勇
关心下一代工作委员会下设办公室，办公室设在离退休工作办公室

老干部工作领导小组

（校党发〔2011〕50号　2011年12月5日）

组　　长：郑君礼　柳贡慧
副 组 长：刘筱毅
成　　员：邵长生　林国策　鲁　雷　栾忠权　姜玉勇　王志伟　孙福友
老干部工作领导小组办公室设在党委老干部工作部（离退休工作办公室）

校办企业规范化建设领导小组

（校党发〔2011〕51号　2011年12月5日）

组　　长：郑君礼　柳贡慧
副 组 长：冯喜春　韩秋实　刘　勇
成　　员：监察处处长、科技处处长、人事处处长、财务处处长、资产管理处处长、审计处处长、后勤管理处处长（后勤服务集团总经理）领导小组下设办公室，领导小组办公室挂靠在科技处
办公室主任：钟　玲（兼）

财经工作领导小组

（校党发〔2011〕52 号　2011 年 12 月 5 日）

组　长：柳贡慧
副组长：许宝杰
成　员：财务处处长、审计处处长、监察处处长、资产管理处处长、学校办公室主任

“十二五”事业发展规划编制机构

（校党发〔2011〕56 号　2011 年 12 月 20 日）

一、北京信息科技大学“十二五”事业发展规划编制领导小组（以下简称领导小组）

组　　长：郑君礼　柳贡慧
常务副组长：许宝杰
成　　员：杨　军　刘筱毅　冯晓春　冯喜春　韩秋实　刘　勇　许晓革　彭斌柏　陶志红　邵长生
职　　责：全面领导“十二五”规划的编制工作，组织研究、决策规划编制过程中的重要问题

二、领导小组办公室

主　任：许宝杰
副主任：林国策
成　员：杨兴林　王兴芬　邢济收　王久和　栾忠权　刘　伟

三、规划起草工作组

组　　长：柳贡慧
副 组 长：许宝杰　杨兴林
成员单位：发展战略研究室、学校办公室、宣传部、基建处（新校区建设办公室）

安全稳定工作领导小组

（校党发〔2011〕57 号　2011 年 12 月 30 日）

组　　长：郑君礼　柳贡慧
副 组 长：杨　军　刘　勇
成　　员：刘筱毅、冯晓春、冯喜春、韩秋实、许晓革、彭斌柏、许宝杰、陶志红、邵长生，学校办公室、党委宣传部（统战部）、纪委办公室、研究生部、财务处、学生处、国际交流合作处、后勤管理处（后勤服务集团）、保卫处、网络管理中心、离退休工作办公室、工会、团委、继续教育学院以及各校区的主要负责人

国家安全工作领导小组

（校党发〔2011〕57号 2011年12月30日）

组 长：刘 勇

副组长：杨 军

成 员：学校办公室、党委组织部、党委宣传部（统战部）、党委保卫部、人事处、保密办公室、科技处、研究生部、党委学生工作部、团委、国际交流合作处、继续教育学院、网络管理中心的主要负责人

办公室：设在党委保卫部

办公室主任：党委保卫部部长

社会治安综合治理委员会

（校党发〔2011〕57号 2011年12月30日）

主 任：刘 勇

委 员：学校办公室、党委宣传部、保卫处、研究生部、财务处、学生处、后勤管理处（后勤服务集团）、资产管理处、工会、团委、继续教育学院以及各校区的主要负责人，各党总支（机关党委、直属单位党支部）书记

办公室：设在保卫处

办公室主任：保卫处处长

处理“邪教”问题领导小组

（校党发〔2011〕57号 2011年12月30日）

组 长：刘 勇

副组长：杨 军

成 员：校区联合党总支、党委组织部、党委保卫部、研究生部、人事处、党委学生工作部、继续教育学院的主要负责人及相关单位党组织主要领导

办公室：设在党委保卫部

办公室主任：党委保卫部部长

防火安全委员会

（校党发〔2011〕57号 2011年12月30日）

主 任：刘 勇

副主任：保卫处、后勤管理处（后勤服务集团）主要领导

委 员：学校办公室、教务处、科技处、研究生部、学生处、基建处、资产管理处、各校区主要负责人，保卫处安全科科长、派驻健翔桥校区负责人，后勤管

理处（后勤服务集团）分管饮食服务和分管学生公寓的负责人
办公室：设在保卫处
办公室主任：保卫处处长

交通安全委员会

（校党发〔2011〕57号 2011年12月30日）

主　任：刘　勇
副主任：保卫处、后勤管理处（后勤服务集团）主要领导
委　员：学校办公室分管车辆的副主任，党委宣传部、学生处、工会、团委和各校区主要负责人，研究生部党总支书记、继续教育学院院长，离退休工作办公室副主任，保卫处安全科科长，后勤服务集团运输部负责人
办公室：设在保卫处
办公室主任：保卫处处长

外来人口管理领导小组

（校党发〔2011〕57号 2011年12月30日）

组　长：刘　勇
副组长：保卫处、后勤管理处（后勤服务集团）主要领导
成　员：人事处、各校区的主要负责人，后勤管理处（后勤服务集团）其他领导，保卫处社会治安综合治理管理岗负责人
办公室：设在保卫处
办公室主任：保卫处处长

大学生思想政治教育工作领导小组

（校党发〔2011〕58号 2011年12月30日）

组　长：郑君礼　柳贡慧
副组长：杨　军　刘筱毅　冯晓春　冯喜春　韩秋实　刘　勇
许晓革　彭斌柏　许宝杰　陶志红
成　员：学校办公室主任、党委组织部部长、党委宣传部部长、纪委办公室主任、教务处处长、科技处处长、党委研究生工作部部长、人事处处长、财务处处长、党委学生工作部部长、招生就业工作办公室主任、后勤管理处处长、保卫处处长、校工会常务副主席、校团委书记、人文社科党总支书记、网络管理中心主任
领导小组下设办公室，办公室设在党委学生工作部

定密小组

（校密发〔2011〕1号　2011年3月29日）

组　长：侯军岐

组　员：（按姓氏笔画排序）

王丽坤　李　擎　麦　苗　林国策　栾忠权　高国伟

申请保密资格审查认证工作机构

（校密发〔2011〕4号　2011年5月25日）

一、保密资格审查认证领导小组

组　长：韩秋实

副组长：麦　苗　侯军岐

成　员：（按姓氏笔画排序）

王丽坤　李邓化　林国策　高国伟　龚汉明　韩俊彦

二、保密资格审查认证工作小组

（一）管理工作小组

组　长：麦　苗

成　员：（按姓氏笔画排序）

王立民　吴细宝　张　伟　张京华　徐　铭

（二）技术工作小组

组　长：侯军岐

成　员：（按姓氏笔画排序）

吴细宝　张　伟　郑小博　龚汉明　韩俊彦

教学督导组

（校发〔2009〕1号　2009年3月4日）

组　长：陈维兴

副组长：郝静如

成　员：（按姓氏笔画排序）

于惠庄　毕万全　刘伟霞　孟庆昌　佟丽娟　姜长来

郭　钦　铁慧琴　梁福平

教师职务聘任争议调解处理委员会

（校发〔2009〕3号 2009年3月30日）

主　任：刘　勇
委　员：（按姓氏笔画排序）
　　　　卢玲军　李　萍　李　燕　邵长生　韩俊彦　鲁　雷
委员会下设办公室，办公室设在校工会
主　任：范秀华
秘　书：于　洋

全日制普通高等教育本科招生工作领导小组及相关机构

（校发〔2009〕5号 2009年5月14日）

招生工作领导小组
组　长：校长
副组长：分管监察工作的校领导、分管招生工作的校领导
成　员：招生就业办主任、监察处处长
招生工作领导小组下设办公室和监察办公室
办公室主任：招生就业办主任（兼）
监察办公室主任：监察处处长（兼）

毕业生就业工作领导小组

（校发〔2009〕6号 2009年5月18日）

组　长：校党委书记、校长
副组长：分管毕业生就业工作的校领导、分管教学工作的校领导
成　员：招生就业办主任、研究生部主任、学生处处长、教务处处长、宣传部部长、
　　　　团委书记
毕业生就业工作领导小组下设办公室，办公室主任由招生就业办主任兼任

思想政治工作高级专业职务推荐评议组

（校发〔2009〕7号 2009年5月20日）

组　长：冯喜春
成　员：刘筱毅　刘　勇　邵长生　冯晓春　鲁　雷　崔仲凯
　　　　刘小河　谢瑞峰　刘永成　张　清

新生入学资格审查工作领导小组

（校发〔2009〕9号　2009年5月18日）

组　长：许晓革

副组长：刘　勇

成　员：招生就业办主任、教务处处长

应届毕业生入伍预征工作领导小组

（校发〔2009〕10号　2009年6月3日）

组　长：杜　林

副组长：刘　勇

成　员：学生处处长、宣传部部长、招生就业办主任、学生处副处长、各学院党总支副书记入伍预征工作领导小组下设办公室，办公室设在学生处

成　员：学生处有关工作人员

现代测控技术教育部重点实验室学术委员会

（校发〔2009〕12号　2009年6月22日）

主　任：高金吉（院士　北京化工大学）

副主任：张福学（教授　北京信息科技大学）

韩秋实（教授　北京信息科技大学）

委　员：（按姓氏笔画排序）

王子才（院士　哈尔滨工业大学）

戈新生（教授　北京信息科技大学）

卢秉恒（院士　西安交通大学）

石照耀（教授　北京工业大学）

高金吉（院士　北京化工大学）

张钟华（院士　中国计量科学研究院）

张福学（教授　北京信息科技大学）

徐滨士（院士　装甲兵工程学院）

徐春广（教授　北京理工大学）

徐小力（教授　北京信息科技大学）

韩秋实（教授　北京信息科技大学）

褚福磊（教授　清华大学）

樊尚春（教授　北京航空航天大学）

秘书长：王红军（教授　北京信息科技大学）

后勤集团董事会和监事会

（校<筹>党发〔2007〕2号 2007年1月17日；校发〔2009〕17号 2009年10月15日）

一、后勤集团董事会组成人员

董 事 长：彭斌柏（兼）

副董事长：叶 超 李荣华

董　　事：曲振国 郑召义 姜玉勇 邵长生 麦 苗 赵平生 赵志强

二、后勤集团监事会组成人员

主　　席：吕建成

副 主 席：徐燕

监　　事：卢玲军 姜伟华 刘 挺

公费医疗管理委员会

（校发〔2009〕19号 2009年10月22日）

一、公费医疗管理委员会

主　　任：彭斌柏

成　　员：学校办公室主任、监察处处长、学生处处长、审计处处长、离退休工作办公室主任、工会常务副主席、后勤管理处处长、人事处主管劳资工作副处长、财务处副处长、后勤管理处副处长、门诊一部主任、门诊二部主任

二、公费医疗管理委员会办公室

办公室主任：后勤管理处副处长（兼）

副 主 任：门诊一部主任、门诊二部主任

办公室设在后勤管理处

工程技术系列专业技术职务聘任委员会和工程技术系列专业技术职务考核推荐组

（校发〔2009〕20号 2009年10月23日）

一、学校工程技术系列专业技术职务聘任委员会

主任委员：杜 林

副主任委员：冯喜春 韩秋实

委　　员：（按姓氏笔画排序）

戈新生 王 鹰 王兴芬 许宝杰 李 东 李邓化 周维真 栾忠权

二、学校工程技术系列专业技术职务考核推荐组

组　　长：冯喜春

组　　员：（按姓氏笔画排序）

马振平　王吉芳　刘　伟　刘建宾　汪毓铎　武　装　赵晓林　徐小力

以上人员的任期至 2010 年 10 月 20 日

大学英语四、六级考试管理工作领导小组

（校发〔2009〕28 号　2009 年 12 月 15 日）

组　　长：许晓革

副 组 长：教务处处长、教务处副处长

成　　员：学校办公室主任、宣传部部长、监察处处长、学生处处长、后勤管理处处长、保卫处处长、外国语学院院长、外国语学院副院长

申请新增开展硕士推免生工作高等学校工作领导小组

（校发〔2010〕7 号　2010 年 5 月 24 日）

组　　长：郑君礼　杜　林

副 组 长：孙百生　韩秋实　许晓革

组　　员：（按姓氏笔画排序）

戈新生　王志伟　王　鹰　李华涛　林国策　胡　滔　栾忠权　谢瑞峰　鲁　雷

领导小组下设办公室，办公室主任由研究生部主任兼任

住房补贴工作领导小组

（校发〔2011〕1 号　2011 年 1 月 11 日）

组　　长：许宝杰

成　　员：后勤管理处处长、学校办公室主任、监察处处长、财务处处长、离退休工作办公室主任、工会常务副主席、健翔桥校区主任、清河校区主任、金台路校区主任、酒仙桥校区主任、人事处主管劳资工作副处长、后勤管理处副处长

住房补贴工作领导小组办公室设在后勤管理处（后勤服务集团），办公室主任由后勤管理处处长兼后勤服务集团总经理兼任。住房补贴工作领导小组监察办公室设在监处，办公室主任由监察处处长兼任。

第四届教师职务聘任委员会

（校发〔2011〕2号 2011年1月18日；校发〔2011〕24号 2011年12月2日）

主任委员：杜 林（至2011年12月2日）

柳贡慧（2011年12月2日任）

副主任委员：冯喜春 韩秋实 许晓革

委 员：（按姓氏笔画排序）

王久和 王兴芬 邢济收 张福学 栾忠权 唐五湘 崔 巍

第四届校聘委会的任期至2012年1月14日

抗震加固协调工作领导小组

（校发〔2011〕4号 2011年3月21日）

组 长：冯喜春

副组长：刘 勇 孙百生 许晓革 许宝杰 冯晓春

成 员：学校办公室、党委宣传部、监察处、教务处、科技处、研究生部、财务处、学生处、审计处、后勤管理处（后勤服务集团）、基建处、离退办、工会、团委、继续教育学院、清河校区、酒仙桥校区以及各学院的主要负责人

北京北信科电子厂关闭前清算工作小组

（校发〔2011〕9号 2011年5月31日）

组 长：韩秋实 许宝杰

成 员：（按姓氏笔画排序）

邢济收 郑召义 姜玉勇 钟 玲 徐 燕

高端信息产业技术研究院建设工作领导小组

（校发〔2011〕12号 2011年10月31日）

组 长：韩秋实

副 组 长：冯喜春 许宝杰

成 员：科技处处长、产业与经营性资产管理办公室主任、财务处处长、资产管理处处长、基建处处长

领导小组办公室设在产业与经营性资产管理办公室，负责高端信息产业技术研究院建设工作的日常协调及运转工作，办公室主任由产业与经营性资产管理办公室主任兼任。

其他专业技术职务聘任委员会
和其他专业技术职务聘任考核推荐组

（校发〔2011〕15号　2011年11月11日）

一、学校其他专业技术职务聘任委员会

主 任 委 员：柳贡慧

副主任委员：冯喜春　韩秋实　许宝杰

委　　　员：（按姓氏笔画排序）

王吉芳　王兴芬　王志伟　邢济收　姜玉勇　栾忠权　谢瑞峰

二、学校其他专业技术职务聘任考核推荐组

组　长：冯喜春

组　员：（按姓氏笔画排序）

才秀芬　牛志英　张玉忠　刘　伟　侯军岐　徐　燕

以上人员的任期至2012年11月9日

工勤技能岗位聘任委员会
和工勤技能岗位聘任考核推荐组

（校发〔2011〕16号　2011年11月11日）

一、学校工勤技能岗位聘任委员会

主 任 委 员：冯喜春

副主任委员：刘　勇　许宝杰

委　　　员：（按姓氏笔画排序）

王吉芳　王兴伟　王兴芬　王志伟　林国策　栾忠权

二、学校工勤技能岗位聘任考核推荐组

（一）后勤服务人员考核推荐组

组　　长：刘 勇

组　　员：（按姓氏笔画排序）

王志伟　李荣华　吴俊法　陈建伟　赵立胜　谢新伟

（二）其他工勤人员考核推荐组

组　　长：许宝杰

组　　员：（按姓氏笔画排序）

牛志英　张玉忠　陈义平　英树志　孟创立　郑　军

以上人员的任期至2012年11月9日

公务用车问题专项治理工作领导小组

（校发〔2011〕21号　2011年12月2日）

组　　长：刘　勇
副 组 长：冯晓春
成　　员：林国策　李　燕　姜玉勇　郑召义　徐　燕　王志伟
　　　　　英树志　侯吉成
公务用车问题专项治理工作领导小组办公室设在学校办公室，领导小组办公室主任由学校办公室主任林国策兼任。

公用房屋使用管理工作领导小组

（校发〔2011〕22号　2011年12月2日）

组　　长：柳贡慧
副 组 长：韩秋实　刘　勇　许晓革　许宝杰
成　　员：学校办公室主任、教务处处长、科技处处长、研究生部主任、资产管理处处长、后勤管理处处长
领导小组下设办公室，办公室设在学校办公室，领导小组办公室主任由学校办公室主任兼。

经营性资产管理委员会和大学科技园管理委员会

（校发〔2011〕23号　2011年12月2日）

主　任：柳贡慧
副主任：韩秋实　许宝杰
成　员：科技处处长、产业与经营性资产管理办公室主任、财务处处长、后勤管理处处长、审计处处长
学校经营性资产管理委员会办事机构是产业与经营性资产管理办公室
大学科技园管理委员会下设科技园管理办公室，科技园管理办公室与产业与经营性资产管理办公室合署办公。

信息化建设工作组织机构

（校发〔2011〕25号　2011年12月30日）

组　长：柳贡慧
副组长：冯喜春　杨　军　许宝杰
成　员：学校办公室主任、宣传部部长、教务处处长、科技处处长、研究生部主任、人事处处长、财务处处长、学生处处长、资产管理处处长、后勤管理处（后勤服务集团）处长（总经理）、基建处处长、保卫处处长、图书馆馆长、网络管理中心主任

法律事务工作小组

（校发〔2011〕26号　2011年12月30日）

组　长：柳贡慧

副组长：杨　军　冯喜春　韩秋实　刘　勇　许晓革　许宝杰　陶志红

成　员：学校办公室主任、教务处处长、科技处处长、研究生部主任、人事处处长、学生工作处处长、基建处处长（新校区建设办公室主任）

学校法律事务工作小组办公室设在学校办公室，办公室主任由学校办公室主任兼任

大学生物理实验竞赛组织委员会

（校教发〔2008〕63号　2008年12月8日）

主　任：许晓革

副主任：李祥贵　滕功清

委　员：王兴芬　盛炎平　于肇贤　杨　虹　姜　峰

组委会办公室

办公室主任：华树银　董丽萍

办公室工作人员：赵　华　张文格

竞赛专家小组

组　长：滕功清

副组长：盛炎平　于肇贤

成　员：杨　虹　姜　峰

毕业设计（论文）工作领导小组

（校教发〔2009〕19号　2009年3月16日）

组　长：许晓革

副组长：王兴芬

组　员：许宝杰　李　东　李邓化　周维真　葛新权　李　忱

郭春燕　肖洪森　李祥贵　胡　滔

秘　书：董丽萍

图书馆工作委员会

（校教发〔2009〕42号　2009年5月31日）

主　任：孙百生

常务副主任：图书馆馆长

副主任：图书馆工作委员会推选产生

成　员：各学院主管教学或科研的院长，图书馆副馆长，资产管理处、教务处、研究生部、科技处、学生处、继续教育学院、高教研究室、财务处、监察处负责人

秘　书：图书馆工作人员

大学生学科竞赛管理委员会

（校教发〔2011〕23号　2011年3月18日）

主　任：许晓革

副主任：王兴芬

委　员：（按姓氏笔画排序）

王久和　回世勇　刘建兰　苏　中　李华涛　张　虹
邱国旺　周维真　杨曙辉　徐晓敏　黄　民　于肇贤
彭书华

秘　书：李忠刚

大学生科技创新计划领导小组

（校教发〔2011〕62号　2011年4月12日）

组　长：许晓革

副组长：王兴芬

组　员：（按姓氏笔画排序）

于肇贤　回世勇　刘建兰　苏　中　李华涛　张　虹
邱国旺　杨曙辉　周维真　徐晓敏　黄　民　彭书华

秘　书：丁　娟

2012年推荐优秀应届本科毕业生免试攻读硕士学位研究生遴选工作领导小组

（校教发〔2011〕86号　2011年9月15日）

组　长：许晓革

副组长：杨　军

成　员：（按姓氏笔画排序）

王久和　王兴芬　回世勇　邢济收　李　燕　李华涛
周金和　唐五湘

推免生遴选工作领导小组办公室设在教务处，负责组织协调推免生遴选的日常工作

《北京信息科技大学学报》编委会委员

（校技发〔2011〕1号　2011年3月28日）

主 任 委 员：韩 秋 实

副主任委员：徐小力　邢济收　葛新权　施水才　康　劲

委　　　员：（按姓氏笔画排序）

于肇贤　王丽坤　王久和　戈新生　刘小河　李　宁
李　东　李　忱　李邓化　李祥贵　张仰森　张福学
杨庆东　周金和　施水才　徐小力　唐五湘　高国伟
康　劲　韩秋实　葛新权　邢济收

工程硕士教育指导委员会和工商管理硕士（MBA）教育指导委员会

工商管理硕士（MBA）教育中心

（校研发〔2011〕10号　2011年11月17日）

一、工程硕士教育指导委员会

主　任：许宝杰

副主任：王久和

委　员：（按姓氏笔画排序）

戈新生　王晓林　石镇山　刘仲馨　李邓化　李　东
李　宁　李　忱　杨孔雨　栾忠权　葛新权

工程硕士教育指导委员会实行任期制，每届任期4年

二、工商管理硕士（MBA）教育指导委员会

主　任：许宝杰

副主任：王久和　葛新权

委　员：（按姓氏笔画排序）

刘　宇　孙宝文　曲　立　张　群　张新民　杨孔雨　林汉川　侯军岐

工商管理硕士（MBA）教育指导委员会实行任期制，每届任期4年

三、工商管理硕士（MBA）教育中心

工商管理硕士（MBA）教育中心，挂靠经济管理学院

主　任：葛新权

副主任：曲　立

办公室主任：何　琼

第一届工程硕士教育指导委员会和第一届工商管理硕士教育指导委员会的任期为2011年3月31日至2015年3月30日

教学工作委员会

（校人发〔2011〕12号　2011年5月15日）

主　任：许晓革

副主任：王兴芬

委　员：（按姓氏笔画排序）

于肇贤　刘建兰　张　虹　张　健　张世忠　李学华

杨曙辉　苏　中　邱国旺　周长胜　周维真　郑　军

侯吉成　徐晓敏　高晶敏　梁冬梅　黄　民　彭书华

学术委员会

（校人发〔2011〕13号　2011年5月15日）

主　任：韩秋实

副主任：张福学　徐小力　施水才　葛新权

委　员：（按姓氏笔画排序）

戈新生　王吉芳　王丽坤　任维平　刘小河　张仰森

李　东　李　宁　李　忱　李　擎　李祥贵　杨兴林

杨毅恒　林慕义　侯军岐　祝连庆　唐五湘　傅正华

学术委员会下设办公室，办公室设在科技处，由邢济收任主任

部分管理服务岗位聘任小组

（校人发〔2011〕29号　2011年12月2日）

组　长：栾忠权

成　员：王志伟　李荣华　王吉芳　叶　超　牛志英　谢新伟

现代测控技术教育部重点实验室建设管理委员会

（校人发〔2011〕38号　2011年12月29日）

主　任：柳贡慧

副主任：韩秋实

成　员：邢济收　栾忠权　姜玉勇　郑召义　王久和

现代测控技术教育部重点实验室建设管理委员会下设办公室，办公室设在科技处

办公室主任：邢济收（兼）

学位评定委员会

（校人发〔2011〕39号　2011年12月29日）

主　任：柳贡慧

副主任：许宝杰

委　员：（按姓氏笔画排序）

尹春华　王久和　王红军　白连平　刘　春　牟永敏

何深思　李邓化　李　东　李　宁　李　忱　杨庆东

汪毓铎　肖洪森　邱　钧　谢瑞峰　滕功清

学位评定委员会办公室设在研究生部，负责处理有关学位工作的日常事务

征兵工作领导小组

（校学发〔2011〕76号　2011年11月7日）

组　长：杨　军

成　员：武装部部长、招生就业工作办公室主任、宣传部部长、监察处处长、教务处处长、财务处处长、后勤管理处处长、保卫处处长、研究生工作部部长、各学院党总支副书记、人文社科党总支副书记

领导小组下设办公室，办公室设在武装部，武装部部长兼任办公室主任

学生申诉处理委员会

（校学发〔2011〕82号　2011年11月17日）

主　任：杨　军

副主任：学生处副处长　教务处副处长

成　员：党委研究生工作部部长、学校办公室副主任、纪委办公室（监察处）、纪检员、教师代表2人、学生代表2人

北京快客印刷厂停业清算工作领导小组

（校勤发〔2011〕2号　2011年4月1日）

组　长：许宝杰

成　员：后勤管理处（后勤服务集团）、产业与经营性资产管理办公室、监察处、人事处、财务处、资产管理处、审计处主要负责人

防汛应急指挥部成员

（校勤发〔2011〕6号　2011年6月17日）

总 指 挥：刘　勇

副总指挥：后勤管理处处长、学校办公室主任、保卫处处长

主要成员：党委宣传部部长、财务处处长、基建处处长、后勤管理处副处长、后勤服务集团副总经理、健翔桥校区办副主任、清河校区办主任、金台路校区办主任、酒仙桥校区办主任

（防汛应急指挥部下设办公室）

办公室主任：后勤管理处处长（兼）

办公室副主任：后勤服务集团副总经理（兼）

绿化工作委员会

（校勤发〔2011〕12号　2011年12月25日）

主　任：刘　勇

副主任：后勤管理处处长兼后勤服务集团总经理

成　员：学校办公室主任、党委宣传部部长、教务处处长、学生处处长、保卫处处长、机关党委书记、后勤服务集团副总经理

学校绿化工作委员会办公室设在后勤服务集团，办公室主任由后勤服务集团副总经理兼任

爱国卫生运动委员会

（校勤发〔2011〕13号　2011年12月25日）

主　任：刘　勇

副主任：后勤管理处处长兼后勤服务集团总经理

成　员：学校办公室主任、党委宣传部部长、教务处处长、学生处处长、保卫处处长、机关党委书记、后勤服务集团副总经理

爱国卫生运动委员会办公室设在后勤服务集团，办公室主任由后勤服务集团副总经理兼任

住房补贴工作领导小组

（校勤发〔2011〕14号　2011年12月25日）

组　长：刘　勇

副组长：后勤管理处处长兼后勤服务集团总经理

成　员：学校办公室主任、监察处处长、财务处处长、离退休工作办公室主任、工会常务、副主席、健翔桥校区管理办公室主任、清河校区管理办公室主任、台路校区管理办公室主任、酒仙桥校区管理办公室主任、人事处主管劳资工作副处长、后勤管理处副处长

住房补贴工作领导小组监察办公室设在监察处，办公室主任由监察处处长兼任

成人教育学位评定分委员会

（校学位发〔2011〕4号　2011年11月17日）

组　长：许宝杰

副组长：韩　光

委　员：（按姓氏笔画排序）

王兴芬　王裕民　吉莉莉　悦　再　谢瑞峰

秘　书：郁海燕

《北京信息科技大学年鉴》编纂委员会和编辑部

（办发〔2011〕14号　2011年10月12日）

一、年鉴编委会机构组成

（一）年鉴编委会机构组成

主　任：郑君礼　柳贡慧

副主任：杨　军　刘筱毅　冯晓春　冯喜春　韩秋实　刘　勇
许晓革　彭斌柏　许宝杰

委　员：学校副处级及以上独立设置机构的党政负责人

二、年鉴编辑部机构组成

主　　任：林国策

副 主 任：王立民

责任编辑：刘永林

编　　辑：学校副处级及以上独立设置机构具体负责年鉴组稿的工作人员名单（各部门指定）

编辑部设在学校办公室

治理教育乱收费工作机构

（监发〔2008〕1号　2008年6月10日）

一、治理教育乱收费工作领导小组

组　长：校长

副组长：纪委书记、主管财务的校领导

成　员：监察处处长、财务处处长、审计处处长

二、治理教育乱收费工作办公室

主　任：监察处处长（兼）

成　员：财务处处长、审计处处长、学校办公室常务副主任、教务处常务副处长、研究生部主任、学生处处长、招生就业办主任、后勤处长、保卫处处长图书馆馆长、继续教育学院院长、计算中心主任、网管中心主任、机电实习中心主任、后勤集团总经理、体育部主任

机构设置及负责人

表 4-1　机关处级机构负责人

部　门	职　务	姓　名
学校办公室	主　任	林国策
	副主任	王立民 李萍（1月1日—1月14日） 李丛建 英树志（1月14日任）
组织部	部　长	邵长生（兼）
	副部长	姜伟华（兼党校常务副校长）
宣传部	部　长	鲁雷
	副部长	王蕾（兼新闻中心主任）（正处级） 赵爱玲
统战部	部　长	鲁雷（兼）
纪委办公室	主　任	李燕（兼）
	纪检员	李小平（副处职）
保密工作办公室	主　任	麦苗
学生工作部	部　长	回世勇
	副部长	吴俊法（至1月14日） 郭银辉（1月14日任） 马绍辉（1月14日任） 李华涛（至1月14日）（1月14日兼）
武装部	部　长	回世勇
	副部长	李华涛（至1月14日） 郭银辉（1月14日任）
保卫部	部　长	韩俊彦
	副部长	樊石生
研究生工作部	部　长	田杨萌

（续表）

部　门	职　务	姓　名
老干部工作部	部　长	孙福友
教务处	处　长	王兴芬
	副处长	王学文（至1月14日） 李学华（1月14日任）（兼教学评估工作办公室主任） 张　健 （1月1—14日兼教学评估工作办公室主任） 彭书华（1月14日任）
科技处	处长	邢济收
	副处长	钟玲 （兼产业与经营性资产管理办公室主任，正处级） 侯军岐（1月14日任） 穆　婕（1月14日任）
研究生部	主　任	王久和
	副主任	田杨萌（兼） 侯军岐（至1月14日） 杨孔雨（1月14日任）
人事处	处　长	栾忠权
	副处长	牛志英（1月14日任）（保留正处级） 谢新伟
财务处	处　长	姜玉勇
	副处长	郑丽珠（1月14日任） 任立乾（至1月14日）
学生处	处　长	回世勇
	副处长	吴俊法（至1月14日） 郭银辉（1月14日任） 马绍辉（1月14日任） 李华涛（1月14日兼）
招生就业工作办公室	主　任	杜世智
	副主任	刘斌
国际交流合作处	处长	卢静（10月21日兼港澳台事务办公室主任）

（续表）

部　门	职　务	姓　名
资产管理处	处　长	郑召义
	副处长	邱绪君
审计处	处　长	徐燕
监察处	处　长	李燕（兼）
后勤管理处	处　长	王志伟
	副处长	王辉（至1月14日） 吴俊法（1月14日任）
基建处 （与新校区建设办公室合署办公）	处　长	刘　伟（兼新校区建设办公室主任）
	副处长	朱亚媛（兼新校区建设办公室副主任） 金宝东（兼新校区建设办公室副主任）
保卫处	处　长	韩俊彦
	副处长	樊石生
离退休工作办公室	主　任	孙福友
	副主任	李宗生

（李哲）

表4-2　直属单位、校区负责人

单　位	职　务	姓　名
健翔桥校区管理办公室	主　任	冯晓春（兼任至12月15日） 王兴伟（12月15日任）
	副主任	王兴伟（兼任至12月15日） 赵志强
清河校区管理办公室	主　任	程连生
	副主任	胡滔（至10月10日） 王宗广（10月10日任）
金台路校区管理办公室	主　任	孟创立
酒仙桥校区管理办公室	主　任	张树人（至1月14日） 陈义平（1月14日任）
高教研究室	主　任	杨兴林
	副主任	曹晋红（至1月14日） 王学文（1月14日任）

（续表）

单　位	职　务	姓　名
发展战略研究室	主　任	杨兴林（兼）
	副主任	王学文（1月14日兼）
图书馆	馆　长	王吉芳
	副馆长	张玉忠 叶超（1月14日兼）
网络管理中心	主任	林国策（兼任至1月14日） 龚汉明（1月14日任）

（李哲）

表 4-3　群团组织负责人

部　门	职　务	姓　名
工　会	常务副主席	卢玲军
	副主席	薛承军
团　委	书　记	李华涛
校友工作办公室	主任	赵晓林（正处级）

（李哲）

表 4-4　学院（系、部、中心）行政负责人

学院（系、部、中心）	职　务	姓　名
机电工程学院	院　长	戈新生
	副院长	杨庆东 黄民
光电信息与通信工程学院	院　长	李东
	副院长	刘桂礼 杨曙辉
自动化学院	院　长	李邓化
	副院长	张奇志 苏中
计算机学院	院　长	周维真
	副院长	李宁 周长胜（兼）

（李哲）

（续表）

学院（系、部、中心）	职　务	姓　名
经济管理学院	院　长	葛新权
	副院长	刘宇 张虹
信息管理学院	院　长	李忱
	副院长	蒋文保 徐晓敏
人文社科学院 （1 月 1 日～4 月 29 日）	副院长	郭春燕（主持工作）（至 4 月 29 日） 何深思（至 4 月 29 日） 刘建兰（至 4 月 29 日）
政治理论教育学院 （4 月 29 日成立）	副院长	郭春燕（主持工作）（4 月 29 日任） 何深思（4 月 29 日任）
人文社会科学系 （10 月 21 日组建）	副主任	何深思（主持工作）（10 月 21 日任） 刘建兰（10 月 21 日任）
外国语学院	院　长	肖洪森
	副院长	邱国旺
理学院	院　长	李祥贵
	副院长	盛炎平 于肇贤
体育部	主　任	牛志英（保留正处级）（至 3 月 24 日） 张世忠（3 月 24 日任）
继续教育学院	院　长	韩光
	副院长	李侃卓 吉莉莉
计算中心	主　任	周长胜
机电实习中心	主　任	郑军
电工电子 实验教学中心	主　任	李邓化（兼）
	副主任	高晶敏

（李哲）

表 4-5　基层党组织负责人

部　门	职　务	姓　名
机关党委	书　记	崔仲凯
	副书记	林国策
研究生党总支	书　记	田杨萌
离退休党总支	书　记	孙福友（兼）
	副书记	孙毓仁
教辅单位党总支	书　记	叶超
校区联合党总支	书　记	王兴伟
后勤党总支	书　记	李荣华
机电工程学院党总支	书　记	张怀存
	副书记	回世勇（至 1 月 14 日） 李相豸（1 月 14 日任）
光电信息与通信工程学院党总支	书　记	王鹰
	副书记	邱明晓
自动化学院党总支	书　记	刘小河
	副书记	刘云风
计算机学院党总支	书　记	赵刚
	副书记	王宗广（至 9 月 30 日） 胡滔（9 月 30 日任）（正处级）
经济管理学院党总支	书　记	谢瑞峰
	副书记	孙晨（至 1 月 14 日） 郭银辉（至 1 月 14 日） 曹晋红（1 月 14 日任） 崔凯（1 月 14 日任）
信息管理学院党总支	书　记	李健
	副书记	张曼萍
人文社科学院党总支 （9 月 30 日更名为人文社科党总支）	书　记	刘永成
	副书记	郭严俊
外国语学院党总支	书　记	谭胜国
	副书记	张艳
理学院党总支	书　记	滕功清
	副书记	贺芳
体育部直属党支部	书　记	郭小兵
计算中心直属党支部	书　记	孙晨（1 月 14 日任）

（李哲）

表 4-6　后勤服务集团负责人

职　务	姓　名
总经理	王志伟（兼）
副总经理	陈建伟（保留正处级） 赵立胜（1 月 14 日任）

（李哲）

五、教育教学与学科建设

本科教育教学

【概况】教务处是本科教学管理的重要职能部门，负责全日制普通高等教育本科学生的专业建设与培养方案管理、课程和教材建设、教学改革与教学管理的研究、教学运行管理等工作。

2011 年，在校党委和行政的正确领导下，教务处按照学校党政工作总体部署，深入贯彻国家和北京市中长期教育发展纲要精神，落实学校第一次本科教学工作会议精神和《中国共产党北京信息科技大学委员会 北京信息科技大学关于进一步加强本科教学工作的意见》（校党发〔2010〕29 号）精神，在深化应用型人才培养模式改革的同时，进一步强化各项基础环节建设、推进教学管理机制创新，进一步提升本科教学质量与水平，为“十二五”期间本科教学工作再上新台阶开创良好局面。

（陈伟）

【专业建设与教学计划管理】

（1）起草《修订 2012 级本科专业培养方案的原则意见》，与外国语学院、理学院、计算中心、机电实习中心、电工电子教学实验中心等开设公共课的教学单位召开系列座谈会，征求对原则意见的建议，并结合实际情况重新梳理有关公共类课程的开设方案，优化课程体系。邀请北京地区有关高校的专家对原则意见进行了研讨和论证，为开展后续修订工作奠定了基础。

（2）完成了除特色专业以外 22 个专业的校、院两级本科专业建设规划论证。结合论证的情况，各专业将在明年开展的 2012 级培养方案修订工作和后续专业建设中进一步凝练专业特色，深化人才培养模式改革。

（3）组织各学院开展新专业申报的论证工作。机电工程学院申报的“新能源技术与工程”新专业已通过教育部审批。

表 5-1 国家级特色专业建设点

序号	专业名称	所属学院
1	电子信息工程	光电信息与通信工程学院
2	车辆工程	机电工程学院
3	计算机科学与技术	计算机学院
4	自动化	自动化学院

表 5-2 北京市级特色专业建设点

序号	专业名称	所属学院
1	电子信息工程	光电信息与通信工程学院
2	通信工程	光电信息与通信工程学院
3	测控技术与仪器	光电信息与通信工程学院
4	计算机科学与技术	计算机学院
5	软件工程	计算机学院

（续表）

序号	专业名称	所属学院
6	自动化	自动化学院
7	信息管理与信息系统	信息管理学院
8	车辆工程	机电工程学院
9	机械设计制造及其自动化	机电工程学院

（陈伟）

【课程和教材建设】

（1）制定《北京信息科技大学优质课程、精品课程评选与管理办法》（校教发〔2011〕80号）和《北京信息科技大学课程建设项目管理办法》（校教发〔2011〕81号）。

（2）完成了2008年延期结题的5个课程建设类项目的结题验收工作，开展了课程建设项目立项和优质课程评选工作，立项和评选结果将于明年年初公布并开始后续建设工作。按照北京市市教委的要求，对全校9个市级精品课程进行检查复评。

（3）组织和指导各教学单位对2010级的理论课程、实验、课程设计和实习4种类型的教学大纲进行统一修订。其中，机械设计制造及其自动化专业、测控技术与仪器专业、自动化专业、软件工程专业、工商管理专业等5个试点专业和数理实验班对培养计划中全部课程重新制定了教学大纲。

（4）完成第二届学校优秀教材的评选工作，共评出校级优秀教材一等奖3部，二等奖4部，三等奖8部。

（5）顺利完成每两年进行一次的教材采购国内公开招标工作。招标工作让学生在教材购买上得到了实惠，除高教版“两课”教材按100%结算外，其他教材全部按该书籍码洋的78%的价格销售给学生，并每学期赠送困难学生40套教材。

（6）根据《北京市教育委员会关于开展2011年北京高等教育精品教材评审工作的通知》（京教高〔2011〕8号）的要求，组织专家组对各学院推荐申报的15本教材进行评审，最终推荐10本教材申报2011年北京高等教育精品教材，其中6本获批；组织开展“十二五”普通高等教育本科国家级规划教材的推荐遴选工作。

表5-3　北京市级精品课程

序号	课程名称	负责人	所属学院
1	机械原理	郝静如	机电工程学院
2	工程制图	王建华	机电工程学院
3	数据库系统基础	崔　巍	信息管理学院
4	数字电路与逻辑设计	王久和	自动化学院
5	高等数学	许晓革	理学院
6	运营管理	曲　立	经济管理学院
7	机械制造技术基础	王红军	机电工程学院
8	软件工程	刘建宾	计算机学院
9	电机与拖动	厉　虹	自动化学院

表 5-4 北京市级高等教育精品教材

序号	教材名称	主编	单位
1	工程制图	高俊亭 毕万全	理学院
2	软件工程导论（第四版）	张海藩	计算机学院
3	信息系统的开发与管理教程（第二版）	左美云 邝孔武	信息管理学院
4	高等数学实验	许晓单	理学院
5	操作系统	孟庆昌	计算机学院
6	电工电子实验教程	王久和	自动化学院
7	电力电子技术实验	栗书贤	自动化学院
8	80 × 86 汇编语言程序设计	马力妮	计算机学院
9	数据库系统及应用	崔　巍	信息管理学院
10	C++面向对象程序设计教程（第二版）	陈维兴	信息管理学院
11	信息系统开发与管理	邝孔武 王晓敏	信息管理学院
12	会计信息系统教程	王永生	经济管理学院
13	矩阵理论与方法	吴昌悫	理学院
14	傅里叶光学（第二版）	吕乃光	光电信息与通信工程学院
15	Linux 教程（第二版）	孟庆昌 牛欣源	计算机学院
16	面向对象程序设计实用教程（第二版）	张海藩 牟永敏等	计算机学院
17	金融学	徐文彬 王斌等	经济管理学院
18	汽车测试技术	陈　勇	机电工程学院
19	机械制图与计算机绘图（第二版）	王建华 毕万全	机电工程学院
20	人工智能教程	张仰森	计算机学院
21	C++面向对象程序设计教程（第三版）	陈维兴 林小茶	信息管理学院
22	Linux 基础教程	孟庆昌	计算机学院

（陈伟）

【教学改革与教学管理】

（1）多次组织召开试点专业和数理实验班工作研讨会，明确数理实验班和5个试点专业下一步的工作思路与目标，并组织有关教学单位完成试点专业和数理实验班的工作方案，在课程内容整合、教学方式方法、课程考核、数理基础课及专业模块课的课程建设等方面开展了改革工作。

（2）学校获批为第二批“卓越工程师教育培养计划”高校。2011年3月学校启动“卓越计划”的申报组织工作。制定学校卓越计划工作方案，校内遴选出机械设计制造及自动化、自动化、通信工程、网络工程和软件工程等5个专业，通过组织学习调研、召开专题工作研讨会，组织专家论证，指导各专业完成，培养方案和人才培养标准的制订。目前，上述5个卓越计划的试点专业已经完成2011级学校培养方案和企业阶段培养方案的制订，落实了合作企业及相关指导人员。

（3）学校注重与国内外高校联合培养人才，加强人才培养模式的改革。目前，已与美国、德国、日本、爱尔兰等11所国外高校合作，2011年近40名学生采用“3+1”“3+2”“2+2”、短期交流等培养模式到这些高校留学。2011年下半年，进一步加强与兄弟院校的交流与合作，实现“资源共享、互惠互利、共同发展”的目标，学校与北京交通大学、北京科技大学签订联合培养协议，将通过学生报名与学校选拔方式，灵活采用“1+1+2”“2+1+1”等培养模式，选派优秀学生到两所学校相应专业学习。此外，自2009年开始与兰州理工大学技术工程学院合作，每年从该校新生中选拔学生来学校完成四年全日制本科阶段学习，今年接收4名，目前已在学校2009、2010、2011级就读的学生共12名。

（4）启动2011年度校级教改立项工作，对进入结题验收阶段的66个校级教改项目进行验收，共有49个项目通过验收，9个项目暂缓结题，1个项目不予结题，同意7个项目延期结题。按照北京市教委的要求，对2005年至2008年获北京市立项的20个项目组织结题验收，并按时报送结题材料。

（5）修订部分有关学籍管理的文件，新制定企业人员承担本科教学工作、国外合作院校交流项目、大学生科技创新计划项目、课程建设、质量监控和常规教学运行管理等方面的文件，共正式发文16项。

（6）组织开展第四届校级教学名师奖的评选，共评选出校级名师2人，推荐参加第七届“北京市名师”评选2人，其中入选1人。

（7）组织开展校级优秀教学团队建设立项的评选工作，共有11支教学团队申报校级优秀教学团队立项，其中3个教学团队被评为2011年度校级优秀教学团队。

（8）与人事处、校工会联合举办第五届青年教师教学基本功比赛，共有来自全校11个教学单位的26位青年教师进入决赛，最终理科组与文科组分别产生一等奖1名、二等奖2名、三等奖3名。根据北京市《关于举办北京高校第七届青年教师教学基本功比赛的通知》（京教工发〔2011〕6号），推荐2名教师分别参加北京市举办的理科组与文科组的比赛，其中1名教师获得二等奖、1名教师获得三等奖。

（9）在2011年两个学期的期中教学检查期间开展了全校范围的公开课教学观摩活动，组织教师以随堂听课的形式学习课堂教学技能。

（陈伟）

【教学质量管理与评价】

（1）2011 年教学督导组理论课程（不含公共任选课）累计听课 390 人次（640 学时），实践课程检查 50 人次（130 学时），校教学督导员公共任选课累计听课 90 人次。制定并公布《北京信息科技大学院级教学督导组工作指导意见》，指导各教学单位制定本单位的具体实施细则。

（2）在学生信息员中推广信息员意见的网上反馈平台，形成了实时闭环的信息反馈系统。与学生处合作，开展北京信息科技大学 2010—2011 学年“优秀学生教学信息员”的评选工作和新一届信息员聘任工作，共评出“优秀学生教学信息员”28 名，2011—2012 学年学生教学信息员 365 名。

（3）坚持开展三段式教学检查。开学初召开教学工作例会强调开学之初课堂教学的管理，加强校院两级的巡视力度，狠抓教师和学生的出勤；期中教学检查期间全校各教学单位领导与同行听课近千人次、召开师生座谈会 59 场次、举办公开课观摩教学 77 场次、问卷调查 3 次；2011 年上半年的期末教学文档检查在以往的基础上，重点检查新进教师和学校优质课程的教学文档。

（陈伟）

【教学运行管理】

（1）根据《北京信息科技大学本科学生转专业实施细则（试行）》（校教发〔2008〕54 号）的规定，启动 2011 年本科学生转专业工作，对 35 名经学院初审，提交转专业申请的学生进行了审核，最终有 30 名学生转入理想专业。

（2）根据学校研究生招生工作领导小组《关于下达 2012 年推免生名额的通知》精神，按照《北京信息科技大学推荐优秀应届本科毕业生免试攻读硕士学位研究生遴选程序与办法（试行）》（校教发〔2010〕51 号）的规定，开展 2012 年推荐优秀应届本科毕业生免试攻读硕士学位研究生遴选工作，经学院遴选推荐、教务处审核，校推免生遴选工作领导小组推荐 30 名学生免试攻读硕士学位研究生。

（3）召开本科生期末考试专题工作会，对考试周的考务管理工作进行部署，并先后对教学秘书以及教务处全体人员进行考务工作培训，确保各个工作环节准确到位。

（4）调出 29 间在每周周日至周四晚 18：30 至 22：00 无课程安排的教室，与学生处联合安排一年级学生自习。此外，与学生处联合举办主题为“遵章守纪 知校爱校 健康成长 兴校荣校”的新生校情校规知识竞赛，在学籍管理、学位条例、转专业、学生考试、硕士推免、创新与实践学分等环节为竞赛提供了多种形式的考题。

（陈伟）

【实践教学环节的建设与管理】

（1）将原清河校区临建食堂改造成大学生实践创新基地，完成了基地的第一期和第二期建设，工程已通过验收，投入使用，为全校的机器人比赛、智能车比赛、方程式赛车等比赛提供了培训和比赛场地。

（2）组织学校国家级及市级实验教学示范中心申报数字化资源建设项目，并组织相关专家进行评审，下发经费 120 万元支持四个实验教学中心开展优质实验教学资源建设，整合形成包括多种媒体形式素材和多种资源的数字资源库。提高中心的实验教学与管理水平，建立完善的示范中心信息化建设体系，面向全校实现资源共享，并向外辐射。

（3）在学校办公室、各校区办公室、基建处、后勤集团、资产管理处等部门的通力配合和协助下，完成部分实验室用房的调整和相关实验室在校区间的置换、搬迁工作。完成电工电子实验室的改造工程，在清河校区新增两个物理实验室，一定程度上缓解了物理实验场地的困难。电工电子清河小营校区实验室已搬入新建实验楼，其他学院的实验室调整工作正在进行当中。

（4）继续加强专项项目建设与管理。于2011年3月印发《北京信息科技大学2011年本科教学质量提高经费项目实施细则》（教发〔2011〕8号）。全年教学专项投入共计4739.306411万元，其中，实验室建设经费3439.3767万元，设立实验教学示范中心类、大学生实践创新基地类、本科教学实验室急需设备购置类、数字化资源建设类等共计33个项目。

（5）完成2011年学科竞赛的设置与相关组织管理工作，共设立42项校级竞赛项目，其中16项校级重点项目，15项校级一般，11项院级项目，共计下达经费130.5万元。评选出2010年大学生学科竞赛优秀承办单位5个、优秀辅导教师36名。申报并获批为2012年北京市首届机器人大赛的承办单位。完成本科生学科竞赛获奖级别认定工作，共认定17个比赛获奖为国家级，14个比赛获奖为省部级。开展了2007级创新实践学分的认定工作。

（6）在本学年教学进程压缩的情况下，进一步做好毕业设计的前期准备、中期检查和毕业答辩工作。在前期光电通信学院与机电学院试点实物型毕业设计的基础上，将实物型毕业设计工作面向全校推广，共设立186项实物型毕业设计项目，下达经费30万元。评选出32篇2011年校级优秀毕业设计（论文）。加强毕业设计的改革与管理，修订《毕业设计（论文）工作手册（第五版）》。2012年毕业设计工作已正式启动。

（7）以注重实效为原则，进一步加强开放实验室的规范管理。在期中检查阶段以汇报会的形式开展2010年项目的验收和成果检查，共设立2011年度开放实验项目107项，下达经费55万元。2011年开放实验项目的验收工作正在进行，2012年开放实验项目的申报已正式启动。

（8）制定《北京信息科技大学大学生科技创新计划项目管理暂行办法》，进一步加强本科生创新精神、工程意识和实践能力的培养，规范相关项目的管理与实施。组织教学单位申报2011年大学生科技创新计划项目，共设立131项市级项目和37项校级项目，下达总经费138万元。

（9）进一步推广网络化评选手段，教务处网站开通“北京信息科技大学优秀实验项目评选”专栏，展示各教学单位推荐的优秀实验项目，供各教学单位师生在线评选，目前网络评选阶段已完成。

表5-5　国家级教学示范中心

示范中心名称	所属学院
电子信息与控制实验教学中心	自动化学院

表 5-6 北京市级教学示范中心

序号	示范中心名称	所属学院
1	电工电子实验教学中心	自动化学院
2	机械工程实验教学中心	机电工程学院
3	文管综合实践教学中心	经济管理学院、信息管理学院、人文社科学院、外国语学院共建
4	计算机实验教学中心	计算机学院

表 5-7 学校级实验教学中心、实验室一览

<table>
<tr><th>序号</th><th>教学单位</th><th>实验教学中心名称</th><th>实验室名称</th></tr>
<tr><td>1</td><td rowspan="5">机电工程学院</td><td rowspan="4">机械工程实验教学中心
（院级）</td><td>机械设计实验室</td></tr>
<tr><td>2</td><td>制造工程实验室</td></tr>
<tr><td>3</td><td>机械电子实验室</td></tr>
<tr><td>4</td><td>车辆工程实验室</td></tr>
<tr><td>5</td><td colspan="2">工业设计实验室</td></tr>
<tr><td>6</td><td rowspan="5">光电信息与
通信工程学院</td><td colspan="2">光信息技术实验室</td></tr>
<tr><td>7</td><td colspan="2">测控技术与仪器实验室</td></tr>
<tr><td>8</td><td colspan="2">信号与信息处理实验室</td></tr>
<tr><td>9</td><td colspan="2">现代电子技术实验室</td></tr>
<tr><td>10</td><td colspan="2">通信技术实验室</td></tr>
<tr><td>11</td><td rowspan="4">自动化学院</td><td>电工电子实验教学中心（校级）</td><td></td></tr>
<tr><td>12</td><td rowspan="3">控制工程与智能技术实验教学中心
（院级）</td><td>自动化实验室</td></tr>
<tr><td>13</td><td>电气工程实验室</td></tr>
<tr><td>14</td><td>智能科学与技术实验室</td></tr>
<tr><td>15</td><td>计算机学院</td><td>计算机实验教学中心（院级）</td><td></td></tr>
<tr><td>16</td><td rowspan="3">经济管理学院</td><td rowspan="3">经济管理实验教学中心
（院级）</td><td>企业管理实验室</td></tr>
<tr><td>17</td><td>会计与财务实验室</td></tr>
<tr><td>18</td><td>经济与贸易实验室</td></tr>
<tr><td>19</td><td rowspan="2">信息管理学院</td><td rowspan="2">信息系统与信息安全实验教学中心
（院级）</td><td>信息系统实验室</td></tr>
<tr><td>20</td><td>信息安全实验室</td></tr>
</table>

（续表）

序号	教学单位	实验教学中心名称	实验室名称
21	理学院	大学物理实验室	
22		理综实验室	
23	人文社科学院	人文社科综合实验室	
24	外国语学院	英语学习中心	
25	计算中心	计算中心（校级）	计算机实验室
26	机电实习中心	机电实习中心（校级）	

表 5-8　市级校外人才培养示范基地

序号	基地名称	依托单位
1	信息类专业校外实践教学基地	中国电子科技集团公司第十五研究所
2	电子信息与控制类校外实践教学基地	中兴通讯股份有限公司

（陈伟）

【信息化建设】

（1）教务处门户网站进行改版升级，对原有门户网站、网络教学平台、教务管理系统、精品课程网站进行整合，实现了统一登录入口。

（2）以教务管理系统及教务处门户网站为依托，建设大学生科研管理平台。

（3）成绩打印系统实现与学校一卡通及教务管理系统对接，学生通过刷卡登录系统，可以查看个人课表、自助打印个人成绩单。成绩打印系统的自助设备于2011年6月在清河小营校区、健翔桥校区和清河校区投入使用，共打印成绩单5077份。查询成绩20120次。查询课表18952次。

（陈伟）

【其他重要事项】

（1）抗震加固配合及保障工作。为配合学校抗震加固工作的整体安排，对本学期的教学进程与课程安排进行调整，完成清河小营校区教一楼电教设备、督导组、教材科、相关实验室等的搬迁工作，协调后勤部门安排暑期学生实习及学科竞赛学生的住宿问题，确保暑期及第三学期实践教学工作的正常进行。

（2）新校区教学需求规划。初步完成新校区教室、实验室、馆外实验室的整体需求规划工作。配合学校用房资源的调研，梳理全校实验室用房情况和教学用房情况。

（3）承接全国数学建模竞赛20周年庆典会务。与学校办公室、理学院、校团委等部门联合，圆满完成全国数学建模竞赛20周年庆典的各项会务工作，接待来自全国的教师、学生代表近500名，受到了全国数学建模组委会专家、北京市教委领导及各位与会代表的好评。

（陈伟）

学科建设与研究生教育

【概况】研究生部的主要职能是贯彻执行国家、学校有关研究生教育工作的政策和规定，负责全校学科建设工作，研究生招生、培养、学位授予、研究生管理等工作。党委研究生工作部负责全日制普通高等教育硕士研究生的思想政治教育。研究生部下设招生就业、学籍与培养、学生工作、学科与学位、行政工作5个办公室，工作人员9人。

2011年，坚持以学科建设为工作重点，按照“优化体系、整合资源、凝练方向、寻求突破”的总体原则，以经济社会发展需要和学科发展前沿为导向，着眼于首都和行业需求，立足学校定位与发展目标，强化优势学科，扶持新建学科，培育新兴学科，鼓励学科交叉、渗透与融合，依托工、管优势学科，发展特色学科为指导思想。重视学生工作，坚持以科学发展观作为指导，坚持以人为本为核心，引导研究生全面、协调地与不断发展的社会同步前进。

（阎为民）

【学科建设】

（1）2011年，组织并协助机械工程、仪器科学与技术、控制科学与工程、计算机科学与技术、管理科学与工程学科所在学院，开展工业装备安全信息化国家特殊需求人才培养项目的调研论证、专家咨询和申报工作，为实现突破博士授权资格的目标奠定基础。

（2）组织完成硕士学位授权一级学科目录申报及调整工作。学校新增11个硕士授权一级学科，新增11个目录内二级学科，新增4个目录外二级学科。组织完成自主设置目录内、目录外二级学科上报、备案工作。

（3）组织完成北京市产学研联合培养研究生基地申报工作，新增成为北京市产学研联合培养研究生基地。

（4）组织完成本校教师申报兼职博导工作，新增兼职博士生导师3人；组织遴选并新增校外硕士研究生导师39人。

（5）修订完成校级文件《北京信息科技大学硕士学位授予工作实施细则》和《北京信息科技大学硕士学位论文评阅及答辩工作的规定》。

（6）组织完成2011届硕士学位论文评审、论文复制比检测、答辩、学位授予等工作。2011届232人研究生获得硕士学位，其中第一届全日制工程硕士研究生毕业，21人获得专业硕士学位；完成硕士学位优秀论文评选工作，6人获奖并颁发奖金和证书。组织完成2012届硕士学位论文盲审抽查、送审工作；组织完成2009级研究生论文选题工作。组织完成同等学力人员参加国家统考资格审核、申请硕士学位工作。

表5-9　重点学科情况

序号	学科名称	重点学科类别	带头人
1	机械电子工程	北京市重点学科	徐小力
2	精密仪器及机械	北京市重点学科	祝连庆
3	技术经济及管理	北京市重点学科	唐五湘
4	计算机应用	信息产业部重点学科	施水才
5	信号与信息处理	信息产业部重点学科	范　京

表 5-10　重点建设学科情况

序号	学科名称	重点学科类别	带头人
1	应用数学	北京市重点建设学科	杨毅恒
2	机械工程	北京市重点建设学科	许宝杰
3	测试计量技术及仪器	北京市重点建设学科	吕乃光
4	信号与信息处理	北京市重点建设学科	范　京
5	控制理论与控制工程	北京市重点建设学科	刘小河
6	检测技术与自动化装置	北京市重点建设学科	李邓化
7	计算机应用技术	北京市重点建设学科	施水才
8	管理科学与工程	北京市重点建设学科	葛新权
9	企业管理	北京市重点建设学科	侯军岐

（崔新红　阎为民）

【研究生培养】学籍管理方面。加强和改革研究生学籍管理制度，提升研究生教育质量和管理水平，严格实行新生入学资格审查、在校生学习考核及毕业生毕业资格审查。贯彻执行教育部《普通高等学校学生管理规定》，加强学籍管理制度建设，强化服务意识，提高研究生学籍管理队伍素质；扩大研究生学籍管理制度宣传，规范透明管理过程；推行研究生学籍异动实行柔性管理的管理方式；用好“研究生学籍学历信息管理平台”，圆满完成教育部要求对新生所有信息数据的上传工作、新生在学籍网的电子注册工作以及电子注册的维护工作。

研究生培养方面。为优化培养过程、提高培养质量，修订《北京信息科技大学硕士研究生培养方案》，在培养方案的基本框架设计和内容上进行探索，首次按一级学科制定培养方案，目前此方案已在2011级研究生中全面施行。制订《2011级研究生导师分配原则》，认真组织研究生与指导教师的双向选择工作。根据教育部全日制工程硕士培养方案制定精神，同时结合学校实际情况，制定2011年新增加的全日制工程硕士领域培养方案实施细则，修订《北京信息科技大学全日制工程硕士培养方案》。编制研究生部学籍与培养工作计划，制定研究生部学籍与培养重点工作的日程安排，完善研究生部教学管理规章制度，推动了研究生管理工作的科学化、规范化和制度化。2011年学校在校研究生919人，共开设研究生课程223门。期间，组织相应课程的考务工作200～300次，录入研究生考试成绩约12000门次。汇编研究生部2011—2012学年基本情况，做好北京市教委学籍管理处与学籍相关的沟通协调等工作。

（王贺　阎为民）

【研究生党建与思想政治教育】

（1）进一步完善各种规章制度，大力开展思想和组织建设，重点抓好研究生党员的教育和发展工作，2011年度发展研究生党员129名，转正113名。截至2011年12月底研究生党员已达590名，占在校研究生的64.27%。较2010年增长了1.23%。

（2）加强对支部书记、预备党员和入党

积极分子的培训，创新“党支部观摩学习制度”，加强支部组织建设和制度建设，指导研究生党支部组织研究生党员和积极分子开展了形式丰富多样的活动，并遴选研究生党员骨干参加校外学习培训、校际工作交流及考察活动，提高研究生党员干部的政治素质和党务工作水平。

（3）随着研究生规模的扩大、研究生党员比例地增高，科学、合理改进研究生党支部的设置，31 个研究生党支部已经实现“支部建在班上”。班干部、党支部干部、团支部干部密切合作，党支部书记参与班级管理，班长、团支部书记参与党员发展的推优和考察工作，共同开展各种主题教育实践活动，加强“党团班”共建，形成 “三位一体”的有效工作机制，增进了党支部的战斗堡垒作用，也发挥了团支部、班委在研究生党建工作中的作用。

（4）加强对研究生共青团工作的指导，加强研究生素质教育和科技创新能力的培养。以创先争优活动为推手，开展“党团班共同建设，青春与感悟交融”的主题实践教育活动，发挥研究生在学校学风建设、校园文化建设中的重要作用。鼓励研究生积极参加科技创新、学术竞赛和学术交流，努力发挥研究生在学校科学研究、学科建设中的重要作用。研究生 2011 年度在公开刊物发表学术论文 256 篇，其中，核心期刊 55 篇，三大检索收录 107 篇。各类获奖捷报频传，2011 年研究生在国家和省部级科技竞赛中的获奖共 24 项，166 人次。

（杨菁　陈红英 阎为民）

【硕士研究生指导教师】

机电工程学院（35 人）

韩秋实　徐小力　郝静如　戈新生　杨庆东　王建华　许宝杰　王科社　孙百生
黄　民　栾忠权　王红军　王吉芳　郝南海　林慕义　高锦宏　姚文席　王国权
陈　勇　张怀存　邢济收　钟建琳　高炳学　张瑞乾　刘　泉　贺敬良　李天剑
米　洁　童　亮　龚国庆　孙江宏　郝育新　姜　可　朱春梅　陈秀梅

光电信息与通信工程学院（29 人）

吕乃光　邓文怡　李　东　祝连庆　董明利　范　京　汪毓铎　周金和　刘桂礼
刘国忠　王晓飞　吕　勇　马牧燕　娄小平　燕必希　郭阳宽　李月强　王艳林
王晓玲　陈青山　张晓青　杨曙辉　缪　旻　朱希安　李红莲　曹　林　焦瑞莉
吴韶波　李学华

自动化学院（22 人）

刘小河　张奇志　白连平　李邓化　王久和　恒庆海　申闫春　苏　中　李　擎
高国伟　厉　虹　胡平平　周亚丽　管　萍　马　洁　高晶敏　朱嘉林　杨秀媛
曹荣敏　艾　红　李　娟　彭书华

计算机学院（19 人）

李　宁　牟永敏　刘建宾　徐雅斌　张仰森　李淑琴　施水才　都云程　杨根兴
杨大利　周长胜　马力妮　殷　旭　肖诗斌　吕学强　武　装　蔡　英　秦奕青
施运梅

经济管理学院（26 人）

唐五湘　葛新权　谢瑞峰　张志凤　刘　宇　王信东　侯军岐　卢　静　刘　春
曲　立　周脉伏　李雁玲　王　斌　贠晓哲　李静文　谢　群　贾艳萍　黄中文
徐文彬　杭建平　梁栩凌　金春华　周秀玲　张　健　谭祖卫　黎　枫

信息管理学院（12 人）

李　忱　杨孔雨　王兴芬　尹春华　陈　昕　康海燕　蒋文保　孙志恒　卢华明
赵　刚　徐晓敏　孙若莹

人文社科学院（8 人）

刘建兰　傅正华　杨兴林　何深思　王　媛　张云筝　刘永成　赵爱玲

理学院（22 人）

谢冬秀　杨毅恒　李祥贵　侯吉成　盛炎平　李国成　许晓革　其木苏荣　滕功清
张福学　王丽坤　田杨萌　于肇贤　邱　钧　吴秋新　薛春艳　田文杰　朴林华
邹小平　张炳江　杨　虹　冯美强

【兼职博士生导师情况】

表 5-11　兼职博士生导师一览

序号	导师姓名	从事学科门类	所在学科	任兼职博导单位	备注
1	张福学	工学	物理电子学	北京邮电大学	
2	孙百生	工学	机械工程	北京邮电大学	
3	韩秋实	工学	机械工程	机械科学研究总院	
4	徐小力	工学	机械工程	北京理工大学	
5	吕乃光	工学	仪器科学与技术	北京邮电大学	
6	刘小河	工学	控制科学与工程	北京交通大学	
7	侯军岐	管理学	农业经济管理	西北农林科技大学	
8	杨毅恒	理学	数学	吉林大学	
9	戈新生	理学	一般力学	北京交通大学	
10	葛新权	管理学	企业管理	北京交通大学	
11	李邓化	工学	交通信息工程及控制	北京交通大学	
12	祝连庆	工学	精密仪器及机械	合肥工业大学	
13	苏中	工学	控制科学与工程	北京理工大学	
14	谢冬秀	理学	数学	湖南大学	
15	王久和	工学	电气工程	北京交通大学	
16	黄民	工学	机械设计及理论	中国农业机械化科学研究院	
17	柳贡慧	工学	石油工程	中国石油大学（北京）	
18	卢秉恒	工学	机械工程	西安交通大学	兼职教授
19	王子才	工学	控制科学与工程	哈尔滨工业大学	兼职教授
20	姜　澜	工学	机械工程	北京理工大学	兼职教授

【研究生招生与就业】2011年，研究生教育规模继续扩大、质量稳步提高。2011年共招收研究生360名，比2010年增加10%，在校研究生已达919人。授予硕士学位253人，比2010年增长47.1%。加强毕业研究生的就业指导工作，在就业形势非常严峻的情况下，研究生就业率达到100%，在北京市所有部属市属院校中名列

表5-12　2011年硕士研究生录取情况一览表

招生专业	录取人数	录取分数线	录取人数（类别）				录取人数（生源）		男生	女生	考研
			非定向生	定向生	委培生	自筹经费生	非应届人员	应届本科生	人数	人数	满分
国民经济学	5	350	3			2	4	1	1	4	500
数量经济学	5	350	3			2	4	1	2	3	500
马克思主义中国化研究	9	325	6			3	3	6	4	5	500
应用数学	12	295	8			4	6	6	2	10	500
机械制造及其自动化	8	300	4			4	3	5	6	2	500
机械电子工程	18	300	14			4	1	17	14	4	500
机械设计及理论	8	300	5			3	1	7	7	1	500
车辆工程	7	300	4			3	0	7	5	2	500
精密仪器及机械	7	300	5			2	3	4	5	2	500
测试计量技术及仪器	16	300	11			5	9	7	14	2	500
微电子学与固体电子学	14	300	11			3	4	10	8	6	500
信号与信息处理	10	300	6			4	7	3	4	6	500
控制理论与控制工程	13	300	8			5	4	9	9	4	500
检测技术与自动化装置	14	300	9			5	8	6	8	6	500
模式识别与智能系统	6	300	3			3	1	5	2	4	500

（续表）

招生专业	录取人数	录取分数线	录取人数（类别）				录取人数（生源）		男生	女生	考研
			非定向生	定向生	委培生	自筹经费生	非应届人员	应届本科生	人数	人数	满分
计算机应用技术	36	300	24			12	12	24	17	19	500
管理科学与工程	21	350	15			6	10	11	10	11	500
企业管理	14	350	11			3	5	9	4	10	500
技术经济及管理	6	350	4			2	2	4	0	6	500
机械工程	22	300	19			3	6	16	17	5	500
控制工程	15	300	12			3	5	10	10	5	500
仪器仪表工程	32	300	20			12	14	18	16	16	500
工业工程	14	300	13			1	5	9	3	11	500
电子与通信工程	16		10			6	4	12	9	7	500
计算机技术	13		12			1	4	9	8	5	500
MBA	8		0			8	8	0	5	3	
物流工程	11		8			3	3	8	4	7	500
合　　计	360		248			112	136	224	194	166	

表 5-13　2011 年硕士研究生就业情况一览表

专业	毕业生人数	减派：考取研究生	减派：出国	减派：申请不就业	减派：其它减派	可分毕业生	其中待分	其中二分	实际签约	地区分布：北京	地区分布：其中京外生源	地区分布：其中去远郊就业	地区分布：西部省市	地区分布：其中北京生源	地区分布：其中支援西部数	地区分布：北京生源去外省	隶属分布：北京市	隶属分布：其它省市	隶属分布：中央部门	工作性质：机关	工作性质：军队	工作性质：企业	工作性质：其中国有企业	工作性质：其中三资企业	工作性质：其中其它企业	工作性质：事业	工作性质：其中高教	工作性质：其中其它教学单位	工作性质：其中科研	工作性质：基层
硕士生小计	253	15	1	0	0	237	0	59	178	120	101	16	1	0	1	4	15	10	153	0	0	149	80	13	56	20	9	0	9	2
博士生小计	0	0	0	0	0	0	0	0	0	0	0	0	0	0	0	0	0	0	0	0	0	0	0	0	0	0	0	0	0	0
研究生合计	253	15	1	0	0	237	0	59	178	120	101	16	1	0	1	4	15	10	153	0	0	149	80	13	56	20	9	0	9	2
测试计量技术及仪器	19	1	0	0	0	18	0	1	17	9	9	0	0	0	0	0	1	2	14	0	0	15	6	0	9	2	1	0	1	0
车辆工程	3	1	0	0	0	2	0	0	2	2	2	2	0	0	0	0	1	0	1	0	0	2	0	1	1	0	0	0	0	0
工业工程	8	0	0	0	0	8	0	2	6	5	5	0	0	0	0	0	1	0	5	0	0	5	4	0	1	0	0	0	0	0
管理科学与工程	14	1	0	0	0	13	0	6	7	6	4	0	0	0	0	0	1	0	6	0	0	7	1	1	5	0	0	0	0	0
国民经济学	9	1	0	0	0	8	0	2	6	4	4	1	1	0	1	0	0	0	6	0	0	5	5	0	0	1	1	0	0	0
机械电子工程	18	3	1	0	0	14	0	1	13	7	6	1	0	0	0	1	1	0	12	0	0	11	9	1	1	2	1	0	1	0
机械工程	3	0	0	0	0	3	0	1	2	2	2	0	0	0	0	0	1	0	1	0	0	1	0	1	0	1	1	0	0	0
机械设计及理论	8	1	0	0	0	7	0	0	7	5	5	2	0	0	0	0	0	1	6	0	0	7	5	1	1	0	0	0	0	0
机械制造及其自动化	9	0	0	0	0	9	0	3	6	5	4	0	0	0	0	0	1	1	4	0	0	6	6	0	0	0	0	0	0	0
技术经济及管理	12	1	0	0	0	11	0	5	6	5	5	1	0	0	0	0	0	0	6	0	0	4	2	0	2	1	1	0	0	1
计算机应用技术	49	2	0	0	0	47	0	6	41	31	25	0	1	1	1	2	4	0	37	0	0	36	15	6	15	5	1	0	3	0
检测技术与自动化装置	17	2	0	0	0	15	0	4	11	6	5	2	0	0	0	0	0	0	11	0	0	11	8	0	3	0	0	0	0	0
精密仪器及机械	6	1	0	0	0	5	0	2	3	2	2	0	0	0	0	0	0	1	2	0	0	3	2	0	1	0	0	0	0	0
控制理论与控制工程	16	0	0	0	0	16	0	5	11	6	4	1	0	0	0	0	0	1	10	0	0	10	6	0	4	1	0	0	1	0
马克思主义中国化研究	6	0	0	0	0	6	0	3	3	3	2	2	0	0	0	0	1	0	2	0	0	0	0	0	0	1	1	0	0	1
模式识别与智能系统	3	0	0	0	0	3	0	2	1	1	1	0	0	0	0	0	0	0	1	0	0	0	0	0	0	0	0	0	0	0
企业管理	9	1	0	0	0	8	0	2	6	6	5	2	0	0	0	0	0	0	6	0	0	6	5	0	1	0	0	0	0	0
数量经济学	5	0	0	0	0	5	0	1	4	2	1	1	1	1	1	1	1	0	3	0	0	3	1	1	1	0	0	0	0	1
微电子学与固体电子学	12	0	0	0	0	12	0	2	10	3	3	1	0	0	0	0	0	3	7	0	0	4	2	0	2	5	2	0	3	0
信号与信息处理	9	0	0	0	0	9	0	3	6	4	1	0	0	0	0	0	0	0	6	0	0	5	1	0	4	0	0	0	0	0
仪器仪表工程	10	0	0	0	0	10	0	6	4	3	3	0	0	0	0	0	2	1	1	0	0	3	0	1	2	0	0	0	0	0
应用数学	8	0	0	0	0	8	0	2	6	3	3	0	0	0	0	0	0	0	6	0	0	5	2	0	3	1	0	0	0	0

六、科学研究

科学研究

【概况】科技处是负责学校科技管理、科研基地建设、学术交流、科技产业管理的工作机构。现有工作人员13名，其中含学报编辑部4人。

2011年，科学研究工作依托北京市重点实验室、北京市人文社科基地、北京高校工程研究中心以及校院科研机构，整合科技资源，凝聚科研方向，在现代制造与光机电一体化、信息与计算机技术应用、知识管理与技术经济等研究领域，以提高科技创新能力和科研成果水平为重点，面向首都经济建设和社会发展，保持和进一步发挥在行业、尤其是国防、军工领域的科研特色与优势，大力开展科研工作。

2011年，科研工作主要思路是：巩固成果、整合资源、交流合作、完善体系、提高水平，抓主线、抓重点、抓特色，巩固学校科研发展基础，保持学校科研工作的良好发展态势。继续科研政策的导向作用和科研专项经费的支持，创造良好的科研条件和环境，不断提高学校总体科研规模、水平和学术知名度，提升学校科技创新能力。

（高凌风）

【科研项目】全年新增各类科研项目268项，其中，纵向项目141项、军工项目9项、横向项目118项；新增国家自然科学基金11项，立项数再创新大学成立以来新高；国家科技支撑项目2项；教育部人文社科项目3项；北京市自然科学基金4项；推荐申报的3项市教委重点项目均获立项资助（北京市自然科学基金B类重点）；北京市哲学社会科学规划项目9项；首次获得北京市哲学社会科学重大项目、北京市社科联出版基金项目北京市优秀人才集体项目、北京市人力资源和社会保障局百千万人才项目、北京市外专局引智项目资助。

（高凌风）

【科研经费】2011年度科研总经费达7429.21万元，其中实到科研经费5208.91万元，年度科研总经费和实到科研经费均创历史新高。

（高凌风）

【科研成果及获奖】

（1）全校教师共发表学术论文923篇，其中：北大中文核心期刊122篇，被三大检索收录论文360篇，出版学术专著22部，发明专利18项、实用新型专利4项、计算机软件著作权37项。新增各类科研项目268项，其中纵向项目141项、军工项目9项、横向项目118项。新增国家自然科学基金11项，立项数再创新大学成立以来新高，国家科技支撑项目2项，教育部人文社科项目3项，北京市自然科学基金4项，推荐申报的3项市教委重点项目均获立项资助（北京市自然科学基金B类重点），北京市哲学社会科学规划项目9项，首次获得北京市哲学社会科学重大项目、北京市社科联出版基金项目、北京市优秀人才集体项目、北京市人力资源和社会保障局百千万人才项目、北京市外专局引智项目资助。

（2）学校共获各类科研成果奖励5项，其中，获北京市科学技术奖二等奖1项、三等奖1项（此两项2009年申报，2011年授奖）；中国机械工业科学技术奖二等奖1项、三等奖1项；中国仪器仪表学会科学技术奖二等奖1项。

（高凌风）

【科研机构】

（1）学校现有科研机构33个，其中：省部共建教育部重点实验室1个，北京市重点实验室3个，北京高校工程研究中心1个，北京市哲学社会科学研究基地1个，信息产业部重点实验室2个，财政部共建开放实验室2个，机械工业重点建设实验室2个；其他校级科研机构6个、院级科研机构15个。

（2）科研机构及负责人具体情况如下表所示。

科研机构及负责人一览

序号	机构名称	机构属性	挂靠学院	负责人
1	现代测控技术实验室	省部共建教育部重点实验室	机电工程学院	徐小力
2	传感器实验室	北京市重点实验室	理学院	张福学
3	机电系统测控实验室	北京市重点实验室	机电工程学院	徐小力
4	网络文化与数字传播实验室	北京市重点实验室	计算机学院	施水才
5	光电信息与仪器工程研究中心	北京市工程研究中心	光电学院	祝连庆
6	北京知识管理研究基地	北京市哲学社会科学研究基地	经济管理学院	葛新权
7	信息与通信系统实验室	信息产业部重点实验室	光电学院	范京
8	信息获取与检测实验室	信息产业部重点实验室	自动化学院	高国伟
9	TRS软件开放实验室	财政部与北京市共建开放实验室	计算机学院	施水才
10	计算机系统开放实验室	财政部与北京市共建开放实验室	计算机学院	李宁
11	多轴复合机床关键部件研究应用技术实验室	机械工业重点建设实验室	机电工程学院	杨庆东
12	现代测试技术实验室	机械工业重点建设实验室	机电工程学院	吕乃光
13	应用数学研究所	校级	理学院	邱钧
14	数字化设计与制造研究所	院级	机电工程学院	郝静如
15	精密测试技术与仪器研究所	院级	光电学院	吕乃光
16	信息微系统研究所	院级	光电学院	缪旻
17	通信新技术研究所	院级	光电学院	杨曙辉
18	电力电子技术研究所	院级	自动化学院	王久和
19	检测技术研究所	院级	自动化学院	李邓化
20	智能控制研究所	院级	自动化学院	苏中
21	虚拟现实与系统仿真研究所	院级	计算机学院	申闫春
22	智能信息处理研究所	院级	计算机学院	张仰森

（续表）

序号	机构名称	机构属性	挂靠学院	负责人
23	知识管理研究所	校级	经济管理学院	葛新权
24	企业成长研究中心	院级	经济管理学院	黄中文
25	信息系统研究所	校级	信息管理学院	李忱
26	公共管理研究所	院级	人文社科学院	刘建兰
27	跨文化研究所	院级	人文社科学院	梁冬梅
28	数据恢复研究所	校级	科技处	张京生
29	电磁信息技术与煤层气开发研究所	校级	信息与通信工程学院	朱希安
30	海洋信息与科学计算联合实验室	院级	理学院	
31	翻译研究所	校级	外国语学院	
32	英语语言研究所	院级	外国语学院	
33	应用语言研究所	院级	外国语学院	

（高凌风）

【学校学报】2011 年，根据学校的快速发展以及教学、科研工作要求，《北京信息科技大学学报》由季刊正式改为双月刊出版。按时保质完成了学报全年 6 期的出版任务。

（高凌风）

【产业与经营性资产管理】学校现有隶属于科技处管理的校办科技产业 4 家，学校在编职工 21 名。

（1）启动北信科电子厂关闭程序。按照北京北信科电子厂关闭前清算工作小组的工作安排，产业办委托审计处对北信科电子厂完成了清算审计。

（2）正式启动了北京科信机电技术研究所资产划转工作。目前，学校资产划转申请已获市教委批准，划转材料已提交北京市产权交易所审核。

（3）经过近三年的努力，学校参股企业北京拓尔思信息技术股份有限公司于 2011 年 6 月 15 日成功登陆创业板。上市前，学校持有该公司 1165.14 万股，占总股本的 12.946%，上市后，学校按照国家有关规定将 300 万股划转到社保基金管理，现持有拓尔思 865.14 万股，占总股本的 7.21%。

（4）完成了北京市北信计算机系统工程公司住所变更手续。

（高凌风）

【其他重要事项】2011 年完成了学校科研管理系统及科技处门户网站升级。在原有系统的基础上，引入了科研项目立项、上账、中检、终结流程化管理理念，完善了论文、著作、获奖、专利等成果登记、审核流程，实现了项目流程化和成果网络管理，使学校科研管理信息化水平进一步提高。目前，新系统已完成历史数据转移，正式投入使用。

（高凌风）

七、对外交流与合作

对外交流与合作

【概况】国际交流合作处，是执行涉外政策，协调学校国际交流与涉外事务的归口管理部门，下设外专管理办公室与留学生办公室。主要职责包括：起草全校国际交流与合作工作的发展规划；承办和协调全校外事活动，负责重大外事接待活动的策划、实施；校际交流计划的统筹管理，交流项目的实施；来华留学和出国留学生的归口管理；外国专家的聘请、报批、涉外事务和生活管理；学校因公出国（境）护照、签证（港澳通行证）等手续的办理。

2011 年，学校继续坚持扩大国际交流与合作、不断开发新的合作办学项目、积极引进外国专家和学者、扩大来华留学生招生规模。

（张雅）

【合作办学】2011 年，先后与 7 所高校新签订了校际合作与交流协议，它们分别是美国的奥克兰大学、英国的安格利亚鲁斯金大学、日本的冈山大学和瑞典的哈姆斯塔德大学以及我国台湾的“建国”科技大学、朝阳科技大学和龙华科技大学。目前，学校开展的合作办学学校和合作形式见下表。

合作办学情况一览表

国别	学校名称	合作形式
日本	福井大学	学生交流，每年派遣 2 ～ 3 名本科生赴日学习
	冈山大学	学生、教师交流，科研合作
韩国	徐罗伐大学	学生交流，派遣学生来学校学习汉语，续读本科
	柳韩大学	学生、教师交流
	金帆交流中心	派遣学生来学校学习汉语
爱尔兰	都柏林格里菲斯学院	工商管理专业 2+2 联合办学，青年教师培训
	考克大学	2+2 联合办学，学生交流，教师访学
澳大利亚	卧龙岗大学	信息安全专业 2+2 联合办学，青年教师培训
	拉筹伯大学	联合培养国际商务硕士，教师专业培训
	维多利亚大学	学生交流，教师访学、培训
	邦德大学	学生、教师交流，合作科研
德国	耶拿应用技术大学	机械工程专业本硕连读项目
	特里尔大学	学生、教师交流
英国	拉夫堡大学	学生、教师交流，联合培养本科生、研究生
	桑德兰大学	车辆工程专业 2+2 联合办学，英语教师培训
	安格利亚鲁斯金大学	学生、教师交流，科研合作

（续表）

国别	学校名称	合作形式
美国	威斯康辛大学	3+1+1 本硕连读项目，学生交流，教师访学
	蒙哥马利奥本大学	学生交流，教师访学
	加州大学河滨校区	学生交流，教师访学
	博林格林州立大学	学生交流，教师访学
	奥克兰大学	学生、教师交流，科研合作
瑞典	中瑞典大学	学生交流，教师访学
	哈姆斯塔德大学	学生、教师交流，科研合作

（张雅）

【港澳台事务工作】

10月18日，经第22次党委常委会讨论，决定成立学校港澳台事务办公室，与国际交流合作处合署办公，正处级建制。

2011 年，学校积极与香港、台湾等地区的高校开展交流与合作。与我国台湾地区的“建国”科技大学、朝阳科技大学和龙华科技大学等 3 所大学新签署校际交流协议，开始学生、教师交流以及科研合作，同时加强了与香港理工大学的合作。

（张雅）

【引智工作】

（1）9 月，学校邀请 1999 年诺贝尔经济学奖获得者、美国哥伦比亚大学经济学教授罗伯特·蒙代尔进行了“货币战争，欧元狂热及黄金价格”的主题演讲，柳贡慧校长向蒙代尔先生颁发“荣誉教授证书”。

（2）取得了国家外国专家局和北京市外国专家局引进智力项目 3 项。其中，北京市外国专家局重大引进智力项目 1 项，获连续 3 年 100 万元的资金支持；国家外国专家局“千人计划配套引智工程”1 项，项目带头人为 “北京市海外高层次人才”暨“北京市特聘专家”的美国奥克兰大学杨连祥教授；北京市外国专家局一般引智项目 1 项。

（3）学校共聘请长、短期外国专家 27 名，分别来自美国的卡耐基梅隆大学、加州大学、西北大学，日本的冈山大学，瑞典的中瑞典大学，澳大利亚的墨尔本大学、拉筹伯大学等高等院校和研究机构。

（张雅）

【教师交流】2011 年，学校共派出出访团组 22 批次，110 人次进行出访交流，其中包括第四期管理干部赴美国马里兰大学培训，专业教师赴澳大利亚维多利亚大学双语培训，学术交流及专业调研 12 批次，长、短期访问学者 6 批次。接待包括诺贝尔经济学奖获得者罗伯特·蒙代尔等来自美国、德国、澳大利亚等多个国家的友好合作院校专访顺访 15 批次共 63 人次。

（张雅）

【学生交流】2011 年，学校共派出半年以上出国交流学生 30 人，其中美国奥克兰大学 4 人，美国威斯康辛大学 9 人，德国耶拿应用技术大学 3 人，瑞典中瑞典大学 5 人，爱尔兰考克大学 5 人，爱尔兰都柏林格里菲斯学院 2 人，日本福井大学 2 人。短期赴英国桑德兰大学交流学生 15 人。

（张雅）

【留学生】2011 年，学校共招收来自韩国、瑞典、德国、澳大利亚等国家语言生、进修生、交流生等留学生 132 人。其中，瑞典中瑞典大学本科生 1 人；德国耶拿应用技术大学研究生 3 人；澳大利亚维多利亚大学短期交流生 20 人。

（张雅）

八、管理与服务

办公室工作

【概况】学校办公室（党委办公室）（以下简称办公室）是校党委、行政的合署办事机构，主要职能是落实、协调和服务。具体负责综合协调，文秘，印章和机要管理，信息和办公自动化，档案和综合统计，学校对外联络和接待，接待和协调处理群众来信来访，管理、协调学校法律事务，党务公开和校务公开，学校党政机关办公经费和一般办公设备费分配及办公电话管理等工作任务。办公室现有主任1人，副主任3人，工作人员15人。

2011年是学校"十二五"规划开局之年，办公室紧密围绕学校年度党政工作要点和办公室年度工作计划，全面贯彻落实科学发展观，以全力做好学校各项重大活动的组织协调工作为重点，以全面提升服务意识和服务水平为切入点，以不断加强办公室自身建设为抓手，加强学习，改进作风，提高水平，按照学校党政的统一部署积极推进学校的各项重点工作，高效完成预定工作任务。

（林国策）

【综合协调工作】积极谋划、精心安排、统筹协调、热情服务，全力做好学校各项重点工作、重大活动、重要会议的组织协调服务保障工作。

（1）作为学校"十二五"事业发展规划领导小组副主任单位及规划起草组参与单位，办公室协调、组织、参与完成学校"十二五"规划编制工作。起草学校《"十二五"事业发展规划制定工作实施方案》等6个校内文件，部署有关"十二五"事业发展规划的深入开展；协调召集学院、教学单位、职能部门等单位约200余人次参加的5个"十二五"事业发展规划研讨会；编制工作简报、新闻稿件及有关会议纪要共15个，及时通报进展情况；先后两次向党委常委会、两次向党政联席会汇报规划编制工作；先后协调组织近20次规划领导小组工作会，研究讨论规划的修改完善工作。参与起草并完成《关于北京信息科技大学"十二五"事业发展规划（草案）编制情况的说明》。通过广泛征求各方意见建议，15次易稿，达成共识，经12月27日学校第一届"双代会"第三次会议审议、12月28日党委全委会审定，《"十二五"事业发展规划》已向全校公布。

（2）统筹协调完成上级领导调研、检查的接待工作。完成洪峰副市长调研，北京市委教育工委和市教委安全稳定工作督查组、党风廉政建设责任制检查组、北京高校思想政治理论课建设督查组、北京市大专院校公费医疗费用管理专项检查组、北京市委组织部优秀人才培养资助工作专家组到校检查工作和调研，北京市外专局、中共中央组织部党员教育中心调研，以及国内外多所高校来校交流接待工作。

（3）完成学校重要会议的会务服务和重要工作的综合协调工作。完成诺贝尔经济学奖获得者罗伯特·蒙代尔教授到校演讲活动、全国大学生数学建模竞赛20周年庆典暨2011年"高教社杯"颁奖大会、北京高校数学教育发展研究中心成立大会、庆祝中国共产党成立90周年庆祝大会、庆祝新大学成立3周年大会暨校友会筹备工作会议、学校第一届教职工代表大会暨第一届工会会员代表大会第二次会议和第三次会议、暑期中层干部扩大会议、第一次科技工作大会的会务筹备及服务工作。完成学校抗震加固工作、2011届毕业生离校、2011级新生入学等多项重大活动的协调服务工作。

（4）协调完成校领导外出调研、各类节假日的走访慰问活动、安全检查、学校运动会、毕业典礼、开学典礼、接待来访等校务活动。全年协调校领导参加上级部门各类会议179次、校内会议188次。

（5）为确保有关工作的顺利开展，办公室加强深入基层，开展调查研究工作。牵头组织相关部门召开关于抗震加固、田径运动会、招生咨询校园开放日、新大学成立3周年庆祝活动、迎接高校思想政治理论课建设工作专项督查、毕业生离校工作、迎新工作、党务公开等工作的综合协调会，多次深入健翔桥校区、清河校区、金台路校区、酒仙桥校区了解各方面情况，多次深入实验楼、清河校区食堂、抗震加固施工现场，在与各部门深入沟通的基础上，达成一致意见，加强工作的规范性和计划性，确保各项重要工作的顺利进行。完成各类节假日的放假、值班安排。

（6）全年完成党委全委会、党委常委会、校长办公会、书记办公会、党政联席会等45次会议的筹备、服务工作，对196个决议进行了督办。

（林国策　王立民　李丛建　英树志）

【文秘工作】围绕学校中心工作和重点工作，除各专项工作文稿之外，起草各类报告、领导讲话、致辞、汇报、通知、文件等稿件约30万字；起草学校2010年党政工作总结、2011年度党政工作要点、2011年学校下半年重点工作等重要文件；完成党委全委会、党委常委会、校长办公会、书记办公会、党政联席会等各类会议记录、会议纪要各45份，印发各类会议纪要1075份。

（林国策　王立民　王智勇　刘永林）

【公文处理及机要管理】高质量完成2011年校级党政公文的制发、审核、报送、公布和发放工作。全年审核、印制校级文件547个，其中党委文件139个，行政文件408个，全年印发文件约11971份。向各单位、各校区发送校级文件5500余份，处级文件1000余份。做好校区间文件传递工作，共有300多份文件送发到4个校区。全年归档569份文件。

及时高效做好各类上级公文的收发、登记、传阅及学校领导批示的转办、催办、办结和存档工作。2011年收到上级文件991件，校内请示报告180件，传阅文件7233人次，督办并办结299件。接收内部资料652份，传阅1973人次。对已经办理完成的文件进行分类、整理保管，归档文件40卷。

（林国策　王立民　楚彦丽　孙立春　程会敏）

【依法治校工作】按照依法治校、依法行政的要求，做好学校制度建设及法律事务工作。

（1）按照学校“坚持依法治校，紧跟形势发展，结合学校实际，进一步理顺学校层面管理体制和工作机制、推进各项工作制度化建设”的工作要求，继续推进学校各项管理规章制度的更新、补充和完善。2011年共印发有关学科建设、人才培养、科技创新、队伍建设以及围绕规范管理秩序等方面规章制度共77个。全年对校内16个专门委员会和工作组进行调整，新成立28个专门机构。

（2）法律事务工作。全年组织协调律师、涉法事务部门共同处理诉讼和仲裁案件8件、协调律师出具法律咨询意见21份（件）、组织法律咨询服务40余次。参加北京市教委关于高校依法治校工作会。

（林国策　王立民　程会敏　刘永林）

【年鉴及信息报送工作】完成北京教育年鉴（2011）北京信息科技大学稿件的组稿

工作，文字近2万字，图片17张；完成《北京信息科技大学年鉴（2010）》的校稿、送审、出版、发放等工作，全书近50万字；完成《北京信息科技大学年鉴（2011）》全校各单位的年鉴稿件的收集、编辑、初步审阅等工作。2011年上报《北京信息科技大学信息简报》1期共3条。

（王立民 刘永林）

【综合统计工作】组织全校16个相关单位完成学校2011/2012学年初高等教育事业基层统计报表填报工作，对数据进行整理、录入、校验、统稿、送审，测算和监测学校的办学条件情况。作为市教委指定的组长单位，汇总、审核9所小组成员高校的数据。完成海淀区政府统计学校劳资、财务、能源等年报填报的工作协调。组织、协调全校11个单位完成市教委布置的“十一五”北京市属高校绩效考评相关数据的网上填报工作。获得北京市教育统计工作优秀集体一等奖和北京市教育统计工作优秀个人一等奖。

（李丛建 刘永林）

【信访工作】认真完成信访工作，切实维护师生员工合法权益，积极化解各种不和谐因素。

（1）严守信访制度，规范工作程序。根据国家和北京市《信访条例》和《北京信息科技大学信访工作实施细则（试行）》要求，在信访工作的具体操作过程中，将坚持依法按政策解决问题作为处理具体问题的指导核心，在工作实践中，注意抓问题关键环节，在坚持原则的基础上，切实维护师生员工合法权益，积极化解各种不和谐因素。在信访处理期间，更加重视与学校各职能部门的联系沟通，及时进行督办工作。对于暂时不能办结的信访事件，对信访人做好解释沟通工作。

（2）提高工作水平，解决信访难题。针对本年度信访工作呈现的涉及法律程序事件多、涉及师生心理问题事件多、陈年重访事件多等特点，及时请示汇报、咨询会商、协调沟通，使一些难办事项得到有效缓解和解决。全年受理各类信访事宜262项次；安排校领导接待26次，涉及事项42项次；处理来访信件89封，其中校领导批示信访事项70项，直接转交相关职能部门处理解决的信件19封。处理上级有关部门转办的信访函件4封；接待群众来访48人次；接听电话来访35次，致电信访人沟通事项处理情况22次，通过短信平台回复信访人26次。已办结事项261项次。

（李丛建 李蒙丝）

【党、校务公开】根据《北京信息科技大学党务公开工作实施细则》、《北京信息科技大学校务公开工作实施细则》要求，组织各职能部门通过校园网、文件、会议、电子屏等形式及时公开有关工作。党务公开中有关学校党委和各级党组织思想建设、组织建设、制度建设、廉政建设、履行职责情况、大学生思想政治教育等53类工作以及校务公开中有关学校概况、重大改革决策、干部人事人才工作、财务与资产管理、基本建设与维修工作、教学科研管理、学生工作以及涉及师生员工切身利益的41类工作已全部公布。召开党务公开工作领导小组会，传达北京高校党务公开工作推进会会议精神，深入推进学校党务公开工作。

（王立民 李蒙丝）

【信息化工作】以学校信息化工作研讨会为契机，进一步提高认识，总结“十一五”信息化建设成果，明确“十二五”期间学校信息化工作的发展思路。以北京市“十二五”教育信息化规划为目标，努力开展基础环境优化工程、信息化能力提升工程、数字化教育公共服务建设工程、数字化教与学服务创新工程、教育政府管理与服务优化工程、教育决策数字化支撑工程“六项工程”建设，注重信息化建设的绩效，注重提高应用水平。完成办公室有关办公自动化系统及网页的运行、维护等信息化建设工作。及时更新办公室网页中的校务公开和办事指南信息；全面推进无纸化办公；及时处理办公室办公系统及信箱中各部门、单位发来的文件和信件；更新校园网校领导简介和学校简介。

（林国策 程会敏）

【档案管理】认真做好各类档案的整理、分类、编目、排架、入库和利用服务，做到管理规范、利用方便。积极推进档案目录的著录工作。全年共归档各类纸质档案1492卷。档案室提供各种档案利用服务1286卷次，接待395人次，复印档案资料1033页，电子数据录入案卷级1613条，文件级2909条。收缴旧公章24枚。目前档案室共存有档案30017卷，档案电子数据（案卷级）18262条，（文件级）39470条。完成了原北京机械工业学院172卷基建档案的电子扫描录入工作。及时、准确地完成了“2011年度档案室基本情况”统计、录入工作，并按时上报北京市档案局。

加强兼职档案员队伍建设，对50余名兼职档案员进行培训，形成比较完善的档案综合管理体系。

（英树志 徐铭 孙佳秋）

【保密工作】认真学习保密法规和相关知识，努力钻研保密业务，积极参加各类保密教育培训活动，增强保密工作意识，提高保密工作水平和业务能力。按照学校保密工作的有关规定，认真做好密级文件的收发、传阅、制作、复制、清退、销毁、移交等管理工作。2011年运转管理机要文件456件，传阅文件4120人次；接收涉密资料199份。向市委办公厅清退2010年密级文件24份，销毁2010年及以前机要文件、内部刊物等1515份，其中涉密文件537份。完成保密认证的相关材料准备工作。完成涉密档案的保存、利用工作。完成研究生入学考试、全国大学英语三级、四级、六级考试、全国计算机等级考试、中央国家机关公务员笔试等各类国家级考试试卷的保密保管工作。

（王立民 楚彦丽 徐铭）

【其他行政事务工作】围绕学校中心工作，进一步规范管理，提升服务水平，做好相关行政事务工作。

（1）认真完成印信管理、办公电话管理、会议安排服务、车辆管理、办公室外聘员工管理、党政机关办公经费管理、节假日和寒暑假值班工作等日常工作。完成学校党政用印的审核、登记、管理，共计12万人次，调整电话移机130部，配合学校抗震加固电话复机30部。

（2）统筹协调，合理优化学校资源配置。完成办公、教学、科研用房统计、审核、绘图工作，对全校办公用房进行重新统计、分配和调整，完成相关学院及各职能处室办公用房搬迁工作；完成办公设备选型、申购、入库、发放及破损办公家具统计工作。以需求为导向，在充分调研和征求意见的基础上，调整全校通勤班车线路、教学班车。完成2011年通用设备的部分采购和分配工作，更新设备15件次。

（3）完成2010年办公室归口管理专项项目验收和总结、2011年归口管理的专项项目和行政设备采购的申报、评审和汇报工作。

（林国策 英树志 李颖 钱利明 程会敏）

【党支部建设】以深入推进创先争优活动为抓手，加强组织建设、制度建设、文化建设和学习型党支部建设，为办公室各项工作的顺利完成提供坚强有力的保证。2011 年 1 名同志被评为学校优秀党务工作者，1 名同志被评为学校优秀党员。

（1）根据保密工作办公室、国际交流合作处、校友工作办公室编入支部的实际情况，及时进行支委会换届改选，对党小组构成及时进行调整；召开党员扩大会，进一步统一思想，交流工作，鼓舞士气，凝练精神。

（2）2011 年，1 名入党积极分子向党支部递交了入党申请书。

（3）依托“北京高校教师党员在线”学习平台，积极开展教职工党员学习教育活动，党员全部完成党员在线学习任务。

（4）开展 “党员质量深化年”活动，支部及全体党员在部门首页公开台账，接受广大师生员工的监督。目前台账所列项目已全部完成。在对基层党组织和党员开展创先争优活动情况进行群众评议的工作中，党支部和党员个人各项指标满意率均达到了 100%。

（林国策　王立民　李丛建　英树志）

人事管理

【概况】人事处是学校人力资源开发和配置、师资队伍建设以及绩效工资分配的重要职能部门，负责贯彻执行国家、上级主管部门和学校颁布的有关人事干部、劳动、工资等方面的法律、法规、政策和规定，负责全校人事管理政策的研究与制定；人员编制、岗位设置和校内各种津贴的发放；师资队伍建设与人才引进；行政科级机构设置；人事调配与管理；劳动工资管理；专业技术职务岗位聘任；人才交流和编外人员管理；职工培训、考核、奖惩、评优；办理退休、保险福利等工作。2011 年是学校“十二五”事业发展的开局之年，也是落实学校第一次党代会精神的关键之年，人事处以邓小平理论和“三个代表”重要思想为指导，深入落实科学发展观，围绕学校中心工作，不断深化人事制度改革，建立符合时代要求和学校建设发展需要的用人机制。以优化结构和提高水平为重点，不断加强新形势下师资队伍建设，继续规范和完善人事管理制度，平稳推进收入分配制度改革，提高人事管理与服务工作水平，为学校建设和发展提供优质人力资源保障。

（许波）

【师资管理】

（1）新教师培训。10 月，学校举办新教师岗前培训。副校长冯喜春发表重要讲话，有关职能部门负责人分别作专题报告。培训内容主要有学校基本情况，包括历史沿革、发展概况、未来前景，以及教学管理、科研工作等内容，同时组织骨干教师教学观摩等活动，参加培训教师 31 人。组织 31 名新入职教师参加高师培训中心举办的第 61 期、62 期岗前培训、教育部全国高校教师网络培训中心举办的“高校新入职教师的教学适应性培训”以及人众人拓展培训公司举办的拓展培训。

（2）教师国内进修培训。2011 年，落实全校教职工进修学习工作，学校在职攻读博士学位 66 人；在职攻读硕士学位 18 人；新派出国内访问学者 10 人；校内 80 余万元培训经费资助各类上岗培训及岗位继续教育培训 160 余人次；组织学校教师参加“北京市属高校教师发展基地”培训项目，半年脱产培训 8 人；北京市人才强教深化计划教学技能项目经费80余万元资助学校教师参加北京市高师培训中心及教育部全国高校教师网络培训中心组织的各类精品专业课程、研究生导师高级研修班等各类培训，培训200余人次；资助组织学校教师参加高等学校外语学科中青年骨干教师高级研修、教育部高等学校应用翻译青年骨干教师高级研修、全国高校经济管理类专业教务管理骨干人员能力建设高级研修、全国高校金融学骨干教师高级研修、UML与面向对象分析设计培训、Android系统开发培训等各类教学实践技能培训150人次；资助组织学校教学基本功大赛获奖教师35人到广西百色参加社会实践活动。

（3）教师境外培训。2011年，组织学校教师参加北京市高师培训中心及国家留学基金委开展的2011年度国外访问学者申报工作，本年度实际出国5人；组织学校教师参加北京市高师培训中心“第一期市属高校英语专业骨干教师教学技能培训班”，实际出国培训2人；参加北京市高师培训中心“第九期市属高校骨干教师“双语教学”能力培训班，实际出国培训1人；北京市人才强教深化计划教学技能项目经费70余万元资助组织学校9名骨干教师到澳大利亚高校参加为期1个月双语教学培训；资助组织学校教育管理人员21人赴香港理工大学参加教育管理与教学技能提高培训。各类培训坚持学用一致、注重实效的原则，使教师的教学技能、业务能力、管理能力得到大幅提升。

（4）教师资格认定。2011年度，学校共有26名教师经认定获得高等学校教师资格证书。

（5）外聘教师审批。2011年度，学校外聘参加一线教学工作教师44人。

（冉屏 吕航 许波）

【评优推荐】2011年，组织推荐北京市“第五批海外高层次人才”，向北京市推荐美国奥克兰大学杨连祥教授等1人，获批1人；祝连庆、朴林华等2人获北京市“百千万人才”经费资助，两项计10万元；组织推荐“第七批千人计划”1人；组织推荐“第十三届中国青年科技奖”候选人1人；组织推荐2011年两院院士候选人1人；组织教师参加2011年北京市属高校“创想杯”多媒体教育软件大奖赛，获三等奖1项。

（冉屏 吕航 许波）

【人才强教计划】

（1）人才强教项目执行工作。协调2011年人才强教深化计划中讲学名师1个、高层次人才2个、创新人才9个、创新团队17个项目的实施工作，总计涉及经费1154.15万元其中特聘教授、讲座教授、教学技能、骨干教师等2011年人才强教深化计划项目涉及经费357.65万元。

（2）人才强教项目考评工作。迎接北京市教委对学校2009年入选的人才强教深化计划——创新人才、创新团队两个项目的绩效考评工作，两个项目在考评中均取得优异成绩；配合学校财务处对2009年度、2010年度入选的人才强教深化计划项目进行校内考评，所涉及的45个项目全部通过考评。

（3）人才强教项目经费预算工作。组织开展人才强教深化计划项目2012年经费预算工作，项目包含教学技能1个、特聘教授1个、讲学名师1个、高层次人才1个、创新人才6个、创新团队11个、骨干教师51个，涉及经费1104.3万元。

（冉屏 吕航 许波）

【教师职务聘任】

（1）完成首次教师职务岗位全员聘任工作。完成自2009年开始的首次教师职务岗位全员聘任工作，共735位同志应聘到教师职务岗位应聘到正高级教师职务岗位100人，其中16人为晋升；应聘到副高级教师职务岗位232人，其中36人为晋升；应聘到中级岗位390人，其中38人为晋升；应聘到初级岗位13人， 其中2人为晋升。

（2）完成2008年来校应届硕士和2010年来校应届博士、调入人员等教师职务岗位聘任工作。2008级来校应届硕士18人均晋升应聘到中级教师职务岗位，2010年来校应届博士、调入人员15人，1人同级应聘到副高级教师职务岗位，14人同级应聘到中级教师职务岗位。

（3）中级认定工作。根据北京市关于应届博士毕业生经考核可以胜任本职工作，由单位直接确认中级专业技术职务的规定，2011年，学校接收的12名应届博士毕业生到校工作满六个月后，经所在单位考核合格，直接确认中级专业技术职务。

（许波）

【其他专业技术职务聘任】完成首次其他专业技术职务岗位全员聘任工作。首次其他专业技术职务岗位全员聘任共涉及8个系列，17个单位的101个专业技术职务岗位。根据学校其他专业技术职务聘任考核推荐组考核意见以及学校其他专业技术职务聘任委员会的聘任建议，经2011年12月12日第14次校长办公会审定，87位同志应聘到其他专业技术职务岗位，其中应聘到高级岗位14人，9人同级，5人晋升；应聘到中级岗位53人，其中9人为晋升；应聘到初级岗位20人，1人为晋升。8人由于未取得高一级（中级）社会化评审资格以及任职年限不够等原因，作为未定级岗位人员，暂不发文。

（许波）

【工勤技能岗位聘任】完成首次工勤技能岗位全员聘任工作。此次工勤技能岗位全员聘任工作共涉及16个部门的135位工勤人员，均为同级应聘，其中应聘到高级工岗位44人，应聘到中级工岗位64人，应聘到初级工岗位26人，普通工岗位1人。

（许波）

【部分管理服务岗位聘任】完成部分管理服务岗位的聘任工作。2011年的部分管理服务岗位的聘任工作共涉及18人，后勤15人，图书馆3人（含1过度岗）。

（许波）

【教育管理高级专业技术职务推荐评议】完成2011年度教育管理高级专业技术职务推荐评议工作。2011年9月28日学校教育管理高级专业技术职务推荐评议组根据申报者任现专业技术职务以来发表的论文、著作、成果及校内外同行专家评议意见，结合申报者本人思想政治表现、工作业绩等情况，在评议的基础上进行投票表决并产生拟推荐人选。推荐1名同志参加2011年度北京市教育管理副研究员任职资格的评议。经北京市高校教师职务专业学术评议委员会2011年11月22日会议评议审定，该同志符合担任教育管理研究专业副研究员职务的条件。

（许波）

【人员调配】

（1）截至2011年12月31日，学校共有在编教职工1379人，其中50人不在岗。在岗的教职工中：专业技术岗位925人，管理岗位266人，工勤技能岗位138人。按专业技术职务（职称）统计，共有正高级专业技术职务（职称）105人；副高级专业技术职务（职称）281人；中级专业技术职务（职称）608人；初级专业技术职务（职称）114人。按学位统计，共有博士学位236人，硕士学位496人，学士学位283人。

（2）2011年新增人员34人，其中调入10人，军转安置6人，接收应届毕业生18

人。按学位统计:博士学位14人,硕士学位13人。按专业技术职务(职称)统计,具有副高级职称1人。

(3)2011年从本校调出人员共计5人。其中,按专业技术职务(职称)统计:正高级专业技术职务(职称)1人;中级专业技术职务(职称)4人。按学位统计:博士学位2人,硕士学位3人。

(4)学校按有关工作程序申报,为2位职工解决了两地分居问题。

(李万福　高俊)

【年度考核】2011年共1190名处级以下教职工参加年度考核。其中,考核等次为优秀的教职工179人。

(李万福　高俊)

【劳动工资和福利管理】

(1)工资与福利。2011年,全年在职职工工资总额13782.89万元,其中在岗职工工资13194.68万元,其他从业人员劳动报酬189.24万元,劳务派遣人员工资总额332.49万元,不在岗职工生活费66.48万元。离休人员离休费630.7万元,退休人员退休费5469.99万元。

(2)社会保险。根据社会保险有关规定,以参保职工本人2010年1月至12月实际发生工资总额(税前)的月平均工资核定2011年度社会保险缴费基数。学校在编正式职工需缴纳失业保险和工伤保险。在编合同制职工需缴纳养老保险、失业保险、工伤保险。非事业编制职工需缴纳养老保险、医疗保险、失业保险和工伤保险。2011年学校共为各类职工缴纳养老保险110.81万元,医疗保险27.93万元,失业保险104.78万元,工伤保险53.5万元。

(3)离退休有关工作。截止到2011年12月31日,学校共有离退休人员963人,其中离休人员64人、退休人员899人。2011年学校共为54名职工办理退休手续。经过校长办公会研究和校内公示等工作程序,上报延长退休年龄人员3人,提高退休费计发比例人员10人。

(4)残疾人就业保障金。学校本年度实际安排10名残疾人就业,实际缴纳残疾人就业保障金50.09万元。通过积极申报和争取,获得安置残疾人岗位补贴5万元。

(葛春会　龙天　高俊)

【高级专业技术职务任职资格人员】

机电工程学院(38人)

教　　授:戈新生　王红军　王国权　王科社　米　洁　杨庆东　陈　勇　林慕义　郝南海　高炳学　黄　民

副 教 授:刘　芳　刘　泉　孙江宏　朱春梅　祁志生　严　乐　张志强　张怀存　张瑞乾　李天剑　李启光　李晓民　杨冬梅　杨　莉　陈秀梅　姜　可　贺敬良　赵秋玲　郝育新　钟建琳　盖雨聆　龚国庆　童　亮　戴丽萍

高级实验师:王雪雁　邓春芳　黄小龙

光电信息与通信工程学院(36人)

教　　授:邓文怡　刘桂礼　李　东　汪毓铎　周金和　范　京　祝连庆　郭阳宽　董明利

副 教 授:马牧燕　王晓飞　王晓玲　王艳林　王　鹰　刘国忠　刘　南　吕　勇

朱希安 吴韶波 张 玲 张晓青 李月强 李红莲 杨曙辉 罗 倩
娄小平 曹 林 焦瑞莉 缪 旻 燕必希

高级工程师：刘秀英

高级实验师：刘 刚 陈青山 郎晓萍 郑青玉 赵双琦

自动化学院（32 人）

教　　授：厉 虹 申闫春 刘小河 白连平 张奇志 李邓化 李 擎 苏 中
周亚丽 恒庆海 高晶敏

副 教 授：马 洁 付兴建 艾 红 刘丽华 朱 涛 朱嘉林 张巧杰 李 娟
李 慧 杨秀媛 杨鸿波 胡平平 曹荣敏 管 萍 魏 英

高级工程师：刘文静

高级实验师：白雪峰 任小军 关静丽 寻宪生 李 萍

计算机学院（27 人）

教　　授：刘建宾 牟永敏 张仰森 李 宁 李淑琴 周维真 徐雅斌

副 教 授：牛欣源 王铁峰 刘均梅 刘京志 何玉洁 张志华 李宝安 杨大利
沈美娥 侯凌燕 侯 霞 施运梅 胡景凡 赵 刚 殷 旭 秦奕青
彭克勤 蔡 英

高级工程师：胡信裕

高级实验师：高 卓

经济管理学院（51 人）

教　　授：王信东 王 斌 刘 宇 刘 春 曲 立 张志凤 黄中文 周脉伏
唐五湘 徐文彬 葛新权 谢瑞峰 谢 群

副 教 授：于生生 王建梅 王 慧 叶小玲 田淑英 田肇云 任丽明 刘 冷
孙玉霞 孙 静 贠晓哲 张 虹 张 健 李红娟 李雁玲 李静文
李慧思 杨闻萍 沈银萱 周飞跃 周秀玲 周 觉 岳宝宏 杭建平
金春华 侯风萍 段文军 赵 伟 曹晋红 梁栩凌 程桂枝 韩之怡
谭祖卫 黎 枫

副研究馆员：郑 玮

高级实验师：王景增 刘 青 陈元凤

信息管理学院（21 人）

教　　授：尹春华 李 忱 陈 昕 崔 巍

副 教 授：卢华明 孙志恒 孙若莹 何文君 吴丽花 李 健 陈立南 林小茶
郁红英 胡 炬 赵 刚 徐晓敏 高 英 康海燕 蒋文保 蒋洪伟

高级实验师：宋燕林

政治理论教育学院（16 人）

教　　授：石冀平 刘永成 傅正华

副 教 授：刘建华 齐治兰 张云筝 杨玉珍 汪 帆 庞淑萍 胡 飒 敖云波
郭春燕 曹 霞 曾毅红 董丽萍 韩剑英

人文社会科学系（7人）

教 授：何深思 刘建兰 李 钢 梁冬梅
副 教 授：王 媛 伊 强 杨成虎

外国语学院（21人）

教 授：任维平 李淑琴 肖洪森 邱国旺
副 教 授：马月英 方 元 王朝晖 刘 悦 刘 颖 张广奇 张晓蔓 李 萍
肖 滨 陈 燕 郝永辉 贾红霞 郭丽萍 程京艳 程 莲 赖 瑜
谭胜国

理学院（43人）

教 授：于肇贤 齐臣杰 李国成 李祥贵 杨毅恒 邱 钧 侯吉成 盛炎平
谢冬秀 滕功清 薛春艳 其木苏荣
副 教 授：王宏伟 王彩霞 王晶杰 冯美强 田 茹 龙晶凡 刘凤敏 华冬英
庄建红 吴光旭 吴秋新 张丹萍 张炳江 杨 虹 钟新华 倪晓明
黄小丽 程希明 解文龙 雷纪刚
研 究 员：王丽坤 张福学
高级实验师：吉 萍 胡纪平
副 研 究 员：田文杰 朴林华 张 伟 杨志耘 谷传欣 邹小平 解炳昊

体育部（5人）

教 授：王慧丽
副 教 授：王 睿 张世忠 娄玉柱 席 军

科研单位（13人）

教 授：徐小力
研 究 员：高国伟 吕学强 施水才
高级工程师：王弘蔚 王 涛 张京生 汪中夏 肖诗斌 都云程
副 研 究 员：王小川 吴国新 李渝勤

直属单位（28人）

教 授：王吉芳 杨兴林
副 教 授：马 丁 王裕民 刘梅彦 张英杰 陈义平 周长胜 悦 再 贾艳萍
副 研 究 员：王学文 郁海燕
副研究馆员：马小红 马铭锦 王达生 江 珊 应红燕 张玉忠 陶靖中
高级工程师：宋利强
高级实验师：王 伟 李 沛 李桂芝 郑 军 侯晓霞 胡延平 高 宁 黄改娟

党政机关（47 人）

教　　授：王久和　王兴芬　卢　静　田杨萌　孙百生　许宝杰　许晓革　杜　林
杨孔雨　侯军岐　韩秋实　柳贡慧
副 教 授：王　雁　任立乾　刘筱毅　邢济收　李学华　杨　军　麦　苗　赵晓林
赵爱玲　郭银辉　陶志红
研 究 员：冯喜春　关仲和　郑君礼　栾忠权
副研究员：王志伟　刘克勤　刘　勇　邵长生　钟　玲　崔仲凯　彭斌柏　韩俊彦
鲁　雷
高级政工师：冯晓春
高级工程师：刘　伟　李　旭　李　燕　黄　芳
主任医师：才秀芬
高级会计师：权菊娥
编辑正高岗：康　劲
编辑副高岗：于　洋　黄宁军
高级审计师：包育红

注：1. 以上人员均按姓氏笔画排序，共计 385 人。
2. 人员职称情况统计截至 2011 年 12 月 31 日。

（许波　高俊）

财务管理

【概况】财务处是学校的一级财务机构。主要负责贯彻执行国家有关法律、法规、财经政策及财务规章制度；依法组织和领导全校财务管理和会计核算工作；根据学校事业发展计划编制年度预算，并协调预算执行、组织决算；依照财务制度规定，办理学校各项经费收支核算；建立健全学校财务规章制度，规范校内经济秩序；依法多渠道筹措资金，满足学校运行和发展需要。下设预算管理和会计核算两个科室：预算管理科负责学校预算编制、预算执行监督以及组织决算等相关管理工作；会计核算科负责学校各项经费收支核算等相关工作；此外，学校的专项经费管理、科研经费及税务管理、公费医疗及工资发放、基本建设财务管理、票据结算、收费管理、财务系统维护建设以及其他各项综合事务等均安排专门人员负责。现有正式职工 18 人，分别在小营校区、健翔桥校区办公，其中处长 1 人，副处长 1 人。

2011 年，财务管理工作在校党委和行政的正确领导下，依靠全体同志共同努力，以求真务实的工作作风，为学校的建设和发展提供了优质的服务，较好地完成了各项工作任务。

（郑彩云）

【财务收支状况】2011 年，学校总收入 52928 万元，比上年减少 373 万元，减少 0.70%。①学校财政补助收入主要由基本经费拨款和专项经费拨款构成。2011 年，财政拨款比上年净减少1323万元，其中基本经费比上年增加4401.62万元，主要原因为教委调增2011年生均定额标准及退休人员经费合计比上年增拨经费3000.00万元，因追加职工住房补贴款比上年增加拨款1300.00万元；专项经费比上年减少5405.22万元，主要是受到财政政策要求和投入方向安排影响。根据市教委抗震加固工程三年规划的安排，于2010年集中下拨了学校抗震加固经费，再加上学校申请的节能改造项目经费，两项共计达到5562.64万元，这部分增量经费在以后年度不会再有，由此专项经费拨款收入比去年大幅下降。②学校非财政补助收入主要由事业收入、经营收入（含横向科研收入）和其他收入（含纵向科研收入）等构成。2011年，非财政补助收入比上年增加950万元，其中：事业收入比上年净减少150.82万元，经营收入比上年净增加30.50万元（主要原因为学校横向科研经费到款增加），其他收入比上年净增加1076.01万元（主要原因为纵向科研到款增加907.79万元引起）。自筹非财政补助收入中，事业收入占比77%，学校经营性创收能力较弱。

表8-1　北京信息科技大学2011年收入增长对比分析

收入情况 / 项目	2010年收入（万元）	占总收入比重（%）	2011年收入(万元)	占总收入比重（%）	本年比上年增减额（万元）	本年比上年增减（%）
合计	53301	100.00	52928	100.00	-373	-0.70
财政补助收入	42776	80.25	41453	78.32	-1323	-3.09
非财政补助收入	10525	19.75	11475	21.68	950	9.03

2011年，学校总支出59463万元，比上年增加17329万元，增加41.13%。①财政补助支出比上年增加14642万元，其中基本支出比上年增加9162.17万元，主要因人员支出比上年支出增加2952.47万元；公用支出比上年增加6209.71万元；项目支出比上年增加5480万元，主要因2011年支出中包含的结转2010年项目支出超过2010年支出中包含的结转2009年支出金额7245.50万元造成（结转项目主要为抗震加固项目经费支出）。②非财政补助支出比上年减少117万元，主要因2011年事业收入比上年减少150万元，引起支出同比减少。

表8-2　北京信息科技大学2011年支出增长对比分析

收入情况 / 项目	2010年支出(万元)	占总支出比重（%）	2011年支出(万元)	占总支出比重（%）	本年比上年增减额(万元)	本年比上年增减（%）
合计	42134	100.00	59463	100.00	17329	41.13
财政补助支出	34981	83.02	49623	83.45	14642	41.86
非财政补助支出	9957	20.45	9840	16.55	-117	-1.18

（郑丽珠 郑彩云）

【预算管理工作】2011年预算依据2010年预算及执行情况综合编制，在资金的安排上保证人员、水电暖等各项刚性支出，保证教学、科研等中心工作的需求，保证学校重点工作支出，同时也为抗震加固等基础设施改造、新校区建设前期规划等关乎学校发展建设的重大事项留有资金。2011年，全年安排抗震加固、新建办公楼、新建实验楼校内配套经费1285.19万元。其中：抗震加固工程支出439.87万元，新建办公楼支出135万元，新建实验楼710.32万元。这些资金的及时投入，为建设工程项目的按期完工提供了保障，为明显改善学校办学条件提供了有力支持。2011年是学校实施校院两级财务管理的第3年，对学院分配的预算依据学生数、教学工作量、学科建设情况、科研工作情况量化编制，全年各学院预算执行率达到97.70%。全年开展主要工作包括：①组织做好下年度学校预算申报及校内预算编制工作。2月28日，财务处将经党委常委会批复的2011年预算指标下达到各个部门，经过一年运行，执行状况良好；结合学校抗震加固特殊情况，6月13日发布《关于做好2012年预算编报准备工作的通知》文件；9月30日，召开全校部门领导预算申报布置会；10月9日，组织人员参加北京市教委2012预算申报工作会议；10月10日至10月18日，收集、整理人事处、国资处、后勤处、学生处等各部门预算基础数据以及各创收部门收入预算数据，并汇总上报到市财政系统，完成2012年学校上报市教委的预算申报工作；10月26日，印发〔2011〕8号文件《关于编报2012预算的通知》，召开全校主要部门负责人预算编报会，指导各部门编报2012年度预算草案；11月13日至12月27日，先后四次汇总修改数据及文稿，完成《2012年度学校事业经费收支预算》及相关说明编制任务。②积极做好年度预算分配、调整和追加等工作事项，确保学校预算顺利执行。本年度，根据工作安排按时分配学校预算，累计分配校内预算89次、分配金额31954.32万元；先后接收并及时处理校办、科技处、教务处等各部门的经费调整申请，累计追加校内预算45次、追加金额4636.55万元；为信管学院等创收部门及时追加创收指标，累计追加创收预算50次、创收金额574.10万元。③及时完成年度决算填报工作。1月6日—1月26日，完成2010年度财务决算，并将填报的《2010年度财务决算报表》《2010年度财务决算分析报表》《2010年度财务决算分析报告》上报北京市教委，顺利通过审核；11月4日，发布《关于2011年度财务决算工作安排的通知》文件；12月12日，组织人员参加北京市财政局召开的2011年度决算布置会；12月22日，组织人员参加北京市教委2011年度决算培训会；12月23—31日，完成2011年度决算准备工作。

（郑丽珠 郑彩云）

【会计核算工作】2011年，会计核算工作向更深层次发展，在上年整合系统、清理科目、规范报销手续的基础上，继续提高工作水平、改进服务质量：①从3月1日开始，对记账凭证安排交叉复核，加强岗位间的沟通交流，及时更正账务处理中的各种差错，保证财务信息的真实、准确，会计处理更加统一和规范；②从9月1日开始，增设了支票做账岗位，规定报销领支票和借支票业务都改为先做账后签发支票，有效解决了支票做账滞后造成的经费超支问题，使会计核算流程更加合理；③加强与兄弟院校的沟通和学习交流，结合在报销工作中遇到的实际问题，特别就科研经费的管理及报销问题，到杭州电子科技大学做实际调研，开阔了报销人员的视野、丰富了学校会计核算报销的管理思路；④11月开始加强了借款的清理工作，采用校园网发电子信息及电话通知的方式督促借款人及时报销，各核算岗位加班加点进行账务处理，借款清理工作成效显著，年底行政部门借款余额8.5万元、住院费借款余额68.4万元，均创历史新低；⑤全年累计处理会计凭证31222张，会计分录86905条，现金付款5239.63万元，签发银行支票和办理汇款8031张，核算“一卡通”充值收款2800.2万元，支付商户2799.4万元；⑥配合北京市审计局完成学校经济责任审计工作；⑦根据学校法人的变更情况，办理完成了6个银行账户的印鉴变更工作。

（权菊娥）

【专项经费管理】2011年，市教委下达专项经费10675万元，其中年初下达5103万元，追加项目经费5572万元，项目总数102个，2011年专项支出15930万元，其中当年项目支出6920万元，以前年度项目支出9010万元。3月9日，财务处下发文件《关于2011年度专项经费预算指标的批复》，将2011年年初专项经费额度及时下达到各归口管理部门，顺利启动2011年专项经费支出工作。3月1日，财务处下发了《关于2011年校内外项目支出验收及绩效考评工作的通知》文件，要求各归口部门对本部门管辖的2010年已完成项目进行结题和验收，并抽取部分校内项目和教委专项共20个项目进行绩效考评，其中教委专项考评资金576.9万元，考评结果为3个优秀、2个良好；校内项目考评资金420.46万元，考评结果为10个优秀、5个良好。此外，当年配合市教委对2009年2个财政专项进行绩效考评，考评结果均为优秀。10月18日，完成2012年项目预算申报工作，共申报金额5779万元，项目个数63个。2011年，学校加大了校内项目经费的投入，共投入4660万元，112个项目，其中：教学提高经费项目2836万元，62个项目；科研提高经费项目1166万元，30个项目；学科与研究生提高经费项目600万元，20个项目。进一步规范了校内项目的管理，财务处制定了《北京信息科技大学2011年校内项目实施办法》，并要求教务处、科技处和研究生部制定了本部门的校内项目经费管理办法，对校内项目的申报、论证、确定、实施、验收及考评进行了规范，从制度上确保了经费使用的效益。

2011年，在专项经费管理上，继续深化、细化管理，尤其加强了项目论证和绩效评价。项目论证时实行规划论证和执行论证相结合，将规划论证前置，并在学校或部门的发展规划和工作计划中体现；执行论证应当在项目申报前进行，重点在执行计划和支出内容的具体论证。同时，要求项目设立应当通过学院（部门）和学校两级论证，在学院（部门）论证中要充分听取本单位内部各层面的意见，特别是学院论证时要听取本部门专家教授的意见，不流于形式，提高项目设立的科学性、可行性。2011年项目绩效评价首次把校内项目纳入考评范围，加大了项目经费的考评力度，完善了项目经费的考评体系。

（郭慧峰）

【收费管理工作】2011年，按照北京市教委和市财政局的要求，严格执行各项收费标准、开展学生收费工作。2月21至3月2日，完成继续教育学院新生批扣收费739人次，收费金额1421.52万元。7月8至16日，协调北京银行相关人员，为2011年新招录学生3766人代理开办银行卡，在收费系统录入新生相关信息，按照收费政策设定全校学生应收学费标准。9月1至16日，采用“银行批扣”收费方式，完成全校学生收费 11305 人次。12 月 25 至 31 日，完成收费系统、账务系统和财政局相关系统三个系统的收费数据核对，核对数据完全相符。全年累计处理收费票据 20000 余份，累计实现学费、住宿费收入 6332.66 万元。收费资金及时、全额上交市财政，年底财政全额返还，非税收费票据使用完全合格，顺利通过北京市发改委的年度验收检查。

（王素容）

【科研经费管理】2011 年，科研经费的立项、结题及免税工作不断完善和提高：学校到账科研课题 296 个，到款金额 3927.48 万元，其中纵向课题新立项 49 个，立项金额 2130.38 万元；横向课题新立项 170 个，立项金额 1935.36 万元。协调北京市地税局，及时为广大科研教师办理各项纳税、免税申报手续，全年累计办理科研项目立项及备案手续 219 笔，申报项目免税手续 98 笔，涉及免税课题金额达 1110.9 万元，涉及免税金额 55.55 万元。全年协助配合国家自然基金（2005—2010 年）19 个项目，北京工研精机、工信部民口和中联部 3 个重大项目的审计工作，共查阅凭证 600 多盒。学校支持科研工作，当年拨付科研编制奖励资金 385 万元。

（孙淑玲）

【公费医疗管理】学校公费医疗经费与其他经费分属不同渠道，管理模式也不相同。2011 年，协同学校门诊部等有关部门继续推进公费医疗门诊费的报销方式改革，采用教工学生定期将发票交学校门诊部审核后、交财务处审核并定期打入报销人银行卡中的方式，减少报销人排队等候时间，协调了部门间的审核手续，减少了报销现金流量，提高了报销效率。当年接待北京市卫生局医保中心大学部对学校公费医疗管理工作的年度检查，并被评定为优秀。2011 年，按期申报并取得公费医疗全年拨款 644.63 万元，其中标准费拨款 118.50 万元，住院费及医疗照顾人员拨款 503.00 万元，挂号费及药费收入 23.13 万元，年末拨付 1—11 月大病补助 903.3 万元（计入 2012 年 1 月账务）。公费医疗门诊、住院、单位药品等全年共支出 1796.80 万元，年末超支 248.87 万元。全年报销门诊医药费约 8000 人次，审批报销住院费 347 人次。

（原洁）

【基建财务管理】本年度，根据学校基建项目管理需要和基建财务工作重点，完成以下方面工作：①及时做好年度基建财务的账务处理、基建项目竣工决算材料报送及决算编报工作。1 月 5 日，完成学校《2010 年度基建投资决算报表》报送，并顺利通过审核；6 月 10 日至 24 日，协同基建处准备健翔桥学生四公寓基建项目报竣材料、填制相关财务决算报表，11 月 8 日，将整理好的决算报表及相关财务凭证等资料报送至北京市财政局评审中心参加评审；11 月 29 日，组织人员参加北京市财政局召开的《2011 年度固定资产投资决算编报布置会》，12 月 20—30 日清理、登记年度基建账务，汇总基建处、国资处数据，填报《2011 年度固定资产投资决算报表》及相关说明。②及时完成涉及基建项目的各类审计、检查和报表工作。2 月 21 日，接受北京市教委基建处关于高校基本建设项目综合检查相关工作任务，2 月 22 日至 3 月 1 日，查询基建历史账表及历年档案，填写《基建项目检查综合报表》、撰写《国债转贷资金还款》等相关说明，并及时上报，顺利通过教委基建处综合检查。3 月 1 日，接受北京市财政局关于政府债务审计工作部署，3 月 2—30 日，通过查询历年财务凭证、整理历年贷款合同等方式，第一次较明晰地梳理了学校历史基建情况、债务及贷款情况，先后完成了北京信息科技大学关于《政府债务其他相关债务明细表》《历年还贷情况统计表》《关于收购北空空调器厂改建实验室及学生公寓项目的情况说明》等报表数据的整理和填报工作，顺利通过北京市财政局关于政府债务审计审查。

（郑彩云）

【其他重要事项】

（1）首次顺利完成涵盖全校5个年度的绩效考评财务数据填报工作。6月29日，组织人员参加北京市教委市属高校绩效评价系统使用培训会；7月5日—9月27日，整理、查阅原两校2006—2008年度财务决算报表以及新大学2009—2010年度财务决算报表，完成学校2006—2010年累计5个年度绩效评价财务相关数据的填报工作；12月13日，组织人员参加北京市教委关于市属高校绩效评价系统培训会，完成个人数字证书的领取及使用发放任务；12月23日，上报经部门领导审核通过的绩效评价财务数据。

（2）按照北京市财政局、北京市教委要求，将当年房屋出租收入301.49万元上缴国库。

（3）取得市教委专项化债资金，用于归还建设银行紫竹桥支行贷款2000万元，至此学校银行贷款已全部偿还，债务风险大大降低。

（4）配合北京市审计局完成涉及8个年度财务数据的经济责任审计工作。

（郑彩云）

招生就业工作

【概况】招生就业工作办公室，是学校招生就业工作的主管部门，承担全校全日制普通高等教育本科学生（简称本科生）的招生工作和归口管理本科生就业的相关工作。招生就业工作办公室下设招生办和毕业生就业指导中心，招生办负责学校每年本科生招生计划的制订，开展招生咨询和招生宣传，负责本科生录取工作以及其他后续工作；毕业生就业指导中心负责学校应届毕业生的就业指导、就业咨询，举办各种招聘会，及时获取和公布就业信息，形成派遣计划，完成就业派遣以及其他后续工作。

2011年，招生就业工作办公室围绕学校中心工作，贯彻落实科学发展观，坚持以“学生为本”，创新思路，扎实工作，招生就业工作稳步推进。招生工作在保证总规模稳定的同时，加强招生宣传，生源质量呈稳中有升势头；就业工作以提高就业质量为目标，加强就业指导，畅通就业信息渠道，提高就业工作服务水平，多方调研开拓京内外就业市场，学校毕业生就业率基本稳定。

（王瑛月）

【招生工作】2011年，学校招生规模基本保持稳定，应届本科生招生计划2680人，其中新疆内地高中班20人，少数民族预科班招生计划30人，高职学生升本科招生计划107人。2011年应届本科生招生计划进一步增加了京外生源招生比例，由2010年的35%增加到40%。2011年较2010年录取生源质量有所提高，其中，在京一本理科和在京二本文科录取情况保持稳定，二本理科录取分数大幅攀升，最低录取线高于北京二本线24分；京外二本录取，有理科招生计划的28个省（自治区、直辖市）中19个省（自治区、直辖市）的平均分超过了当地的一本线，有文科招生计划的18

个省（自治区、直辖市）中10个省（自治区、直辖市）录取的平均分超过了当地的一本线。（王瑛月）

【录取情况】见表8-3和表8-4。

表8-3 2011年理工类普通本科各地录取情况

招生地区	当地分数线		最高分	最低分	平均分	招生人数	男生人数	女生人数	高考满分
	重点院校	一般院校	本科	本科	本科	本科			
北京一批	484	435	591	484	506	700	400	300	750
北京二批	484	435	561	459	471	687	425	262	750
天津	515	429	548	470	508	17	10	7	750
河北	581	535	626	592	601	47	29	18	750
山西	570	520	614	584	593	26	15	11	750
内蒙古	482	409	533	473	496	25	12	13	750
辽宁	520	452	574	538	545	31	14	17	750
吉林	548	443	565	458	531	25	14	11	750
黑龙江	551	460	611	552	578	24	15	9	750
江苏	345	320	360	339	343	40	27	13	450
浙江	550	382	512	492	499	30	23	7	750
安徽	534	477	590	549	558	58	43	15	750
福建	573	460	621	577	587	36	21	15	750
江西	531	474	584	537	544	28	22	6	750
山东	567	503	608	562	583	41	27	14	750
河南	582	531	608	591	595	64	50	14	750
湖北	571	517	583	570	575	32	24	8	750
湖南	572	492	579	570	573	31	21	10	750
广东	568	504	571	533	545	20	17	3	750
广西	506	424	536	500	514	29	16	13	750

（续表）

招生地区	当地分数线		最高分	最低分	平均分	招生人数	男生人数	女生人数	高考满分
	重点院校	一般院校	本科	本科	本科	本科			
海南	615	548	642	614	624	12	11	1	750
重庆	533	479	542	480	519	16	14	2	750
四川	519	448	540	459	506	32	22	10	750
贵州	448	376	486	461	467	25	20	5	750
云南	465	380	485	462	472	28	19	9	750
陕西	540	488	573	545	553	25	18	7	750
甘肃	501	448	531	473	491	35	25	10	750
青海	380	331	400	366	376	12	9	3	750
宁夏	486	444	496	486	492	12	10	2	750
新疆	473	407	533	478	495	28	13	15	750
合计						2216	1386	830	—

表 8-4　2011 年文史类普通本科各地录取情况

招生地区	当地分数线		最高分	最低分	平均分	招生人数	男生人数	女生人数	高考满分
	重点院校	一般院校	本科	本科	本科	本科			
北京二批	524	481	525	496	509	139	38	101	750
河北	562	524	579	564	571	9	0	9	750
山西	543	496	548	540	542	12	2	10	750
辽宁	535	475	539	518	530	8	0	8	750
吉林	537	437	548	530	537	9	2	7	750
黑龙江	540	462	587	541	555	10	2	8	750
江苏	343	319	357	341	345	7	1	6	450

（续表）

招生地区	当地分数线		最高分	最低分	平均分	招生人数	男生人数	女生人数	高考满分
	重点院校	一般院校	本科	本科	本科	本科			
浙江	571	431	542	524	530	8	4	4	750
安徽	547	510	567	551	555	10	2	8	750
福建	564	473	572	565	570	11	4	7	750
江西	532	484	544	528	534	8	2	6	750
山东	570	512	581	557	569	9	3	6	750
河南	562	515	573	566	568	10	2	8	750
湖北	547	507	557	507	538	7	1	6	750
湖南	583	528	589	582	585	8	1	7	750
广西	519	456	529	514	524	8	3	5	750
重庆	564	504	565	549	557	7	2	5	750
四川	533	473	534	520	528	8	1	7	750
甘肃	504	458	503	494	498	11	5	6	750
合计						299	75	224	—

（王瑛月）

【就业工作】2011 年，学校共有暑期本科毕业生 2747 人，涉及专业达 30 个，涵盖工学、理学、管理学、经济学、文学等 5 个学科门类。毕业生就业指导中心积极推进示范性就业指导中心建设，完善指导体系，提升服务水平，向毕业生编发《毕业生就业指导手册》；广泛收集需求信息，畅通信息渠道，深化校企合作，拓展京内外就业市场，联合原机械部高校及周边人才市场召开各类校园双选会，在就业周期内共组织大型双选招聘会 7 场，参会用人单位最多的一场达 260 余家。截至 8 月 31 日，全校就业率为 95.67％，签订三方协议 1934 人，占毕业生总数的比例为 70.40％；考取研究生的 123 人，占毕业生总数的比例为 4.48％；出国继续深造的 118 人， 占毕业生总数的比例为 4.30％；签订各种就业合同灵活就业 453 人，比例为 16.49％。

（王瑛月）

【就业情况】见表 8-5

表 8-5　2011 届普通高校毕业生就业情况

专业	毕业生人数	减派		可分毕业生	实际就业数	地区分布					隶属分布			工作性质									
		考取研究生	出国			北京	其中：京外生源	其中：去远郊就业	西部省市	北京生源去外省	北京市	其他省市	中央部门	机关	军队	企业	其中：国有企业	其中：三资企业	其中：其他企业	事业	其中：高教	其中：其他教学单位	其中：科研	基层
合计	2747	123	118	2506	1994	1777	76	285	12	1	1233	217	544	47	1	1703	708	118	877	163	5	34	55	47
机械设计制造及其自动化	194	12	8	177	149	134	8	50	1	0	88	16	45	1	1	132	78	14	40	15	1	1	10	0
车辆工程	63	1	2	62	53	50	0	15	0	0	35	3	15	0	0	53	25	11	17	0	0	0	0	0
工业设计	58	2	3	54	46	41	1	6	0	0	22	5	19	1	0	41	15	1	25	3	0	3	0	1
工业工程	35	0	0	35	28	28	0	7	0	0	19	1	8	2	0	25	9	3	13	1	0	1	0	0
测控技术与仪器	91	5	2	85	64	55	2	14	1	0	36	10	18	0	0	55	21	6	28	6	0	1	1	2
电子信息工程	183	6	5	173	126	102	3	4	1	0	68	23	35	1	0	105	34	6	65	15	1	0	8	1
通信工程	126	10	7	113	88	75	2	4	1	0	45	13	30	0	0	78	31	4	43	9	0	1	5	0
光信息科学与技术	29	4	1	24	14	14	0	3	0	0	14	0	0	0	0	12	5	0	7	1	0	0	0	0
自动化	147	6	6	137	113	99	3	19	1	0	81	16	16	0	0	107	39	11	57	4	0	0	2	1
电气工程及其自动化	71	5	5	64	54	44	0	5	0	0	40	9	5	3	0	43	15	1	27	5	0	0	2	1
智能科学与技术	31	0	4	30	21	18	0	4	2	0	12	4	5	0	0	20	8	2	10	1	0	0	0	0
计算计科学与技术	197	13	13	183	134	123	7	9	2	1	68	10	56	5	1	111	48	10	53	14	0	0	10	3
软件工程	66	7	2	60	45	44	0	1	0	0	33	1	11	0	0	41	16	8	17	4	1	0	1	0
软件工程（二学位）	3	0	1	3	1	1	1	1	0	0	1	0	0	0	0	0	0	0	0	0	0	0	0	0
会计学（注册会计师）	108	4	5	100	74	67	6	8	1	0	47	5	22	2	0	62	29	2	31	10	0	2	2	0
会计学	44	1	5	39	23	21	2	3	0	0	15	1	7	0	0	17	11	1	5	5	0	3	1	1
财务管理(证券与投资)	55	0	0	55	39	39	0	4	0	0	31	0	8	1	0	33	17	3	13	3	0	1	0	2
财务管理	32	2	2	28	21	18	0	4	2	0	12	2	7	1	0	15	9	0	6	3	1	0	0	0
工商管理	67	6	0	61	47	35	3	6	0	0	28	13	6	2	0	42	13	2	27	0	0	0	0	2
市场营销	62	1	4	58	42	41	1	11	1	0	34	1	7	0	0	34	14	3	17	4	0	1	0	3
工商管理（商务管理）	71	2	1	68	46	44	0	3	0	0	38	3	5	4	0	36	17	3	16	2	0	0	1	3
经济学	62	2	5	58	34	26	5	6	0	0	19	8	7	4	0	23	14	0	9	2	0	0	1	2
经济学（国际贸易）	64	0	4	62	37	37	0	1	0	0	30	0	7	1	0	33	21	0	12	3	0	0	2	0
人力资源管理	60	2	1	59	40	33	2	10	0	0	26	6	8	1	0	32	11	1	20	3	0	1	0	2
信息管理信息系统	204	8	9	189	174	150	7	21	1	0	91	23	60	6	0	151	57	9	85	10	0	3	2	5
电子商务	29	0	0	29	28	25	0	4	0	0	18	3	7	1	0	25	8	3	14	0	0	0	0	1
信息安全	64	5	2	59	48	44	1	2	0	0	30	4	14	2	0	40	15	1	24	6	0	1	1	0
审计学	31	0	0	31	26	25	1	3	0	0	17	1	8	2	0	22	11	1	10	2	0	0	0	0
管理科学	30	1	1	28	23	22	0	3	0	0	10	1	12	1	0	21	10	0	11	0	0	0	0	1
行政管理(办公自动化)	29	2	0	27	24	22	3	7	0	0	20	2	2	1	0	19	8	2	9	2	0	2	0	2
行政管理（电子商务）	60	2	2	57	49	48	3	13	0	0	28	1	20	3	0	36	10	2	24	3	0	1	1	6
行政管理	24	1	0	23	19	18	1	3	0	0	12	1	6	0	0	14	6	0	8	4	0	2	0	1
传播学（网络传播）	27	0	0	27	22	19	1	3	0	0	15	3	4	0	0	20	5	1	14	1	0	1	0	1
英语（商务英语）	87	3	8	76	52	47	6	12	0	0	35	6	11	1	0	39	16	6	17	6	0	4	0	2
英语	16	0	1	16	9	9	1	5	0	0	8	0	1	0	0	3	0	0	3	5	0	4	0	0
信息与计算科学	145	6	8	137	113	101	3	8	1	0	69	13	31	1	0	102	43	1	58	6	1	1	3	2
电子信息科学与技术	57	3	1	54	46	40	1	0	2	0	23	5	18	0	0	41	12	0	29	5	0	0	2	0
统计学	25	1	0	24	22	18	2	3	0	0	15	4	3	0	0	20	7	0	13	0	0	0	0	2

（王瑛月）

资产管理

【概况】国有资产管理处成立于2004年9月，2007年更名为资产管理处，是学校土地、房产和固定资产的产权管理职能部门。主要职责是：贯彻执行国家资产管理法规，建立健全相关的管理办法及规章制度，并对国家和学校资产管理办法及规章制度的落实情况进行监督检查。负责学校拥有的土地和房产管理、固定资产管理、资产购置的招投标工作及学校通用设备采购等工作。全处现有处长1人、副处长1人、管理干部5人。

2011年，资产处以科学发展观为统领，贯彻落实学校第一次党代会精神，按照2011年学校党政工作要点以及本单位2011年工作计划，统一思想、明确目标，坚持认真、专业、务实的工作理念，以服务为本，加强管理、廉洁自律、注重工作上的协调与联系，不断提高服务保障能力，在各学院、各单位的大力支持和配合下，经过全处同志的共同努力，较好完成了各项工作任务，

表8-6 学校资产种类、价值情况汇总一览表

序 号	资产种类	数 量（台、件）	价 值（元）
1	房屋及建筑物		345929398.03
2	土地及植物	1	4046153.41
3	仪器仪表	11927	151155861.75
4	机电设备	2423	68486158.70
5	电子设备	20154	210576804.22
6	印刷机械	149	1609325.51
7	卫生医疗器械	123	2875882.69
8	文体设备	638	3140931.62
9	标本模型	158	1658856.00
10	图书	1026713	27001519.75
11	工具、量具和器皿	231	2399510.22
12	家具	16227	14128556.22
13	行政办公设备	1779	9708366.71
14	被服装具	179	551632.64
15	合计	1080702	843268957.47

（周竞）

努力使学校资产管理科学、和谐、规范，资产汇总情况见表 8-6。

（周竞）

【资产处置】2011 年，处置废旧设备、家具、废旧材料原值 107 万元，收回残值 64062.00 元，按照市财政局要求指定回收公司上交报废电子设备 1730 台（件）。为提高仪器设备利用率，将校内闲置未达到报废标准 140 余台设备进行校内调拨。

（周竞）

【资产管理】2011 年全校新登记资产 4950 台件，金额 5988.74 万元。及时组织各类新增资产验收入库登记、建账和落实管理责任人，做好使用维护记录。截至 2011 年 12 月 31 日全校实有仪器设备 53988 台（件），原值 466291886.3 元。

（周竞）

【软件登记】做好电子文档的备案，全年共登记 425 套软件，计 15582072 元。

（周竞）

【进口工作】按市财政局要求，认真落实京财采购〔2008〕621 号文精神，做好学校进口产品采购的申报工作和进口设备的报关工作（762.28 万元）。

（周竞）

【专项采购】全年完成设备购置专项项目 86 个，总金额 79413138.77 元。全年进行政府公开招标 26 次，签订招投标合同 200 份，中标金额 78073926.72 元，结余金额 776902.35 元。全年政府协议采购 5669754 元，政府协议采购合同 75 份；零星采购 2865192.07 元，合同 30 份。组织校内招标 9 次，中标金额 2868323.65 元。

（周竞）

【土地、房屋产权】①积极与人民日报社房产管理部门和朝阳区房地产管理局联系落实历史遗留问题。②配合海淀区政府清河校区征地修路工作。

（周竞）

审计工作

【概况】审计处是依照国家法律、法规和政策以及学校的规章制度，对学校及所属部门、单位财务收支及其有关经济活动的真实、合法和效益情况依法实施内部审计监督的专门机构。审计处是学校处级建制单位，现有处长 1 人，专职审计人员 3 人。

2011 年，审计处在学校党委和行政的高度重视和直接领导下，在北京市教委审计处的指导下，在学校各部门的支持下，全处同志团结协作，紧紧围绕学校中心工作，全面践行中国内审协会提出的“推进内部审计全面转型与发展，充分发挥‘免疫系统’功能”的要求，坚持以财务收支审计为基础，以经济责任审计、基建修缮项目审计为重点的工作方针，积极开展各种审计活动，促进完善内部控制，规范财务经济管理，提高经费使用效益，推进了党风廉政建设。全年共完成各类审计项目 135 项，审计资金总额 52774.08 万元（未包含正在进行审计中的三个学院），提出审计建议 36 条，为实现学校安全运行、教育健康发展，发挥了内部监督和服务职能。较好地完成了 2011 年审计工作计划和学校领导及上级有关部门交给的各项审计任务。

（曹开东）

【预算执行与财务收支审计】深化财务收支与预算执行审计工作，有效发挥了审计监督作用。

（1）完成了对 3 个学院（信息管理学院、

自动化学院和光电信息与通信工程学院）和 3 个机关处室（研究生部、科技处和教务处）2010 年度预算执行情况审计，针对审计过程中发现的问题，提出审计建议 22 条。

（2）完成了对北京快客印刷厂的停业清算审计，提出审计建议 4 条。

（曹开东）

【经济责任审计】2011 年，首次开展领导干部经济责任审计，完成了对学校 12 位处级领导干部的离任经济责任审计，对 12 位领导干部任期内履行经济责任情况做出客观、公正地评价，并提出审计建议 10 条。

（曹开东）

【基建、修缮工程审计】继续推动基建修缮工程项目审计，全年共审计修缮工程项目 66 项，送审金额 7938.26 万元，审结金额 7645.22 万元，核减金额 293.04 万元，综合核减率为 3.69%。

（曹开东）

【科研经费审计】继续加强科研经费审签工作，全年完成科研经费审签项目 27 项，审签金额 642.44 万元。

（曹开东）

【其他重要事项】

（1）参加学校有关部门的招标、议标会议 65 次，涉及招标金额 1782.11 万元。

（2）配合财务处完成了对市教委下达的 8 个项目、校内教学和科研水平提高经费 15 个项目的绩效考评工作。

（3）配合北京市审计局完成了对原校长杜林同志的任期经济责任审计工作。

（4）档案建设。审计处全年共列卷归档审计资料 15 卷，圆满完成年度审计资料的立卷归档工作。

（5）受到上级机关和主管部门的充分肯定，被授予“2008—2010 年度北京市内部审计先进集体”荣誉称号。

（曹开东）

后勤管理与服务

【概况】后勤管理处（后勤服务集团）[以下简称处（集团）]兼具两方面主要职责，即负责学校后勤管理工作和学校教学科研、师生员工的后勤服务保障工作。后勤管理具体职责：负责制定学校后勤工作发展规划和年度工作计划，建立和完善后勤各项相关管理制度；负责后勤国有资产的日常管理；负责对后勤服务集团的管理工作；负责校园环境、基础设施的规划与改造（基建处提供必要技术支持）；负责学校房屋资产日常管理和教职工住房补贴、住房公积金的管理工作及单身教职工住宿安置和管理工作；负责师生员工的医疗卫生保健，公费医疗管理，学生体检、卫生健康知识教育和宣传，疾病预防、健康咨询、妇幼保健和计划生育工作；负责学校节约能源和环境保护管理工作，制定消耗指标、管理办法和收费标准，并监督实施；负责受理相关工作的投诉、来访和信访等工作。后勤服务保障具体职责：坚持“服务育人”，改善服务态度，提高服务质量，坚持为学校教学、科研工作和师生员工服务的方向，加强管理，完善制度，提高经济效益，保证学校后勤服务的正常运作，为师生员工提供优质的后勤服务。负责学校基础设施（含道路）的日常维护。负责建筑给（排）水、供暖、供电系统的运行管理。针对锅炉房、换热站、电站、水井、设备间等供水、供暖、供电设备设施（包括电梯）的日常维护、保养、检修等，确保设备设施安全运行。负责全校师生员工的饮食服务工作，负责学生公寓管理工作，负责学校交通运输工作。负责校园环境（绿化、卫生）日常管理、维护。负责房屋修缮（零修）及应急抢修等运行保障工作。受学校委托，负责所辖资产的日常管理等。处（集团）下设13个二级单位，分别是党政办公室、房产科、工程科、节能办公室、门诊部、饮食部、公寓部、物业部、校园部、运输部、供暖部、企业部、采购部。2011年，处（集团）职工642人，包括在编人员158人，外聘人员484人。其中管理人员30人，党员67人。

2011年，后勤服务集团总体工作思路是“安全、高效、满意、质量”，努力在规范服务标准、改革运营机制、优化服务环境、提高服务质量等4个方面创新工作，完成年度服务任务。集团所有工作以保安全为前提，确保安全有序运行，确保学校安全稳定；以提高效率为抓手，整合后勤现有资源，提高集团的保障能力；以师生员工满意为目标，实现和谐后勤，为建设和谐校园做贡献；以质量为核心，提高服务水平，建设适应新大学要求的一流后勤。

（王明涛 张丽侠）

【专项修缮工程】严格依法管理，认真履行程序，确保工程质量。修订并严格执行《北京信息科技大学基础设施改造工程项目管理办法》《北京信息科技大学基础设施改造工程招标投标管理暂行办法》《关于进一步规范小型基础设施改造工程项目实施程序的通知》等项制度，严格履行招投标程序，与施工及监理方签订合同、廉政责任书、安全责任书和工程质量保证书，明确责任，加强约束。经努力，顺利完成总投资1625.46万元的包括清河小营校区3号办公楼改学生公寓、三校区计量监测综合工程、采暖系统节能改造（一表两阀）等40项基础设施改造工程，改善了办学条件。

（王明涛 张丽侠）

【房屋管理工作】完成三校区单身宿舍职工情况的全面调查和摸底工作，安置13名应届毕业生入住单身宿舍，办理10名教职工退宿的相关手续，办理校内教职工及配偶单位居住证明及住房调查表等110人次，审批教职工购买两限房26人次，办理教职工已购公有住房上市出售审批手续15户，办理房屋产权过户手续9户。

（王明涛 张丽侠）

【住房补贴与住房公积金管理工作】严格执行政策，及时、认真做好教职员工的住房补贴核算、支取以及公积金支取相关工作，保证教职工切身利益。

（1）全年完成全校1816名教职工、7390.82万元的住房补贴审核、测算、开户和发放（即补贴已打入个人账户）工作，完成办理支取公积金手续267人、支取住房补贴变更公积金支取限额手续659人、支取补贴手续837人。同时按月缴存全校人员1400人的住房公积金和无房新职工284人的住房补贴。2011年底，完成221名无房新职工和无房老职工的住房补贴备案工作。

（2）完成2011年全校教职工住房公积金跨年基数调整工作，完成2011年度住校外在职和离退休人员供暖费的报销工作及校外产权房1325人的物业费和供暖费的核对和支付工作。

（王明涛 张丽侠）

【医疗卫生工作】转变观念，大胆创新，着力硬件投入，突出服务质量管理。

（1）通过前期考察、招投标和发放体检表等一系列程序，历经两个月圆满完成1956名教职工和304名家属的健康体检工作。

（2）认真落实传染病防治工作。新生结核病筛查 2700 人，检出阳性患者 230 人，胸片检查 230 人，跟踪服药 81 人，医院就诊 11 人。甲、乙肝预防注射 110 人。并通过制定宣传板、宣传画、发放宣传材料以及网络、广播等手段宣传高血压、糖尿病、结核病及各类传染病知识。

(3)经过硬件设备更换、人员培训等环节，学校门诊部健翔桥、清河小营和清河三校区相继通过检查验收，医生工作站建站工作顺利完成。

（4）完成全校职工的信息采集、制表、打包、交表等项工作，做好 2012 年全校职工进入医保序列的准备工作。

（5）全年门诊 41226 人次；全年学生体检 5033 人次；完成 2011 年暑期大学生驻地医疗保障及学校运动会等大型活动的医疗服务工作。全年计划生育率 100%、创优达标率 100%。

（6）组织各种形式的献血宣传活动，制作宣传板、发放献血资料。2011 年 16 人被评为献血先进个人，3 批 36 人获得血站的表扬和荣誉证书。

（7）4 月，以 97 分的成绩通过北京市大专院校公费医疗管理检查组的检查。

（王明涛 张丽侠）

【节约能源和校园环境保护工作】

（1）坚持保障供应和加强管理两手抓。按月收集五个校区所用的水、电、气、油及外购热力消耗数据并上报统计局、北京市节能办。定时进行能耗同比、环比分析。2011 年全年用水 49.3 万吨，与去年同期相比，用水量增加了 3.8 万吨，增幅 7.61%；用电 1154.7 万度，支出 555.4 万元，用电量增加了 50.3 万度，增幅 5.14%。

（2）开展宣传活动。于 10 月 17 日至 23 日举办了一次“节能我行动、低碳新生活——我为绿色校园做贡献”的大型节能宣传周活动，通过“我为绿色校园做贡献”的节能宣传签名活动、制作张贴巨幅宣传。展板、节水节电提示牌（3200 块）、发放倡议书（3000 份）、利用校园网、电子屏等方式进行宣传，达到预期效果。

（3）加强节能技术改造。5 月为清河校区学生公寓 10 台电茶炉加装时间控制器；暑假期间根据各校区留校学生情况减少或关闭电茶炉。2011 年学校投入专项改造资金对既有建筑进行外墙保温、更换双玻中空窗、一表两阀等项节能改造；浴室安装太阳加热版 416 平方米和节能变频锅炉；公寓更换限电收费系统；三校区水电计量监测平台等工程。这些工程的实施，为学校完成“十二五”节能减排的任务打下良好基础。

（4）制度建设取得新进展。11 月学校出台《北京信息科技大学节能管理办法》，作为学校节能工作的政策依据，具有重要的指导意义。

（王明涛 张丽侠）

【公寓服务工作】

（1）高度重视安全工作。建立健全安全工作制度，安全责任明确到人，加大安全检查力度，建立安全隐患台账，发现问题及时整改，并联合保卫处、学生处开展 3 次全校性的安全卫生大检查，确保全年公寓尤其是高层公寓安全运行。

（2）有效调配全校宿舍资源。提出切实可行的学生回迁、校区调整方案，积极完成 7 号公寓改造后各项准备工作，有效保证了学生回迁和宿舍调整工作顺利完成。

（3）加强公寓文化建设。改造部分公寓楼标牌及公寓内设施，联合校团委开展“宿舍文化节”活动，积极营造宿舍良好环境和氛围。

（4）加强公寓制度建设。牵头制定《北京信息科技大学学生公寓管理办法》，重新修订学生公寓全部16项重要制度，建立起包括公寓部经理办公会在内的三级会议制度，加强公寓管理和服务规范化、科学化，保证了公寓管理和服务的效率和效果。

（5）努力做好服务学生工作。及时完成学生公寓内设施的维修工作，为有特殊困难的学生提供人性化服务，完成了对学生公交“一卡通”和火车票购买和预定服务工作，配合完成了多项公寓改造工程；积极开展研究生和本科生毕业离校工作，确保了学生离校期间的安全稳定。

（王明涛 张丽侠）

【饮食服务工作】2011年，饮食工作进一步规范管理，降低成本，改善服务，取得成效。

（1）成立由饮食部经理、各校区副经理、管理员、班组长组成的质量管理小组，层层落实管理制度；定期召开经理办公会，及时总结经验、查找不足，及时调整；认真修订管理制度，签订合同，统一管理。落实岗位责任制，保证食品卫生安全；成立安全防火领导小组，落实安全防火责任人，制定安全防火制度，完善安全防火措施，组织安全防火培训。增进学生与食堂之间的互相沟通，各校区共组织8次学生走进食堂和座谈会活动。

（2）继续遵循“三不变”原则，加入“伙联采”平台，降低成本。全年营业收入1686.88万元，比去年的1353.84万元增长333.04万元，增长率为24.6%。

（3）注重改善服务条件。暑假期间配合工程部完成对清河小营校区各层食堂后厨和洗碗间的改造；清河小营校区清真餐厅搬迁至原信园餐厅，改善了少数民族学生就餐条件。8月完成引进新的校园风味小吃餐厅，受到师生欢迎。

（王明涛 张丽侠）

【供暖服务工作】2011年，供暖工作加强人员培训和设备检修，确保正常供暖。全年全面检修全部13台锅炉，保养或更换三校区锅炉房循环泵、报警器，压力表、安全阀送锅检所定检；暑期对供热管网薄弱部位完成更新改造，积极利用供暖控制技术，加大节能减排力度，2011年供暖季比2010年供暖季节约燃气18万立方米、水132吨、电43131度，折合人民币43.21万元。

（王明涛 张丽侠）

【运输服务工作】运输工作遵循“安全、高效、节约”原则，大力加强安全检查和宣传教育工作，培养职工树立职业道德，提高服务质量。全年安全行驶23.5万公里，无甲方责任事故；全部车辆通过2011年度检验。全体驾驶员通过2011年度审验；一名同志被评为海淀区交通安全工作先进分子。同时各线班车准时准点运行、司机热情服务，小车司机随叫随到，没有出现服务质量问题。

（王明涛 张丽侠）

【物业管理工作】强调主动服务意识，注重提高工作效率，成绩明显。面对紧急抢修任务，能做到及时、果断、快速，受到服务对象的好评；完成三个校区下水管道、雨水管道、化粪池的清理疏通工作以及房顶杂物树叶的清理工作，确保了安全度汛；完成三校区水、电、燃气电子版示意图的绘制工作。

建立学校各类设施设备情况台账，维修工作针对实际情况，采用合理方案，务求实效。年初15 万元图书馆空调专项维修款，通过对空调故障和空调配件市场认真调研，放弃大包给专业维修单位的想法，采取针对性维修即逐一检查、逐一维修，

48台10匹空调经过普修后，使用效果理想。

（王明涛 张丽侠）

【校园管理工作】

（1）认真做好日常工作。认真履行对引进社会保洁公司监督检查职责，严格落实环境卫生的日常清扫工作，保证了校园的整洁；完成对校园树木、花卉及绿地的养护工作，全年完成学校大型活动、节假日摆花126560盆，更换草坪4200平方米，种植乔木72棵，种植花灌木1200棵；配合抗震加固工程，完成了大量室内外开荒保洁、校园地面的清理工作。

（2）积极开展创建无烟校园工作。组织大型控烟宣传工作；修订各类控烟工作规章制度，准备控烟工作汇报材料，先后两次接受北京市爱卫会、北京市卫生局和北京市教委组织的专家验收。并在11月14日的控烟工作检查验收中得到专家组的高度认可，学校无烟校园建设取得明显进展。

（王明涛 张丽侠）

【党建工作】2011年，后勤党建工作着力健全完善组织、提高后勤人员能力素质、发挥党组织的政治核心作用以及提高后勤管理科学化水平和后勤服务保障能力4个方面开展工作，取得实效。

（1）组织建设得到加强。针对后勤管理处与后勤服务集团合署办公、行政体制和党员情况变化较大的特点，调整和改选支部；成立各支部支委会，吸收业务能力强、群众威信高的党员进入支委会；举办党支部工作培训班。通过支部调整和培训，支部工作进步明显。

（2）党员学习培训工作成效明显。先后组织党员前往董存瑞纪念馆和辽沈战役纪念馆开展主题党日活动。组织参加学校开展的“优质主题党日活动”评选，获得二等奖和创新奖。同时注意抓党员日常学习，近两年后勤党员在线学习时间一直处于前列。围绕“到底为什么入党”以及“入党之后究竟该如何做”两个基本问题，在党员中开展党员标准要求大讨论。党员们联系自身实际，交流认识、交锋思想。

（3）搭建党员发挥作用的阵地平台。先后组织开展“创业绩、留足迹——爱岗敬业大家谈”和“创建优质高效后勤，我为单位献计策”活动，与行政联合开展以“创先争优人人参与、优质高效师生满意”为主题的2011年度优质服务月活动。广大党员带头参加活动、率先垂范。暑假期间，在党员中开展比作风、比风格、比贡献的“三比”活动，全体党员热烈响应，自觉以党员标准严格要求，保证了2011年暑期各项工作任务的顺利完成。

（4）党建工作创新。改变传统做法，坚持党总支对年度工作和阶段性重点工作统一筹划，对各支部提出指导性要求，给各支部留出自选题目；注意发挥党组织的传统作用，同时特别注意发挥党组织关心党员、服务党员和凝聚党心的作用；主动与行政协调沟通，做到党组织领导与行政领导合力抓工作，实现党的工作与行政业务工作的融合。

（金卫红 张丽侠）

【改革后勤体制和工作】2011年是后勤管理处、后勤服务集团合署办公的第一年。后勤管理处实行处长负责制，后勤服务集团实行总经理领导下的分工负责制，各位领导分工协作。设置总经理办公会、总支委员会会议和部门负责人例会。处（集团）重要工作由总经理办公会议研究决定，党建和工会工作由党总支委员会会议研究决定，部门负责人例会主要总结工作、布置工作。

（王明涛 张丽侠）

【学校调整门诊部机构设置】12月28日，合理调整和配置学校医疗资源，撤销门诊一部、门诊二部，成立北京信息科技大学门诊部，由后勤管理处归口管理。根据工作需要，门诊部设立清河小营校区医生工作站、健翔桥校区医生工作站、清河校区工作点、金台路校区工作点、酒仙桥校区工作点。

（王明涛）

【制度建设成果明显】后勤领导班子多次召开总经理办公会研究讨论后勤规章制度健全、修订工作，分工1名领导负责，党政办公室具体承办，区分为校、后勤、部门3个层次颁发。修订的规章制度内容涵盖后勤所有业务范围。

（王明涛 张丽侠）

【继续开展优质服务月活动】10月10日至11月10日，处（集团）在全后勤系统开展 “优质服务月”活动，主题为“创先争优人人参与、优质高效师生满意”。此次活动各级都高度重视，后勤班子认真设计活动方案，积极动员发动、营造氛围、督促指导和检查验收；各部门广泛参与，结合实际，力争创新。据统计，活动召开各层次动员会议15次，制作横幅标语15条，组织安全知识、礼仪知识、电脑知识及各类业务学习培训16场次，结合工作岗位进行实操演练5次，通过发放问卷、后勤网站与学生座谈等方式征求意见和建议256条（多数表扬），收到后勤内部员工提出的工作改进意见建议190条。各部门结合业务实际纷纷开展各类特色活动，如“学生代表进食堂”活动、“我最喜爱的家乡菜”推荐制作活动、优秀保洁工工作流程示范演示活动、医务人员义诊活动等。活动期间后勤员工共捡拾手机37部、钱包23个、MP3播放器14个、学习机6个、笔记本电脑1个，合计人民币近10万元，均上交保卫处或归还物主。后勤各部门还认真排查服务保障工作中存在的问题，重点针对一些长期存在的问题进行了深入研究，许多得到很好解决。

（王明涛 张丽侠）

【安全工作得到有效落实】2011年，后勤安全工作受到高度重视，安全责任明确、安全措施得力，安全工作得到有效落实。进一步修订完善各部门安全制度和安全工作应急预案；建立安全工作台账，对存在的隐患及时采取措施或上报；处（集团）与各部门负责人、各部门与所属各班组、班组与员工个人逐级签订安全责任书，分解安全责任；严格执行安全检查制度，各部门安全员随时巡视检查部门范围内的安全工作，部门负责人、处（集团）领导不定期抽查。节假日前，处（集团）领导带队全面检查。2011年全年没有发生大的安全事故。

（王明涛 张丽侠）

【增收节支】2011年后勤服务集团上交收入770.69万元，其中水电暖收入355.68万元（含浴室茶炉收费、公寓学生用电超额部分）、供暖补贴款收入86.13万元、企业收入248.04万元、十五所应缴水电暖80.85万元。

（王明涛 张丽侠）

【抗震加固相关工作】

（1）认真做好抗震加固前期准备。及时召开专题会议研究、部署相关工作，拟制工作预算、研究确定物品拆除、搬迁及恢复安装方案及工程完工后的开荒保洁工作。并积极组织落实招投标工作。

（2）妥善落实抗震加固相关工作。及时完成清河小营校区学1、学2号公寓166个房间498张上下床、166张电脑桌连体桌、498组两门柜、664把椅子的两次搬迁工作；腾出清河小营教1楼教室、办公室117间存放学生物品，完成迁移和回装清河门诊部等处空调 20 台；为学校相关部门采购、发放包装纸箱 2625 个。施工当中每天派人出入现场，及时协调配合工作。工程完工后，购进 875 公斤蒙脱石和 400 个储物箱，解决因抗震加固造成的学 1、2 公寓一、二层潮湿问题；派出 1100 余人次连续 15 天昼夜奋战，保洁面积 14 万平方米，按时完成室内保洁工作；抗震加固后校园管理部门人员提前 10 天上班，清理清河小营、清河两校区校园路面建筑垃圾，按时完成校园环境保洁任务。

（王明涛 张丽侠）

基本建设与新校区建设工作

【概况】基建处（新校区建设办公室）是在学校党委、行政的领导下，依据国家有关法律法规和学校规章制度，负责校园基本建设和新校区规划与建设工作的职能部门。主要职责是：负责拟订全校年度及、远期基本建设规划、新校区发展建设规划及相关制度管理；负责按照国家规定基建程序执行工程项目的招、投标及设计，工程监理，资质的全面检查；负责全校新建、改建、扩建、维修工程的施工、质量、工期、安全的全面管理；负责组织工程施工过程的中期、竣工验收、固定资产移交；负责组织施工企业编制工程项目预、决算；负责工程档案收集等工作。下设综合管理办公室、计划管理科和工程管理科 3 个科室。现有处长 1 人，副处长 2 人，科长 2 人，副科长 2 人，其他岗 5 人，共 12 人。

2011 年，基建处（新校区建设办公室）坚持以邓小平理论和“三个代表”重要思想为指导，以科学发展观统领工作全局，紧紧围绕学校中心工作，全处同志共同努力，完成各项校园基本建设任务，新校区工作也取得诸多进展。

（苏灿）

【新校区建设工作】大力推进新校区建设前期工作，取得阶段性成果。

（1）立项选址工作。4 月 13 日，市发改委发布《关于批准北京信息科技大学新校区建设项目建议书的函》；5 月 31 日，市规委批复新校区《建设项目选址意见书》。

（2）新校区总体规划设计工作。完成新校区总体规划设计方案征集代理单位的招标工作、新校区总体规划设计方案征集资格评审工作，编制《新校区设计任务书》，组织新校区总体规划设计征集方案校内布展和评选活动。经过师生投票、专家论证、党委常委会研究，北京城建设计研究总院有限责任公司与美国生态系统城市设计（ESD）事务所联合设计的新校区总体规划方案获优胜奖。

（3）新校区建设项目《可行性研究报告》编制工作。完成新校区节能评估、可行性研究报告编制单位的招标工作，由具有工程咨询甲级资质的达华工程管理集团有限公司编制上述报告。

（4）新校区的征地拆迁准备工作。学校委托北京市振邦承基开发建设有限公司具体实施新校区土地一级开发，双方于 11 月 28 日签署《北京信息科技大学新校区建设项目土地一级开发委托协议书》。

（苏灿）

【现有校区建设工作】

（1）高度重视、认真组织实施抗震加固工程。14 项抗震加固工程涉及清河小营清河清河小营、清河和酒仙桥三个校区，其中教学科研用房 6 项、面积 16888 平方米，学生公寓 2 项、面积 7085.2 平方米，教师单身宿舍（含部分行政办公用房）2 项、面积 3476 平方米，生活附属用房 4 项、面积 2317.7 平方米，其他用房 1 项、面积 249 平方米。严格遵照招投标工作规范程序，在市财政和财务处限定的时间内完成招标、办理合同备案、核对清单和支付工程款等工作。

针对抗震加固工程制定《关于加强北京信息科技大学抗震加固工程管理的若干规定》《工程洽商变更管理细则》等规章制度和管理办法。克服各种困难在 9 月 10 日前全部完成 14 项抗震加固工程，保证学校教学工作的正常开展。

（2）完成 2 项新建工程项目，缓解学校教学、办公用房资源紧张的局面。新建实验楼为二层框架结构，建筑面积 2505.52 平方米，于 9 月 1 日提前竣工，并于 9 月 15 日通过四方验收。3 号办公楼为 2 层砖混结构，建筑面积 2594 平方米，于 9 月 13 日通过 4 方验收。

（3）采取跟踪审计，加强结算审核，各项工程结算工作进展顺利，在 12 月 15 日之前完成本年度各项工程工程款的支付和质保金的返还工作。

（苏灿）

【其他重要事项】完成部门及相关人员岗位廉政风险识别防控工作。完成学校关于推进廉政风险防范管理工作重点部位和关键环节的专题学习。

（苏灿）

健翔桥校区

【概况】健翔桥校区地处朝阳区，位于健翔桥东北角，西临八达岭高速，南临北四环。占地面积约 8.2 万平方米，校区现有教一楼、教二楼及教三楼 3 栋教学楼，校区图书馆设有 4 个阅览室。学生活动场地有：大学生活动中心、带有 300 米跑道的足球场地 1 块，标准篮球场地 8 块，排球场地 3 块。校区现有学生 2410 人，其中研究生为 164 人。在校区办公的学院有光电信息与通信工程学院、计算机学院及其他若干科研机构。健翔桥校区管理办公室主要负责校区综合协调工作；负责校区内部服务、管理与协调以及与当地社区、地方政府的联系和沟通；负责校区离退休、家委会的日常管理与服务；完成学校交办的其他工作。

2011 年，健翔桥校区管理办公室认真贯彻“三个代表”重要思想，深入学习实践科学发展观，紧紧围绕校党委和行政年度工作思路、任务和目标，深入贯彻落实学校党代会精神，积极主动地做好校区综合服务管理、学生管理、离退休工作和校区家委会管理以及属地对外协调的相关工作，不断完善工作制度和程序，团结协作，认真履行职责，努力转变思想观念，强化服务意识，提升工作质量，在全校各项活动中发挥了积极作用。

（张雨）

【积极深入开展创先争优活动】贯彻落实学校以“纪念建党 90 周年 深入推进创先争优”为主题的党日活动，党支部根据工作实际，积极参与学校以“创先争优作表率、我为党旗添光彩”为主题的主题党日活动，协助制作标题为“奉献本职岗位 我为党旗增辉”宣传展板参与优秀党日活动评选，获得教工组三等奖。

（张雨）

【积极配合完成重大活动的准备服务工作】配合相关部门完成 6 月 24 日学校召开的庆祝中国共产党成立九十周年庆祝大会的场

地布置及会前准备工作。协助完成9月29日，1999年诺贝尔经济学奖获得者、美国哥伦比亚大学教授罗伯特·蒙代尔先生到校演讲的会务安排和接待服务工作。配合相关部门完成10月10日北京市副市长洪峰到校调研工作前的准备工作。完成11月12日，由学校承办的北京市大学生人文知识竞赛半决赛的后勤保障工作。

（张雨）

【认真完成区人大换届选举工作】

（1）11月8日，在北京市朝阳区人大换届选举工作中，健翔桥校区的2833名选民（教工277人，学生2404人，居民152人）参加了亚运村地区第五选区选举投票工作。投票站设在校区图书馆一层报告厅。经过校区管理办公室、光电信息与通信工程学院、计算机学院以及研究生部等多部门同志的共同努力，投票工作取得了圆满成功。11月9日的零时按要求封箱，并将投票箱运抵社区。校党委书记郑君礼、纪委书记冯晓春、副校长冯喜春、许晓革参加了本投票站的投票。

（2）在北京市朝阳区人大换届选举工作中，学校王丽坤教授当选为朝阳区第十五届人民代表大会代表。

（李树明）

【协助做好校区各单位办公用房的清点工作】协助学校办公室做好健翔桥校区教一、教二、实验楼、计算中心、网管中心、图书馆的有关教学、科研、办公以及其他用房的清点及信息整理工作。合计汇总用房面积20871.2平方米。

（张雨）

【积极配合完成校区有线电视网络的修复工作】校区家委会与有关厂家、部门积极协调、配合，利用放假时间完成了凤凰卫视由模拟信号到高清数字信号的升级改造工程，学生食堂、图书馆报告厅、第一会议室、大阶梯教室电视信号传播恢复正常。

（李树明）

【配合做好校区学生管理相关工作】进一步做好遗留档案、毕业证、学位证的清查、登记和整理工作。做好校区宣传橱窗、会场、教室的使用及管理工作。配合各教学单位在校区举办2011年高考咨询日准备工作。协助学校学生处、教务处各部门做好毕业生离校手续的办理工作。积极开展就业指导工作，及时公布招聘信息，为来校区招聘的企业积极协调场地，做好宣传，提供周到的服务。上半年2007级学生毕业前夕，配合用人单位在本校区举办招聘会3场，下半年为2008级毕业生组织招聘会共5场。11月9日，在健翔桥校区大学生活动中心为2012届毕业生组织大型综合双向选择洽谈会，共吸引30家单位参会。

（周京华）

【认真做好离退休老同志的服务管理工作】配合离退办党总支组织校区离退休支部参加各类会议，组织参加离退休党支部支部书记、委员培训班及教育活动。做好离退休干部兼职辅导员工作和学生党支部建立一对一的活动，做好每月一次的局级领导阅文工作。11年，离休党支部被评为校级优秀党支部。

（吴景荣 张声玖）

【继续保持校区离退办原有的特色活动】着力建立开展“开心聊天”活动的长效机制，使其成为本校区离退休活动的一个特色“亮点”。全年共开展聊天活动9次；继续统计并为离退休结婚满50周年人员发放金婚礼品，为满70周岁老人送生日贺卡，为80周岁老人送生日礼物；组织老同志开展“每周一歌”乐晚年歌咏活动并成立“健翔合唱团”参加丝竹园社区庆祝建党90周年文艺演出；鼓励离退休老同志积极参加本院巡逻执勤，维护院内秩序，确保院内安全。

（吴景荣 张声玖）

清河校区

【概况】清河校区位于北京市海淀区清河四拨子。清河校区的前身是1984年电子工业部决定在电子工业部第十九研究院原址组建的电子工业管理干部学院，隶属电子工业部，1997年电子工业管理干部学院与北京信息工程学院合并，更名为北京信息工程学院清河校区，2008年3月，经教育部批准，北京信息工程学院与北京机械工业学院合并正式设立为北京信息科技大学后，原北京信息工程学院清河校区更名为北京信息科技大学清河校区。清河校区占地面积43431.19平方米，校区校舍建筑面积48939平方米，其中教学用房8152.26平方米；办公用房2436平方米；学生公寓10014平方米；单身教工公寓1377平方米；学生食堂1889.34平方米；图书馆830.9平方米；锅炉房1251.08平方米；浴室305.7平方米；其他用房2986.56平方米；校区家属楼总建筑面积19696.16平方米。清河校区管理办公室是学校设在清河校区的综合协调管理部门。学校在清河校区还设有教务处教务办公室、保卫处办公室、离退休工作办公室、图书馆、电教中心、计算机中心、网管中心、卡务中心、心理咨询中心、家委会和后勤处（后勤集团）所属的门诊部、饮食服务、校园管理、公寓服务、物业管理、节能、供暖服务等部门。校办企业和后勤企业有：北京意康机械有限公司、快客印刷厂。校区图书馆藏书41000册。校区的教学工作由学校各学院统一安排；光电信息与通讯工程学院、计算机学院、经济管理学院、外国语学院、理学院、体育部等院（部）在校区设有教学、管理和学生工作办公室，各类教室、机房、实验室设施齐全。校区内设有田径运动场，塑胶篮球、排球、羽毛球场，小超市、工商银行和北京银行自助取款机、浴室、报刊服务亭、教一楼、教二楼和各学生公寓楼设有电茶炉16个。各类后勤服务保障设施齐全。

2011年，校区有全日制本科在校生1922人，在清河校区工作的教职工共计157人，其中在编教职工51人（不包括教师）；临时工及外聘人员106人；离退休人员162人。

（孙庆红）

【安全稳定】

（1）校区管理办公室认真贯彻落实学校有关安全稳定工作的一系列文件和会议精神，把维护校区的安全稳定作为校区工作的重中之重。密切关注师生员工关注的热点问题，注意化解工作中出现的各种矛盾，定期进行校园安全巡视和检查，强化各类安全隐患的排查工作，坚持重大节假日前的安全检查和每周的例行巡视，全年共进行4次安全大检查，认真安排落实节假日校区值班工作。通过宣传教育，安全防范制度建设、落实安全防范责任制、隐患排查治理等项工作的开展，有效防范和消除了安全事故的发生，确保了校区校园安全稳定，达到了确保一方平安的目标。

（2）快速、妥善地处置校区突发事件，将突发事件对学校教学、管理秩序的影响降低到最低限度。10月10日上午，巡视发现学校清河校区西门外道路被两车渣土封堵后，校区办立即启动校区突发事件应急处置机制，组织校区相关部门人员赶赴现场，疏导车辆和人员，同时上报西三旗街道办事处、西三旗街道城管分队和西三旗派出所。因无法确定封堵渣土来源线索，后经与西三旗街道办事处协商，由街道综治办负责清运封堵渣土，费用由街道办事处解决。

（3）完成海淀区人大代表换届选举工作。校区清河校区作为海淀区西三旗街道第六选区信息科技大学选举站的承办单位，按要求先后开展了选民登记、选民分组、公布选民榜、组织推荐代表候选人、公布正式代表候选人名单和组织部分选民参加候选人见面会等各项分步工作。本选举站共有包括教工和学生在内的1898名登记选民，选民投票率高达99.5%。

（孙庆红）

【学生服务】

（1）完成校区迎新工作。根据《北京信息科技大学2011级新生入学工作实施方案》要求，多次召开校区协调会议布置迎新相关准备工作，分解任务，责任到人。确保了2011级1368名新生入学报到工作的圆满完成。

（2）完成经管学院2009级和光电、计算机、外国语2011级学生从清河校区到清河小营校区和健翔桥校区的搬迁工作。

（3）坚持“务实、诚恳”的工作理念，努力为校区师生多办实事。开放教师活动室，全年接待教师400余人次；完成二阶梯教室讲台改造为学生活动舞台工程，增加了学生文化活动空间；协调开通工商银行ATM机、北京银行ATM机；制作教二楼楼层房间分布标示牌。

（4）认真开展学生信息的调研，全年举办3次校区学生座谈会，坦诚征询师生意见和建议，对于学生提出的问题，认真向主管校领导和有关部门反映，并及时将解决结果向同学们反馈。

（孙庆红）

【日常管理】组织完成了2011年清明、五一、十一、暑假、寒假等节假日期间校区的值班安排工作。坚持每周二、五开启校长信箱，全年开启104次，转交校办来信2封。完成校区66部公务电话全年12次的电话费收缴工作，全年安装调试、移机、变更电话24部、新拉电缆2条。积极协调经管、计算机、光电、外国语四个学院，成立清河校区各学院学生国旗班，保证全年校区国旗升降工作的顺利完成。

（孙庆红）

【其他重要事项】

（1）协助后勤处完成学4公寓外墙保温、校区各楼暖气节能阀安装和浴室加装太阳能等工程相关工作。

（2）配合基建处完成了门诊楼、单身教工宿舍楼、锅炉房、浴室抗震加固工程的相关工作。

（3）根据市政规划，配合有关部门和东升乡小营村完成校区南门外修建小营路的前期相关工作，组织人员对修路占用学校土地实地进行测量，对地上附着物进行统计，为学校领导和有关职能部门决策提供了真实的数据支持。

（孙庆红）

金台路校区

【概况】金台路校区，位于朝阳区金台西

路2号，毗邻北京CBD中心区和中央电视台新址。校区占地28000余平方米（42亩），地面建筑面积约30000平方米。校区主要职能是校区综合协调与管理。代表学校和校区与当地街道、社区及地方政府进行联系与沟通；负责校区有关公共设施的管理及使用安排；负责居民房租、水费和出租房房租及水电暖的查收；负责校区办公电话的统一管理及话费的缴纳；负责校区家委会的日常管理及服务；配合学校有关职能部门完成并协调相关工作；及时发现并通报校区有关安全稳定的相关工作。校区现有后勤集团所属宏利招待所、校医务所的医务室、离退休办公室的分点及老干部活动中心以及继续教育学院的夜大教学点和机房实验室。另有300余户居民住户等。

校区现有职工13人，其中管理干部3人，收发员兼绿化员、药库保管员1人；电工3人；水暖工6人。

2011年，在学校党委和行政的领导下，在校区联合党总支的指导下，密切配合学校相关部门和所在地区地方政府工作，校区工作平稳有序，干群团结，教学秩序稳定，居民生活和谐，服务保障工作的质量有所提高，顺利完成了校区的职责任务。

（孟创立）

【综合协调与服务工作】

（1）通过多方努力，与热力公司达成交接协议，将热力站交与热力公司管理。

（2）配合学校各相关部门完成临时性任务。配合后勤处甄别校区居民身份、房屋归属，建筑物的基本情况；暑假配合进行两处抗震加固和危房改造工程、地下管道更新改造等；配合完成校区大门改造专项工程。

（3）配合地方政府和行政部门完成门前三包、流动人口普查、节假日的红袖标流动巡逻等工作。

（4）充分发挥家委会、保安的作用，主动寻求地方相关机构部门支持和学校相关部门协助，及时发现和消除隐患，进行宣传教育，签署协议，加强管理，保证校区日常工作安全、稳定和谐。

（5）主动寻找安全隐患漏洞，联系朝阳区危房鉴定中心对原学生食堂（现为三家餐厅）进行危房鉴定，更换自来水和暖气管道，与上年同期相比约节水50%左右；供暖情况明显改善。

（孟创立）

【党建工作】积极开展党支部的各项活动以及职工的理论学习和教育活动，通过集体讨论和其他的集体活动方式，研究金台路校区的工作及重点问题，研究提高工作效率和工作质量的方法和途径，党员和群众的政治认识水平有了显著的变化，主人翁的责任感和热情有了很大的增强，党员能够按照党员标准严格要求自己，在各自的岗位上发挥了党员的先进模范作用。干部能够在工作中深入实际，公正廉洁，务实朴素，尊重一线同志的经验，干群关系密切，形成了团结、民主、和谐的校区工作氛围。

（孟创立）

酒仙桥校区

【概况】酒仙桥校区位于北京市朝阳区酒仙桥地区，占地5.1亩，建筑面积5600余平方米。校区设有继续教育学院的经济、电子、数学、外语、社科、艺术设计等教研室和专业机房、专业实验室，主要承担夜大学生的成人高等学历教育任务。校区管理办公室主要承担校区后勤保障和安全稳定工作；负责校区固定资产的管理；协助学校离退休办公室做好酒仙桥校区离退休人员管理工作；做好与学校各职能部门的协调和沟通；配合校派机构做好工作；加强与当地政府有关机构的沟通联系，确保酒仙桥校区工作、学习、生活秩序的正常进行。校区管理办公室现有校区办主任1人，行政管理岗2人，维修管理岗1人，司机1人。

2011年，根据学校建设“大学科技园”和“北京高端信息产业技术研究院”的发展战略，转变思想观念，调整工作思路，在学校“优化校区资源”“系统调整资源布局”的工作中，紧跟学校发展战略，抓住机遇，积极创造条件，拓展酒仙桥校区的承载功能，使酒仙桥校区尽快成为学校新的科研基地。校区贯彻执行“安全稳定和谐”的基本原则；继续贯彻执行“适度、必要”改善的基本工作原则，为继续教育学院和科技处提供一个安全、稳定、和谐的工作环境。

（陈义平）

【综合协调工作】

（1）协调与当地政府机构关系，确保校区周边环境稳定。在校区抗震加固施工中，校区办积极做好协调工作，加强安全排查力度，着力化解各类问题、矛盾和纠纷。校区办多次与地方政府沟通，妥善解决了周边居民的干扰、抗议，及时解决了施工队与农民工之间的讨薪纠纷。

（2）积极配合继续教育学院、医务派驻和财务派驻人员做好工作，搞好服务，提供有关的后勤、物业管理及各项保障工作。

（李庆月）

【校区后勤保障与安全稳定工作】

（1）安全保卫工作。校区重要部位24小时实时监控，根据校区安全网制度建设的要求，完成校区与各有关单位逐级签订安全责任书工作。

（2）做好日常后勤服务保障工作，及时维护，主动服务，保障校区日常运行。维修服务专人负责，每日巡查，发现问题及时解决，各项维修工作做到随报随修，确保校区教学工作正常进行；做好后勤水、电、气的检修与保障工作。

（3）协助后勤处房产科做好在本校区工作的教职工及离退休人员40余人的冬季取暖费的核查、报销工作。

（4）组织完成2011年节假日值班工作、校区公务电话管理及校区公务车辆管理等工作。

（李庆月）

【抗震加固工作】根据市委市政府3年完成学校校舍抗震加固工作的部署，和学校对抗震加固的安排，积极协助基建处、校办及学校其他有关部门和施工单位圆满完成酒仙桥校区4座建筑物抗震加固工程的前期准备、协调、回迁及安全设施恢复工作。

（陈义平）

【党支部建设】根据学校党委要求，联系校区工作实际，积极开展“学习型党支部”创建活动、开展“为增强学校科技创新能力，我为科研服好务”的主题党日活动，深入开展创先争优活动。

（陈义平）

【其他重要事项】热情关心老同志，不断提高服务水平。校区现有离退休职工46人，其中离休干部2名，党员29名。校区积极配合离退休办公室，注重主动关心和热心为离退休职工服务，组织完成离退休人员体检、探视慰问、发放特困保证金及为离休干部配备“小帮手”手机等工作。

（李庆月）

高教研究与发展战略研究

【概况】高教研究室是2004年10月组建而成的直属研究性质单位。高教研究室基本职能和主要任务：负责学校发展规划研究和发展战略研究，为学校的改革与事业发展提供战略性报告和咨询建议；负责组织学校教育教学领域的理论研究工作；负责学校高教研究论文的评优工作，协助教务处组织教学成果评选；了解和掌握学校教学改革情况，把理论研究和学校教学改革实践有机结合，对学校的教育教学改革提出建设性意见和建议；结合高等教育改革发展形势，根据学校教育教学工作需要开展调查研究，提出对学校教育教学改革具有战略性的意见和建议；负责校内《高等教育研究》《高教研究动态》（《高等教育研究资料》）的编辑、出版和发行工作。作为学校高教研究会的办事机构，负责处理研究会的日常事务。现有研究人员5人，其中教授1人、副研究员1人、副教授1人、助理研究员2人。2010年11月筹建发展战略研究室，2011年发展战略研究室的工作有序有效展开。

2011年，按照校党委、校行政的工作部署和要求，圆满完成了本年度的各项工作任务。

（张文格）

【高教研究信息服务工作】全年共编辑、印制、发行《高教研究资料摘编》10期，计40余万字，内容涉及高教管理体制、师资队伍建设、人才培养、学生工作、大学文化等国内外高等教育发展研究信息。全年共编辑、印制、发行《高等教育研究》2期。充分利用高教研究室网页向全校师生员工发布《高等教育研究资料摘编》、有关高等教育的各种课题申报等信息。与国内100多家高校常年保持资料、信息交换工作。

（张文格）

【发展战略研究工作】积极承担并完成学校“十二五”规划的“发展背景”、“指导思想”、“发展定位”、“发展目标”、“发展任务”以及“发展保障”部分的“开放办学”、“重点工作”以及“体制机制改革”中部分内容的写作工作；召开由校长和主管校长参加的发展战略研讨会，初步明确高校发展战略研究的涵义、重点和特点，为顺利启动发展战略研究室的工作提供了铺垫；编辑《发展战略研究资料摘编》5期，共计20万字，为学校领导、部门领导及学院领导提供有关战略咨询报告、战略研究论文、高教发展动态、大学排行榜等重要信息，为学校的建设发展献计献策。向学校领导提交《大学排行榜视角的北京信息科技大学发展状况分析》和《2011年度北京信息科技大学发展战略咨询报告》：前者通过对我校与全国同类高校、市属前列高校在三大排行榜中人才培养、科学研究、学科专业等方面的差距进行对比，提出我校实现跨越发展的战略性建议；后者涉及现代大学制度建设、大学理念的坚守与创新、地方高校应用型人才培养应当实现的重大转变等内容。

（张文格）

【科研组织工作】组织北京市和教育部“十一五”期间2011年度高教研究课题的申报工作；完成了校内高教研究2011年立项工作，共收到申请材料26项，经过专家匿名评审和会议评审，共有18项课题（重点课题7项，一般课题11项）被确定为校级2011年度高教立项课题；基本完成2009年校内高教研究立项结题工作，26项中，20项已经按时结题；完成了2009年度校级高教研究立项的中期检查工作，13 项中，1 人已经结题，10 人基本按质按量完成了相应研究工作。

（张文格）

【科学研究工作】认真组织“十一五”期间校内高教研究立项成果汇编，整理出“十一五”期间校内高教研究立项结题论文 140 余篇；室内研究人员认真开展研究工作，获北京市委组织部优秀人才资助项目 1 项，北京市教委人文社会科学面上项目 1 项，3 项校级高教研究课题完成结题，新获批校级高教研究课题 2 项，发表各类高教研究论文 20 篇，中文核心期刊 6 篇，其中《中国高教研究》统计源期刊 5 篇。《中国高教研究》2012 年统计，2011 年，学校共在其统计的 14 家核心期刊上发表高等教育科研论文 7 篇，在有资格进入排名的近 700 所本科院校中，并列第 120 名。

（张文格）

【学术报告与学术交流】聘请浙江农林大学党委书记宣勇教授为全校作《办一所自觉的大学》的高教研究报告。

（张文格）

【其他重要事项】积极参加北京市高教学会组织的先进高教研究机构评选工作，获得北京市高等教育优秀研究机构荣誉称号。

（张文格）

图书馆

【概况】图书馆是学校的文献信息中心，是为教学和科学研究服务的学术性机构，是学校信息化和社会信息化的重要基地。图书馆的工作是学校教学和科学研究工作的重要组成部分。

图书馆的基本职能和主要任务：建设包括馆藏实体资源和网络虚拟资源在内的文献信息资源，对资源进行科学加工整序和管理维护；做好流通阅览、资源传送和参考咨询工作，积极开发文献信息资源，开展文献信息服务；开展信息素质教育，培养读者的信息意识和获取、利用文献信息的能力；组织和协调全校的文献信息工作，实现文献信息资源的优化配置；积极参与文献保障体系建设，实行资源共建、共知、共享，促进事业的整体化发展；开展各种协作、合作和学术活动。

图书馆设有办公室、采编部、流通部、期刊部、信息咨询部、技术服务部 6 个部门。在清河小营校区、健翔桥校区和清河校区分别设有流通室和阅览室等。馆舍总面积约 9524.94 平方米，阅览座位 1123 个。清河小营校区图书馆采用大开间全开架管理模式，集借、阅、藏为一体，设有 1 个图书借还处和 6 个阅览室：期刊阅览室、声像阅览室、科技图书阅览室、社科图书阅览室、综合阅览室、电子阅览室；健翔桥校区图书馆设有一个图书借还处和过刊阅览室、中文期刊阅览室、外文期刊阅览室、电子阅览室四个阅览室；清河校区图书馆设有一个图书借还处、一个图书期刊综合阅览室和一个电子阅览室。

图书馆采购、编目、典藏、流通和检索全部实行计算机管理，采用北京创讯未来软件技术有限公司研发的 MELINETS Ⅱ 现代化图书馆信息管理系统进行自动化、网络化管理。图书馆局域网通过校园网与 CERNET、INTERNET 连通，实现资源共享。

图书馆现有正式教职工 52 人。馆长 1 人、副馆长 2 人（其中 1 人兼任），办公室3人，采编部8人，流通部15人，期刊部13人，信息咨询部8人，技术服务部3人。

2011年，图书馆投入536.8万元用于文献资源建设。其中中外文期刊92万元，中外文图书155万元，中外文数据库和电子图书289.8万元。图书馆共藏书81.41万册，中外文数据库51种，声像资料3907件，实际馆藏电子图书60.71万种，拥有使用权的虚拟馆藏电子图书约118万种；读者服务方面，图书馆继续大力宣传馆际互借和原文传递服务，举办多种形式的培训和讲座，继续编辑印刷《图书馆通讯》，加强与读者的交流，更好地为读者提供服务。

（王吉芳）

【文献资源建设】2011年，图书馆继续大力建设文献资源，新增了一批中外文图书、报刊和电子资源，馆藏资源日益丰富。

2011年图书馆新增中外文图书0.85万种，3.86万册，累计馆藏图书达到25.9万种，81.41万册；征订中外文期刊1827册，报纸163份；全年购置、续订中文数据库32种，外文数据库15种，其中包括新订购的外文数据库3种，本地镜像中文电子图书增加58258册。

（江珊　刘春燕　张光华）

【读者服务】2011年，图书馆在做好原有读者服务工作的基础上，新增多项服务内容，更好地满足了教学和科研的需要。

（1）流通与阅览。2011年全年的借书量为81896册。从读者类型分析：2011年本科生共借书57732册，占借书总量的70.5%。研究生共借书18727册，占借书总量的22.9%，教职工共借书5437册，占借书总量的6.6%。从读者借阅倾向分析：2011年读者借阅图书前五位的类别是：工业技术T类38094册，占总借书量的46.5%。语言H类11521册，占总借书量的14.1%。经济F类8710册，占总借书量的10.6%。文学I类8536册，占总借书量的10.4%。数理科学与化学类5545册，占总借书量的6.8%。整体情况比较符合学校的学科特色。

（2）异地预借业务。为满足不同分校区的读者跨校区借书的需求，于2011年5月正式开通异地预借业务，截至年底共处理预借请求918册，满足719册。

（3）宣传原文传递和馆际互借服务。根据BALIS（北京地区高等教育文献保障系统）原文传递管理中心的要求，图书馆于2011年4—5月在全校范围内开展“BALIS馆际互借/原文传递宣传服务月活动”，通过培训讲座、现场咨询、宣传展板展示、问卷调查等多种形式的活动，使读者更全面地了解BALIS原文传递和馆际互借。在BALIS管理中心2011年原文传递服务工作质量和效果测评中，学校图书馆在参评的60个成员馆中位居第23位。

（4）9月，图书馆开通BALIS联合信息咨询服务，完成相关展板的传递和展示工作，开展读者培训。该项服务使读者能够借助北京地区重点高校图书馆的信息咨询服务优势，获得课题查新、论文收录/引用、情报分析、学术/学科评价等深层次信息服务，有效拓宽了图书馆信息服务的范围。

（5）图书馆尝试开展学科联络服务工作，通过向学校图书馆工作委员会委员发邮件、电话、拜访等方式加强与各学科、各学院以及教学、科研管理部门的联系，建立图书馆与各教学科研单位、骨干教师以及学生之间的联系，主动征求他们对图书馆服务及资源建设的意见建议，向他们发送图书征订目录，配合书展、国外学位论文荐购、数据库试用、数据库培训讲座等活动，深入教学科研一线开展推送服务和资源共建工作。

（6）读者服务。图书馆推出丰富多彩的“新生入馆教育”系列活动，活动内容包括：发放宣传彩页和《读者指南》、组织新生入馆教育、举办专题培训讲座、制作“新生空间”网页。5月，图书馆举办“NoteExpress 文献管理软件培训讲座”。10—11月，举办主题为“汇聚信息资源 助力学术科研”的数据库利用交流讨论会，共计4场。各类培训活动加强了图书馆与师生的沟通和交流，也有效提升了师生利用图书馆资源的能力。

（7）编辑印刷馆刊《图书馆通讯》4期，展现图书馆人的工作面貌、业务成果，促进读者更好地了解、利用图书馆。

（8）图书馆完成研11级工程硕士研究生105人《信息检索》必修课、2011级学术型研究生233人《科技信息检索》选修课的教学任务；完成2009级三校区共125人《文献信息检索与利用》选修课、2008级会计专业90人《文献信息检索与利用》专业选修课、自控1005班28人《信息检索与利用》专业选修课的教学任务。

（9）图书馆在原来的咨询系统（电话咨询、E-mail咨询、QQ咨询、咨询台）的基础上开通北京高校网络图书馆的“联合虚拟参考咨询系统”，制定《联合虚拟参考咨询工作规范》，指定专人在规定时间内进行在线咨询值班。2011年咨询量共计608次，其中在线回答次数536次，表单回答次数72次。

（10）10月19日至10月27日分别在清河小营校区和健翔桥校区图书馆举办中文图书展示及荐购活动。10月31日至11月4日，在清河小营校区图书馆举办外文原版图书的展示及荐购活动。

（11）提供论文检索工作。2011年共提供340篇EI检索证明；18篇CPCI检索证明，作为申报科研课题、申报奖励的依据。

（马铭锦 江珊 牛润桃 刘春燕）

【图书馆条件建设】2011年，新增加5台IBM 服务器，5台联想计算机。服务器主要用于图书馆主页等的发布工作和电子图书存储。计算机用于图书编目和参考咨询工作。

（杨伟兵）

【其他重要事项】

（1）图书馆党支部举行新党员发展和预备党员转正大会。全年发展党员4人，转正党员2人。

（2）图书馆接受并按期完成“从参考文献看学校科研人员的文献需求”学校科研基金项目。

（张玉忠 江珊）

网络管理

【概况】网络管理中心是学校负责信息化建设以及网络运行维护的直属单位，负责学校数字化应用、公共信息系统和校园网的规划、建设、管理和日常维护，业务职能主要涵盖校园网络平台、校园卡、公共信息系统建设及技术支撑等内容，为学校的教学、科研、管理等提供支持。网络管理中心下设卡务中心。中心现有工作人员18人，其中在编11人、外聘7人。

2011年，学校网络管理中心按照校党委、校行政对信息化建设和信息服务的工作部署和要求，专项建设坚持统筹规划、分步实施的工作思路，日常网络信息运维服务始终做到用户优先、以人为本，切实解决校园网用户遇到的实际问题，保障学校教学科研办公等业务的用网需求。建设与运维并举，从运维服务中发现现行系统的不足，在建设中对系统升级和完善。边运维边建设，不断提升网络及信息系统的稳定性和性能，改善用户体验。

2011年，年初批复信息化专项经费270余万元、年中及年末追加600余万元，共计11项，实施完成了2个专项，其他专项将在2012年陆续完成。按照市政府232号令的要求，对校外光缆进行改造，新增健翔桥至酒仙桥光纤互联，五环路内的校外光缆全部入地，提前达到政府的要求。改造小营校区核心机房，提高了供电、制冷的可靠性，扩展了机房空间，为信息化应用开展奠定了基础。

（龚汉明）

【数字校园示范校建设】按照市教委“市属高等学校数字校园示范校”的要求，网络管理中心积极组织实施学校“下一代互联网示范应用建设”和“教育教学搜索引擎建设”两个示范应用项目。通过将有线电视与校园网络融合，基于下一代互联网的“北京信息科技大学网络高清数字电视”系统已投入试运行，学校师生通过校园网络即可观看50余个广播电视节目，标志着学校在下一代互联网应用领域迈入了北京高校的前列。与学校参股的上市公司TRS合作，利用学校信息技术领域优势，架设校内搜索引擎和内容管理平台，充分整合校内信息资源，为师生提供更为便捷快速的资源定位服务，并可在教育行业推广使用。

（龚汉明）

【教育部科技发展中心信息化评优】在教育部科技发展中心主办的教育信息化评优活动中，学校获“2011高等教育信息化先进单位”称号。215所高校参加评优活动，30所高校荣获先进单位称号。

（龚汉明）

【抗震加固工程】2011年，学校14项抗震加固工程中，有11个楼涉及网络管理中心所运维的设备和综合布线拆改。为保障学校教学和后勤服务等工作不受断网、断卡的影响，兼顾抗震加固总体工期，时间紧、任务重，以抗震加固领导小组制定的工作方案为指导，在学校办公室、基建、后勤等部门的大力支持及配合下，提前制定涉及设备搬迁、综合布线拆除保护和后期网络恢复等多项工作方案，及时向学校汇报、请示相关工作，及时与相关部门沟通、积极配合、协调处理工作中的问题，确保了11个楼宇设备及综合布线拆改恢复工作的顺利实施，比预定计划提前1周完成了网络恢复，保障浴室、教学楼、学生宿舍等楼宇新学期开学后的用网用卡需求。

（龚汉明）

【新建三号办公楼和实验楼网络综合布线工程】新建三号办公楼和实验楼网络综合布线工程与抗震加固工程工期重叠，在基建工期十分紧张的情况下，留给网络施工的工期就更为紧张，网络管理中心通过与基建处的积极沟通、协调、配合，最大限度地进行交叉作业，保证了两个新建楼宇网络工程的按期完成和相关网络业务的开通。

（龚汉明）

【保密工作】认真贯彻执行党和国家的保密工作方针政策和法律法规及学校保密工作的有关规定，落实学校部署的各项保密具体工作。为学校2012年进行军工保密资格重新认证积极准备，配合学校保密管理部门做好涉密计算机信息安全方面的技术支持、检查和监督等，落实学校部署的各项保密具体工作任务，未发生过泄密事件。

（龚汉明）

九、党建与思想政治工作

组织工作

【概况】党委组织部的主要职能是按照党委的部署和要求，制订学校组织工作计划，对基层党组织建设进行指导和检查；抓好处级领导班子和处级干部队伍建设，负责做好处级干部培养、选拔、任用、教育管理与考核工作；负责基层党组织换届选举工作，做好党员发展和党员教育管理工作；组织开展党建理论的研究工作；负责党费的收缴、管理和使用；负责处级以上干部统计和党员统计工作；受理党员、干部的申诉，做好党员、干部的来信来访工作；办理党员因私出国（境）政审工作；协助党委做好人才工作；配合离退休办公室做好离休干部工作；完成党委、校领导及上级党委组织部门交办的其他工作。党委组织部有部长1人，副部长1人，一般工作人员2人。

2011年，学校组织工作坚持以邓小平理论和“三个代表”重要思想为指导，深入贯彻落实科学发展观，认真学习党的十七届五中全会精神，按照第十九次全国高校党建工作会和北京高校组织工作会议要求，以提高组织工作科学化水平为主线，把贯彻落实好《中国共产党普通高等学校基层组织工作条例》（以下简称《条例》）作为重中之重，以纪念建党90周年为契机，深入开展创先争优活动，进一步加强领导班子和干部人才队伍建设、基层党组织和党员队伍建设，持续推进“六项工程”建设，为实现学校第一次党代会提出的奋斗目标提供坚强的思想、政治和组织保障。2011年，圆满完成庆祝建党90周年系列活动；认真开展学习型党组织建设，组织实施“固基”工程；开展新一轮院系党政班子换届工作；部署创先争优活动第3阶段工作；大力开展干部培训工作；认真做好干部推荐选拔和交流挂职工作；完成市委组织部优秀人才培养资助项目组织申报工作以及党员发展，党务秘书、党建辅导员、预备党员、新生党员培训，各类信息统计等常规性工作。

（李哲）

【干部工作】

（1）开展新一轮院系党政班子换届工作。12月，依据《北京信息科技大学2011年院系行政班子换届实施方案》和《2011年院系党的总支部委员会 直属支部委员会换届选举工作实施方案》，组织开展院系党政班子新一轮换届工作。按照进一步深化干部人事制度改革要求，本次换届在自动化学院和计算机学院试点采用竞争上岗方式选拔产生行政领导班子，在机电学院党总支和计算机学院党总支试点探索“公推直选”新一届党的总支部委员会。

（2）干部和交流挂职工作。6—12月，配合上级考察组完成对学校1名校级领导干部的推荐、考察和提任等工作；以脱产方式选派4名现任处级干部到区县政府部门或教育部重点大学同级挂职。

（李哲）

【基层党组织建设】

（1）圆满完成庆祝建党90周年系列活动。以学习党的历史，牢记服务宗旨，带头创先争优为重点，在全校党员中，开展“党员质量深化年”活动，修订印发《北京信息科技大学发展学生党员工作规范》；采取读书、研讨、征文、调研、唱红歌、知识竞赛等多种方式和途径，对党员进行党史教育和社会主义核心价值观教育；6月24日，召开庆祝中国共产党成立90周年大会，评选表彰22个先进党支部、70名优秀共产党员和8名优秀党务工作者，其中获北京市先进基层党组织1个、北京市优秀共产党员1人，获北京高校先进基层党组织1个、北京高校优秀共产党员2人，北京高校优秀党务工作者1人，党委书记郑君礼作题为《回顾光辉历史 发扬优良传统 努力开创学校科学发展新局面》的讲话。5—10月，围绕“纪念建党90周年，深入推进创先争优”在全校范围内组织开展主题党日活动，经项目评审工作小组评选，共有26项党日活动获得32个奖项。

（2）组织实施“固基”工程。6月，制定印发《北京信息科技大学“固基”工程实施方案》，按照“规范＋创新”的要求，围绕思想建设、组织建设、作风建设、制度建设和反腐倡廉建设等5个方面的薄弱环节，组织党总支（机关党委、直属党支部）重点开展以建设学习型党组织项目引领党员思想建设；以健全党支部工作机制项目促进组织建设；以提升基层党组织功能项目强化作风建设；以完善党总支制度体系项目带动制度建设；以构建廉政风险防范体系项目推动反腐倡廉建设，推动“抓基层、打基础”工作不断向纵深发展。

（3）部署创先争优活动第3阶段工作。10月，制定印发《北京信息科技大学深入开展“提高办学质量促发展、服务人民群众树形象”活动实施方案》，围绕“提高服务社会的贡献率和提高师生群众的满意率”2个目标，进一步深化领导干部队伍建设、“九型”党支部建设和党员“魅力”“能力”“奉献”“成长”工程建设，明确工作内容，创新活动方式，引导广大党员紧密围绕提高办学质量的核心任务创先争优，加快推进学校科学发展。12月，按照上级要求组织开展对基层党组织和党员开展创先争优活动情况进行群众评议的工作。

（4）开展“保质量、强基础、展风采”学生党员质量年活动。自4月始，开展“保质量、强基础、展风采”学生党员质量年活动，通过举办毕业生党员、学生党支部书记、党务工作者的培训，推进《发展大学生党员公开答辩制度》实施，修订《发展学生党员工作规范》，下发《关于加强和改进在大学生中发展党员工作和大学生党支部建设的实施意见》等方式，切实增加有效措施与环节，努力提高党员质量。

（李哲）

【党校工作】

（1）举办在职处级干部主体培训班。4月8—9日，学校举办“拓宽视野 强化责任 提升能力 共谋发展”处级干部专题研修班。通过讲座、研讨等形式引导处级干部解放思想，提升素质，增强责任感、使命感，强化创新意识和合作精神，提高工作执行力，在推进学校各项工作中勇于争先，敢于担当，科学编制好学校“十二五”事业发展规划。全国政协委员、北京师范大学钟秉林校长作《贯彻落实〈纲要〉精神，推动高等教育改革发展》报告；党委书记郑君礼作《全面提升领导干部素质的新要求》报告，同时还代表校党委对新任处级干部进行集体廉政谈话；市委教育工委副书记、市教育督导室主任线联平作《坚持科学发展，构建首都现代化高等教育体系》报告；市委组织部副部闫成长作《北京市人才发展情况》报告；校长杜林作《提升处级领导干部工作执行力》的专题讲座。

（2）处级干部国（境）外培训。7月，选派15名处级干部赴美国21天；8月，选派9名处级干部赴香港8天，进行了高等教育状况、高校体系结构、教育管理体制、人才培养模式、人力资源管理管理等方面的培训。

（3）入党积极分子校级党课培训。4月和10月，以“加强对入党积极分子的理想信念教育，进一步端正入党动机”为主题，举办入党积极分子的校级党课培训班，两期共培训积极分子1100余人。

（4）毕业生党员培训。4月至6月期间，通过对毕业生党员进行党组织关系接转、党员档案材料、工作期间转正等方面的教育，召开优秀毕业生党员经验交流会，开展学生党员文明离校日活动等方式，教育毕业生党员在离校前发挥示范带头作用，到新的工作岗位上认真履责，主动和党组织保持联系，强化党员意识，增强社会责任感，引导毕业生党员树立祖国和人民利益至上的思想，自觉把人生的追求同祖国前途命运联系起来。

（5）充分利用网上学习资源开展培训。3月至4月，学校全体处级干部参加了中国教育行政学院举办的贯彻落实《国家中长期教育改革和发展纲要》的网上学习。同时，组织党员干部参加北京干部教育网和北京高校党员在线学习平台组织党员干部进行在线学习，收到良好效果。

（6）党总支书记、党支部书记调研。全年分4个批次安排各学院党总支书记、优秀教师党支部书记到京内兄弟院校进行走访，就如何发挥党总支、党支部作用、如何做好创先争优工作进行学习调研。10月，以学习贯彻《中国共产党普通高等学校基层组织条例》精神，落实学院党政共同负责制，深入推进学校“抓基层，打基础”固基工程，借鉴兄弟院校成功经验，切实开展好第三阶段创先争优活动为目的，组织全体党总支书记赴扬州大学进行了学习调研。

（7）教师党支部书记及党务工作人员异地教学。6月24至29日，学校党支部书记和党务工作人员一行68人赴江西井冈山进行了为期6天的学习培训。通过实地考察、专题讲座、现场教学、体验式教学、互动教学等形式，参训学员翔实了解了井冈山革命斗争历史、学习井冈山革命斗争传统，深刻领悟了“实事求是、敢闯新路，坚定信念、矢志不移，依靠群众、艰苦奋斗”的井冈山精神和中国革命传统精神。

（8）党务秘书及党建工作辅导员培训。5月，举办各党总支（直属党支部）的党务秘书和负责党建工作的辅导员参加的党务工作培训会，进一步加强各单位党务工作的开展，提高党务秘书和党建辅导员的履职能力，提升素质、强化责任，使党务秘书和党建辅导员更好地开展党务工作以及在党员发展和党员教育管理工作中有效发挥作用。采取专题培训、交流发言、主题研讨和党史知识竞赛等方式，使党务干部找准工作的位置和努力方向。

（9）学生党支部书记培训。10月，通过开展专题讲座、组织参观和素质拓展等方式进行集中培训，全面提升学生党支部书记的能力和素质，充分发挥学生党支部书记在推进学生党支部建设和学生党员队伍建设中的重要作用。

（李哲）

【党员发展工作】2011年，新发展党员968人，其中本科生党员823人，研究生党员128人，教工党员17人；教师队伍中党员比例61%，35岁以下青年教师党员比例75.81%，本科生党员比例14.89%，研究生党员比例64.02%。

（李哲）

【其他重要事项】完成市委组织部优秀人才培养资助项目组织申报工作。8名中青年教师得到合计52万元个人资助，学校党委首次获得“优势学科高端人才引进模式研究”集体项目50万元资助。同时，完成了市委组织部专家组对学校近5年人才培养资助工作开展情况督导检查任务。

（李哲）

宣传与统战工作

【概况】党委宣传部（统战部）是学校党委的职能部门，负责全校的思想政治、宣传教育和统一战线工作。主要职能是管理和协调全校的宣传教育与理论学习，掌握教职工的思想动态，开展形势与政策教育，指导和协调全校思想政治理论课的教学与研究工作，加强对内对外宣传及舆论环境建设，进行全校重大活动的宣传报道，搞好精神文明建设和意识形态领域及校园文化宣传阵地的管理；贯彻落实党的统一战线政策，团结各民主党派，推荐党外代表人士；完成党委和校领导交办的其他工作任务。党委宣传部与党委统战部合署办公，新闻中心挂靠党委宣传部。党委宣传部（统战部）有部长1人、副部长2人、宣传干部6人。

2011年是全国上下热烈庆祝建党90周年、深入学习贯彻落实党的十七届六中全会精神、全面启动实施“十二五”事业发展规划的重要一年，国际国内新形势对宣传思想工作提出了新的更高的要求。宣传部（统战部）在校党委的正确领导下，以邓小平理论和“三个代表”重要思想为指导，深入贯彻落实科学发展观，团结一心，锐意进取，开拓创新，出色完成了各项工作任务。

（薛涛）

【思想建设和理论学习】按照武装头脑、指导实践、推动工作的要求，把学习贯彻胡锦涛总书记在清华大学百年校庆上的重要讲话、在建党90周年纪念大会上的重要讲话、党的十七届六中全会精神引向深入，结合创先争优活动的有关工作要求，全面加强师生的政治理论学习工作。

（1）抓好理论学习与宣传工作。继续坚持和完善学校、院（部处）两级中心组理论学习制度，充分发挥校、院两级中心组的带动和示范作用。全年校级理论中心组分六个专题，组织集中学习14次。宣传部收集整理13万字的权威文献资料编印成册发与中心组成员，邀请有关专家到校举办专题讲座5次，组织观看专家辅导报告录像2次。积极探索理论学习的新形式、新途径，开展校院两级中心组共学活动1次，举办学校党建研讨会中心组集体学习活动1次。结合学校实际，分层次开展学习教育的组织工作，引导和抓好党员、群众的政治理论学习，收集并上传校园网理论学习资料近百万字。采取专题学习、在线学习、自主学习等模式，不断提高政治理论学习的实效性。开辟“创先争优活动”、“十七届六中全会”专题学习子网站，设立6个栏目，并适时更新。下发《理论热点面对面》、胡锦涛同志“七一”讲话单行本等理论学习书籍1000多册。面向师生，开展“纪念建党90周年”征文、“创先争优”理论征文、红色微博征集、“学习党史，坚定信念”主题网络博文评比等活动，共征集到各类稿件500多篇。组织“北京精神”表述语评选、“建党90周年党报党刊事业发展成就展”参观等活动，提高师生理论学习的实际效果。

（2）抓好形势政策课的教学组织和师资队伍建设工作。按照教育部要求，修订完善《形势与政策课》主题课件4个，上半年主题为《“十二五”规划建议解读》、《中国共产党90年的光辉历程及宝贵经验》，下半年主题为《培养健康的社会心态》、《当前国际安全形势》。组织15名新教师试讲考核和30余名教师的集中培训。

（3）努力建设宣传思想工作格局。走访基层单位，主动了解师生所思所想，积极发现全校工作中的闪光点和不足，充分利用好、调度好宣传思想工作的各类平台，努力发挥校园新闻宣传网、校报、宣传橱窗、校园广播台、舆情通报等不同媒体作用，以文字、声音、图像为载体，分主题、专题、简报、系列等方式，使宣传思想工作把握主流、全面呈现、主动开展、引导舆论。全年完成23期254块专题宣传橱窗，制作主题标语200多条，完成电子屏标语500多条。校园新闻网共刊发新闻1800余条。精心设计并完成校报改版工作。广播台完成全年每天1小时的常规播音任务。

（薛涛）

【教职工思想政治工作】认真做好调查研究和舆情调研，切实掌握师生思想动态。建立定期走访各部门和党总支的制度，结合问卷调查等方式，在学校各项工作进程中，围绕政治理论学习、教职工思想状况、关心的热点问题，在每学期初和敏感时期及时开展教职工思想情况调查，完成思想状况调查报告4份、舆情报告2份。完成大学生思想政治教育研究课题申报组织工作和中国电子教育学会院校思政研究会组织的成果申报评选交流工作，部门撰写的报告获得“首都高校纪念中国共产党成立90周年理论研讨征文”二等奖1项、思想政治研究优秀成果二等奖2项。

（薛涛）

【精神文明建设】负责起草制定学校“‘十二五’校园文化建设规划”。在《北京教育》《北京年鉴》三次集中宣传展示学校整体工作、党建和思想政治工作、学生科技创新活动成果成效。根据学校发展建设的实际，及时设计、修订、制作学校形象宣传片。全年利用报告厅组织学习、讲座活动120余次；利用专项经费支持，在假期中完成运动场和大学生活动中心音响设施的改造、建设工作，配合校舍抗震加固工程，在主要教学场所完成文化挂图上墙工程。学校被首都精神文明建设委员会再次授予“首都文明单位”称号。

（薛涛）

【对外对内宣传工作】积极利用校内外媒体，对学校特色和亮点工作进行全面深入的宣传报道。围绕学校学生科技创新成果不断涌现、连续获得国际国内大奖的良好态势，加强对外专题宣传，分别在中央电视台、北京电视台、《光明日报》《北京日报》《中国教育报》《科技日报》《教育与职业》等媒体进行全面报道，受到社会媒体和公众的高度重视。围绕学校创先争优活动“细”“实”特点，编撰《创先争优活动简报》9期，在校报开辟“创先争优活动专栏”，2篇稿件在中央创先争优活动网站刊发，1篇被教育部主办的教育系统深入开展创先争优活动简报第131期刊发，“扎实开展四项工程，加强党员队伍建设”入选新华网和中央党校“全国基层党建理论创新与实践案例库”，并从全国6000余个主题案例中脱颖而出，获得人民网与《党建文汇》主办的全国创先争优征集优秀主题案例50佳之一。完成学校庆祝建党90周系列活动的计划、组织、实施工作，通过邀请专家学者讲授专题党课，召开理论研讨会、座谈会、庆祝大会，举办征文评比、红歌会、辩论赛、演讲赛、党史知识竞赛、艺术作品展览，组织参观各种主题展览，宣传先进事迹，出版文集，放映党史教育影片《建党伟业》，组织看望老党员、困难党员代表，组织收听收看党中央庆祝中国共产党成立90周年大会实况等多种方式，形成了喜庆热烈、务实节俭的活动氛围。完成庆祝新大学成立3周年、诺奖大师进校园、全国大学生数学建模竞赛20周年庆典、运动会、学生开学（毕业）典礼、招聘会等各种重要活动的宣传氛围布置工作。为学校重要工作、大型活动以及有关部门、单位工作提供照相、摄像服务，全面累积照片7000多张，视频资料50多小时。

（薛涛）

【校报编辑部工作】2011年校报经新闻出版总署批准，更名为“北京信息科技大学报”，改版为对开四版。新校报定位为：学校党委和行政的机关报、服务型报纸和文化报。办报要求与目标为：坚持贴近校园生活、贴近师生员工、贴近学校实际，努力体现时代性、把握规律性、富有创造性，切实发挥引导舆论、交流信息、弘扬新风、培育新人、维护稳定和繁荣文化、传承文明的重要作用。版面设置为：第一版为学校要闻，设有校园关注、杏坛风采等栏目；第二版为新闻广场，设有大学时代、新闻快递、院系传真等栏目；第三版为和谐校园，设有学术园地、报告厅、师生故事、健康成长、校园沙龙等栏目；第四版为文化副刊，设有万象观察、文化长廊、书影评论、散文随笔等栏目。校报还推进了网络信息化工作，与华文网报签约共建网络校报平台。全年出版校报7期，发行量2.8万份。10件作品获得年度“北京新闻奖”（高校新闻系列），其中获得一等奖2个、二等奖2个、三等奖6个，获奖率与获奖档次都创历年新高，在市属高校名列前茅。加入中国高校校报协会，并首次参与中国高校校报好新闻奖评选活动，3件作品获得年度中国高校校报好新闻奖，其中二等奖1篇、三等奖2篇。

（谌兵）

【民主党派与党外知识分子工作】2011年，在学校党委的正确领导下，学校统战工作认真贯彻落实党的统战工作方针政策，围绕学校中心任务，凝心聚力，充分发挥党外知识分子在教育教学中的积极作用，开展了系列活动，取得一定成效。

（1）认真学习贯彻上级有关文件和会议精神。组织统战人士集中学习2011年胡锦涛总书记在庆祝清华大学建校100周年大会上的讲话、“七一”重要讲话和十七届六中全会精神。通过学习讨论，使大家更好地把思想认识统一到中共中央的精神上来，把智慧和力量凝聚到中共中央的决策和部署上来，增进政治共识，进一步坚定走中国特色社会主义道路的信念。

（2）积极参与学校“十二五”事业发展规划等相关工作。根据学校“十二五”事业发展规划编制工作安排，为落实学校专题研讨“十二五”事业发展规划编制工作党政联席会精神，邀请民主党派成员和无党派人士代表参加学校 “十二五”事业发展规划研讨会，征求意见和建议。在工作中，学校党委和统战部门充分调动各民主党派、党外代表人士等为学校发展建言献策的积极性。邀请他们参加学校中层干部会，了解学校的重要工作部署，取得他们的理解和支持；举办统战人员座谈会，全面征求他们对学校领导班子建设的意见和建议。

（3）圆满完成区县人大代表换届选举工作，支持和鼓励统战人士参政议政。学校统战部作为学校区县人大代表换届选举工作办公室，在为期3个月的工作中，克服困难，充分发扬民主，按照法定程序，精心组织、周密安排，在全校各部门的大力支持下，圆满完成了人大换届选举任务。学校许宝杰、王丽坤、何深思等3位教授分别当选为海淀区、朝阳区第十五届人民代表大会代表，他们均为无党派和民主党派人士。学校致公党党员刘小河教授被推举为政协北京市朝阳区第十二届委员会委员，何深思教授当选九三学社朝阳区副主委，康劲教授当选民盟海淀区委员，汪效梅老师当选九三学社北京市第四综合支社主委。

（4）不断加强民主党派基层组织建设和党外代表人士队伍建设。按照上级要求组织民主党派的领导和骨干成员参加相关培训，积极指导和协调各民主党派基层组织组织主题教育和实践考察活动，不断提高思想认识水平。积极配合组织部门，共同做好校内党外实职领导干部的选拔、培养、考核工作。积极选拔推荐年轻的党外干部进入市委统战部党外后备干部人才库，2名教师参加市委组织的统一培训，推荐1名教师在学校处级干部聘任中晋升为副处级干部，为民主党派成员积极申报“华夏英才基金”。

（薛涛）

【民族宗教工作】党委常委会专题研究了学校民族宗教工作领导小组调整工作，领导体制和工作机制更加健全。学校领导与其他相关部门多次慰问新疆少数民族学生，为新疆少数民族家庭经济困难学生逐一颁发困难补助。在办学条件极其紧张的情况下，学校将原教师餐厅改建为清真食堂，改善餐厅硬件条件。各级领导多次实地查看食堂卫生和服务情况，清真食品的质量和服务水平不断提高。学校和有关学院，在开斋节、古尔邦节等民族节日期间举办茶话会、座谈会和文艺活动，使少数民族师生感受到学校大家庭的温暖。

（薛涛）

【统战宣传信息工作】邀请民主党派成员代表参加学校举行的纪念中国共产党成立90周年系列活动：理论研讨会、座谈会、庆祝大会、红歌会、合唱赛、主题展览，观看党史教育影片《建党伟业》等。大家盛赞中国共产党成立90年来，以实现中华民族伟大复兴为己任，团结带领全国各族人民进行革命、建设、改革事业并不断取得辉煌成就的丰功伟绩，高度评价中国共产党领导的统一战线90年来所走过的辉煌历程。2011年10月21日下午，民主党派成员赴北京体育大学等地参观考察。

（薛涛）

纪检与监察工作

【概况】纪委办公室（监察处）主要职能是检查党的路线、方针、政策和决议的执行情况；学校党风廉政建设和反腐败工作的任务分解、组织实施和协调工作；受理群众的控告和申诉，查处违纪违法案件；开展遵纪守法教育；对党员领导干部行使权力进行监督；完成校党委、上级纪委和校领导交办的其他工作任务。纪委办公室（监察处）有纪委办公室主任和副处级纪检员各1人。

2011年，学校党风廉政建设和反腐败工作，以科学发展观统领全局，深入学习贯彻党的十七届六中全会及中纪委六次全会精神，认真落实党风廉政建设责任制和《中国共产党党员领导干部廉洁从政若干准则》，切实推进惩治和预防腐败体系建设，为促进学校管理的规范化、制度化，推进学校发展建设提供了坚强的政治保证。

（李燕）

【党风廉政建设责任制】

（1）制定《北京信息科技大学2011年党风廉政建设和反腐败工作主要任务分工》，

确定2011年学校党风廉政建设和反腐败工作的9大类27项主要任务，召开党风廉政建设工作大会部署。

（2）组织校领导与分管单位正职、单位正职与单位副职分别签订《北京信息科技大学处级领导干部党风廉政建设责任书》，明确单位正职和单位副职在党风廉政建设中的责任。一些重点部门将签订责任书延伸到重点岗位的科级干部及工作人员。

（3）制定《北京信息科技大学党风廉政建设责任制考核办法》，并启动考核工作。全校43个处级单位开展自查，写出自查报告，填写《北京信息科技大学2011年党风廉政建设考核表》。学校党风廉政建设责任制领导小组成员、学校纪委委员分组集中听取了16个牵头单位的工作汇报。校领导带领检查组检查9个二级学院的党风廉政建设工作，学校重点检查面达到58%，检查结果在校园网进行通报。全校各单位组织各方教职工代表共计182人，分别对本单位的处级领导班子和领导干部执行党风廉政建设责任制和《廉政准则》情况进行民主测评，全校各处级领导班子和98%的处级领导干部达到优良。

（4）编印《北京信息科技大学2011年党风廉政建设责任制资料汇编》。

（李燕）

【廉政风险防范管理工作】

（1）下发《关于在学院及教辅单位推进廉政风险防范管理工作的通知》，启动二级学院、教辅单位、各校区办、高教研究室等17个处级单位的廉政风险防范管理工作，各单位分别从财务管理、物资设备管理、科研经费管理、研究生招生、奖助学金发放、学生党员发展等重点岗位查找在工作程序、岗位职责和执行制度等方面存在的风险，制定有针对性的防范措施，填写《廉政风险防范登记表》，绘制廉政风险防控流程图。17个单位的处级领导班子和领导干部侧重从“三重一大”及科学民主决策、制度建设与执行、院（处）务公开、廉洁自律、落实党风廉政建设责任制等方面查找存在或潜在的风险，制定防控措施，填写《廉政风险防控表》。

（2）经过2009—2011年3年的工作，学校的廉政风险防范管理工作实现了从重点领域的试点向所有领域的全面覆盖，从重点岗位的试点向校处两级领导班子和领导干部层面延伸、向党政职能部门有业务处置权的岗位延伸，向二级学院延伸的工作目标。编印廉政风险防范管理工作资料汇编4册。

（李燕）

【贯彻执行《廉政准则》】

（1）通过短信平台每周为全校处级及以上领导干部发送一条“52个不准”之一的内容，节假日也不间断。向全校处级及以上领导干部发放廉政准则工作周历。举办廉政准则漫画展。

（2）在2011年全校处级及以上领导干部培训班上，党委书记带领全体领导干部集体学习廉政准则，对其主要内容进行了详细解读，并对全体领导干部进行廉政谈话。

（3）在处以上领导干部中组织开展“党员领导干部违反规定兼职和兼职取酬的自查自纠”工作；组织开展因公出国（境）专项检查；组织开展《廉政准则》贯彻执行情况专项检查工作，组织签订《领导干部廉洁自律承诺书》。

（李燕）

【专项治理工作】

（1）组织开展“小金库”专项治理工作。下发《关于在我校开展2011年“小金库”专项治理复查工作的通知》。全校各单位负责人按照要求及时填写《“小金库”复查报告表》，签订《“小金库”复查承诺书》，对报表的真实性、完整性做出承诺，并在单位内进行公示。学校治理“小金库”领导小组组织开展了督导工作，对二级学院及主要职能部门进行重点检查，并将开展“小金库”复查情况在校园网进行通报。

（2）组织开展春秋季教育收费专项检查，制定《北京信息科技大学2011年进一步规范教育收费工作实施意见》，组织各单位开展自查，与财务处、审计处一起开展重点检查。

（李燕）

【重点部位监督】

（1）配合招生就业工作办公室、研究生部、教务处等单位开展本科生招生、研究生招生、英语四六级考试的监察工作。对参加本科生招生工作人员进行培训，组织签订《承诺书》，全过程监督录取工作。加强对研究生录取工作中的一些重点环节如入学考试、阅卷、面试、研究生推免的监督。

（2）参加资产处、后勤管理处（后勤集团）、基建处、保卫处、学校办公室、教务处、学生处、图书馆、人事处等部门的仪器设备、办公设备、教材、图书、生活用品、建材以及安防、基建修缮工程、体检、保险、人员等的招标（聘）、验收工作等80多次。

（3）配合组织部开展干部选拔、考核及评优工作，出具廉政报告90多人次。

（李燕）

【信访举报工作】认真对待群众来信来访，坚持实事求是的原则，做好调查核实，加强与组织、审计等部门的沟通和协调工作，努力维护学校和谐稳定。制定《北京信息科技大学信访监督工作联席会议制度》、《北京信息科技大学案件通报制度》、《北京信息科技大学“一案两报告”制度》。

（李燕）

【其他重要事项】

（1）全年召开纪委全委会2次。

（2）组织纪检监察干部和纪委委员参加教育部中国教育纪检监察培训中心、市教育纪工委组织的业务培训。

（李燕）

保密工作

【概况】保密工作办公室是校党委保密委员会的日常办事机构，在党委保密委员会的领导下，主要承担保密管理、监督检查、完善落实各项保密规章制度、组织开展全校的保密宣传教育以及对全校涉密人员按照有关规定进行管理等工作任务。保密工作办公室由1名正处级办公室主任和1名专职保密工作人员组成。

2011年，学校保密工作围绕学校中心任务做好服务保障工作，在保密宣传教育、规章制度建设、组织机构建设、技术防范能力建设、监督检查和重新申请保密资格认证准备等方面做了大量工作，为学校的改革发展提供了有效的保障。

（张京华）

【保密制度建设】完善保密规章制度，使学校保密工作有章可循。根据军工保密资格审查认证对保密规章制度的相关要求，按照《武器装备科研生产单位二级保密资格标准》的有关规定，结合学校保密工作实际，完成对学校现有保密规章制度修订和完善工作。在健全和完善学校保密基本制度的基础上，加强二级单位保密制度的建设工作。修订保密管理工作制度31个，并汇编成册，同时为了方便工作的开展，将保密管理的主要工作流程及保密审查审批表格汇编成册。

（张京华）

【保密管理】

（1）涉密计算机、存储介质等保密管理工作。投入21万元购置涉密计算机安全防护软件，对学校涉密计算机、中间机进行安全防护。将涉密计算机和所使用的涉密介质绑定，有效解决了介质在涉密计算机上混插的问题，并对设备各个接口进行控制，防止文件非法输出。全校设置三个信息集中输出点，对信息输出进行有效控制。制定涉密计算机安全防护策略，开展涉密计算机的分级保护和互联网信息的保密检查等工作。杜绝了涉密计算机及存储载体接入互联网。定期对涉密计算机及存储载体进行检查，利用审计软件，定期查看监控审计报告，杜绝计算机、传真机、复印机等现代化办公设备以及涉密载体的失泄密事件发生。

（2）涉密文件销毁工作。涉密文件及内部文件均到上级指定的销毁中心进行销毁，先后3次共销毁2334千克。

（3）提高保密要害部门部位的综合防范能力。针对保密要害部门部位的特点，加强保密技术防范设施建设，突出重点，加大投入，完善人防、物防和技防措施。同时，抓好涉密人员的管理，落实责任，切实做到责任到人、管理到位，不断提高保密要害部门部位的综合防范能力，为重新申请保密资格认证奠定良好的基础。按照武器装备科研生产单位保密资格认证新办法和新标准的要求，投入11万元资金，对学校保密要害部门部位的防护硬件设施进行改造。

（4）涉密人员的管理。全年涉密人员变动10人，其中新上岗8人、离岗2人。加强对涉密人员的动态管理工作。首先，根据“以项定岗、以岗定人”和“先审后用”的原则，认真做好涉密人员资格审查工作；第二，认真做好保密责任书签订工作，使在岗人员明确责任与义务，遵守纪律，忠于职守，为学校保密事业发挥作用；第三，认真做好离岗脱密工作，在履行签订离岗保密义务承诺书和脱密期期间，学校保密部门跟踪管理，直至达到脱密要求；第四，认真做好涉密人员出国（境）的管理工作，除按程序履行手续外，由学校相关职能部门对其进行保密教育、审查审批并上报有关部门备案；第五，认真做好涉密论文的审查工作，抓好审批流程各环节的工作，确保国家秘密的安全。

（张京华）

【保密宣传教育】做好保密宣传教育工作，提高全员保密意识。深入开展保密宣传教育和培训工作，以重新申请军工保密资格审查认证工作为契机，重点抓好各级领导干部。涉密人员和保密干部的教育培训。采取定期与不定期的方式，对涉密人员和其他人员开展保密宣传教育工作，增强并提高涉密人员的专业理论知识和业务水平，增强全员的保密意识、责任意识和防范意识。组织四次集体培训，进行《保密法》《认证标准》、信息设备的保密安全防范的教育和培训，共有200余人次参加。组织相关人员参加北京市保密局组织的计算机安全防范培训；参观国家保密局举办的泄密、窃密展览；组织5次涉密人员及有关人员保密知识测试活动。

（张京华）

【保密监督检查】

（1）学校按规定完成上级布置的各项检查任务。各涉密单位按《标准》要求，对本单位的保密工作进行定期与不定期的检查。3月底根据市委保密办《关于开展专项保密检查的通知》（京密办〔2011〕5号）要求和学校第一季度保密工作检查及学校实际，开展了第一季度保密工作检查，重点检查了涉密信息资料管理和网络安全保密管理方面的工作，并将有关工作向北京市委保密委员会进行了汇报。

（2）11月根据北京市军工保密资格认证办公室《关于组织开展北京地区军工保密资格认证单位（二、三级）安全保密检查工作的通知》要求，下发《关于组织开展保密工作检查的通知》，明确时间安排、检查内容、工作要求，设计北京信息科技大学保密工作自查表（10大项，55小项内容），要求各有关单位根据相关内容进行保密自查，在各单位自查的基础上，学校进行重点检查，并将自查情况上报认证办。

（3）完成涉密人员和涉密单位每月保密自查、单位负责人季度检查、涉密单位半年检查工作。

（张京华）

【其他重要事项】

（1）启动重新申请军工保密资格审查认证工作。根据学校2011年党政工作要点确定的重点工作，按照《武器装备科研生产单位保密资格审查认证管理办法》（国保发〔2008〕8号）和《武器装备科研生产单位二级保密资格标准》要求，认真做好学校重新申请军工保密资格审查认证的各项准备工作。11月，已完成《认证办法》《标准》和《评分标准》的学习、动员发动工作，同时也完成部分认证的准备工作。

（2）为使学校军工保密资格审查认证工作顺利通过，主管校领导带队，保密办及科技处相关人员多次到上级主管部门、兄弟院校进行咨询和调研学习。

（3）新增一个保密要害部位。根据学校工作实际，设立光电信息与通信工程学院保密室。

（4）保密档案管理工作。为加强保密档案资料的经常化、规范化建设，根据《武器装备科研生产单位二级保密资格标准》的要求，按保密责任、组织机构、保密制度、监督管理、保密条件保障五大类整理保密档案资料卷宗32盒54册。

（5）积极开展保密先进评选活动，评选出2011年度保密工作先进集体5个、保密工作先进个人18人。

（张京华）

学生工作

【概况】党委学生工作部（学生处）（武装部）（以下简称学生处）的主要职责是负责全校本科生的思想政治教育、日常服务管理以及国防教育。下设学生综合管理办公室、学生思想教育办公室、学生资助管理办公室、心理健康教育中心（心理咨询中心）4个工作机构。学生处坚持“以学生为本”，以培育优良校风学风为核心，将学生思想政治教育贯穿于学生培养的全过程，服务于学生的全面发展。通过心理健康教育、学生资助、军事训练和国防教育、保险、社会实践等日常工作的开展，努力为学生提供优质服务，培养和锻炼学生坚韧的意志品质以及创新精神和实践能力。

2011年，学生处以邓小平理论和“三个代表”重要思想为指导，进一步深入贯彻中央16号文件精神，按照学校2011年党政工作要点确定的有关学生工作部署和要求，认真研究大学生思想政治教育中的新情况、新问题，积极开展学生教育、管理、服务工作，着力探索和构建学生健康成长成才的服务体系，努力开拓学生工作新局面。

（张良志）

【思想政治教育】2011年，按照大学生思想政治工作要体现时代性、把握规律性、富有创造性的要求，学生处紧紧围绕“立德树人”这一根本要务，坚持育人为本、德育为先，开展了一系列教育活动。

（1）通过参观学习强化思想引领。3月初，组织学生学习《北京日报》任思文的署名文章《自觉维护社会和谐稳定》《维护稳定从每个人做起——再谈自觉维护社会和谐稳定》，3月底，组织部分学生前往国家博物馆参观《复兴之路》基本陈列，5月初，组织部分学生观看教育部组织的庆祝建党90周年“红色经典”专场演出，10月中旬，安排部署学生学习十七届六中全会精神并召开座谈会，通过各项活动，积极引领广大青年学生思想。

（2）深入调研把握学生思想动态。3月及9月，寒暑假假期结束后，在全校范围内开展学生返校后思想状况调查工作。通过宿舍走访、座谈会、主题班会以及生活会、个别访谈、问卷、思想汇报等多种形式了解掌握最直接的学生思想动态，形成《学生返校后思想状况调查报告》。

（3）办好校级党课提升理论修养。4月、10月，学生处和组织部合作开办了两期校级党课学习班，内容包括理论知识学习和红色电影教育，校党委副书记、学工部长、人文社科学院教授等分别给学员讲课。经过考核，共有1025名学员完成培训学习，顺利结业。

（4）认真做好红色“1+1”共建工作。4至10月，指导各学院积极开展红色“1+1”活动，共有11个学生党支部同农村、社区和部队结对，开展共建工作，收到良好效果。在北京市开展的2011年红色“1+1”示范活动评比中，机电工程学院机械专业学生第二党支部，光电通信学院电信学生第二、第三党支部，自动化学院第二学生党支部，计算机学院计算机科学与技术学生党支部获得红色“1+1”示范活动三等奖；学校被授予2011年北京高校红色“1+1”示范活动优秀组织奖。

（5）忆党史颂党功坚定理想信念。5月，启动“感悟光辉路程 争做时代先锋”主题教育活动。重点举办了“学习党史 坚定信念”党史知识竞赛活动、“唱红歌 颂党恩”大合唱比赛和校园十佳歌手大赛、组织二年级学生观看电影《建党伟业》等，有效提高了学生的思想政治觉悟。

（6）做好毕业教育引导文明离校。5月，下发毕业生教育工作通知，对有关工作做出部署和安排，积极倡导各学院结合实际情况，制定行之有效的具体教育方案，引导毕业生文明离校。完成2011届毕业生《留给母校的心里话》编印、毕业生纪念册制作、分发和毕业生心理疏导等工作。

（7）开展引航工程做好新生教育。9月，开展新生入学教育，启动“赢在起点”新生引航工程，进行为期一年的新生主题教育。

（8）举办学生党支部书记培训班。11月，举办学生党支部书记“五个一”培训班，内容包括一场主题报告、一次工作实务讲座、一次参观学习、一场红色电影教育、一次讨论交流。全校57名学生党支部书记参加培训并提交学习心得。学工部部长回世勇、组织部副部长姜伟华分别为学生作报告和讲座。

（9）积极开展新生党员培训工作。11月，学工部组织进行新生党员培训，校团委书记兼学工部副部长李华涛为新生党员做了题为《坚定信念，牢记宗旨，做一名优秀的共产党员》的主题报告，新生党员47人参加了培训。

（10）新生知识竞赛了解校情校规。12月7日，2011年新生校情校规知识竞赛在清河小营校区大学生活动中心举行。本次活动主题为“遵章守纪 知校爱校 健康成长 兴校荣校”，副校长许晓革出席活动并讲话。经过激烈角逐，最终信管学院获得一等奖，计算机学院、外国语学院获得二等奖，经管学院、人文社科系、光电通信学院获得三等奖，机电学院、自动化学院、理学院获得优秀奖。

（11）发挥老同志作用做好面对面工程。2011年共有7名学生与学校退休老干部结成“一帮一、面对面”对子，接受老同志的辅导和帮助，取得了较好的效果。

（12）国防教育工作。11月10日，组织50余名学生代表参加由北京市委教育工委主办的首都大学生国防教育系列活动启动仪式暨优秀士兵先进事迹报告会。11至12月，根据中共北京市委教育工委、北京卫戍区政治部《关于开展首都大学生国防教育系列活动的通知》，组织师生积极参加国防教育征文及知识竞赛活动。12月14日，承办由市委教育工委、北京卫戍区政治部主办的“形势热点面对面”报告会，邀请国防大学李莉教授为学校师生作了一场有关军事高科技与信息化武器装备，世界主要国家和地区武器装备现状与发展的讲座。在学校师生中进一步普及了国防知识，帮助大家进一步认识和了解了我国当前的国防形势。

（张良志　李伟彪）

【校风学风建设】

（1）5月，为加强考风考纪教育，学生处开展诚信考试主题教育活动，学生处首次和教务处联合开展期末考试巡考工作。诚信考试承诺制度初步建立，在本年度各项考试中得到推广，所有本科生须持本人签名的诚信考试承诺书方可进入考场。

（2）8月，按照实施“勤学立信 思睿博雅”校风学风文化建设工程的要求，学校启动学风调研工作，调研委托北京师范大学教育学部专家领导的项目组进行，通过大样本问卷调查、校领导访谈、辅导员座谈、深入课堂听课、校园实地察看、理论分析等方式，全面总结新大学成立以来学校校风学风建设取得的成就，系统分析新形势下育人工作面临的新情况、新问题，深刻挖掘校风学风文化的内涵和外延，形成制定整体工作方案和推进工作的一手资料。

（3）9月19日，学生处组织各学院学生参加国际交流处主办的“诺奖大师进校园活动”，200多名同学现场聆听了1999年诺贝尔经济学奖获得者罗伯特·蒙代尔(Robert A. Mundell)教授的学术讲座。

（4）11月，为切实掌握学生学习状况，学生工作系统开展本单位自查听课和跨单位交叉听课，每人听课三次以上，并对教师访谈、辅导员听课、学生问卷调查等进行系统分析和总结，形成详细的总结分析材料。

（张景波　张良志）

【大学生心理健康教育工作】进一步加强大学生心理健康教育工作，着力构建“全体与个体、课内与课外、教育与咨询、预防与干预”相结合的心理健康教育工作体系。

（1）成立心理健康教育及心理咨询相关机构。根据中央和北京市关于加强大学生心理健康教育的有关文件精神，为了更好服务于学校大学生的健康成长，经党委常委会研究，成立大学生心理健康教育领导小组及心理健康教育中心和心理咨询中心。

（2）心理健康教育宣传工作。中心利用网站、报纸、宣传册和海报等多种形式进行心理健康知识宣传。心理健康教育网站设有多个栏目，每周更新。心理健康教育报纸《心苑》，通过各种蕴含心理健康知识的小文章向广大学生普及心理健康知识。此外，中心制作了大型海报展示架，每月更换宣传主题。

（3）开设心理健康教育课程。心理健康教育课程是面向广大学生进行心理健康教育的主阵地。心理健康教育中心开设了《大学生心理学》公共选修课，课程教学深受学生好评。

（4）个体咨询和团体辅导。中心分别在清河小营、健翔桥、清河校区，开展面向全校学生的个体心理咨询服务。目前，中心每周可提供30个个体心理咨询时段，全年接待来访学生200多人次。在团体辅导方面，中心制定了新生适应团体辅导工作方案，培训、指导各学院心理辅导员以班级为单位具体实施。

（5）心理危机干预工作。3月，开展在校学生春季心理危机排查工作，共排查在校学生11220人。5月，开展毕业生心理危机排查工作，加强对学业困难学生、家庭经济困难学生等群体的关注，指导各学院在排查的同时，更注重对毕业生的情绪疏导和人文关怀。12月，开展2011年新生心理普查与建档工作，共普查新生2710名，为每一名新生建立电子心理档案。根据普查的结果，对存在“自杀倾向”的学生、和存在严重心理问题的学生，邀请精神卫生专家进行自杀风险评估、逐一排查；对“异常心理”学生，发出《约谈邀请信》组织专家进行约谈，并给院系下发危机处理单，指导学院进行转介和开展预后工作。中心还通过课堂、日常咨询、学院报告等渠道监测发生心理危机的学生并为他们逐一建立心理危机干预档案。本年度，中心共进行15人次的紧急心理危机干预。

（6）大学生心理健康节。4至5月，在全校范围内开展了丰富多彩的活动，辐射到全校每个校区、每个学院和每位学生。在“名家进校”活动中，中心邀请了中国人民大学、中国农业大学、首都师范大学的知名心理专家来校为大学生做关于“情感”、“心理健康”等方面的讲座。此外，中心还开展了心理专家现场咨询、心理影片赏析、阳光心语传递等活动。

（7）新生入学心理教育。9至10月，中心开展覆盖全体2011级新生举办大学新生心理适应讲座，利用大型海报宣传心理咨询、公布预约电话，并印制宣传中心的书签发放到每一位新生手中，引导他们在遇到困惑时主动寻求专业心理帮助。

（8）学生心理健康信息月报工作。为更好地掌握全校学生心理健康动态，做到对学生心理危机的早发现、早预防、早干预，中心自12月份起，要求各学院每月填写《学生心理健康信息月报表》，上报心理健康教育中心。心理健康教育中心根据情况进行反馈、指导和干预。

（9）心理健康教育工作队伍建设。为更好地发挥三级三级体制在心理危机预防与干预工作中的重要作用，本年度，中心为学工系统教师做了大学生心理危机的预防与干预培训，为心理委员做了心理委员知识技能培训等。此外，中心今年继续选送 6 名心理辅导员参加国家心理咨询师培训及考试。

（10）心理健康教育科研工作。本年度中心申请到北京教委人文社科面上项目《北京高校教师幸福感研究》。中心教师积极开展各项学术研究活动，通过学术研究工作，将实际工作中积累的经验上升到理论层次，使心理健康教育工作更加具有科学性、系统性，更好地为大学生提供服务。

（蔡蓉）

【学生助学体系的建设与管理】认真落实国家资助政策，进一步强化资助育人功能。

（1）家庭经济困难学生的认定工作。12 月，全校本科生中家庭经济困难学生 2148 人，占本科学生总人数的 20.14%。

（2）国家助学贷款工作。学校共有 583 名家庭经济困难学生与北京银行签订了国家助学贷款协议，获得国家助学贷款 300.26 万元。264 名 2011 届毕业生与北京银行签订了还款协议，11 名考取研究生的 2011 届毕业生办理了贴息手续。163 名学生办理了生源地贷款。

（3）勤工助学工作。学校共设立勤工助学固定岗位 465 个，临时岗位 326 个，有 3261 人次参加勤工助学活动，发放勤工助学劳务费 133.44 万元。

（4）资助类奖学金、助学金及社会资助工作。9 至 10 月，经过严格、公开的评定程序，共有 24 名学生获得 2010—2011 学年国家奖学金，总奖金额 19.2 万元；352 名学生获得 2010—2011 学年国家励志奖学金，总奖金额 176 万元；1656 名学生获得 2011-2012 学年国家助学金，总奖金额 526.74 万元。全年学校共有三项社会资助奖学金（TRS 奖学金、技术发明奖学金、计算机世界奖学金）全年奖励资助学生 36 人。

（5）特殊家庭经济困难学生群体资助工作。全年共为 13 名受突发性事件影响的家庭经济困难学生发放一次性困难补助 1.74 万元，向 60 名新疆籍少数民族家庭经济困难学生发放专项补贴 12.53 万元。

（6）应征入伍学费补偿国家助学贷款代偿工作。全年学校有 3 名应征入伍的 2010 届毕业生获得学费补偿款 5.2 万元。

（7）新生入学绿色通道工作。全年共有 252 名家庭经济困难学生通过绿色通道入学，学校为 2011 级家庭经济困难学生发放免费生活用品及教材共投入 6.6 万元。

（马绍辉　万岚）

【学生事务管理与服务】以学生为本，以提升学生事务管理工作水平为重点，强化管理育人环节，按照严谨、细致、深入、务实的要求，逐步推进学生事务管理工作的规范化和精细化。

（1）综合素质测评及奖学金评定工作。2010—2011 学年第一学期全校学生共 2803 人次荣获校内优秀学生奖学金，其中学生综合奖学金特等奖 15 人、一等奖 332 人、二等奖 724 人、三等奖 1270 人、学习进步奖 218 人、学习单项奖 244 人，发放奖学金 172.74 万元；2010—2011 学年第二学期，全校学生共 2105 人次荣获校内优秀学生奖学金，其中学生综合奖学金特等奖 38 人、一等奖 255 人、二等奖 537 人、三等奖 934 人、学习进步奖 176 人、学习单项奖 165 人，发放奖学金 133.605 万元。

（2）竞赛单项奖学金、学术创新奖学金审定工作。2010—2011 学年第一学期，共有 389 人次申请并获批竞赛单项奖学金及学术创新奖学金，共计发放奖学金 7.948 万元；2010—2011 学年第二学期，共有 411 人次申请并获批竞赛单项奖学金及学术创新奖学金，共计发放奖学金20.044万元；全年累计发放竞赛单项奖学金、学术创新奖学金27.992万元。2011年竞赛单项奖学金获奖人数与往年相比有显著增长。

（3）学生违纪处理工作。6月，进一步规范违纪处理程序，明确各相关部门在违纪学生处理过程中的职责。2011年共有85名同学因违纪受到学校纪律处分，其中，31人受到警告处分，7人被给予严重警告处分，42人受到记过处分，4人受到留校察看处分，1人被开除学籍。2007级毕业生中共有40名同学因违反校规校纪受到纪律处分，23人申请解除处分，根据《北京信息科技大学学生违纪处分规定》第六章第三十七条、第三十八条的有关规定，经学院（系）学生工作办公室审核、学生处复审、主管校领导审批，有4名同学符合处分解除条件，学校依据相关规定对该4名同学的处分予以了解除。

（4）校外住宿管理工作。学校共有47名同学申请校外住宿，其中大一学生1人、大二学生2人、大三学生3人、大四学生41人；学生校外住宿情况为11人校外租房居住，31人回家居住，5名同学出国留学。申请校外住宿的原因主要有以下几种：①因实习、考研需要一个安静的学习环境且居家离学校较近，这是主因；②因本人健康原因需要家人照顾；③出国留学、休学。

（5）优秀毕业生评选工作。2011年经过学院初选，学生处审核，并经校长办公会讨论通过，共评选出137名校级优秀毕业生，82名市级优秀毕业生。

（6）大学生平安保险工作。6月，通过公开招标确定中国大地财产保险股份有限公司为学校学生平安保险的承保公司。学校新入保的同学共有1926名，共有42名同学申请理赔，理赔总金额为7.812万元。

（7）征兵工作。5月，按照北京市教委学生处相关要求，经宣传动员、政策咨询，最终学校有3名毕业班同学进行了网上预征报名。11月，依据北京市2011年冬季征兵命令，成立征兵工作领导小组，印发《关于做好2011年冬季征兵工作的通知》，2011年学校有55名男同学报名应征入伍，10名女同学进行了网上预征报名。经过体质检查、政治审查等一系列环节，最终29名同学（含1名女生）顺利入伍，其中有6名同学为进藏兵员。

（8）学生军训。由于学校抗震加固工程的影响，2010级（二年级）学生军训提前至6月19日。在15天的军训中，在保证完成训练及教学任务的基础上，结合建党90周年，开展了丰富多彩的活动。7月3日，2010级2680名同学顺利完成了军事技能训练、军事理论课程等各项学习任务返回学校。

（9）学生军事爱好者协会。作为武装部直接指导下的学生社团，军事爱好者协会积极组织同学开展、参加各类国防教育活动，社团影响力不断扩大，在征兵动员工作、日常国防教育等各项工作中继续发挥积极作用。

（张景波）

【学生工作队伍建设】加强学生工作队伍建设，提高学生工作队伍的整体水平，努力推动学生工作新发展。

（1）4月，根据北京市教工委要求，对辅导员深度辅导工作进行自查和总结，完成《北京信息科技大学辅导员深度辅导工作自查工作报告》，上报北京市教工委。

（2）5月，学校召开2011年辅导员、班主任表彰大会，对获评2008—2009学年、2009—2010学年优秀辅导员、优秀班主任的称号老师进行表彰。校党委郑君礼书记、校长杜林出席了大会，郑书记在会上作了重要讲话。

（3）5月，为进一步加强大学生思想政治教育理论研究工作，提高学生工作队伍综合能力，创新解决实际问题的方法途径，增强学生教育管理服务成效，学校开展2011年度学工课题申报工作，立项重点课题5个、一般课题15个、支持课题14个立项。课题涉及校风学风文化构建、舍风文化建设、深度辅导、就业指导、班集体建设等多方面内容。

（4）11月，为进一步梳理学校学生工作的总体情况，总结经验，深入探讨学生工作面临的挑战和解决的对策，确定“十二五”时期学生工作的目标任务和重点，学校于11月25至26日召开2011年学生工作研讨会。校长柳贡慧、校党委副书记杨军出席会议并讲话，学生工作部、研究生工作部、校团委、各学院、人文社科系及清河校区从事学生工作的全体干部、教师参加了会议。

（5）12月，开展2010—2011学年辅导员、班主任考核工作。

（张景波　张良志）

【其他重要事项】

（1）3月，为进一步推进学生服务管理信息化建设，学生处根据学生实际需求，积极开展调研和分析，进行专业化、系统化设计，集成了学生信息管理、学生事务咨询、学生财务查询、学生资助服务、学生综合测评及奖学金评定等诸项功能的“一站式”学生管理服务信息系统进入实质性开发阶段。

（2）3月，经过紧张的开发、测试，新版学生处网站开始上线试运行。新网站进一步改善了界面，完善了功能，成为加强学生网络思想政治教育，提高学生管理与服务工作水平的又一重要阵地。

（3）3—5月，召开了一系列安全稳定会议，传达上级精神，进一步完善突发事件的处置预案，确保校园稳定。

（张景波）

（4）5月，学校2011年动漫大赛在小营校区报告厅正式启动。比赛共评选出了动画类优秀作品奖7项，漫画类优秀作品奖8项，并选送25项作品到北京市动漫大赛组委会参加评比，最终获得漫画类金奖1项、银奖1项、优秀奖3项，动画类优秀奖1项，学校被授予优秀组织奖。

（张良志）

（5）12月，为规范学生处印章使用，根据学校有关文件要求，学生处工作印章由原来的“北京信息科技大学学生工作处”变更为“北京信息科技大学学生处”，新印章自2012年1月1日启用，原印章同时废止。

（张景波）

（6）在“快乐文明的都市生活”第二届做文明有礼的北京人“大学生”杯动漫大赛中，学校获得漫画类金奖1项、银奖1项、优秀奖3项，动画类优秀奖1项，学校被授予优秀组织奖；在第二届首都大学生思想政治教育工作实效奖评选活动中，学校申报的《构建科技创新活动体系，切实服务学生成长成才》荣获优秀奖；在北京高校红色“1+1”示范活动中，机电工程学院机械专业学生第二党支部，光电通信学院电信学生第二、第三党支部，自动化学院第二学生党支部，计算机学院学生计算机科学与技术党支部获得红色“1+1”示范活动三等奖；学校被授予2011年北京高校红色“1+1”示范活动优秀组织奖。

（张景波　张良志）

保卫工作

【概况】保卫处（党委保卫部）是在学校党委、行政的领导下，依据国家有关法律法规和学校规章制度，维护学校政治稳定、治安安定，确保师生员工的生命财产及合法权益不受侵害，并为广大师生员工的教学、科研、生活、学习提供安全服务的职能部门。保卫处主要职责是：认真执行国家各项安全保卫法规，并根据党和国家的有关方针、政策、法律、法规，结合学校实际，制定校内安全保卫工作的规章制度。认真开展社会治安综合治理工作，建立健全各级岗位责任制。维护学校的治安秩序，协助主管部门做好重点部位以及大型文体活动、公共场所的安全秩序维护工作；负责对违反校园治安秩序行为的查处；协助公安机关、国家安全机关查破校园内的各类案件。负责全校的消防工作、交通安全工作、集体户口、居民身份证管理。负责科技创安工程建设。协助国家安全机关、公安机关制止危害国家安全的行为。督促落实开展法制、消防、安全防范及维护校园稳定的宣传教育。定期组织安全检查，督促整改安全隐患。保卫处下设综合办公室、安全科、治安科和清河校区保卫办公室共 4 个科室。

2011 年，按照校党委、校行政关于维护学校安全稳定的工作部署和要求，坚定不移地贯彻“稳定压倒一切”的工作方针，围绕学校育人中心工作，以创建“平安校园”为主线，以确保校园安全稳定为核心，不断深化“创建平安校园、服务科学发展”主题，全面夯实工作基础，狠抓安全稳定各项机制制度建设、队伍建设、硬件基础条件建设和工作措施的落实，紧密依靠学校各级党团群众组织、行政部门和全体师生员工，配合公安机关和国家安全部门，做好政治保卫、国家安全、校园治安综合治理、消防、交通、户籍、安全宣传教育等工作，积极稳妥地处置不安定事端，圆满完成了本年度的各项工作任务，实现了“不出大事，减少小事，有事及时妥善处置，把危害和后果减小到最低程度”的工作目标：着力推进组织领导体系的整合优化，强化对安全稳定工作的领导和统筹；继续健全完善维护稳定工作体系，校园持续稳定的局面得到进一步巩固和发展；建立完善涉校矛盾纠纷排查化解体系，全力化解各种矛盾和问题；坚持并完善校园综合防控体系，整体防控水平不断提高；完善校园安全教育、管理和服务体系，不安定因素进一步减少；健全完善校园应急处置体系，突发事件现场处置能力进一步提高。有效地维护了校园的安全稳定，为实现学校事业又好又快发展提供了坚强有力的安全稳定保障。

（魏元燃　韩俊彦）

【保卫工作队伍】保卫处现有处长、副处长各 1 人，保卫干部共 13 名；保安队员 85 人，全部来自北京市保安服务总公司文安分公司；由勤工俭学学生组成的大学生治安服务队员 110 人；学生班级设立的安全委员、公寓宿舍安全员共计 1082 人；消防安全重点部位管理责任人 144 人；由保卫处和后勤集团共同组建的保洁员兼职安全员队伍 47 人；由保卫处和校工会共同组建的“平安校园”教职工兼职安全员队伍 64 人。

（魏元燃　韩俊彦）

【保卫工作规章制度】严格执行学校关于安全稳定工作的规章制度，以《关于认真落实

“平安北京”建设要求，切实推进“平安校园”建设的工作方案》（校党发〔2009〕34号）精神为指导和依据，推进平安校园建设。根据校领导的工作分工以及处级干部聘任的变动情况，及时对安全稳定工作7个组织机构进行了调整，印发了《关于调整学校安全稳定工作领导小组等七个组织机构的通知》（校党发〔2011〕57号）。严格执行学校单位组织外出集体活动审批制度，全年审批备案20人以上集体外出活动35批次。理顺了保卫处内部落实学校安全稳定工作要求的一系列规章制度和工作规程，落实各校区安全信息工作月通报制度、安全检查工作常规化制度，发行了三期《“平安校园”建设工作简报》。

（魏元燃　韩俊彦）

【保卫工作设施】消防设施设备：消防水泵17台，室外消防井46处，消防接合器14处，灭火器3621具（其中水雾灭火器32具），墙壁消防栓、水龙带454套，喷淋泵2台、喷淋头747个，正压风机4台、正压风口36个，卷帘门36个，排烟机1台、排烟口36个，消防电梯2部。交通设施：电动道闸6套、保安岗亭7个，减速带26处，限速标志7块，禁停标志11块，黄网格4处，隔离栏11处，导向牌3块，禁鸣标志6块，自行车棚17处，停车位382个。技术防范设施：消防监控报警主机7台，电子感烟探头2770只，电子感温探头128只，消防手动报警按钮278只。防入侵报警系统5套，防盗报警探头614只。电子巡更系统3套共44个点位。监控室5个，监控电脑15台、监控电视33台、视频监控探头711部。涵盖实验楼、教学楼、办公楼、图书馆、学生公寓、食堂、外国专家公寓、留学生公寓等部位。

（魏元燃　韩俊彦）

【保卫工作经费投入情况】年度消防安防经费24万元得到了保障，消防设施及消防报警系统改造工程专项经费96.44万元，视频监控系统扩容改造项目专项经费189.84万元，安全稳定工作机动经费30万元。为消除清河小营校区学生食堂和健翔桥校区学生公寓的消防安全隐患、加强保密要害部门部位和新建实验楼安全防范、恢复受抗震加固工程影响的安防系统运行，学校专门追加投入经费130万元。

（魏元燃　韩俊彦）

【安全稳定工作】健全完善维护稳定工作体系，巩固和发展校园持续稳定的局面。明确安全稳定是首要任务，大力加强人员责任意识、大局意识、忧患意识，要求做到纪律严明、恪尽职守、求真务实，做到“领导、责任、监督、措施”四到位。通过签订任务书的形式，加强责任制建设，明确维护学校安全稳定各层次领导体系建设的具体要求。进一步强化国家安全和政治稳定工作，加强重点时段的维稳防控工作，重视并严密防范“法轮功”活动，认真做好人民内部矛盾排查调处工作，加强对学生社团的管理。

（1）高度重视安全稳定工作，强化对安全稳定工作的领导和统筹。2011年，党委常委会专题听取汇报、研究安全稳定工作2次，校长办公会专题听取汇报、研究安全稳定工作2次，由分管校领导主持、学校主要领导参加的全校性安全稳定工作方面的会议2次，相关部门和单位参加的重点时段及敏感时点维稳防控工作会议4次，下发有关安全稳定工作的校级文件3份。学校根据校领导的工作分工以及处级干部聘任的变动情况，及时对安全稳定工作七个组织机构进行了调整。

（2）学校部署年度安全稳定工作。2月

25日，学校年度安全稳定工作部署会议在清河小营校区第二会议室召开。会议传达了2月19日北京市委召开的关于维护首都高校安全稳定的紧急会议和2月25日北京市委教育工委维稳紧急会议精神，回顾上年度学校安全稳定工作，并归纳出了“思想重视，部署及时”、“健全机制，注意宣传”、“落实责任，到岗到人”、“注重细节，重在预防”、“团结协作，形成合力”5条工作经验。会议通报了近期高校安全稳定工作相关情况。会议强调，2011年学校安全稳定工作的目标是：“不出大事，减少小事，有事及时妥善处置，把危害和后果减小到最低程度”。10项重点工作是：一是在广泛调研、集思广益、认真分析、深入谋划的基础上，做好学校安全稳定工作“十二五”规划的编制工作；二是切实做好国家安全和政治保卫工作；三是抓好大学生安全教育工作；四是切实做好校园防火安全工作；五是进一步加强校园治安防控和科技创安深化工程；六是下大气力做好校园交通安全工作；七是加强对校内大型活动、集体外出活动、安全生产、饮食卫生等方面的安全管理工作；八是继续推进落实好“平安校园”建设的各项工作任务；九是采取措施切实加强应急管理；十是高度重视安全保密工作。会议明确提出做好今年的安全稳定工作：一是要认清形势，杜绝侥幸心理、克服麻痹思想，把思想统一到中央和市委对维护高校安全稳定工作的要求上来，提高对首都高校维稳工作特殊性和重要性的思想认识，切实增强维护学校安全稳定的责任意识；二是要思想高度重视，党政主要领导要担负起“第一责任人”的职责，亲自研究部署、亲自检查、亲自推动、亲自督查；三是要明确工作重点，落实维护学校安全稳定的工作责任，切实做好重点领域和重点方面的工作；四是要创新工作方式，提高维护学校安全稳定的工作水平；五是要求各单位领导特别是各学院和研究生部会后要立即认真研究本单位情况，研究制订本单位安全稳定工作的具体方案，认真落实。学校党委书记郑君礼、纪委书记刘勇、副校长冯喜春、许宝杰出席会议，全校各单位主要领导参加会议，校长杜林主持会议。

（3）学校在北京市高校维护安全稳定工作会议上作经验交流。2月28日，北京市委教育工委和市教委在平谷召开2011年首都高校维护安全稳定工作会议。冯喜春副校长代表学校作了题为《高度重视，注重细节，强化责任，狠抓落实，努力推进“平安校园”建设》的发言。北京大学、北京师范大学也在大会上作了经验交流发言。北京各高校分管安全、稳定和学生工作的校领导及保卫处（部）长200余人参加会议。

（4）上级检查学校安全稳定工作。3月2日，北京市委教育工委和市教委安全稳定工作督查组来学校进行工作检查。督查组由市教委副主任付志峰、高教处付兴锋、金红莲3位同志组成。学校党委书记郑君礼、校长杜林向督查组简要介绍了学校安全稳定工作的开展情况，副校长冯喜春做了书面汇报。学校纪委书记刘勇、副校长许宝杰参加会议，并就相关情况与督查组成员进行了沟通和说明。

（5）学校完善责任体系建设。4月8日，学校中层干部会议上，党委书记和校长与各单位、各校区的党政主要负责人签订了2011年度《“推进平安校园建设，维护学校安全稳定”责任书》。责任书明确了各单位在维护校园安全稳定工作中的具体目标、任务与责任，提出了具体的工作要求。不断充实新的安全防范点，全校消防安全重点部位累计充实到了144处，并以告知“消防安全重点部位责任人职责”的形式签订了责任书。与全校私家车驾驶员签订了书面责任书1372份。全年进入校园的抗震加固、楼宇修缮等施工队16个，都一一由学校保卫处、用工单位和施工单位三方签订了《北京信息科技大学工程施工期间治安、防火、交通安全管理责任书》。

（6）加强校园综合防控体系建设。完善以网格化、等级化为核心的校园综合防控模式，以《关于认真落实“平安北京”建设要求，切实推进“平安校园”建设的工作方案》（校党发〔2009〕34号）精神为指导和依据，根据校内教学、办公和生活等不同区域特点，合理划定管理网格，明确网格管理的责任人员和职责任务，强化网格防控能力。进一步细化“常规”“加强”“超常”三个等级的划分标准与响应措施，制订相应力量配置方案，根据不同时期校园安全稳定工作需要，适时启动相应防控等级。对各种防控对象、要素实行有效管理，推进管理防控工作精细化。全年响应等级防控转换5次，“零报告”53天。

（7）整合资源，建设“平安校园”管理服务中心。在加强学校中控室和校园“110”系统建设的基础上，进一步整合资源、统筹力量、优化功能，加强了“平安校园”管理服务中心建设，逐步将中控室打造成为集24小时值班、师生求助、消防报警、视频监控、远程会议、应急指挥“六位一体”的综合管理服务平台。抓住公安系统开展“十八大”安保信息统计的契机，及时对学校安全稳定工作基础信息进行了更新，对校内人、地、事、物、组织等重点防控对象和防控队伍、防控预案、防控措施等基础信息进行了详细核实登记。

（8）建立完善涉校矛盾纠纷排查化解体系，全力化解各种矛盾和问题。始终坚持把做好人民内部矛盾排查、化解工作作为维护安全稳定的一项基础性、制度化工作，坚持抓早、抓小、抓苗头，落实工作责任制，完善矛盾纠纷摸底排查、分析研究、处置化解的工作机制与方法。积极寻求地方政府、公安、城管等机关的支持，配合校内相关部门和单位妥善处置了假冒信息工程学院网站招生、农民工讨薪、学生误陷传销组织、学生走失、学生在交通事故中受伤等7起校内人员之间以及校内与校外人员之间的矛盾纠纷。

（魏元燃　韩俊彦）

【校园安全管理】强化校园安全防范和管理，推进“平安校园”创建活动。加强校园公共安全管理工作，严密防范各类安全事故。进一步完善校园公共安全的管理制度，严格落实安全管理工作责任制，加强检查监督和指导工作，确保各项安全管理措施的落实到位。建立完善整改通知书、信息通报制度，积极落实责任追究制，一票否决制等。建立健全基础信息台账；应急预案体系建设进一步完善；应急指挥机构建设得到加强；应急预案的学习宣传和演练得到加强。

（1）加强安保队伍建设。加大保卫人员配备力度，在年初处级干部聘任过程中，选好配强保卫部门负责人；在学校工程技术人员聘任过程中，增加了1个技术防范专业技术岗位并选聘了1位具有硕士学位的工程技术人员。加强业务培训，对专职保卫干部，安排经费送出去进行专业培训，有1人参加保卫工作岗位培训、1人参加国家安全业务培训、1人参加公安业务培训、2人次参加治安管理培训、3人次参加消防业务培训、2人次参加交通业务培训。重视保安员队伍建设和作用发挥，对中控室值班保安队员，及时进行持证上岗专业培训。对大学生治安服务队人员结构进行调整，建立健全队伍管理规章制度，加强大学生治安服务队员思想作风建设，提高这支队伍的素质能力和工作成效。充实更新“平安校园”学生志愿者队伍，补充了2011级新生班级安全委员和宿舍安全员。继续重视并发挥“平安校园”教职工兼职安全员队伍、消防安全重点部位责任人队伍以及保洁员兼职安全员队伍在校园治安防控工作中的积极作用，外请专业人员对他们进行消防知识培训。

（2）强化校园治安管理与服务职能。全年治安案件69起，与上年相比略有下降，仍然以侵财类案件为主，打架斗殴案件也时有发生。继续加强小营、健翔桥、清河3个校区物品丢失招领服务站的管理建设工作，强化服务职能，全年收到捡拾物品457件次，多以手机、钱包、MP3等物品为主，其中现金人民币7138.10元，总价值15万余元。认领归返347件次，返还率75.9%。

召开保安中队奖励表彰大会。3月9日，学校保安中队表彰奖励大会在健翔桥校区第一会议室召开。会议对1月8日成功抓获长期在首都高校流窜作案、盗骗师生高档手机的惯犯的有功人员和集体分别进行了表彰和奖励。会议高度赞扬了保卫干部和保安队员忠于职守、无私奉献、勇敢无畏的献身精神，会议要求学校保卫系统的所有人员要牢记工作职责，继续提高个人素质和业务能力，认真严谨地履行好自己的工作职责，为维护学校稳定大局、为首都高校“平安校园”建设再接再厉、再续辉煌、再立新功而努力工作。冯喜春副校长出席并讲话，北京市公安局文保总队、亚运村派出所、北京市保安服务总公司文安分公司有关领导到会颁奖并发言，校长助理、健翔桥校区管理办公室主任冯晓春，保卫处、校区办、家委会、保安中队等有关人员参加会议，保卫处处长主持会议。

（3）加强消防基础条件建设。2011年，开展了“清剿火患”战役。相继进行了消防安全“防火墙”工程创建活动和消防平安二号行动，校领导亲自部署，校内各单位领导高度重视，亲自带队进行排查、督促整改。坚持火灾隐患排查和整改机制。全年组织消防安全专项检查95次，发现消防安全隐患31处，立即整改25处，发出《安全隐患限期整改通知书》6份。消防硬件基础设施建设逐步加强。为清河小营校区学三、学四公寓和清河校区学一、学二公寓安装消防报警系统；对清河小营校区实验楼、图书馆楼、学生食堂等楼宇进行电消检；清洗清河小营校区学五公寓、食堂及南区的1653只感烟探测器。消防安全管理机制落实到位。全年发放并回收消防安全重点部位每日安全检查记录本1698册；粉刷室外消防井盖标志47处，修理3处；对到期的3621具灭火器进行了充装灭火剂维修，新购296具灭火器、54个灭火器箱、消防疏散通道标志牌200块以及消防水带等；坚持消防设备设施每周巡检制度，全年点泵试水212次；坚持动用明火审批制度，审批动用明火申请18次；坚持避雷检测制度，商请海淀区气象局专业机构对清河小营、健翔桥、清河校区的315处避雷设施进行了防雷检测。

召开消防安全专项工作会议。10月31日，学校消防安全专项工作会议在清河小营校区第四会议室召开。会议从国家法律体系的层面强调了消防安全工作的极端重要性，对近年来学校消防安全工作进行了简要总结，通报了目前校园存在的重大消防安全隐患的相关情况。会议下发了《北京信息科技大学关于开展清剿火患战役暨消防平安二号行动工作方案》，对清剿火患战役暨消防平安二号行动工作进行了部署。会议强调，消防安全工作是“一把手”工程，各单位都要切实落实好党政“一把手”责任，把消防安全工作纳入到日常的教学、科研、管理、服务等各项工作中，做到一同部署、一并落实。会议对做好学校的消防安全工作提出了五项明确要求：一是要高度重视，认识到位；二是要强化责任，加强领导；三是要狠抓落实，不留死角；四是要严格管理，常抓不懈；五是要本着“以人为本、生命高于一切”的工作理念，以对广大师生员工生命财产安全和国家、集体财产安全高度负责的精神，进一步增强责任意识，按照消防安全责任制的要求，认真落实消防安全各项工作。校长柳贡慧出席并讲话，全校各单位主要领导参加会议，副校长刘勇主持会议。

开展消防安全宣传活动。为进一步提高全校师生员工对火灾危害的认识、增强预防火灾的知识和逃生避险的能力，11月9日，学校分别在清河小营校区、清河校区和健翔桥校区组织开展防火安全宣传活动。在宣传活动现场，保卫处领导带领保卫干部、保安队员以及来自学生志愿者联合会的20余名同学，向过往的师生员工发放防火安全知识宣传材料3000余份。宣传活动期间，保卫处还在各个校区张贴悬挂消防安全宣传横幅，布置防火安全宣传展板，电子滚屏也循环播发消防安全标语。

（4）加强校园交通安全管理。加强交通基础条件建设。对校园交通设施进行改造，规范和优化校内道路布局，在小营校区新购50个锥筒和21个活动隔离柱，安装地锁6个，新装自行车停车架114米，并在5号学生公寓前安装禁停自行车挡车链桩2套，更换隔离柱8个，提示牌20块；在清河校区和健翔桥校区增加了15个隔离柱。配合校内各部门完成了市领导来校视察、运动会、高招咨询、大学英语四六级考试、学生军训以及校庆3周年庆祝活动等10次大型活动共120辆大型客车的进校的疏导任务。加强对师生员工的交通安全教育，相继开展公车安全大检查、“三超一疲劳”违法行为专项行动、“全国交通安全反思日”等活动，配合相关部门和人员处理、协调校内交通事故以及校外涉及学校人员的交通事故共14起。

开展“两会”交通安全检查与教育活动。3月1日，后勤服务集团、学校办公室和保卫处联合开展了新学期行车安全检查宣传活动。检查现场，运输部与每位驾驶员签订了安全责任书，并向他们发放交通安全宣传教育单。

开展“三超一疲劳”违法行为专项行动。11月17日，学校车辆安全大检查活动在清河小营校区运输部停车场进行。学校交通安全委员会成员单位的相关领导参加了检查活动。此次车辆安全大检查活动是落实北京市交通安全委员会《关于加强“三超一疲劳”违法行为专项行动期间安全监管工作的通知》的精神和要求，进一步加强对学校公用车辆监管工作的具体举措之一。

（5）加强大型活动安保工作。研究制定专门安保工作方案，积极投入、合理部署安保力量，完成了“诺奖大师进校园”、市领导来校视察调研、大学英语四六级考试、研究生入学考试、毕业生大型招聘会、校园开放日、新生报到、毕业生离校等大型重要活动的安保任务。

（6）加强应急管理建设。健全完善应急处置体系，按照“抓早、抓小、抓苗头”的原则要求，对全校各个重要环节的预案建设进一步进行梳理和修订，加强学校应急指挥中心建设，健全应急队伍，准备必要的应急物资和器材装备，开展应急宣传教育、专项培训和应急演练，严格并认真执行了信息报送制度。积极稳妥地处置了“6·6”校外交通事故学生受伤、“6·15”学生在校外被刺伤、“10·16”学生在校外打群架以及“9·12”和“12·2”两起民工讨薪等多起突发事件。

组织机关教工开展应急疏散演习活动。4月29日，机关教工应急疏散演习在第二办公楼举行。整个疏散演习用时2分25秒。演习活动由学校保卫处、校工会和机关分工会联合组织实施。演习前，冯喜春副校长主持召开了各部门领导及疏散引导员参加的专题工作动员部署会；保卫处制订了完备的工作方案，配备了各种用具，与校外相关单位进行了协调沟通，选定了11名应急疏散引导员，进行了相关业务培训，明确了相关人员各自的分工和职责。在第二办公楼办公的14个部门的机关工作人员以及相关安保人员等逾百人参加演习，冯喜春副校长亲临现场观摩指导。

（7）加强校园及周边秩序整治。全面清理整治校园内违规办班、游商游贩、制假售假、非法小广告、进入教学办公区和学生宿舍区推销等严重影响校园秩序和环境的问题。严厉打击盗窃、诈骗、打架斗殴等各类校园违法犯罪活动。积极主动争取、配合属地政府和有关部门，做好校园周边环境秩序的综合治理工作。积极向上级和驻地政府部门反映，于毕业生集中离校期间，保卫处派出保卫干部和保安队员协助监督，配合西三旗街道对小营校区东门外的大排档进行整治，每天坚守到午夜。

（魏元燃　韩俊彦）

【安全防范宣传教育】深入开展法制教育与安全教育。有针对性地开展法制宣传教育，引导学生牢固树立社会主义法治理念和法制意识，预防和减少违法犯罪。结合师生日常生活和身边的生动案例，经常开展多种形式的安全宣传教育活动，增强了广大师生的安全防范意识和自救互救能力。向2011级新生发放《大学生自救自护知识手册》3200本、《大学生安全知识》（第3版）3000本；与学生处、校团委联合开展校情校规及安全知识竞赛活动；累计组织了66场次外请公安交警、消防干警、治安警察或保卫干部授课等形式的治安、防火、交通安全专题讲座等丰富多彩的安全宣传教育活动，受教育人员涵盖教职工、大学生、留学生、后勤集团外聘临时工以及临时在校内施工的工地人员等约9000人；突出开展预防电信诈骗宣传教育活动，发放宣传材料5000余份，校园网防范电信诈骗宣传材料师生点击量累计突破16000次；根据冬季预防煤气中毒、春节期间燃放烟花爆竹等不同阶段的特点，印制了1500份安全宣传材料，发放到家属楼、临时工宿舍和学生宿舍进行宣传；安排经费制作消防、交通宣传展板36块，在各个校区巡回展出；新生报到期间以及“11·9”消防宣传日，分别制作预防电信诈骗、关注消防安全宣传横幅共27条，在各个校区明显位置开展安全宣传教育活动。

举办安全知识培训活动。12月29日，2011级新生安全员安全知识培训讲座在清河小营校区学生活动中心举办。保卫处处长作了题为“珍爱生命，预防为主”的主题发言，并结合学校近年来发生在学生中的涉及消防、交通、治安、传销、电信诈骗等案例，讲述了提高安全意识、安全预防为主的理念，并希望同学们切实发挥和履行好学生安全员的作用和职责。保卫处安全科、治安办公室的老师，分别就校园火灾预防和逃生，交通安全规则及注意事项以及校园治安案件的特点及防范等方面做了系统地培训，部分同学代表在现场主席台进行了灭火器的实际操作演练。培训活动持续了150分钟。2011级班级安全委员和学生宿舍安全员544人参加培训活动，活动由学校保卫处、学生处、研究生部共同主办，保卫处处长主持培训活动。

（魏元燃　韩俊彦）

【科技创安深化工程】持续推进科技创安深化工程。全面落实市委教育工委、市教委、市公安局《关于全面加强高校安全技术防范工作的意见》（京教工〔2009〕29号），加强技防设施设备建设、管理、使用、运行维护和值机人员上岗培训，加大经费保障和制度措施落实力度，确保学校技防系统稳定可靠运行。利用2010年底追加和2011年申报的市财政专项经费282万多元，对清河小营校区中控室的视频监控系统后台管理设备进行了数字化改造，在实验楼、第三办公楼、学七公寓等部位增加了73部摄像机；在第三办公楼安装了一套包含114个点位的防入侵报警系统；为清河小营校区学三、学四公寓和清河校区学一、学二公寓安装了包含778只感温探测器、60只手报按钮、137只消防广播的消防报警系统；利用校内筹措的130多万元资金，对受抗震加固影响包含76部摄像机的视频监控系统和包含73个点位的防入侵报警系统，进行拆卸与安装恢复；对原有视频监控系统、防入侵报警系统和消防报警系统进行了有效维护；组织进行健翔桥校区消防报警系统加装、清河小营校区学生食堂消防报警系统改造、清河小营校区新建实验楼安全防范系统加装和全校保密要害部位安全防范系统等项目的实施。

1月8日，通过视频监控系统发现、追踪、值机保安员确认，在健翔桥校区抓获1名专门在首都高校实施盗窃和诈骗的犯罪嫌疑人张某。1月8日18时20分，健翔桥校区监控室当班值班保安员通过视频监控系统发现图书馆二层东侧65号探头下有一个人在走动，他通过画面凭借敏锐的直觉，判断出此人与日前学校通报的盗窃学生手机的人相貌相似，立刻报告了分队长。分队长马上到监控室查看监控图像后，也认定此人与盗窃学生手机的犯罪嫌疑人极其相像。立即布控抓捕，当五名保安队员赶到图书馆门前时，发现此人正从图书馆里面慌慌张张地走出，身穿一件黑色羽绒服上衣、深色牛仔裤、黑白相间的运动鞋、戴黑框眼镜，与通报的盗窃嫌疑人的基本特征完全一致，迅速将此人控制并带回到保卫办公室核查，并及时通知了属地亚运村派出所。经亚运村派出所调查了解，该犯罪嫌疑人张某，天津人，专门在北京高校作案，已移送司法机关处理。

（魏元燃　韩俊彦）

【家委会工作】家委会积极发挥学校与属地政府之间的桥梁与纽带作用，认真落实海淀区委、区政府和西三旗街道办事处的工作部署和要求，全心全意为学校家属区居民服务，做好家属区治安巡逻看护、环境秩序维护、调解邻里纠纷、解决居民反映的问题，并深入掌握房屋出租、外来人口登记摸底等工作，保证了家属区的安全与和谐。

海淀区第十五届人大代表换届选举机械学院联合社区选区的工作圆满结束。成立换届选举选区工作小组，制订工作计划，分工包片，责任落实到人。在社区内挂横幅，利用宣传栏张贴选举公告，营造浓烈的舆论氛围，做到家喻户晓，人人皆知。设立选民登记站，认真做好选民资格审查确认和选民名单的核对工作以及填写选民证。

提名推荐和酝酿讨论代表候选人，确定正式代表候选人 2 名，设立选举投票站和 2 个流动票箱。完成了机械学院联合社区 4 个自然小区、总人口 3200 人的选举组织工作任务。

（魏元燃　石梅华）

【集体户口管理】2011 年，按照学校和公安机关的相关规定和要求，为 1246 名往届、应届毕业生办理了户口迁出手续，为 1039 名新生和新进教工办理了户口迁入手续，为 870 名师生办理了第二代身份证。

（魏元燃　韩俊彦）

离退休工作与老干部工作

【概况】离退休工作办公室现有工作人员 7 名。全校现有离退休职工 950 人，其中离休干部 65 名（含代管离休干部 1 名），分别在海淀区和朝阳区的 5 个校区（清河小营、清河、健翔桥、金台路和酒仙桥校区）。离退休党总支设有 19 个党支部，党员 518 名。

2011 年，在学校党委和行政领导下，以邓小平理论和“三个代表”重要思想为指导，贯彻落实科学发展观，树立以人为本的思想，圆满地完成了学校的离退休工作。

（祁长青）

【离退休干部管理服务工作】

（1）1 月 7 日，在清河小营校区大学生活动中心举办离退休老同志“和谐校园同欢乐”新春联欢会。学校党委书记郑君礼，校长杜林，党委副书记刘筱毅，纪委书记刘勇，副校长冯喜春、韩秋实、孙百生、许晓革、许宝杰，党委常委、组织部长部长生，校长助理冯晓春出席了联欢会，与 500 余名老干部、老同志共贺新春，喜迎兔年的来临。联欢会前召开了学校情况通报会。通报会由党委副书记刘筱毅主持。郑君礼、杜林向离退休老同志通报了学校 2011 年的主要工作和取得的主要成绩。他们强调：“学校的发展离不开老领导、老同志的支持、理解和帮助。”他们代表学校对离退休老同志在学校的发展中所付出的辛勤工作表示衷心感谢，并祝各位老领导、老同志新春快乐。

（2）1 月 18 日，举行离休干部新年团拜会。校党委书记郑君礼向老干部通报学校 2011 年主要工作。他诚恳地希望老干部一如既往地关心支持学校的各项事业发展，并衷心祝福老领导、老干部健康长寿，生活幸福。校长杜林发表热情的讲话，他指出学校 2011 年取得的工作成绩，与广大离退休老同志的参与和支持分不开，学校的发展进步凝聚着老领导、老干部的心血。他祝愿老干部在新的一年里身体健康，生活幸福。来自 5 个校区的老干部、在校全体党政领导和有关部门主要负责人参加，校党委副书记刘筱毅主持团拜会。

（3）3 月 17 日，召开关心下一代工作委员会（扩大）会议。会议首先由校关工委常务副主任孙毓仁总结学校关工委 2010 年工作，校关工委秘书长孙福友就《2011 年学校关工委工作要点》做了说明，孙毓仁对今年关工委的主要工作做了进一步补充。关工委主任甘圣予对 2011 年关工委的工作重点提出具体要求。会议明确了 2011 年关工委工作目标为：配合中心，抓住重点；突出特色，重在实效；创新思路，持续进步。学校党委副书记、校关工委常务副主任刘筱毅出席会议并讲话，校关工委全体委员、党委组织部、学生工作部、研究生工作部、人事处、财务处、后勤处、校团委的负责人以及离退休党支部书记近40人参加了会议。会议由校关工委主任甘圣予主持。

（4）3月17日，研究生工作部邀请退休老教授郭莹，50名研究生党支部干部、研究生会干部与学生干部座谈。郭莹教授曾任原北京机械工业学院副院长，从事教育工作50载，有着丰富的教育经验。座谈中，他就同学们关注的就业与发展，家庭与事业等问题进行分析和解答，勉励大家珍惜当前美好时光，广泛涉猎，厚积薄发，抓住历史赋予的绝好机遇，迎接挑战，坚持做自己认准的事情，就一定能够成功。研究生部党总支书记、研工部部长田杨萌参加了座谈会。

（5）4月14日，召开老干部工作领导小组会议。会议认真讨论了学校关于进一步做好新形势下离退休工作的意见和学校贯彻落实北京市离退休干部工作领导责任制实施办法。这两个文件的制定为全面做好我校离退休工作提供了系统保障，进一步促进了学校离退休工作制度化、规范化和科学化建设。学校党委书记、老干部工作领导小组组长郑君礼，校长、老干部工作领导小组组长杜林，校党委副书记、学校老干部工作领导小组副组长刘筱毅以及相关职能部门的主要负责同志参加了会议。会议由郑君礼主持。

（6）特困基金小组会议。6月8日和12月2日，召开离退休人员特困基金小组会议，分别讨论上半年和下半年各校区申请生活困难补助人员的情况，逐一进行了认真分析和评议，全年补助生活困难的离退休人员92人、补助金额8万元。

（7）“春节”、“七一”和“国庆”节前夕，学校党委书记郑君礼、党委副书记刘筱毅等校领导在相关部门同志的陪同下，到各校区走访慰问老党员、老干部和生活困难的党员。校领导特别对生活困难的离退休党员高洪喜进行了慰问。走访中，校领导代表学校把慰问品和慰问金一一送到大家手中。老同志们一致感谢学校对他们的关心和慰问，祝愿学校各项事业更好更快发展，并表示要以自己的行动为学校的发展建设作出贡献。校领导、离退办全年看望生病住院的离退休人员共计76人次。

（8）新任校长与老干部见面会。10月13日，召开新任校长与老干部见面会暨学校情况通报会。离休干部、退休局级干部、退休党支部书记等60余人参加了会议。会议由校党委副书记刘筱毅主持。会上，校党委书记郑君礼向与会的老干部介绍了新任校长柳贡慧的情况。柳贡慧与老同志们亲切交谈，他指出，学校的发展进步与老领导、老同志的支持是分不开的；柳贡慧表示要尽心尽力从政治上尊重、思想上关心、生活上照顾老干部，他相信在老同志的理解、支持和帮助下，学校的各方面工作一定会取得更大进步。与会的老干部们对柳贡慧校长的讲话报以热烈的掌声。随后，党委书记郑君礼向大家通报了学校上半年的8项重点工作和今年下半年的12项重点工作。特别通报了校级领导班子充实调整情况、学校编制“十二五”发展规划和新校区建设情况等重要内容。

（9）离退休工作办公室荣获“北京市老干部工作先进集体”。12月31日，在北京市第25次老干部工作座谈会上，我校离退休工作办公室喜获“北京市老干部工作先进集体”称号。多年来，在校党委正确领导下，离退休工作办公室紧紧围绕学校工作大局，扎实工作，开拓创新，认真贯彻落实党和国家以及北京市的老干部工作政策，健全老干部领导体制，完善制度机制，做到了管理制度化，服务规范化。办公室人员团结合作，服务意识强，政治素质好，廉洁自律。组织开展了丰富多彩的党日活动，不断提高离退休干部党建工作水平。紧密结合多校区办学的实际，开展了有特色的活动，工作效果显著，如制定了每日联系“空巢家庭”老干部的信息传递机制，坚持每月一次老干部“开心聊天”教育活动，开展了老干部与青年学生“手拉手、结对子”以及“面对面”交流活动，完善了对有特殊困难的老同志的帮扶机制。学校老干部思想稳定、队伍稳定、生活稳定，呈现出了和谐欢乐的良好氛围。

（祁长青）

【老干部活动】

（1）召开庆祝“三八”节茶话会。为庆祝“三八”国际劳动妇女节，各校区召开了离退休女职工庆“三八”茶话会。会上，大家畅所欲言，表达了对生活的感受和热爱。不少老同志表示，聚在一起放松了心情，充分感受到了节日的气氛和欢乐，有利于身心健康。

（2）离退休老同志参加学校运动会。4月21至22日，离退办组织离退休老同志参加学校运动会，本着“重在参与、旨在健身、安全第一、康乐为先”的宗旨，共有276名离退休老同志参加。运动会设立保龄球、飞镖、投篮、套圈、投沙包5个趣味比赛项目。特别是由离退休老同志组成的100人入场式方队，迎得了热烈的掌声。老同志充分显示了老当益壮、不甘示弱、积极进取、蓬勃向上的精神风貌。

（3）春游活动。5月11至17日，离退办分别组织五个校区573名离退休老同志到昌平区洼里乡居村和北京明皇宫参加春游活动。广大离退休老同志踊跃参加，丰富了老同志的精神文化生活。

（4）离休干部健康疗养活动。8月19至21日，党委老干部工作部组织38名离休干部和家属到北京市教工休养院健康疗养。

（5）教工休养院休养活动。8月21至23日，离退办组织50名退休老同志到北京市教工休养院参加健康休养活动。休养期间游览了京东大峡谷、黄崖关长城和湖洞水等景点，丰富了离退休老同志的精神文化生活。

（6）秋游活动。9月22至23日、26至28日，离退办分别组织五个校区566名离退休老同志到大兴区万亩梨园参观并参加采摘活动，极大地丰富了老同志的精神文化生活。

（7）重阳节登山活动。10月25日，离退办组织10名离退休老同志参加北京市老教育工作者协会组织的九九重阳节登山活动，使老同志开阔了视野，增强了体质。

（8）贺金婚活动。12月，对达到金婚年龄的15对离退休老同志表示祝贺，颁发贺信和慰问品，表达学校对老同志夫妻幸福生活的祝福。

（祁长青）

【党建工作】

（1）离退休党支部书记集体观摩“开心聊天”活动。3月31日，学校离退休党支部书记们聚集在健翔桥校区会议室，现场观摩老干部“开心聊天”活动。校长助理、健翔桥校区管理办公室主任冯晓春出席活动。“开心聊天”活动是健翔桥校区离退休干部开展的一项特色活动，它作为我校离退休干部思想教育活动的一个载体，在2010年获得北京市高校离退休干部“优秀主题党日活动”二等奖。离退休支部书记们观摩了聊天活动的整个过程。离退休党总支书记孙福友在发言中指出，老干部“开心聊天”活动是一项适合老同志特点的、老干部喜爱的有益有效的活动方式，这项活动的开展，可以进一步加强离退休干部思想政治建设，丰富老同志的精神文化生活，促进和谐校园的建设。他希望通过现场观摩会，使“开心聊天”活动向各校区延伸，让更多的老同志在聊天活动中得到快乐和充实。

(2)举办党员教育培训活动。5月27日，离退休党总支在清河小营校区108会议室召开了离退休党总支扩大会议暨离退休党支部书记、支部委员教育培训活动。离退休党总支委员、离退休党支部书记以及支部委员等共计30余人参加了会议，离退休党总支书记孙福友主持会议。

（3）党员参观活动。6月2日和10月15至16日，离退休党总支分两次组织566名离退休党员参观了天津平津战役纪念馆、昌平区坦克博物馆，广大离退休党员踊跃参加，使离退休党员受到爱国主义教育，并亲身感受到新北京的变化发展，更加坚定了走中国特色社会主义道路的信念。

（4）评比表彰活动。6月3日，离退休党总支召开扩大会议，评选校级先进党支部、优秀共产党员和优秀党务工作者。经过评议，评选出了2名校级先进党支部；5名校级优秀共产党员，1名校级优秀党务工作者；同时离退休党总支表彰了4个先进党支部，10名离退休党员。

（5）召开建党90周年座谈会。“七一”前夕，学校党委召开了离退休老党员座谈会，16名老党员回顾党的光辉历程，歌颂党的丰功伟绩，畅谈坚持理想信念不动摇，珍惜党的光荣历史，发挥老党员的政治优势、经验优势、威望优势，在和谐校园建设中继续发挥积极作用。

（祁长青）

机关党委工作

【概况】机关党委（机关工会）2004年9月成立，是学校党委领导下、建立在学校党政机关职能部门的基层党组织（群众组织）。2011年年底机关党委正式党员155名，基层党支部16个，覆盖机关22个处级部门。2011年年底机关工会现有正式职工214名；基层工会小组17个，覆盖机关24个处级部门。

2011年，在学校党委的领导下，在机关各部门领导的大力支持下，机关党委团结带领机关全体党员和职工，认真落实学校第一次党代会精神和学校“十一五”规划提出的发展目标，按照学校2011年党政工作要点的部署，以深入开展创先争优活动为契机，以“转变作风、依法行政、服务师生成长”为目的，以提高“转变作风、增强素质、提高能力、勤政廉政”为重点，以“加强学习型党组织建设、开展能力工程”为抓手，积极推进机关党的思想、作风、组织、制度建设和廉政建设，较好发挥了机关党委的政治核心作用和党支部的战斗堡垒作用、共产党员的先锋模范作用，为维护学校和谐稳定、推动学校改革发展发挥了重要作用。

（崔仲凯）

【党建工作】夯实党建基础，党支部的先进性和党员的先锋模范作用得到更好体现。

（1）优化党支部设置。一是根据机构

人员变化和工作需要，及时调整党支部设置，选配素质高、能力强的处级干部担任党支部书记，加强对支部工作的领导；二是坚持和完善了党员组织生活会、处级干部民主生活会、重要问题集体讨论决定等制度，健全和落实机关党委委员联系支部、对口联系业务职能部门制度，进一步提高机关党委和各党支部民主管理、推动科学发展的能力；三是坚持和完善机关各党支部、工会组织和广大党员、职工参与学校民主管理、参政议政的制度和机制，通过党支部和工会小组，调动一切积极因素，充分发挥广大党员和职工参与学校改革建设和发展的积极性、创造性；四是在保障党员民主权利、加强党内民主建设的基础上，要求各党支部和广大党员要严守党的纪律，坚决贯彻落实学校党政工作部署，认真履行工作职责，全力配合和支持行政领导的工作，努力完成各项工作任务，为学校科学发展做出贡献；五是制订计划，定期研究，严把党员质量关，抓紧做好入党积极分子的培养和考察。一年来，发展党员2名，办理党员转正2名，入党积极分子队伍也在不断壮大，目前，机关党委党员人数占职工总人数的77%。

（2）机关党委政治核心作用和党支部的战斗堡垒作用以及党员的先锋模范作用得到较好的发挥。多个部门和个人获得表彰或奖励。党委宣传部、保卫处党支部被评为学校先进党支部，9名党员被评为学校优秀共产党员，3名同志被评为学校优秀党务工作者。学校办、党委组织部、党委宣传部、科技处、审计处、保卫处、高教研究室等十多个部门的专项工作和十多名同志获得上级部门的表彰和奖励。

（3）机关党委党日活动被评为学校优秀党日活动一等奖。学生处党支部的主题党日活动项目获得好评。

（崔仲凯）

【创新争优活动】深入开展创先争优活动，不断促进机关党建工作改革创新。

（1）认真落实上级和学校党委的工作部署，深入开展创先争优活动。结合机关工作实际研究制定2011年创先争优实施方案和深入推进的具体措施。在动员部署和培训的基础上，进一步完善和落实了机关党委委员联系党支部制度、定期学习研讨制度、定期汇报工作进展情况制度，各支部紧密结合部门工作制订计划，积极开展“创先争优”活动，推进“示范党支部”创建活动逐步深入。目前，机关党委以此为契机，在推动工作，促进发展方面取得成效。

（2）以开展创先争优活动为契机，以创建示范党支部、加强党支部建设为重点，整体部署、组织开展了形式多样、内容丰富、促进发展的主题党日活动和调研，创新活动内容和形式，切实提高党日活动质量，提高党员参与活动的积极性和主动性。在扩大党员和群众参与面、扩大联系基层和群众面、提高实效上下功夫，把创先争优活动引向深入，促进机关建设上新台阶。

（3）深入开展以“强作风、树形象、促发展”为重点的创先争优活动，机关党委、研究生党总支、离退休党总支、机关工会在活动中心举行“新希望、新征程、新辉煌”新年联欢会。全体校领导和机关200余名职工现场联欢。校长柳贡慧致辞祝福。全体校领导、机关处级干部和200多名职工一起联欢、表演节目。

（4）搭建党建工作平台。搭建实践平台，以创建“五个好”先进基层党组织、争当“五带头”优秀共产党员为主要内容，结合不同部门党员特点，开展“能力”工程、“奉献”工程，不断提升党组织的工作活力；搭建党支部建设的平台，开展建设“示范党支部”活动，组织党员对机关党委和党支部工作进行测评，加强对机关党建工作的监督。

（崔仲凯）

【机关队伍建设】统筹规划理论学习，党员、干部政治理论水平和整体素质不断提高。

（1）认真落实建设学习型党组织的目标要求，从机关队伍建设的实际出发，把理论学习与提高处级领导干部、领导班子和党员队伍思想政治素质密切结合，不断健全和完善学习制度，进一步提高全员学习意识和学习的自觉性，按照“统筹规划、分类指导、加强检查、不断总结”的原则，进一步完善党员、职工和处级理论中心组的学习制度和工作机制，做到有计划、有布置、有检查、有总结。创新学习方式，丰富学习内容，各类学习较好坚持了“一般学习和专题研讨相结合，集体研讨和个人自学相结合，理论学习和业务工作相结合，理论学习和实践活动相结合，校内学习和社会调研相结合”的工作要求，充分利用信息网络技术，充分发挥北京市委组织部干部在线学习、北京高校教师在线学习、北京市干部在线学习系统、党员电化教育平台等的作用；各类学习根据计划要求与党日活动或社会实践活动紧密结合，不断增强理论学习的实效性。机关处级理论学习中心组坚持学在前、学得深，同时，积极参加部门党员、职工的学习和研讨，带头发言、做辅导，较好地发挥了示范带头作用。

（2）通过开展形式多样、内容丰富的学习、研讨和实践活动，党员、干部、职工的政策理论水平和政治修养和整体素质得到了新的提升，在围绕学校中心工作和服务大局、服务群众、推动学校科学发展上发挥了重要作用，做出了突出贡献。

（崔仲凯）

【机关能力建设】大力实施能力建设工程，党员、干部思想政治素质和推进科学发展的能力和水平进一步提升

（1）机关党委在强调“强化八个意识，提高八种能力”要求的基础上，要求党员、干部围绕实现学校发展目标，着重提高推进改革发展的能力和素质，按照学校的整体部署，结合机关工作实际，统筹规划，作出安排。一是统筹规划理论学习，不断提升党员、干部政治理论水平；二是加强对干部的培训和管理；三是认真总结和深化党员干部参加学校和机关党委多种形式学习、培训和实践活动的经验和成果。通过将系统培训与专项培训相结合，常规培训与网上自主学习相结合，岗位培训与实践活动相结合，形成了理论学习、专题调研、交流研讨和推进工作相互衔接、“四位一体”的干部教育培训模式。提高了党员干部变思路为行动、变行动为效果的创新能力和执行力，做到认识到位、行动自觉、贯彻有力。

（2）认真贯彻落实校党委《深入开展“提高办学质量促发展、服务人民群众树形象”活动的实施方案》精神和机关党委关于深入开展“提高工作质量促发展、服务师生员工树形象”活动的工作部署，把“提高工作质量促发展、服务师生员工树形象”活动引向深入。

（3）11月23、24日举办机关党委党支部书记培训暨党建研讨会。机关党委委员、党支部书记、副书记和支部委员及机关有关职能部门领导、机关工会委员等40余人参加了会议。校党委副书记杨军同志、党委常委邵长生同志出席会议，并围绕创先

争优第3阶段实践主题作专题辅导报告，对机关改进作风、加强自身建设提出希望和要求。党委宣传部党支部、人事处党支部、财务处党支部、保卫处党支部、基建处党支部和高教研究室党支部的代表分别在大会上汇报了本支部开展创先争优活动、改进机关作风、促进部门工作的做法、体会及下一阶段深入开展“提高工作质量促发展、服务师生员工树形象”活动的工作思路。会议还通过多种方式围绕强作风、树形象、促发展中心议题进行了研讨。

（崔仲凯）

【机关作风建设】加强机关作风建设，服务基层、服务群众水平得到有效提升。

（1）在进一步总结和巩固学习实践活动经验和成果的基础上，以“能力”工程建设为抓手，积极开展以转变作风、增强素质、提高能力、勤政廉政为重点的形式多样的学习宣传活动、主题党日活动和教育培训活动，收到了明显的效果。

（2）机关党委和各党支部引导党员干部把精力倾注在干事创业上，把工作落在求真务实上，作风建设取得了明显成效。一是发展的信心进一步坚定。引导党员、干部把思想统一在贯彻落实学校第一次党代会精神上来，通过扎扎实实的工作实现了诸多领域的突破性进展，“抢抓机遇、争先创优”的工作成效进一步增强了党员、干部改革的勇气、发展的信心和前进的动力；二是责任心、事业心进一步增强。广大党员、干部能够将权力看成责任，崇尚有位必先有为，在工作中努力发现问题、应对挑战、克服困难、敢于负责，各项工作得到有力推进；三是以人为本、服务师生的理念融入实际工作中。党员、干部，尤其是党员领导干部深入基层，调查研究，广泛听取各方面意见，为师生办实事，抓紧实施了涉及师生学习、生活、校园环境与学校发展等方面的惠民实事。

（崔仲凯）

【党建活动】

（1）在纪念中国共产党成立90周年，深入推进第二阶段创先争优活动中，机关党委以马克思列宁主义、毛泽东思想、邓小平理论和“三个代表”重要思想为指导，深入贯彻落实科学发展观，紧密结合学校中心工作，深化九型“示范党支部”创建、党员“四个工程”建设和“创先争优，从我做起”主题实践活动，广大党员围绕“创先争优作表率、我为党旗添光彩”主题，组织开展了丰富多彩、形式多样的主题党日活动。各基层党组织充分发挥主动性和创造性，结合自身实际，精心策划主题党日活动，设计了符合群体特征和党员喜闻乐见的有效活动方式与载体，确定了活动题目，设立了具体的活动项目，为展示党组织凝心聚情和党员先锋模范作用积极搭建实践平台。

（2）在党委组织部组织的“纪念建党90周年 深入推进创先争优”主题党日活动及优秀党日活动评选中，机关党委在探索拓宽党支部和党员发挥作用的有效途径，创新党组织活动内容、形式和党员教育管理服务模式等方面积极实践，在明确工作职责、改进工作方式、增强服务功能、扩大党内民主、加强自身建设、改善工作条件等方面进行了有益尝试，取得显著的成效。6月中旬，组织100余名党员、积极分子前往唐山，开展“缅怀先辈丰功伟绩、加强机关作风建设、争当创先争优模范”主题实践活动，参观了唐山抗震纪念馆和李大钊故居、纪念馆。学校党委书记郑君礼，党委副书记杨军、刘筱毅，副校长冯喜春参加活动。

（崔仲凯）

【机关工会工作】高度重视、积极支持机关分工会的工作。进一步发挥分工会干部在和谐校园建设中的组织、协调和融合作用，在组织职工参政议政、维护职工合法权益、化解矛盾、凝聚人心等方面做了大量有成效的工作。支持机关工会围绕学校中心工作和自身建设，组织职工积极参加或开展有利于和谐校园建设和增进身心健康、内容丰富、形式多样的学习、培训、文艺体育等实践活动；调动了广大职工围绕中心、服务大局的积极性。组织党员、职工开展向灾区献爱心、送温暖捐款等活动，使广大党员职工身临其境的受到了深刻的教育和感染。

（1）以提高职工政治理论素养和履职能力为出发点，以职业道德教育和机关作风建设为主要内容，开展形式多样的政治理论学习、职业道德教育和业务培训。11月中旬，组织实施了机关工会委员学习培训活动，收到了较好的效果。

（2）充分发挥工会委员会和工会小组在机关建设中的组织、协调、融合作用。团结带领职工全力支持部门党政领导的工作，认真履行职责，忠于职守，尽心尽力做好服务基层、服务师生的工作。为改善学生成长成才的环境条件，缓解办学条件困难的情况，机关各党政部门和职工顾全大局，克服困难，在7月天气异常闷热、期末工作十分繁忙、而且面临放暑假的情况下，加班加点整体搬到尚未完工、尚不具备办公条件的3号办公楼办公，为2011级新生入学创造了条件。

（3）认真组织职工参加校工会或机关工会组织开展的各种学习、教育、培训、研讨、疗养和文娱、体育等活动。配合校工会组织 “三八”妇女节活动和职工疗养安排。从机关建设和职工身心健康出发，以工会或工会小组为单位组织开展形式多样的主题实践活动和排球、扑克牌等比赛。认真组织了职工春游健康健步走活动和秋季秋游采摘活动。

（4）进一步健全和完善机关工会会议、重要活动和重要经费支出由工会委员会或扩大会集体研究决定的制度和工作机制。统筹工会活动，加强活动经费管理，提高活动有效性和经费使用效益。

（5）认真落实校工会关于党政工共建一个家的要求，工会小组的工作和活动得到了部门党政领导的关心和支持，不少部门职工的学习和工会活动与党员学习、党日活动有机的结合，为党员服务群众、联系群众提供了方便，也为工会小组的建设和发展注入了活力。

（崔仲凯）

【其他重要事项】充分发挥党支部战斗堡垒作用和党员先锋模范带头作用，团结带领全体职工，认真履行管理育人，服务育人职能，在如期完成“十一五”规划目标要求的同时，按照学校整体规划，认真调查研究，积极完成以机关职能部门为主体的“十二五”规划的编制工作。党支部成员大力支持部门领导的工作，相互理解、相互支持、加强沟通、配合默契，为推动本部门如期完成“十一五”规划目标任务和“十二五”规划的编制工作奠定了坚实的思想基础。广大党员立足本岗位，率先垂范，以自己的先锋模范作用带动全体职工，在努力完成“十一五”规划目标任务的同时，高教研究室、学校办、教务处、科技处、财务处、招生就业办、人事处、资产处、学生处、国际交流处等十多个部门认真完成了“十二五”规划及子规划的调研、编制工作。

（崔仲凯）

校区联合党总支

【概况】 校区联合党总支于2010年9月成立，由健翔桥校区党支部、健翔桥校区科研党支部、酒仙桥校区党支部、金台路校区党支部、清河校区党支部组成，共有正式党员30名。校区联合工会在校工会和党总支领导下开展工作，设有5个工会小组，现有工会会员 63人。

校区联合党总支在学校党委的正确领导下，认真贯彻执行党的路线、方针、政策，按照“围绕中心抓党建，抓好党建促发展”的工作思路，认真落实制度建设、理论学习、思想教育、反腐倡廉、安全稳定、工会活动等工作，充分发挥党总支的政治核心作用、党支部的战斗堡垒作用和党员的先锋模范作用，结合各部门的工作实际，积极开展创先争优活动，为各部门认真履行职责，圆满完成学校党政赋予的工作任务，提供了有力的政治、组织保障，为学校的建设、改革和发展做出了积极的贡献。

（张声玖）

【党的建设】

（1）深入开展创先争优活动。校区联合党总支创先争优各项活动全面展开，各党支部和党员结合本单位工作实际，引导广大党员群众奉献本职岗位，积极为群众办实事、做好事、解难事，形成了一些工作亮点，基层组织凝聚力不断增强，党员的素质能力不断提升，以建党90周年活动为契机，各支部开展不同类型的主题党日活动。积极参与学校以“创先争优作表率、我为党旗添光彩”为主题的主题党日活动，制作标题为“奉献本职岗位 我为党旗增辉”宣传展板参与优秀党日活动评选，获得教工组三等奖。

（2）积极开展思想政治教育认真落实政治理论学习。按照党委宣传部下发的学习教育计划，结合建立学习型基层党组织，认真执行学习制度，督促党员积极参加北京高校教师党员在线平台学习；支部书记参加了学校党委组织部举办的学习培训；落实处级理论中心组学习，举办处级领导干部参加的校区工作研讨会。重点学习了胡锦涛总书记在清华大学的重要讲话和十七届六中全会等内容，下半年组织党员学习《党的基本知识》一书，开展答题竞赛活动。充分发挥思想政治工作的作用，及时了解和掌握党员、教工的思想动态，关心困难党员和困难职工，有针对性地开展工作，培养党员、教工牢固树立大局意识、服务意识、责任意识和奉献精神，为学校的建设与发展努力工作。

（3）认真抓好安全稳定工作。依靠党支部，强化安全稳定意识，认真落实推进平安校园建设、维护学校安全稳定责任制，督促各部门经常进行安全检查，消除安全隐患，及时化解矛盾，努力促进和谐，健全制度，规范程序，严格管理，确保重点时期、重点部位、重点人员、重大活动不发生重大问题。

（4）积极推进党风廉政建设。认真落实学校和上级有关党风廉政建设和反腐倡廉各项工作部署要求，定期进行学习、宣传和教育，积极参加培训，不断提高思想认识，筑牢思想防线，自觉接受群众监督，严格执行规章制度和《廉政准则》，做到警钟长鸣。全年未发生违法违纪情况。

（张声玖）

【校区分工会工作】在学校工会的统一领导下，组织完成 “三八”妇女节长走活动、学校运动会及每日长走半小时等多项活动。

下半年校区联合工会组织秋游活动。注重维护教职工的合法权益，克服困难，关心困难职工，号召教职工积极参与献爱心送温暖活动，尽力活跃教职工的文体活动，增强教职工的集体主义观念，促进和谐校园建设。

（张声玖）

教辅单位党总支

【概况】教辅单位党总支于 2010 年 9 月组建，下设图书馆、网管中心、机电实习中心、继续教育学院四个党支部。截至 2011 年年末，有事业编制教职工 119 名，其中党员 67 名，总支书记由叶超同志担任。

（叶超）

【学习型党组织建设】

（1）按照学校党委的要求，分层次有目的地开展政治理论学习；经常进行学习宣传、督促和检查；借助于北京干部教育网、高校教师党员在线等网络平台，以集中和个人自学相结合，外出参观学习与校内读书学习相结合等多种形式进行理论学习，全总支的党员除少数年纪大的同志以外均完成了规定的网上学习任务。有 4 位同志进入党员在线学习个人排行榜 100 位之内。网络管理中心的全体党员人均超过 40 学时。机电实习中心党支部很好地坚持了每周三的学习制度。

（2）党总支鼓励各支部党员积极参加学校发起的各种征文活动，图书馆王达生同志的研究论文《瓦窑堡会议决议的形成及其历史作用》被收入学校纪念建党 90 周年论文集。结合庆祝建党 90 周年，总支开展专题征文活动，取得很好的效果。为建设“学习研究型党支部”，图书馆同志进行学术和工作研究，撰写论文 13 篇，其中今年公开发表论文 7 篇，参加会议论文 6 篇。继续教育学院党建研究课题结题。

（叶超）

【创先争优活动】继续深入开展创先争优活动，推进“三项工程”建设。在全总支范围内开展“我承诺，我践行”活动，每一位共产党员和每一个党支部都建立公开台账，年末时根据台账进行对照检查，党员们结合自身岗位实际情况，基本上都完成了年初的承诺，并为师生做了大量实事。创先争优活动有效促进了实际工作的开展。

（叶超）

【主题党日活动】组织开展有意义的系列主题党日活动，增强党组织的凝聚力、战斗力。主题党日活动 160 余人次参加，达到了广覆盖、受教育的效果。在系列党日活动期间和之后，创先争优做表率的意识更加深入党员心中，他们将精神的力量自觉不断地转化为工作中的动力，各部门都圆满完成全年的各项工作。该系列主题党日活动获得学校评比三等奖。

（1）结合纪念建党 90 周年，6 月 11、12 日，组织全体党员、入党积极分子、党外民主人士开展“重温光辉历程，我为党旗增辉”主题党日活动，赴革命圣地西柏坡参观学习。

（2）结合学校创先争优“四项工程”建设，4 月至 6 月在全体党员和入党积极分子中开展“塑造魅力，增强能力，奉献北信，为党旗增辉”主题征文活动。

（3）结合岗位工作实际，6 月 16 日，举办主题为“纪念建党 90 华诞，我为党旗增光添彩”专题党课，开展党课大家讲活动。

（叶超）

【基层党组织建设】认真落实“固基”工程方案，积极推进基层党组织建设。党总支以制度建设为重点引导各党支部建立适合各支部特点的规章制度，目前已经建立近20项。党总支按照学校的有关规定，规范有序、顺利完成继续教育学院党支部换届选举工作。党总支举办了二级党课，确定规范的课程表以及丰富的课程内容，有4位同志参加党课学习，取得合格证书。全年发展党员6人，预备党员转正4人。党总支目前有党员67人，占全体职工的56.3%。图书馆党支部积极培养入党积极分子，入党积极分子有专人联系，按要求培养考察发展对象。全年发展4名党员，转正预备党员2名。党员比例已经达到38.5%，较一年多前有了很大的进步。网管中心党支部党员比例已经达到88.9%。

（叶超）

【其他重要事项】圆满完成各项日常工作，顺利完成区人大代表换届选举工作。完成共产党员献爱心捐献工作，捐款1545元。完成党内统计工作，年鉴撰写工作，党费核算收缴工作，为此老党员宗俊英同志做出重要的贡献。完成优秀共产党员、先进基层党组织的推荐评选工作，本总支高宁、彭春玲、马铭锦、伍银被评为校级优秀共产党员，网络管理中心党支部被评为校级优秀党支部。圆满完成区人大代表换届选举工作。在这项时间紧、任务重、要求高、政策性强的工作中，各部门高度重视，积极配合，细心组织，高质量按时完成任务。本党总支登记的选民无错登漏登，投票率达到95%以上。宗俊英、马小红、段德君、伍银、高宏山、刘滨等同志积极配合校选举办开展工作，不辞辛苦，坚守岗位，得到校选举办的好评。

（叶超）

【机关工会工作】积极开展工会工作，促进和谐校园建设。根据教辅单位工会的调整情况，按照校党委和校工会的有关规定，履行规范的民主程序，完成教辅单位工会委员、工会主席的选举工作。认真组织教辅单位分工会第十三代表团代表参加校第一届“双代会”会议，圆满完成各项会议规定的任务。积极参加学校举行的2011年春季运动会。教辅单位工会获得团体总分第六名。在校工会举办的教职工羽毛球、乒乓球比赛中均取得了全校第三名的好成绩。为丰富和活跃全体工会会员的业余文化生活，增强集体凝聚力，教辅单位工会于10月16日组织工会会员赴北京国际鲜花港、汇源果汁有限公司开展“现代农业、现代企业”参观活动，有近60位会员参加活动。积极响应校工会为“首都爱心基金”捐款的号召，共捐款2140元。积极响应北京市民政局“冬衣送暖”主题捐赠活动，广大工会会员捐赠衣物共151件，捐款1370余元，均位于学校各单位前列。

（叶超）

工会教代会工作

【概况】校工会是联系学校党政与广大教职工之间的桥梁纽带，是职工利益的代表者和维护者。工会具有维护、建设、参与、教育四项基本职能。其中维护教职工的合法权益是工会的基本职责。校工会现有主席（兼）1人，常务副主席1人，副主席1人，兼职副主席2人，工会干部1人；现有部门工会15个，部门工会主席15人。

教代会承担着教职工代表大会的各项会议筹备、会务工作，负责做好教职工代表大会日常工作，指导二级教代会工作，以及做好教职工代表大会各专门工作委员会的协调工作。校工会是教代会闭会期间的办事机构。

2011年，在北京市教育工会和学校党委的领导下，在校行政的大力支持下，坚持以邓小平理论和“三个代表”重要思想为指导，深入贯彻落实科学发展观，围绕学校中心工作，服务学校改革发展稳定大局，在推进学校民主建设、加强师德建设、维护教职工合法权益、为教职工办实事、构建和谐校园等方面开展大量工作，为学校改革建设发展做出积极贡献。

（卢玲军）

【“双代会”工作】充分发挥教代会作用，积极推进学校民主建设。

（1）定期召开“双代会”年会，形成制度，成为实现沟通、共建和谐的平台，维护教职工的知情、参与、表达和监督权。3月25日，学校第一届“双代会”第二次会议召开。120余名“双代会”代表参加会议。代表们听取校长工作报告、学校财务工作报告、提案工作报告、工会经费审查报告和教代会工会工作报告。12月27日，学校第一届“双代会”第三次会议召开。会议审议通过学校“十二五”事业发展规划（草案），代表们形成对学校“十二五”事业的发展共识，提出修改意见和建议。

（2）做好提案的征集、立案和落实工作。按照《关于做好第一届“双代会”第二次会议提案征集工作的通知》要求，教职工代表提出提案和建议30件。经教代会提案工作委员会审议，立案23件（其中2件提案是对5件内容相同的提案进行并案处理），移转建议案3件（其中1件是对2件内容相同的建议进行并案处理），立案率为86.7%。学校专门召开提案办理工作会议，对提案的办理和落实工作进行部署。校工会对提案的办理工作进行督办，共编发《提案工作简报》2期。

（卢玲军）

【师德建设】加强师德建设，服务教职工队伍建设。

（1）举办青年教师成长发展主题论坛，为青年教师搭建相互交流、学习平台。10月19日，校工会举办“首都教育先锋、青年教师教学基本功比赛表彰暨青年教师成长发展主题论坛”。会上对获奖人员进行表彰。与会青年教师就教师职业发展、如何过好教学关、如何提高教学水平和学术水平、不断提高自身素质等方面进行主题发言，还就学校进一步做好青年教师队伍建设等工作提出许多很好的意见与建议。该活动的举办，为青年教师成长发展搭建相互交流、相互学习的平台，团结广大青年教师，激发创造潜能，凝聚智慧力量，为学校发展建设贡献聪明才智。

（2）组织青年教师教学基本功比赛。2011年5月，工会会同教务处、人事处联合举办第五届青年教师教学基本功比赛。来自全校各教学单位的26名青年教师参加决赛阶段的比赛。通过举办此项活动，为学校青年教师搭建成长的舞台，提升教育教学素养，同时也培养青年教师严谨、认真的工作作风。在学校基本功比赛的基础之上，选派2名选手，代表学校参加北京市第七届高校青年教师教学基本功比赛，获得文科类B组二等奖、理科类B组三等奖的好成绩。

（3）坚持以社会实践为基本途径，积极搭建教师综合素质教育平台。6月底，工会会同人事处组织部分中青年教师和教职工赴广西百色进行学习考察。

（4）大力表彰先进，树立优秀典型。为不断加强我校师德建设，努力打造一支业务精良、师德高尚、爱岗敬业的教职工队伍，学校大力表彰先进，树立优秀典型。校工会组织评选“首都劳动奖状”、“首都劳动奖章”、“首都教育先锋”先进集体和先进个人等活动。北京信息科技大学获得首都劳动奖状、李邓化获得“首都劳动奖章”荣誉称号；工商管理教学团队获得“首都教育先锋”先进集体；祝连庆和张键获得“首都教育先锋”先进个人荣誉称号。工会还组织申报职工创新工作室工作。工会通过开展形式新颖的表彰活动，宣传他们的先进事迹和爱岗敬业精神，起到激励全校教职工奋发向上的积极作用。

（卢玲军）

【文体活动】丰富文体活动形式，创新载体，营造和谐校园文化。

（1）文化体育活动丰富多彩，和谐文化氛围凝聚人心。“快乐工作，快乐生活”是校工会大力倡导的工作态度和生活方式。校工会通过开展内容丰富多彩的文化体育活动，形成一种健康向上的精神风貌，增强教职工对学校的荣誉感和认同感。五月份参加校庆三周年晚会演出活动；校工会和声乐爱好者协会组织“党旗更鲜艳”教职工歌手大赛，纪念建党 90 周年；校工会与校教职工摄影协会共同组织 2011 年教职工“和谐之韵”摄影展，近 60 名教职工投稿 500 多幅作品，展出作品 320 幅；举办 2012 年全校教职工新年联欢会；工会组织教职工参加学校 2011 年田径运动会，800 多名教职工参与男女各三个年龄组、59 个项目的比赛，240 多名教职工在开幕式上进行广播体操表演；为提升教职工身体素质，提高锻炼身体的意识，工会在五个校区组织“健身长走”周活动，500 多名教职工积极参与此项活动；在奥林匹克森林公园组织以“亲近自然健康长走”为主题的长走竞赛活动，15 支代表队，90 多名运动员参赛；5 月组织教职工羽毛球团体赛，全校 12 支代表队，120 名运动员参加比赛；12 月组织教职工乒乓球混合团体比赛，14 支代表队的 140 名运动员参加比赛。工会组织的这些文体活动，参加人数多，参与面广，深受广大教职工喜爱。

（2）针对不同群体开展活动。开展以女教职工为参与主体的系列活动。在“三八”妇女节期间，工会开展以“新起点、新目标、新女性”为主题的女教工联谊活动，组织女教职工参观孔庙国子监；校女工委员会协同研究生工作部召开“女性生活面对面——我的节日我做主”座谈会。组织女教授参加插花艺术讲座。校工会、女工委员会、女教授协会共同举办“庆六一亲子主题活动”，吸引 40 多个教职工家庭参加。组织 50 周岁以上教职工参加“重阳览胜、登高远眺”活动，30 多名教职工登上慕田峪长城。

（3）用爱心构筑和谐文化。3 月，校工会组织全校教职工为“首都教职工爱心基金”捐款，在各部门工会的组织下，广大教职工积极响应，共计 748 人捐款 19083.8 元；10 月，校工会开展“冬衣送暖”主题捐赠活动，全校 507 人，捐款 9690 元，冬衣 767 件。

（卢玲军）

【送温暖和慰问活动】坚持以人为本，为职工办实事、办好事。

（1）开展送温暖和慰问活动。元旦、春节、国庆节期间，校领导及工会同志走访慰问困难职工、慰问全国劳动模范、全国优秀教师；工会建立困难教职工档案，主动关心病休在家的职工。经教职工生活福利委员会讨论，先后为 37 名困难职工发放补助 3.33 万元；为患大病职工发放慰问金 1.42 万元；为住院、父母去世的教职工发放慰问金；护士节期间，工会领导与后勤部门领导到各校区走访慰问在岗医护人员。

（2）积极为教职工办实事。先后组织四批教职工到教工休养院参加疗休养活动；联系华夏银行，在两个校区为教职工办理“华夏速通卡”，方便教职工出行； 校工会与后勤管理处一道共同做好惠及全校女教职工的实事，开展女工专项体检；为方便教职工生活，校工会联系购买优质大米400余袋、赣南脐橙1100余箱、办理公园年票100多张；与保卫处共同举行机关教工应急疏散演习；主动联系患重大疾病教职工，为他们提供服务，及时办理保险理赔工作，把赔付的资金送到老师手中；为从教30年的教职工送上慰问品、感谢信。

（卢玲军）

【工会自身建设】加强工会自身建设，提高工会工作水平。

（1）举办工会、教代会干部培训，提高工会干部理论素养。10月24至26日，校工会在平谷教工疗养院举办2011年教代会工会干部培训会议。会议邀请北京市教育工会主席张青山做了“学习贯彻胡锦涛‘七一讲话’精神，展示工会组织在社会管理创新中的作为”的主题报告。校党委副书记杨军做下半年工会教代会工作部署。参会人员针对非事业编制职工入会、二级教代会建设，职工文化建设，开展各项校园文化活动提出工作建议和意见。教代会执委会及各专门工作委员会委员，工会委员会及各专门工作委员会委员，工会经审委员会委员，部门工会委员近70人参加培训。

（2）开展非事业编制职工入会工作。贯彻落实《关于加强在高等学校非事业编制职工中开展工会工作的通知》（京教工〔2009〕19号）精神，深入后勤集团、教辅单位进行调研，与人事处、财务处等部门负责人就涉及非事业编制职工入会的相关问题进行专题研讨。负责起草《北京信息科技大学非事业编制职工入会管理办法》，在教代会、工会委员会委员中征求意见， 待管理办法通过后，将全面启动非事业编制入会工作。

（3）做好工会经费使用管理工作，提高经费使用效益。制定并下发《北京信息科技大学工会财务管理办法》，严格按照相关规定执行；召开学校2011年工会财务工作会议，各部门工会主管财务工作的主席及校工会全体成员、经审委员会委员参加会议，研究2012年工会经费预算，经审委员会委员邓宁老师对《工会会计制度》进行解读，工会兼职会计讲工会经费使用当中存在的问题。

（4）首都女教授协会北京信息科技大学分会成立。4月20日，首都女教授协会北京信息科技大学分会成立大会召开。会议通过《首都女教授协会北京信息科技大学分会章程》，选举产生首都女教授协会北京信息科技大学分会第一届委员会。女教授协会在校党委的领导下，将秉承首都女教授协会和学校分会的宗旨，凝聚才智、展示风采、交流信息、促进提高、增进友谊、和谐创新。充分发挥女教授群体的人才资源优势，和在学校各项工作中的引领作用，服务中心，服务大局，为学校各项事业的发展做出积极的贡献。

（5）重视理论调研和理论研究，重视工会宣传工作。校工会积极参与由北京市教育工会等单位组织的围绕高校教师的收入分配制度及激励机制开展的调研工作。两位教师参加2011北京市教育工会理论调研与研究论文征文活动，撰写题为《坚持立德树人职业取向，提升高校师德建设新境界》《论我国高校教师权利救济机制的完善》的论文。校工会网页进行改版，指定专人负责网站维护和信息宣传报道。出版《信息科大教工》1 期。

（6）参与海淀区人大代表换届选举工作，选派一专职工作人员全程参与此项工作。

（卢玲军）

【2011 年从事教育工作满 30 年人员】

王凤展　王汉明　王德江　邓卫东
冯小琴　冯晓春　刘　勇　刘　挺
刘新华　何少伟　吴　进　张怀生
李建刚　李春云　杨建军　杨燕荣
迟育杰　周继宁　郭严俊　高庭富
高银龙　梁乙利　韩明彩　廉树林

（卢玲军）

共青团工作

【概况】校团委主要职能是负责共青团员的思想政治教育和共青团组织的建设，组织开展校园文化活动，为青年学生全面、健康成长成才服务。校团委下设办公室、组织部、宣传部、文化部，同时指导校学生会、社团联合会、志愿者联合会、学术科技联合会、学习实践会。现有书记 1 人，副书记 3 人，艺术教育中心 3 人，其中艺术教育中心主任由 1 名副书记兼任。

2011 年，校团委在学校党委和上级团组织的亲切关怀和正确领导下，高举中国特色社会主义伟大旗帜，以邓小平理论和“三个代表”重要思想为指导，全面贯彻落实科学发展观，积极响应“三个北京”青年行动计划，深入贯彻学校第一次党代会精神，积极落实学校第一次团代会提出的目标要求，认真把握团员青年需求，坚持以思想引领和成才服务为出发点和落脚点，充分发挥党的助手和后备军作用。紧紧围绕学校 2011 年党政工作要点，以加强基层团组织建设为基础，以提高青年学生思想道德素质为目标，以培养青年学生科技创新能力为核心，以提升校园文化品位为抓手，以推进青年志愿服务工作为手段，以开拓青年就业创业工作为突破，努力形成体系完备、特色鲜明、品牌突出的共青团工作新格局，不断推动共青团工作新发展。

2011 年，学校各级共青团组织结合学校学生特点，通过组织举办丰富多彩的校园文化活动，宣传、教育、引导、鼓舞广大团员青年为构建和谐校园做贡献，展现学校青年学生的良好精神风貌。同时组织开展形式多样的科技创新、社会实践与志愿服务等活动，用发展的眼光、创新的思维抓好团员思想政治建设、团学干部队伍建设、团的制度建设以及共青团活动平台建设，打造精品活动，切实增强共青团对广大青年影响力、吸引力和凝聚力，切实服务于青年学生的成长成才。

（李华涛）

【宣传思想政治教育】

（1）全面深化以“我的支部我的家”为主题的团组织创先争优活动。全校各级团组织、广大共青团员行动起来争创优秀团支部，争当优秀共青团员，完成共青团系统的评优表彰工作。加强团属宣传阵地建设。充分发挥团校、团报、团刊和各类团属网站的作用，拓展和完善教育引导青年学生的传媒资源，借助校内外各类传媒组织，及时充分地宣传和展示团的工作，扩大团的影响。加强共青团工作信息化建设，改版信息科大青年网，信息科大志愿服务网也在筹备建设中，深入推进基层团支部的网络社区建设，加强校、院、班三级团组织的网络体系建设，拓展学生的思想政治教育空间。

（2）紧紧抓住庆祝建党90周年、辛亥革命100周年等契机，开展演讲比赛、团日活动公开赛等系列爱国、爱党、爱校等主题教育活动。通过开展党史知识竞赛、红歌大合唱、观看红色电影等活动，引导青年学生深入了解在党的领导下我国改革开放和现代化建设取得的伟大成就，坚定跟党走中国特色社会主义道路的理想信念。

（3）实施“青年马克思主义者培养工程”。以团校为依托，通过开展理论学习、社会实践、素质拓展等活动引导青年学生树立社会主义核心价值观，用马克思主义中国化的最新理论成果武装青年学生，努力培养一批信念坚定、素质全面的优秀大学生。

（4）深化特色校园文化培育工作。努力提升校园文化品位，本着示范带动、全面活跃、提升品位的原则，努力构建“一院一品”的校园文化活动新格局，形成充满特色的学院文化、班级文化、社团文化、宿舍文化。

（贾斌）

【组织建设工作】

（1）学校各级团组织深入贯彻学校第一次党代会精神。积极落实第一次团代会提出的目标任务，研究制定学校共青团事业中长期发展规划，理顺全校共青团系统工作思路，明晰各级团组织、学生组织的工作任务和工作职责，加强分类引导，继续推进共青团组织的制度化建设。紧密结合学校院系调整的步伐，对相应团组织机构和人员进行调整，成立学校艺术教育中心，不断规范学校艺术教育的组织建设和规章制度，有效推进艺术教育的正规化建设和发展。

（2）大力推进党建带团建工作。根据团中央和团市委相关文件精神，以“双闪亮工程”为载体，深入开展党建带团建活动，加强团员推优入党的机制建设和科学化管理，认真完成党组织对团的建设提出的各项任务要求。加强团学干部培训。办好以“双闪亮党支部”为基础的高级团校和以新生团支部书记为对象的初级团校，提高团学干部的工作能力，为学校的发展建设培养“英才”“双闪亮”学生党支部完成高级团校培训任务，中央党校赵虎吉教授、中国社会科学院研究员丁向阳研究员来学校作报告；完成三期“初级团校”的培训任务。

（3）加强对学生组织的指导和管理。规范学生组织建设，严格学生社团管理，加大对理论类和实践类学生社团的支持和扶植力度，探索建立切实有效的科学管理机制。

（4）根据团市委要求，完成团费收缴、团情统计、综合测评、评优评奖、团关系转接等团务工作。

（贾斌）

【大学生科技创新活动】

（1）结合校风、学风建设继续完善学生课外科技创新活动体系。努力营造以创新为核心的校园学术氛围，积极宣传以“挑战杯”科技竞赛为代表的大学生课外科技创新活动，进一步加强本科生基金项目的过程管理，完善奖励机制，激发教师参与指导科技创新活动的积极性。

（2）组织举办学校第五届“创新杯”大学生课外学术科技作品竞赛，参赛作品获得1项北京市二等奖，2项三等奖。

（3）完成2011年度本科生科技基金项目的评选工作，立项100项，取得资助的项目达到68项，资助金额7万元。

（4）继续举办一年一度的“一二·九”科技节，注重加强与校外企业、科研机构、政府相关部门的联系，寻找共建合作机会，为学生开拓更多的科技创新实践基地。科技节系列活动中“新星杯创业创意大赛”、“学术科技成果展”等各项活动，得到广大师生一致好评。邀请著名天文学家李竞教授、著名飞行器动力学家徐邦年教授、著名物理学家何香涛教授来学校做讲座，收到很好效果，推动校园科技文化氛围的营造。

（贾斌）

【校园文化活动】

（1）1月5日，“梦想飞翔”2011年新年晚会成功举办。

（2）3月10日晚，第八届宿舍文化节“关爱在身边”系列活动之宿舍吉尼斯答辩在清河小营校区一阶教室举行。活动提高了学生的自我创造能力，展示了宿舍特色、增强了团队建设意识及创新发展的精神，促进宿舍的和谐。

（3）举办“关爱在身边”第八届宿舍文化节、“情牵你我 爱满校园” 第九届宿舍文化节。

（4）4月13日，由学校社团联合会主办的“‘向建党90周年献礼——革命精神代代传’主题讲座暨第四届社团文化节开幕式”在清河小营校区报告厅举行。本次报告邀请到中共中央办公厅毛主席纪念堂管理局副局长宋重冰作报告。

（5）5月9日，由校团委主办、校学生会承办的第八届校园十佳歌手大赛决赛在清河小营校区大学生活动中心隆重举行，为庆祝中国共产党建党90周年，本次决赛特别增设红色歌曲演唱环节。经过三轮精彩的演唱，最终经济管理学院的耿硕航摘得桂冠，机电工程学院的高尚夺得亚军，经济管理学院的易懿获得季军。

（6）5月11日，由校团委和体育部主办、校学生会承办的2010—2011赛季“信息科大杯”三球联赛在清河小营校区运动场圆满落幕。本届三球联赛自2010年11月开幕，历时7个多月，共计73场比赛，来自研究生部和9个学院的462名运动员参与赛事。考虑到学校多校区办学的实际情况，本届比赛第一次在健翔桥校区设立分赛场，并完善了联赛仲裁制度。

（7）5月11日，由党委学生工作部主办，校团委、机电工程学院、人文社科学院承办的学校2011年动漫大赛在清河小营校区报告厅正式启动。学校党委副书记杨军以及相关职能部门领导出席启动仪式，研究生部、各学院相关领导、老师和100余名学生代表参加启动仪式。启动仪式由校团委书记李华涛主持。

（8）5月12日，校团委主办，校学术科技联合会承办的北京信息科技大学第五届“创新杯”课外学术科技竞赛决赛答辩暨颁奖典礼在清河小营校区报告厅举行。学校“创新杯”学术科技作品竞赛评审委员会的专家教授们及校团委书记李华涛和各学院团总支书记出席并参加决赛评审与颁奖典礼。

（9）举办系列活动庆祝建党90周年。5月21日，举行北京信息科技大学成立3周年庆祝晚会暨纪念建党90周年合唱比赛，校领导、部分职能部门领导、各学院党政领导、校友代表、离退休老同志代表、在校教师代表及各学院的学生代表共计500余人观看晚会。5月31日，与党委学生工作部联合举办“纪念建党90周年”党史知识竞赛。6月1日，与党委宣传部联合组织开展庆祝建党90周年演讲比赛。

（10）5月24日，由校团委主办、校学生会承办的“感悟光辉历程 争做时代先锋”“五四先锋杯”辩论赛决赛在清河小营校区报告厅举行。

（11）5月27日，校团委在清河小营校区报告厅举办以“感悟光辉历程 争做时代先锋”为主题的团日活动公开赛决赛同时表彰了2010—2011年度优秀团员、优秀团干部、优秀团支部。

（12）5月31日联合开展“珍爱生命 绿色呼吸 共创无烟校园”禁烟主题宣传活动，校学生会在清河小营校区学五公寓前举办创建“无烟校园”大型签名活动，得到广大师生的响应与热情参与。

（13）“节能我行动 低碳新生活”学校2011年度“节能宣传周”活动圆满落幕。本年度节能宣传周从10月17日开始至23日结束，主题为“节能我行动、低碳新生活——我为绿色校园做贡献”。10月19日学校节能办公室联合校团委、校学生会在清河小营校区共同发起“我为绿色校园做贡献”的节能宣传签名活动。

（14）举办2011年新生校规知识竞赛。12月7日，2011年新生校情校规知识竞赛在清河小营校区大学生活动中心举行。本次活动主题为“遵章守纪 知校爱校 健康成长 兴校荣校”，由学生处、教务处主办，校团委承办，财务处、后勤管理处、保卫处、网络管理中心协办。校学生会成员担任工作人员，确保竞赛有条不紊的开展。

（15）大学生创业集市开进2012新年嘉年华活动。为迎接2012新年的到来，12月30日下午1时至5时，2012新年嘉年华活动在清河小营校区举行，活动第一次设立大学生创业集市。学校十余个网络创业小店在嘉年华活动中搭起集市，短短几个小时的时间已经有店铺取得过千元的营业额。

（16）12月28日，2012年大学生新年晚会在清河小营校区大学生活动中心拉开帷幕。本次晚会节目首次在全校范围内进行海选后精选而出。校领导班子成员出席晚会。郑君礼向全校师生发表新年致辞。他总结2010年学校在学科建设、师资队伍建设、科学研究、社会服务、人才培养等方面取得的成绩，并代表学校党委和行政，向辛勤耕耘在教学、科研、管理、服务等工作岗位上的广大教职员工，向努力学习、追求卓越的全体同学，向为学校发展做出过巨大贡献的离退休老领导、老同志、广大校友和社会各界朋友，致以最美好的祝福和诚挚的问候。

（王继强）

【艺术教育工作】

（1）学校艺术教育中心成立。根据中央和教育部关于加强大学生艺术教育的有关文件精神，为更好地发挥艺术教育作为发展校园文化、提升校园文化品位重要途径的作用，营造健康、高雅的校园文化艺术氛围，经2011年6月23日第18次党委常委会研究，决定成立艺术教育中心。艺术教育中心是学校大学生思想政治教育的重要组成部分，负责全校学生的艺术教育工作，指导大学生艺术团开展校园文化活动，兼具艺术教育教学和科研工作职能。艺术教育中心不设行政级别，日常管理挂靠校团委，艺术教育中心主任由校团委书记或副书记兼任。经校团委研究，并报请学校主管领导同意：郭颖同志兼任北京信息科技大学艺术教育中心主任。

（2）学校大学生艺术团被吸纳为“北京青年艺术团”团体成员。学校大学生艺术团（合唱团、民族舞蹈团）在共青团北京市委员会、中共北京市委宣传部、首都精神文明建设委员会办公室、北京市文化局、北京市外事办公室和北京市教育委员会举办的“青春北京·2011北京青年艺术节”中，被吸纳为“北京青年艺术团”团体成员，并应邀在艺术节期间参加“梦想·乘着歌声的翅膀”声乐专场和“舞动如火的青春”舞蹈两场公益专场演出。

（3）学校作为全北京市仅有的10家单位代表在春节前深入基层，为北京市一线青年观众举办专场慰问演出，并获得“青春北京 ·2011 北京青年艺术节”优秀组织奖。

（郭颖）

【学生社团工作】2011 年全校共有注册社团 65 个，分为实践类、公益类、文艺类、体育类、学术类、理论类等类型，学校近 6000 名学生加入不同类型的社团，积极参加社团活动，形成丰富多彩的社团文化。

（1）第四届社团文化节成功举办。本届社团文化节以“纪念建党 90 周年”为契机，提出“向建党 90 周年献礼”的口号，先后举办“革命精神代代传”主题讲座暨第四届社团文化节开幕式、“祝福你，我的祖国”千人留言收集活动、“一颗红心献给党”照片、书法、绘画评比活动、“社团负责人年度工作述职大会”、“社团十佳评比”等活动，“社韵芳华、团花溢彩”第四届社团文化节闭幕式更是将本次社团文化节进行完美的落幕。全校 60 余个社团借此机遇，整合资源、加强合作，不断创新工作形式和内容。

（2）各社团开展众多精品活动。丰富多彩的社团活动在慢慢摸索与创新中，形成社团的品牌和精品活动，在学生中有广泛影响，如校话剧团的“话剧专场”与相声社的“相声专场”均在校内外获得好评；学生科技协会与信息安全协会举办电脑义诊为同学们免费服务；陶行知研讨社每周的支教、英语联盟的晨读和英语角、热血摄影协会的“印象五月”摄影展等，这些不同类型的活动推动社团工作的进一步加深，也为同学们提供不同的舞台展现自我。

（郭颖）

【社会实践与志愿服务工作】

（1）社会实践活动。组织大学生深入基层、深入农村开展形式多样、内容丰富的社会实践活动，进一步激发学生爱国主义情感、成才报国志向。科学发展观学习实践会的同学们在世界读书日对全北京社区图书馆进行调查，并写出专门调研报告，其结论被《北京晚报》等多家媒体引用报道。暑假期间，全校共有 11 支社会实践团队分别走访长沙、井冈山、延安、韶山、广西百色等革命圣地接受爱国主义教育，以陶研社等实践类社团成员为代表的 2300 多人深入广大农村、深入农民工子弟小学进行支农、支教等社会实践活动，3200 多人走向京郊大地，为“三个北京”建设贡献力量。12 支社会实践团队被评为优秀团队，10 项社会实践成果被评为市级优秀实践成果，5 人被评为社会实践先进工作者，10 人被评为社会实践先进个人。

（2）学校的志愿者工作取得优异成绩。深化志愿服务活动的岗前培训，通过项目化运作的方式，树立校、院两级志愿服务活动品牌，建立特色志愿服务队。在志愿者联合会的组织协调下，学校活跃着 8 个志愿类的学生社团，参与学生 8600 多人次。注意加强与朝阳、海淀志愿者协会的沟通和联系，主动深入西三旗、清河等周边社区，加强支教、支边、支农、助残等重点团队的建设，扩大社会实践和志愿活动的参与面，提高服务层次，使更多的青年学生在社会实践志愿服务活动中受教育、长才干、做贡献，提高学生的社会适应能力和就业竞争力。目前为止，学校已经有南沙滩小学、红星农民工子弟小学等 3 个稳定的支教基地，建立北京科技馆、北京铁路局、潘家园旧货市场、小汤山动物保护基地等 9 个固定的志愿服务基地。

（李华涛）

校友工作

【概况】校友工作办公室成立于2010年12月7日，是校友工作的专门机构，挂靠学校办公室，副处级建制。主要职能是负责校友会的建设和日常管理工作。校友工作办公室现有主任1人，工作人员3人；其中有副高级专业技术职务人员2人，中级专业技术职务人员1人，其他1人。

2011年，在学校党委和行政的重视下，在主管校领导的领导下，在各学院、各部门的支持和配合下，在留校教职工的无私奉献与热情帮助下，在广大校友的热情参与下，校友办全体人员认真履行岗位职责，认真履行“联谊、交流、开发、服务”职能，以筹建校友会为重点，建立健全组织机构、建立校友联络平台、整合校友数据，筹备建立校友网站，完成校友工作的基础性工作。

（何婕）

【建立健全组织机构】

（1）成立校院两级校友工作筹备工作组。为加快启动学校校友会成立工作，学校于4月1日下发文件，成立校友会筹备工作组，校党委书记郑君礼任组长，副校长韩秋实、纪委书记冯晓春任副组长，相关职能部门负责人和学院总支书记为成员的筹备工作组。同时，各学院、研究生部也成立二级单位校友会筹备工作组，并确定联络员专门从事校友的联系工作。

（2）成立校友会筹备工作委员会。2011年3月23日第9次党委常委会讨论同意筹建北京信息科技大学校友会筹备工作委员会，5月17日第14次党委常委会审议通过校友会筹备工作委员会名单，郑君礼书记为校友会筹备工作委员会主任。副主任委员分别由韩秋实（副校长）、冯晓春（纪委书记）以及校友代表担任。成员由原两校毕业生代表共计68人组成。

（3）构建学校“一主四支”的校友会组织架构。一主：校友总会；四支：学院校友分会、在校学生校友分会、地方校友分会和行业校友分会。

（4）构建“一室一中心四部”的校友工作组织结构。一室：校友工作办公室、一中心：校友网络中心、四部：基金管理部、期刊编辑部、资源开发部、服务部。

（何婕）

【建立校友联络平台】为有效开发校友资源，汇聚校友力量，交流校友情感，不断优化学校发展外部环境，搭建校友协作平台，学校校友办、学院、相关职能部门都把加强校友联络，收集校友信息，作为一项重要的基础性工作来抓。

（1）调动各方力量，收集校友信息。以新大学成立3周年为契机，各学院、研究生部调动力量，多方收集校友信息，围绕先重点联系一些校友，再普遍联系所有校友的工作目标，按校友职业、职务、工作性质进行分类，并逐步完善对校友的信息收集工作；通过校友值年返校，补充完善校友信息数据；通过留校职工联系校友，搜集信息；通过各毕业班信息员了解和搜集校友信息。2011年底，学校已经建立27032名毕业校友的校友信息库，其中有联系方式（电话）的毕业校友6605人。

（2）整合校友数据，建立校友网站。在学生处、教务处、网络中心、招生就业处以及各教学单位等部门的大力支持配合下，按照校友毕业时间，以年度、学校、专业、地市、类别为主要内容，建立北京信息科技大学校友基本情况数据库。目前，正在建设“北京信息科技大学校友网”。

（何婕）

【其他重要事项】

（1）召开相关会议，部署有关工作。

召开北京信息科技大学校友会筹备工作组第一次会议，部署筹备阶段的工作任务。

召开部分留校教职工座谈会，集思广益，征求对校友工作的意见与建议。

召开校友会筹备工作委员会会议。在举办新大学成立3周年庆典之际，学校专门召开校友会筹备工作委员会，50多位来自全国各地各行各业的校友，部分离退休老领导、老同志，现任校领导班子成员，部分中层领导干部以及师生代表出席大会。学校党委书记郑君礼同志主持会议。副校长韩秋实向大会做《校友会筹建准备工作报告》，校长助理冯晓春就校友会章程起草情况做了详细的介绍和说明。会议对校友会章程（征求意见稿）进行讨论，并将其讨论结果同校友的意见与建议汇总以各种形式反馈至筹备工作委员会。

召开首批会员代表座谈会。12月23日下午，学校在健翔桥校区图书馆召开首批会员代表座谈会，会议由校友会筹备工作委员会副主任、副校长韩秋实主持，20余名京内校友代表以及学院党政主要负责人参加会议。校长柳贡慧代表学校校友致辞并介绍学校一年取得的成绩，校友会筹备委员会主任、党委书记郑君礼作校友工作报告，会议确定了第一次会员大会召开的时间、地点、内容和议程以及第一届理事会、常务理事会和监事会成员构成原则；讨论校友会经费管理办法以及接受校友捐赠的管理办法；征求校友对新大学建设发展以及校友会工作的意见与建议。校友刘博还为校友会赠辞以及向学校赠送20本本人所著图书《悟道》。

（2）接受捐赠15万元人民币。

（3）探索值年校友返校；今年已有3批毕业10周年、20周年、30周年的校友值年返校，探索校院两级做好值年校友返校的接待工作；“十一”、元旦、春节，校友工作办公室通过手机短信平台、电子贺卡、寄送贺卡等方式，向校友送去问候与祝福，加强与校友之间的感情交流。

（4）北京市民政局批准学校筹备成立校友会。5月21日，校友会筹备工作委员会召开以后，由80名校友发起，正式向业务主管部门——北京市教育委员会递交发起申请报告，申请筹备成立北京信息科技大学校友会，10月18日，获得北京市教育委员会批复。12月7日获得北京市民政局批复，同意学校筹备成立校友会。

（5）校友工作办公室向2011届全体毕业校友赠送纪念徽章。6月，在全校2011届的毕业生即将告别母校，步入社会的时候，校友工作办公室特意设计定制校友毕业纪念徽章作为临别礼物赠送给全体毕业生。

（6）校友工作办公室加入中国高等教育学会校友工作研究分会。10月24日，中国高等教育学会校友工作研究分会第二次会长单位会议审核，同意学校校友工作办公室加入中国高等教育学会校友工作研究分会。

（7）加大宣传力度，编印《校友通讯》。正在编辑印刷《校友通讯》创刊号，编辑印发12期《校友简报》。

（8）加强对外交流。校友工作办公室的工作人员先后四次到北京师范大学、北京工商大学、北京印刷学院、北京物资学院学习交流，北京职业贸易学院也到学校就校友工作的开展和校友会的筹建学习交流。

（何婕）

十、教学单位

机电工程学院

【发展概况】机电工程学院（Mechanical & Electrical Engineering School，简称机电学院）于2006年12月在原北京机械工业学院机械工程系、机械工程系数字化设计与制造研究所和基础教学部工程制图、力学教研室的基础上组建而成。学院设机械制造及工业工程系、设计工程系、机械电子与车辆工程系及基础教学部4个系部，机器人研究所、数字化制造研究所2个研究所。设机械设计制造及其自动化、工业设计、工业工程、车辆工程4个本科专业，拥有机械工程一级学科硕士学位授权点，机械电子工程、机械设计及理论、机械制造及其自动化、车辆工程4个二级学科硕士学位授权点，自主设置目录外二级学科先进装备动力学与控制和现代制造工业设计2个硕士学位授权点及1个机械工程领域工程硕士授权点，拥有北京市重点二级学科1个，北京市重点建设一级学科1个。

2011年，学院有教职工71人，其中专任教师67人。专任教师中，教授18人，副教授28人，具有博士学位36人，硕士生导师25人。

2011年，学院毕业生388人，其中研究生38人，本科生350人。招生405人，其中学术型学位硕士37人，专业型学位硕士22人，本科生346人。在校生1486人，其中研究生142人，本科生1342人，留学生2人。

（侯俊伟）

【学科建设与研究生教育】

（1）完成学科建设专项任务，加强了北京市重点学科机械电子工程、重点建设一级学科机械工程的建设，学科实力继续得到增强。2011年组织申报自主设置目录外二级学科先进装备动力学与控制和现代制造工业设计两个硕士学位授权点已获批准，学院二级学科硕士点增加到6个。研究生教育工作取得进步，进一步加强研究生招生培养工作，完成37名学术型研究生和22名专业学位研究生的招生录取工作；修订2012年招生简章，增加自主设置目录外二级学科先进装备动力学与控制和现代制造工业设计两个硕士学位授权点的招生计划。

（2）3月21日，根据校教发〔2011〕9号文件，经学科竞赛管理委员会评审，学院5名教师获优秀辅导教师奖、学院获得学科竞赛承办单位优秀奖。

（侯俊伟）

【教学工作】2011年，学院进一步深化“机械设计、制造及其自动化”专业人才培养模式的试点改革工作，今年继续招收两个试点班，同时加快完成和落实面向试点班的教学改革内容及实践教学设施和条件建设。积极组织调研、规划和申报教育部“卓越工程师计划”，机械设计、制造及其自动化专业已于今年上半年顺利通过卓越工程师计划试点专业的评审，学院机械类专业被北京市教委指定为北京地区专业群建设项目的首批试点专业，与北京科技大学共同作为牵头单位组织开展北京地区高等学校机械类专业群的中央与地方共建及改革试点工作，负责组建北京市机械类专业专家指导委员会，开展制订专业规范化的培养方案、教师互访、学生互派、优质资源共享等方面的工作，旨在进一步提升北京地区高校的特色优势专业。另外，开展了面向战略性新兴行业“新能源科学与工程”新专业的申报工作。

（1）2月24日，根据校教发〔2010〕96号文件，经学院推荐、校教学委员会评审，学院3名教师获第三届实验教学基本功比赛一等奖1项、二等奖2项，优秀实验项目3项。

（2）6月9日，根据校教发〔2010〕92号文件，学院郝静如老师编写的《机械可靠性工程》被评为北京信息科技大学第二届校级优秀教材。

（3）6月13日，根据校教发〔2011〕59号文件，经“青年教师教学基本功比赛评委会”评议，学院2名教师获第五届青年教师教学基本功比赛理工组三等奖，同时学院获得优秀组织奖。

（4）6月23日，经专家组评审、教学工作委员会审议，校长办公会审定，“车辆工程教学团队”被评为校级优秀教学团队。

（5）6月25日，第七届北京青年教师教学基本功比赛（高校）分组赛中学院王立勇老师获理工类B组三等奖。王立勇曾在2010年学校第四届青年教师基本功比赛中获理科一等奖。

（6）12月18日，学院召开专业建设及卓越工程师计划研讨会。此次会议旨在明确学校应用型人才培养的办学指导思想，统一本科教学改革的方向和思想，促进各专业之间的沟通和交流，互相取长补短。副校长冯喜春、许宝杰应邀出席会议，机电学院全体党政领导班子、机电学院各专业负责人及专业技术骨干共48人参加会议。会议由机电学院教学副院长黄民主持。

（侯俊伟）

【科研工作】2011年，学院科研工作继续稳步发展，科研成果、科研总量、科研基地和科研平台建设和学术交流等都取得了成绩。逐渐凝练形成的科研方向更加明确，在先进制造技术领域、数控装备技术方面特色和优势愈加明显。科研课题的级别和水平大幅度提高。获得国家重大专项课题1项；国家自然基金2项、北京教委重点项目1项、北京市科技计划课题2个。北京市教委学术创新团队等各类重要纵向项目20余项。发表学术论文95篇，论文数量质量均有提高。承办的2012年第一期学报，征集了以教授为主的一批高质量学术研究文章。获得批准发明专利和软件著作权8项。

（1）10月28日，学院召开学院科研工作研讨会。副校长冯喜春、许宝杰应邀出席会议。机电学院领导班子成员，各系主任、支部书记和教授参加会议。会议由院长戈新生主持，副院长杨庆东简要介绍了学院科研方面的总体状况及今后面临的情况、下一步的发展思路和设想，详细部署了学院“科技周”实施方案和具体工作安排，研讨会上，与会人员分别从学院的建设发展理念、学科与科研建设、师资队伍与人才培养等方面进行了探讨和交流。冯喜春对学院工作进行了指导发言，他希望学院抓住机遇、准确定位做好“十二五”的开局工作；希望学院找准切入点，处理好做大与做强的关系；希望学院做好人才队伍建设和团队建设，培育出一批学科与科研建设的领军人。

（2）11月6日，由北京市科委主办的“北京高端数控装备产业技术跨越发展工程（即精机工程）”和“北京新一代移动通信技术及产品突破工程（即4G工程）”授牌启动仪式在首都大酒店举行。学院杨庆东教授的研究团队作为国内装备领域首家联盟北京数控装备创新联盟成员单位之一，承担“精机工程公共研发服务平台”——直驱及功能部件研发实验室的建设工作，参加此次授牌仪式。

（3）12月2日，学院召开科研学术交流会。副校长冯喜春、韩秋实、许宝杰，科技处长邢济收应邀出席会议，机电学院领导班子成员，教授和科研骨干参加会议。会议还特别邀请了北京市科委生产力中心、北京市数控装备创新联盟的领导和专家。

（侯俊伟）

【学生工作】2011年，学生工作坚持以学生为本的理念和育人成才的目标，在继承已有优良传统和做法的基础上，努力开拓创新，注重机制队伍建设，通过抓学生党建加强思想政治教育，抓学风建设帮助学生全面成才，抓特殊关注群体和组织体系建设维护安全稳定，抓文体活动促进院风文化建设，较好完成学校部署的各项工作任务，为学校、学院的建设和发展做出了贡献。

（1）3月3日，举办学生科技创新经验交流会。学院党总支副书记李相刕，相关项目指导教师应邀出席交流会。学院各学生科技创新团队、科技创新项目负责人代表及百余名同学参加交流会。

（2）3月9日，学院第四届女生节拉开帷幕。学院党总支副书记李相刕、辅导员赵勇、人文社科学院舍娜莉老师应邀出席活动开幕式，近百名同学参加此次活动。

（3）3月24日，学院“心理健康月”活动在小营校区一教207教室拉廾帷幕。学院党总支副书记李相刕及辅导员出席开幕式。

（4）3月30日，学院召开2010年学生活动、学科竞赛、学生科技创新活动工作总结表彰大会。学院党政领导，科技处、学生处、教务处、校团委等相关部门领导出席表彰大会。参加表彰大会的有学院辅导员、班主任、指导教师代表、获奖代表、学生骨干等200余人，大会由学院党总支副书记李相刕主持。

（5）4月18日，学院“党员助学小课堂”总结交流会举行。学院党总支副书记李相刕、辅导员吕丽峰以及有关同学参加本次活动。

（6）5月5日，学院举办“心理健康月”评优答辩及总结表彰会。学生处副处长郭银辉、机电工程学院党总支副书记李相刕及学生心理咨询中心老师和学院辅导员参加本次评优答辩及表彰会议。

（7）5月12日，学院举行“学子身上衣”启动仪式。机电工程学院党总支书记张怀存、毕业班辅导员、毕业班班长、团支书、党支部书记及学生代表参加会议。

（8）5月18日，举办“2011届毕业生文明离校月”动员大会。学生工作部副处长郭银辉、招生就业工作办公室副主任刘斌、学院党总支书记记张怀存、副院长黄民、学院毕业生就业工作领导小组成员应邀出席动员大会。学院2011届毕业生200余人参加。动员大会由学院党总支副书记李相刕主持。

（9）6月15日，学院召开2011届优秀毕业生座谈会，院长戈新生、院党总支书记张怀存、副院长杨庆东、黄民及毕业班辅导员吕丽峰，2011届全体优秀毕业生参加会议。会议由学院党总支副书记李相刕主持。

（10）10月27日，由学院团总支学生会主办的机电工程学院第十一届篮球联赛圆满落下帷幕。学院党总支副书记李相刕出席决赛并为比赛开球。学院部分辅导员、班主任、团学组织学生干部和双方拉拉队观看了决赛以及三、四名决赛。

（11）11月2日，学院开展新生班级入学适应团体辅导。学院心理辅导员吕丽峰主持辅导活动。

（12）12 月 1 日，学院召开加强院风学风考风建设动员会，会议由学院党总支副书记李相豸主持，学院学生工作办公室全体辅导员老师、学生党员和学生干部骨干近 200 人参加会议。

（13）12 月 4 日，学院举办“科学规划扬帆起航”为主题的毕业生校友报告会。学生辅导员吕丽峰、机电工程学院 6 位毕业生校友、各年级 150 多名学生参加报告会。

（14）12 月 14 日，学院学生科技创新活动表彰交流暨迎新文艺晚会隆重举行。校党委副书记杨军，副校长许晓革，校党委常委、组织部长邵长生以及学校办公室、党委宣传部、教务处、学生处、团委等部门的主要领导应邀出席晚会，机电工程学院全体党政领导、辅导员、教师代表、特邀嘉宾和学生代表近 400 人参加大会。

（15）12 月 28 日，学院举行 2012 年迎新年联欢会。校长柳贡慧、副校长冯喜春、韩秋实，校党委常委、组织部长邵长生以及曾经在学院学习工作过的部分处级领导应邀出席联欢会，学院党政领导、全体教师 100 余人参加。

（王晗）

【党建工作】2011 年，学院党总支下属党支部 12 个，其中教工党支部 6 个，学生党支部 6 个。学院党员 271 人，其中教职工党员 55 人，学生党员 216 人。2011 年，发展学生党员 101 名，预备党员转正 97 人。学生党员比例 14.71%。

（1）4 月 14 日，学院在大学生活动中心举办“学党史 坚信念 知责任 做先锋”学生党支部党史知识竞赛决赛。校党委副书记刘筱毅、纪委书记刘勇、副校长冯喜春、校党委常委兼党委组织部部长邵长生，党委宣传部、党委学生工作部、校团委以及机电工程学院有关领导应邀出席本次竞赛活动。

（2）5 月 26 日，学院行政党支部党员赴中国人民革命军事博物馆参观“汶川地震灾后恢复重建主题展览”，进行以“提升素质、改进作风、坚定信念、创先争优”为主题的党日活动。

（3）5 月 31 日，学院机制党支部和图学党支部党员到革命圣地白洋淀参观学习。党总支书记张怀存参加此次参观学习。

（4）9 月 2 日至 7 日，学院党总支组织教工党员赴汶川地震灾区参观考察灾后重建情况。

（5）9月23日，学院学生党支部与昌平区阳坊镇八口村党支部开展以“发挥先锋作用，感悟科学发展，服务农村建设”为主题的红色“1+1”支部共建活动。

（6）10月1日至2日，组织学生党支部书记赴延安开展以“瞻革命圣地，扬延安精神，做时代先锋，强学生党建”为主题的党日活动。学院院长戈新生、院党总支书记张怀存、党总支副书记李相豸与学生们一道参加此次活动。

（7）10 月 31 日，在“纪念建党 90 周年、深入推进创先争优”主题党日活动评选工作中，经项目评审工作小组评选，活动评审委员会审定，学院获主题党日活动教工组三等奖一项、学生组二等奖一项、创新奖一项。

（侯俊伟）

【对外交流】国际学术交流工作继续得到重视和加强。圆满完成向德国耶拿大学和日本福井大学各派送 3 名留学生的工作；多位教师出国参加学术会议和进行学术交流。

（侯俊伟）

光电信息与通信工程学院

【发展概况】光电信息与通信工程学院(School of Optoelectronic Information & Telecommunication Engineering，以下简称光电通信学院）于2007年10月在原北京机械工业学院电子信息工程系和原北京信息工程学院信息与通信工程系通信工程教研室、电子信息工程教研室基础上组建而成。学院设测控技术与仪器、电子信息工程、光信息科学与技术、通信工程4个系，精密测试技术与仪器研究所、通信新技术研究所、信息微系统研究所等研究机构。学院现有测控技术与仪器、电子信息工程、光信息科学与技术、通信工程4个本科专业，其中电子信息工程专业为国家级特色专业建设点，测控技术与仪器、通信工程是北京市级特色专业建设点及一批在京招生专业；拥有通信工程及电子信息类专业北京市高等学校市级校外人才培养基地1个，测控技术与仪器、光信息技术、现代电子技术、信号与信息处理、通信工程等本科教学实验室5个。学院现有一级学科硕士授权点光学工程、仪器科学与技术（覆盖“精密仪器及机械”、测试计量技术及仪器二级学科2个）、信息与通信工程（覆盖信号与信息处理、通信与信息系统二级学科2个），工程硕士领域专业学位授权点仪器仪表工程、电子与通信工程；拥有北京市重点学科精密仪器及机械，北京市重点建设学科测试计量技术及仪器、信号与信息处理。学院拥有机电系统测控实验室［北京市重点实验室（与机电工程学院共建）］，信息与通信系统实验室（原信息产业部重点实验室），现代光电测试技术实验室（机械工业行业重点实验室），光电信息与仪器（北京市工程研究中心等重点研究基地）。

2011年，学院有教职工68人，其中专任教师56人，教授9人，副教授20人，具有博士学位28人，博士生导师2人，硕士生导师25人。

2011年，学院毕业生469人，其中研究生44人，本科生425人；招生465人，其中研究生79人，本科生386人；在校生1796人，其中学术型学位硕士132人，专业型学位硕士69人，本科生1595人；与北京邮电大学联合培养博士生2人，与合肥工业大学联合培养博士生1人。

（汪效梅）

【学科建设与研究生教育】学院坚持以学科建设为龙头，引领教师队伍建设、学位点建设和研究生培养、科学研究、研究基地及条件建设等工作。转变观念，提高认识，逐步落实学科建设的龙头地位；进一步凝练各主要学科方向；明确各学科及学科方向的建设目标。在全院教师的共同努力下，学院的学科建设工作取得丰硕成果。

引进青年教师（应届博士生）3人：仪器科学与技术学科1人，光学工程学科1人，信息与通信工程学科1人，完成学校下达的教师引进计划。教授总数达到9人；35岁以下青年教师全部拥有博士学位。聘任海外高层次人才、北京市特聘教授1人；开展首届教师职务全员聘任工作，完成了骨干岗和中级岗的聘任工作。

“通信工程”和“光学工程”列入2012硕士学位招生二级学科，完成招生申报、培养计划制定、招生宣传材料撰写等准备工作。北京市工程研究中心举行揭牌仪式，正式开始建设。新设立一个院属研究机构。申报北京市重点实验室一个。

以祝连庆教授为带头人的“光电信息与仪器”团队列入教育部创新团队培育计划。

“电子与通信工程”领域的专业硕士点开始招生。

积极参与学校博士授权点的申报工作。

全日制硕士研究生招生 79 名，继续保持增长。非全日制研究生招生 3 名。继续联合培养博士生的工作。

广泛开展国内外学术交流与合作工作，承办、参办国内、国际学术交流会议，派出国内外访问学者 3 人，7 名教师出访国外大学，接待国外交流、访问学者 6 批次。

（赵雪莹）

【教学工作】2011 年，学院坚持教学工作的中心地位，深化教学改革，强化教学管理，建立长效机制，加强教学基础建设，探索应用型人才培养的新模式，努力形成专业和人才培养特色。

（1）专业建设

三个专业相继完成教育部、北京市特色专业建设项目；

各专业完成三年建设规划和“十二五”专业发展规划；

通信工程专业入选教育部卓越工程师计划试点专业；

测控技术与仪器专业入选学校应用型人才试点专业，完成建设工作方案；

测控技术与仪器和光信息科学与技术专业与美国奥克兰大学签署本科生“2+2”培养协议，并首批派出 4 名本科生赴该校学习。

（2）学科竞赛

学院承办第二届“嵌入式系统电子竞赛”校级比赛，评出一等奖 2 项、二等奖 2 项、三等奖 1 项。学院获优秀组织奖，两教师获优秀指导教师奖；承办第一届“计算机应用暨手机编程”校级比赛结束，评出一等奖 2 项、二等奖 2 项、三等奖 3 项。学院获优秀组织奖，两教师获优秀指导教师奖；承办第一届“虚拟仪器大赛”院级比赛。评出一等奖 2 项、二等奖 2 项、三等奖 3 项；举办第二届电信杯课外科技竞赛；参加多项全国大学生科技竞赛：全国电子设计大赛，北京赛区二等奖 1 项，三等奖 3 项；第三届全国光电设计大赛，全国机器人大赛（冠军、亚军、三等奖等），虚拟仪器设计大赛并获三等奖；参加全国汽车大赛、物联网设计大赛以及北京市计算机应用大赛等。2011 年获批教委的学生科技项目 21 项，院级开放实验项目 12 项。

（3）教学改革

申报校级优质课程 5 门，申报校级建设课程 12 门。学院教师出版教材，获校级优秀教材一等奖 1 本，二等奖 1 本，三等奖 3 本。

（汪效梅 杨曙辉）

【科研工作】2011 年，学院全年科研经费到款总额 1108.3 万元，比上年增加 266.3 万元，首次突破 1000 万元，连续三年到款总额居全校各教学单位之首，其中：承担纵向科研项目 26 项，到款额 530.9 万元，承担横向科研项目 32 项，到款额 577.4 万元。获国家自然科学基金立项 4 项。发表论文 99 篇，进入三大检索论文 55 篇，获得专利 9 项。

2011 年 6 月，召开学院科研工作会议，总结“十一五”期间开展科研工作情况，讨论学院“十二五”科研规划并进行科研项目申报和论文撰写等方面的培训与交流。

朱希安副教授签约“十二五 ”国家重大科技专项，项目金额为 1250 万元，顺利完成所负责的“十一五”国家重大科技专项。陈迎潮、董明利、缪旻、周哲海作为申请人获得 2012 年国家自然基金项目 4 项。

祝连庆教授获“特大齿轮激光跟踪测量技术”国家重大科技专项，签约额为160万元。

6位教师科研到款额超过50万元，其中2位教师的科研到款额超过100万元。学院成立保密室，承担“十二五”国防预研、国防重点实验室开放基金等项目。

（汪效梅）

【学生工作】

（1）学生科技创新。2011年度我院共有32组学生申报了我校本科生基金，26组获得立项，最终成功结题22项，获得总资助额度1.5万元。共31组学生申报“2011年大学生科技创新计划”项目并获得立项，其中市级项目28项，校级项目3项，总资助额度29.4万元。在我校第五届“创新杯”科技作品竞赛中获团体三等奖和3项一等奖。2011年度我院学生获得校级以上学科竞赛和科技竞赛的共有205人次，市级以上学科竞赛和科技竞赛的共有57人次。

（2）学生获得的各类荣誉称号：校级优秀团员25人，优秀团干14人，优秀团支部4个，三好学生44人，优秀学生干部33人，先进班集体4个。此外，还有市级三好学生4人，市级“先锋杯”优秀团员团干3人，优秀团支部2个。学生获得的各类奖学金情况有：国家奖学金4人、拓尔思奖学金4人、技术发明奖2人，2011年我院有347人获得奖学金，其中一等奖学金38人、二等奖学金84人、三等奖学金146人。单项奖学金32人，进步奖学金38人，特等奖学金9人。

（3）校园文化活动各类集体奖：学校运动会男团第四名、团体总分第六名、道德风尚奖，在“纪念建党90周年”学校合唱比赛中获得第一名，组织学生参加“快乐文明的都市生活”第二届做文明有礼的北京人“大学生杯”动漫大赛并获得金奖、银奖、优秀奖各一名。学校新生校庆校规知识竞赛获三等奖。

（4）学生党建工作。按照“创先争优”有关工作要求，结合纪念建党90周年等契机，在学生党员中开展以“感悟光辉历程、争做时代先锋”为主题的“九个一”系列党日活动，即唱一首红歌、读一本红书、看一场红色电影、受一次感动教育、建一个红色基地、办一个党员课堂、设一批党员责任区、创一个党员网络群、写一篇活动心得，获得学校优秀党日活动学生组一等奖和创新奖。

积极开展“红色1+1”活动，与安翔里社区开展的红色共建活动项目获得北京市高校“红色1+1”活动三等奖。

（5）学生管理工作。257人次获得了国家助学贷款，118名同学获得国家励志奖学金，206人次获得了国家一等助学金，401人次获得了国家二等助学金。252名同学获得困难生临时伙食补贴；组织了光电通信学院师生携手首届“青春联谊舞会”，学院2012新年晚会，新生元旦晚会等。在安翔里社区和中国科技馆开展志愿服务，累计达到700人次。

（6）学生就业工作。毕业生一次就业率90.1%。2011届毕业生中有27人考取研究生，占学生总数的6.3%。

（7）学生暑期社会实践工作。我院组织的“走进领袖故里，感受伟人风范”暑期社会实践活动获得北京市“2011年首都大学生暑期社会实践”优秀团队和优秀成果奖。

（邱明晓　王向旭）

【党建工作】学院党总支下属党支部16个，其中教工党支部6个，学生党支部10个。共有党员222人，其中教职工党员46人，学生党员196人。年内新增学生入党积极分子167人，共发展学生党员130人，转正 91 人，学生党员的比例达到 12%。

（1）积极开展廉政教育，落实党风廉政责任制，不断加强领导班子建设，全体党员干部认真学习了《廉政准则》。在学校的统一部署下，学院领导班子按要求填写了党风廉政建设防控表、制作了廉政风险防范流程图、签署了廉政风险防范工作承诺书，并对领导班子党风廉政建设工作进行自查，撰写了自查报告。

（2）深入开展党内创先争优，巩固“四个工程”建设和创建“示范党支部”活动成果，积极推进创先争优第三阶段各项工作。总支通过开展学院内部评选优秀共产党员的活动，树立了先进典型，起到了示范引导作用，教育和激励党员，立足岗位，奋发向上，创造新的业绩。总支和教工支部共开展 4 个主题分别为“走进内蒙古贫困小学，支援地方基础教育，建立志愿者服务基地”，“创先争优作表率、我为党旗添光彩”，“坚定信仰，追求卓越”的党日活动。在创先争优第三阶段工作中，总支积极推进“扎实履行教书育人第一职责”实践活动；以贯彻《条例》为重点，切实抓好党支部建设，开展“党性强、能力强、影响力强”的党支部书记“三强工程”；开展“走近群众、服务师生”活动。

（3）在校先进党支部和优秀共产党员评选活动中，行政党支部被评选为校先进党支部，董明利、李月强、刘刚被评选为校优秀共产党员。

（赵雪莹）

自动化学院

【发展概况】自动化学院（School of Automation）于 2007 年 10 月在原北京机械工业学院计算机及自动化系的自动化教研室、电气工程教研室、电工电子教研室和原北京信息工程学院信息与通信工程系的自动化教研室、智能科学与技术教研室、电工电子实验教学中心的基础上组建而成。学院设控制工程系、电气工程系、智能科学与技术系、电工电子实验教学中心等 4 个系（中心），以及控制工程实验室、电气工程实验室、智能科学与技术实验室本科教学实验室 3 个。学院现有自动化、电气工程及自动化、智能科学与技术本科专业 3 个，其中自动化专业是教育部国家级特色建设专业、国家“卓越工程师计划”第二批试点专业、北京市特色专业，也是第一批招生的本科专业。学院电子信息与控制实验教学中心是国家级实验教学示范中心，电工电子实验教学中心是北京市实验教学示范中心，自动化专业生产实习基地是北京市高等学校市级校外人才培养基地。学院现有控制科学与工程一级学科、电气工程一级学科，有控制理论与控制工程、检测技术与自动化装置及模式识别与智能系统、导航制导与控制、电力电子、电机与电器二级学科硕士点 6 个，控制工程硕士专业学位授权领域 1 个；控制理论与控制工程、检测技术与自动化装置北京市重点建设学科 2 个。

2011 年，学院有教职工 70 人，其中专任教师 60 人、教授 12 人、副教授 23 人，具有博士学位 23 人，博士生导师 4 人，硕士生导师 21 人。

2011 年，学院毕业生数 285 人，其中研究生 36 人，本科生 249 人；招生 336 人，其中研究生 47 人，本科生 289 人；在校生 1170 人，其中学术型学位硕士 104 人，专业型学位硕士 27 人，本科生 1039 人。

（刘小河　孟育红）

【学科建设与研究生教育】2011年，经国家学位办批准，自动化学院在控制科学与工程、电气工程两个一级学科具有学位授予权。控制科学与工程一级学科下设控制理论与控制工程、检测技术与自动化装置、模式识别与智能系统、导航制导与控制等4个二级学科，电气工程一级学科下设电机与电电器、电力电子与电传动二个二级学科，并预计于2012年按新的学科方向招收硕士研究生。学院在控制工程领域具有专业学位授予权，2011年已招收第2届全日制工程硕士。控制理论与控制工程学科现有3个研究方向：非线性系统控制与鲁棒控制，计算机测控系统，复杂系统建模、分析与控制；检测技术与自动化装置学科现有3个研究方向：智能检测技术；自动化装置；多传感器信息融合。模式识别与智能系统学科现有两个研究方向：智能控制与智能系统；图像处理与计算机视觉。导航制导与控制、电机与电器、电力电子与电力传动等新设二级学科也都建立了适合学科发展的研究方向。学院建立按一级学科大类培养的计划，打通基础，突出特色，争取在部分学术方向上具有国内一流的研究水平和实力。

（1）控制理论与控制工程、检测技术与自动化装置学科是北京市重点建设学科。2011年，学院控制理论与控制工程、检测技术与自动化装置学科顺利完成北京市重点建设学科专项建设计划，取得良好成绩。自动化学院有两个学术团队（控制理论与控制工程学术团队、模式识别与智能系统学术团队）为北京市学术创新团队。

（2）2011年，1名教授被某重点大学聘为兼职博士生导师。学院各学科现有硕士生导师21人（其中重点高校兼职博士生导师4人）。

（3）根据学校统一安排，学院控制科学与工程学科作为学校的主要学科方向之一，参加学校组织的国家特殊需要博士培养项目，起草完成培养计划初稿，得到学校高度评价。在整理相关材料过程中，进一步明确了学科研究特色，梳理了学术梯队。

（4）2011年12月，学院召开学科建设会议。校长助理、人事处处长栾忠权，科技处处长邢济收到会并作发言。控制科学与工程一级学科责任教授刘小河作“关于控制科学与工程学科的发展现状与思考”的大会主题发言，各二级学科学科带头人分别发言介绍了二级学科的发展现状、研究特色及“十二五”发展设想。会议总结了自动化学院的学科建设工作，对自动化学院“十二五”期间的学科建设发展具有重要意义。

（刘小河）

【教学工作】2011年，学院以国家和北京市经济发展和人才需求为导向，以工程实际为背景，以提高教学质量为重点，持续加强本科教学和管理工作，不断强化师资队伍建设、优化创新人才培养模式，提高人才培养质量。1名教师获“北京市教学名师”荣誉称号，2名教师获校级“教学名师”奖；自动化专业作为国家级特色专业建设点，入选北京市高等学校市级人才培养模式创新试验区并成功申报“卓越工程师计划”获教育部批准。“控制理论及应用”系列课程创新团队被评为2011年度校级优秀教学团队。学生参加全国及北京市的各项大学生学科竞赛成绩突出，共获一等奖16项、二等奖12项、三等奖26项。

（1）人才培养工作。坚持专业教育不断线，以专业负责人为责任人进行专业教育，激发学生们的学习兴趣和专业精神。

坚持职业生涯规划工作，使学生树立远大的学习目标，增强学习动力。学院继续实施与中瑞典大学的“3+1”国际交换生计划，与加利福尼亚州立大学达成合作协议。2011年，学院承担开放性实验项目36项，占全校项目数的33.64%，总金额18.549万元；承担北京市大学生科技创新计划项目16项，总金额16万元；承担校级大学生科技创新计划项目7项，总金额4.64万元。结合教师承担的科研项目，积极吸收学生参加教师科研，实现在科研过程中育人，有效培养学生的创新意识和素质。2011年，本科生发表科技论文2篇。张夏丽、陈汐同学分别获得学校优秀毕业论文奖。

（2）大学生创新实践成果。承担3项校级重点大学生学科竞赛、1项校级一般大学生学科竞赛和1项学院大学生学科竞赛。7名教师评为学校“2011年大学生学科竞赛优秀辅导教师”，学院被学校评为“2011年大学生学科竞赛优秀承办单位”。学院积极组织学生参加全国及北京市的各项大学生学科竞赛，其中机器人竞赛成绩突出。7月，2011中国机器人大赛暨RoboCup公开赛比赛中，学院代表队获得一等奖4个、三等奖5个；第十三届全国机器人大赛暨2011年“FIRA世界杯机器人大赛”中国队选拔赛中，学院代表队获一等奖5个、二等奖2个、三等奖14个；第二届国际仿人机器人奥林匹克大赛，学院代表队获一等奖7个、二等奖2个、三等奖2个；全国大学生“飞思卡尔杯”智能车竞赛（华北赛区），学院代表队获二等奖4项、三等奖1项、优胜奖1项。8月，全国大学生飞思卡尔杯智能车竞赛全国总决赛中，学院代表队获创意组优秀奖1项。9月，2011年首届“全国大学生智能设计竞赛”中，学院智能科学与技术代表队获二等奖1个、三等奖1个。9月，智能科学与技术专业机器人制作俱乐部成功亮相首届中国智能博览会，在仿人机器人奥林匹克表演邀请赛中，吸引了路甬祥、周济、许嘉璐等领导的驻足观看。10月，学院大学生创新实践成果接受北京市洪峰副市长考察。洪峰了解了自动化实验室的开放情况，观看了学生自己设计制作的智能交通系统与舞蹈机器人表演等创新实践作品，并给予高度评价。11月，在第二届全国大学生电子信息类创新作品评选中，学院获本科教学成果二等奖1项、三等奖1项，4位同学同时获得电子设计工程师资格证书。

（3）专业建设工作。学院贯彻落实培养应用型、创新型人才目标，组织教师广泛调研，在自动化专业成为国家级特色专业建设点、学校人才培养试点专业后，成功申报“卓越工程师计划”，与研华（中国）公司确立企业培养计划。组织制定自动化专业卓越工程师计划、各专业3年建设规划、实验室3年建设规划。试点专业成绩突出，自动化创新人才培养试点班在全年级成绩排名第一。通过加强特色专业的建设力度，发挥示范与引领作用，带动其他专业的建设与发展，提高学院整体办学水平和教学质量。2011年，4门课程获批2011年度校级课程建设项目，2门课程获批校级优质课。出版本科教材5部，其中，1部教材入选机械工业出版社“十二五规划教材”，特色教材2部。学校第二届优秀教材评选中，李邓化老师的“智能检测技术与仪表”获优秀教材二等奖。

（4）师资队伍建设。学院坚持走出去请进来，努力开拓教师视野，积极提高教师整体素质。2011年，李邓化老师获“北京市教学名师奖”，李邓化老师、厉虹老师获校级教学名师奖。至此，学院共有市级教学名师3人，校级教学名师5人。学院聘请美国加利福尼亚州立大学Huntsinger教授为学院讲座教授，2011年10至11月为自动化专业开设10学时自动化专题讲座，并与加利福尼亚州立大学达成合作协议。学院聘请中国人工智能学会原理事长钟义信等知名教授做客自动化学院"名师讲坛"。学院积极鼓励教师参加各类相关学术活动，创造条件让教师走出去，到相关重点院校做访问学者，进行学术交流，组织教师参加全国性教育学术年会并进行交流，扩大学院知名度与影响。学院积极与国际建模仿真学会联系，成为国际McLeod仿真科学学会（MISS）成员，目前国内仅本校和北京航空航天大学是该学会正式成员。学院多名教师已成为该国际学术学会的首批会员。学院积极组织教师和管理人员开展调研、参加教育系统组织的双语教学、精品课程、教学团队建设、特色专业建设等培训交流。2011年，有7人攻读在职研究生，其中6人攻读博士学位，1人取得博士学位；引进1名具有工程实践经验的应届博士毕业生，充实到"电气工程及自动化"专业教师队伍。

（5）师德师风建设。学院开展多种形式活动，加强教师职业道德教育。通过发挥党员教师的先锋模范作用，树立良好教风和高尚师德，做到精心备课，充满激情讲课，认真答疑辅导，严格执行教学要求，以学生为本，关爱学生。学院实施青年教师导师制度，通过讲课比赛、教学观摩等活动，促进教师教学水平的提高。在北京信息科技大学第三届师德论坛征文活动中，学院教师曹荣敏、苏中、吴迎年老师获一等奖，彭书华、李邓化、陈雯柏老师获二等奖。

（6）教育与教学改革。围绕培养创新型人才主题，学院教研活动逐步制度化。各系、中心进行大量教法与考试改革的探索，取得良好效果。2011年，承担北京市教学改革项目1项，专业建设校内专项4项，校级教学改革项目6项，高教研究项目2项，发表教改论文24篇。其中，曹荣敏、马洁、艾红老师在核心刊物《实验室研究与探索》、《黑龙江省高教研究》发表教改论文3篇。陈雯柏等5位教师的《智能科学与技术专业创新实践体系构建的探索》（计算机教育，2010.8），在2011年5月获教育部计算机教指委全国计算机教育优秀论文奖。

（7）教学管理工作。学院树立教学为中心的工作理念，以提高教学质量为重点，提高本科教学管理水平为保障，全面提高学生的综合素质。教学管理充分发挥学生信息员的作用，畅通信息反馈渠道，对问题进行及时整改，强调基本教学文档的规范化，严格并遵守教学运行制度。学院通过学生座谈会、班主任工作研讨会，加强对学生思想动态的了解，有针对性地开展工作。各系、中心针对不同年级学生的不同需求，认真召开期中学生座谈会，掌握学生对课堂教学、实践教学、毕业设计等方面的意见，加强学生和教师的交流。期中教学检查组织观摩教学及相互听课，对教师的教学日历、教案等教学文件进行重点检查，对实验教学、教师的作业批改和辅导答疑环节进行常规检查。

（陈雯柏）

【科研工作】2011年，学院科研实到经费638.8万元；国家自然科学基金青年基金项目立项1项、国家自然科学基金面上项目立项1项、北京市自然科学基金项目立项2项、北京市优秀人才项目立项1项、北京市教委科技项目立项2项；获国家专利授权5项，其中发明专利4项；获软件著作权15项；发表学术论文113篇，其中SCI检索论文5篇、EI检索论文40篇、国外学术期刊论文10篇、中文核心期刊论文17篇。

（张奇志）

【学生工作】坚持以邓小平理论和“三个代表”重要思想为指导，贯彻落实科学发展观，围绕学校党政工作要点和校学生工作要点，以和谐稳定为基础，以思想政治教育为主线，以学风建设为重点，以学生成才为目标，努力提高学生的综合素质，为学生健康成长成才服务。

（1）加强教育引导，积极推进大学生思想政治教育工作。坚持思想政治教育与学生日常服务管理相结合，加强引导，注重感染。坚持将解决学生思想问题与解决生活实际问题相结合，做学生的良师益友，帮助他们缓解思想压力。通过开展参观“大道之行——纪念辛亥革命一百周年影像展”等活动以及国际国内形势专题教育等，帮助学生树立正确的世界观、人生观、价值观，不断提升青年学生的思想觉悟和政治理论水平。

（2）以提升学习动力为重点，大力加强学风建设工作。组织开展“新生学习经验交流会”、“考研经验交流会”、“优秀学长报告会”等一系列活动，帮助学业上有困难的学生，解决他们遇到的一些问题。以优良学风班的创建和评比为抓手，不断提升班级的学习氛围，为学生成长、成才提供良好的环境。加大对学院“翱翔科技协会”的指导力度，鼓励学生积极利用开放实验室和各类科技竞赛平台，加强科技创新。开展职业生涯规划讲座，举办职业生涯规划大赛，帮助学生做好职业生涯规划工作，使学生树立远大的学习目标，增强学习动力。本年度学生参加北京市及以上各类竞赛中，116人次获奖。

（3）突出服务功能，做好学生的日常事务管理工作。公平、公正、公开做好学生的综合素质测评、各类奖学金评定工作以及学生学费和住宿费贷款的材料审核和申报工作。学生获校综合奖学金408人次，获竞赛单项奖195人次，2人获国家奖学金，35人获国家励志奖学金，177人获得国家助学金。认真做好学生评优表彰工作，38名学生被评为校级三好学生，19名学生被评为校级优秀学生干部，北京市三好学生2人，北京市优秀学生干部1人。

（4）开展校园文体活动，丰富学生课余文化生活。组织学生积极参加学校各类活动，获得校运动会男团第一、团体第三以及最佳表演奖，建党90周年合唱比赛二等奖、五四先锋杯辩论赛冠军、三球联赛篮球冠军、新生拔河比赛女子组冠军、男子组亚军，党史知识竞赛三等奖，“创新杯”学生科技作品团体二等奖。学院组织毕业生篮球友谊赛，新生拔河比赛、“携手并肩、乘梦起航”新生班级文化月、班级风采展示大赛等活动。

（5）精心组织落实，全力做好毕业生就业工作。学院通过就业指导课和请企业相关人员来校讲座，着力加强对毕业生的就业指导，激发学生的主体意识，提升学生的求职技巧。要求每名毕业生上交一份电子版简历，在为学生具体指导的同时，把学生的求职意向进行分类统计，有针对性地进行推荐，提高推荐的成功率。组织召开11场招聘会，400余人次参加学校举办的校内招聘会和校外招聘会，2011届毕业生就业率在学校名列前茅。

（刘云风）

【党建工作】2011年，学院党总支下属党支部9个，其中教工党支部5个，学生党支部4个。学院党员214人，其中教职工党员52人，学生党员162人。2011年，学院党总支不断加强对入党积极分子的培养，坚持标准，把好党员发展入口关，本年度共发展党员82人，其中发展青年教师党员3人，发展学生党员79人，预备党员转正75人，本科学生党员比例15.59%。

（1）开展创先争优活动情况。学院党总支以深入“创先争优”活动为契机，深入开展“四个工程活动”，学院党总支召开扩大会议，对建立支部和党员台账工作进行检查，各支部书记总结所开展的工作，交流工作经验，研讨下阶段学院创先争优的有关工作。学院各党支部结合自身的实际，积极开展形式多样的活动，取得较好的效果。控制工程系党支部积极组织党员开展主题党日活动，先后开展支部集体参观大型展览“复兴之路”，与育新中学共同组织“教授进中学”主题党日活动，组织参与2011年新生入学教育活动，支部书记马洁为新生解读培养计划。智能科学与技术系教工党支部组织“名师面对面”主题党日活动，组织教学名师、教授和青年教师、学生座谈，交流教学、科研、学习的体会，该主题党日活动获学校主题党日活动创新奖。电气工程系党支部组织全体党员看望外来务工子弟小学学生，讲解节能在国民经济中的重要作用，赠送学习用品。该支部组织老教师与青年教师的一对一帮助活动，对青年教师教学、参加教学讲课比赛提供具体的指导，帮助青年教师快速成长。2011年，电气工程系党支部被评为学校先进党支部。电工电子教学实验中心教工党支部选派教学一线教师去外校参观学习，通过对知名院校的实验室建设、教学手段方法的学习，提高本中心基础课教学的质量。支部要求授课教师主动与学生交流活动，询问对本课程学习的情况和要求，缩短教师和学生的距离，让教师充分了解学生的学习情况和思想动态。行政学工教工党支部充分利用党员在线学习平台，学习各级文件，交流工作方法和心得体会，组织支部成员到革命先烈陵园开展学习教育活动，举办“建党90周年红歌比赛”，组织策划自动化学院2011年新年联欢会。此外还指导学生党支部开展丰富多彩的党日活动，在创先争优工作中，为师生服务，得到师生好评。自动化学院各学生党支部为进一步加深学生预备党员对建设学习型党组织的认识，举行相关活动加强对预备党员的教育，充分发挥预备党员的先进性和模范带头作用。学院总支进一步落实党小组建在班（年级）上的指导思想，根据党员发展情况及时建立党小组，任命小组长，使学生党员在班级中更好发挥作用，加强了党组织的核心作用和战斗堡垒作用。2011年自动化学院共有党小组12个。总支十分重视通过举办多种活动，丰富党员生活。开展自动化学院“忆党史，感党恩，知责任，做先锋”系列主题党日活动，组织党员和教师到延安参观学习，体会延安精神对现代党建工作的意义。系列党日活动被评为学校优秀党日活动二等奖、创新成果奖。学院党总支在建党90周年前夕，被评为北京市先进基层党组织、北京市高校先进基层党组织。学院党总支书记刘小河在学校庆祝建党90周年大会上，代表基层党总支发言，向广大师生党员代表介绍自动化学院党总支的先进经验。自动化学院党总支的先进事迹被北京市委组织部编写的“走在时代前列”专辑收录。

（2）深入探索党政共同负责工作机制。制定《自动化学院党政联席会议议事规则》《自动化学院院务会议议事规则》《自动化学院党总支会议议事规则》《自动化学院院务公开办法》《自动化学院关于执行“三重一大”制度的规定》等文件，为建立学院党政共同负责的制度打下良好的基础。学院党总支在北京信息科技大学第一次党建会议上作专题发言，介绍关于自动化学院党政联席会议制度的实践和经验。

（3）学院召开党建暨宣传工作研讨会。11 月 25 日，召开党建暨宣传工作研讨会，总结党建工作经验，进一步加强党总支建设，把“创先争优”活动推向深入。会议由学院党总支书记刘小河教授主持，各党支部书记和委员、各系主任、辅导员和班主任代表参加会议。学院党总支书记刘小河教授就学院党建工作进行全面总结，分析学院各支部工作和学生党建工作中取得的成绩和存在的不足，部署深入开展“提高工作质量促发展、服务师生员工树形象”活动的各项具体工作。各位教工党支部书记就创先争优以来各支部的建设情况进行总结和汇报，特别介绍了各支部主题党日活动的开展情况和本支部下一阶段的工作计划。学院宣传工作的研讨亦是本次会议的重点内容之一。参会人员积极发言，分别就宣传意识的强化、宣传能力的提高、宣传平台的建设、宣传领域的拓宽等问题献计献策。会议特别就学院网站的建设与更新的具体工作进行深入细致分析与讨论。此次会议的召开对于统一大家的思想，进一步发挥基层党组织的作用，具有重要的意义。

（4）学生党建。坚持“两个结合”，推进党团建设工作。一是坚持党建与团建相结合，加强党组织对共青团工作的统筹、规划与领导，将共青团工作摆到党的工作的全局中去思考；另一方面通过开展团员思想教育提升团员政治素质和实践能力，为党的工作注入新的生机和活力。二是学院主导与学生主体相结合。学院积极改变以往工作中学生党员被动听从组织召唤、服从组织安排的局面，在继续坚持学院主导的同时，努力创造条件发挥学生党员的主体作用。本年度，学生党团组织联合发起了“一帮一”、优秀党员报告会、党员助学小课堂、“红色旗帜”交流空间等活动，取得较好的效果。学生党支部“红色 1+1”支部共建获得北京市三等奖。

（刘小河 刘云风 孟育红）

【其他重要事项】根据学校党委统一安排，自动化学院领导班子 2011 年 11 月进行任期测评工作。2012 年 12 月，新一届自动化学院领导班子采取竞聘的方式产生。刘小河竞聘自动化学院院长职务，张奇志、陈雯柏、厉虹、李慧竞聘副院长职务。学校经过公开答辩、民主测评、组织考察、党委常委研究、公示等程序，学校确定刘小河为自动化学院院长，张奇志、陈雯柏为自动化学院副院长，自动化学院新一届行政班子顺利产生。

（刘小河）

计算机学院

【发展概况】计算机学院（Computer School）于 2007 年 10 月在原北京信息工程学院计算科学与工程系、基础二部计算机教研室和原北京机械工业学院计算机及自动化系计算机教研室基础上组建而成。学院设有计算机科学与技术系、软件工程系、网络工程教研室、专业基础部 4 个教学系部；设有网络文化与数字传播北京市重点实验室、计算机开放系统实验室（校级重点实验室）、软件工程研究与开发中心、虚拟现实与系统仿真研究所、智能信息处理研究所以及Java实验室等研究机构6个。学院现有计算机科学与技术、软件工程、网络工程本科专业3个，其中计算机科学与技术国家级特色专业建设点1个，计算机科学与技术、软件工程北京市级特色专业建设点2个；计算机科学与技术一批在京招生专业1个。计算机实验教学北京市实验教学示范中心1个；微机与接口技术、EDA/单片机、计算机原理、计算机软件技术、嵌入式系统、计算机网络安全、计算机网络原理、计算机网络工程、集群机院级本科教学实验室9个。同华北计算所合作的校外生产实习基地北京市高等学校市级校外人才培养基地1个。学院现有计算机科学与技术（覆盖二级学科4个）、软件工程一级学科硕士点2个；计算机技术工程硕士专业学位授权领域1个；计算机应用技术北京市重点建设学科1个。

2011年，学院有教职工63人，其中专任教师57人，教授8人、副教授20人、具有博士学位17人、硕士学位26人，硕士生导师11人。

2011年，学院毕业生数416人，其中硕士研究生50人，本科生366人；招生385人，其中研究生49人，本科生336人；在校生1501人，其中硕士研究生143人，本科生1358人。

（李宁 霍颖培）

【学科建设与研究生教育】

（1）申报并获得“软件工程”一级学科硕士授予权。申报“网络信息检索与内容理解”二级学科，通过校外专家论证。参与申报学校国家特殊需求人才培养项目博士点的申报。

（2）重新制定一、二级学科学术型硕士和全日制及在职专业型硕士培养方案和课程体系。修订计算机科学与技术学科研究生招生分配方案。

（3）在充分调研的基础上，参照相关学科国家和学校“十二五”规划，编写二级学科“十二五”规划，在此基础上起草完成计算机科学与技术学科“十二五”规划。

（4）2011年3月，计算机学院在外国专家大厦召开学科建设与科研工作“十二五”规划研讨会，围绕学院的学科建设与科研工作“十二五”规划、研讨学科方向与团队建设、研究生教育、人才引进、科研等工作。

（5）2011年10月，计算机学院组织全体计算机学科相关教授、硕士生导师、博士、外籍专家和创新团队成员在北京市花水湾度假村会议中心召开计算机学院学科建设与科研工作研讨会，研讨学院学科建设和科研工作“十二五”规划的目标、任务、重点研究方向、具体落实思路和措施。

（6）开展2011届毕业生的答辩、优秀论文评选和就业工作。

（7）开展2010级研究生期中考核和开题工作。

（8）完成2011级研究生招生、复试工作，以及导师分配工作。开展新生入学教育。

（9）完成2012级硕士研究生推免工作。开展两次新学期研究生教学工作检查。

（10）完成2011年学科建设平台专项建设2项，完成2012年二级学科建设平台专项申报。

（11）聘请美国西北大学教授Lawrence Henchen 和Julia Lee来校短期工作，为研究生授课并开展学术交流。

（李宁）

【教学工作】

（1）落实并完成2011年度春季学期和秋季学期的理论教学和实践教学任务（包括教学任务的安排、协调；教学过程的管理工作等）。

（2）完成2007级学生毕业设计工作。完成毕业生的毕业资格、学位资格审查等工作。

（3）完成2011年度实验室建设项目申报，实验教学中心数字化项目申报，课程建设项目等的申报工作。

（4）3月下旬，组织申报教育部“卓越工程师培养计划”，通过学校评审。

（5）完成2011级新生招生简章的撰写，组织招生咨询日活动和迎新工作。

（6）在暑假前后受理转专业学生申请，进行考核，共转入2人，转出1人。

（7）按照学校部署，组织进行第五届青年教师教学基本功比赛、优秀实验项目比赛。

（8）分别在两个学期中进行期中教学检查工作。

（9）多次组织召开两个校区的学生座谈会，听取学生意见，及时处理反映问题。

（10）6月底，学院举办2007级毕业典礼。

（11）开展学生企业工作实践相关工作，包括文档的修改和审定，联系企业来校宣讲，审定学生的企业实践资格，教师教学工作量估算等。开展秋季学期专业实习的协调安排工作。

（12）进行“学生科技创新项目”申报以及评审工作。

（13）12月，同华北计算所所举行推进校企合作工作洽谈会。

（周维真 李宁）

【科研工作】

（1）2011年在研纵向项目13项，款额165.73万元；横向项目21项，到款211.66万元；论文总数95篇，其中三大检索50篇；软件著作权18项；发明专利1项。

（2）11—12月期间，配合学校科技工作大会，举办了计算机学院2011学术月活动。邀请美国西北大学Lawrence J.Henschen教授开设4次系列讲座；邀请澳大利亚邦德大学吴正大教授来校作无线传感网络讲座。

（3）聘请来自微软等著名企业和研究机构的3名国外专家为院级特聘教授开展相关学科建设与科研工作，指导研究生和本科生的实践训练。

（4）11月5日，计算机学院组织全院教师在北京外国专家大厦召开计算机学院2011学术月——计算机学院学科建设与科研工作交流会。十位科研骨干介绍各自的科研方向与成果，进一步探讨学院“十二五”科研发展方向。

（5）完成学院“十二五”科研发展规划的起草。

（6）组织申报、评选2012年市教委科技发展计划项目及校基金项目。

（7）完成2011年科研平台专项建设2项，完成2012年科研平台建设专项申报。

（李宁）

【学生工作】

（1）学院有计算机科学与技术、软件工程、网络工程三个本科专业，全日制本科学生1358人。计算机软件专业（第二学位）学生3人。其中2011年计科174人、软工86人、网工87人，总计347人。

（2）在2011年各项评优活动中，郭佳琦被评为校级优秀党员、刘寅同学被评为学校成才表率。安永跃等18名学生被评为北京信息科技大学2011届优秀毕业生。6个班被评为院级优良学风班。在2011年学校运动会中，圆满完成开幕式升国旗的光荣任务，取得男子、女子团体第三、第四，总分第三的历史最好成绩。学院合唱队以良好的精神面貌参加学校庆祝建党90周年合唱比赛，获得好的名次。

（3）2011 届学生共 366 人，其中计算机科学与技术专业 203 人、软件工程专业 69 人、信息与计算科学专业 94 人。学院先后举办各类招聘会数十场，积极组织学生积极参加学校和北京市的各类大学生招聘会，组织各种就业指导活动，组织各种升学辅导活动，2011 届毕业生签约率 42%，毕业生就业率达到 98%，其中有 22 名学生考取研究生（含 4 名推荐免试入学研究生），占毕业生总数的 6%，录取比例在学校名列前茅。

（4）学院学生活动丰富多彩，包括团建达标、“十佳团支部”评选、计算机学院科技文化节、庆祝建党 90 周年文艺晚会、新生新年晚会、“展能力、赛风采”友谊辩论赛、“祖国，我想对您说”大型主题演讲比赛等。组织学生到天津、湖北、重庆参观学习，分别进行爱国主义和革命传统教育，以及走进国企、认识社会的教育活动，收到良好的效果。

（5）学生积极参加各类学科竞赛活动。其中在国际大学生程序设计比赛（ACM 比赛）中国区比赛中，进入大连、上海、成都、福州 4 个分赛区，夺得两个铜奖；主办和组队参加全国软件人才设计开发大赛，分别取得二、三等奖；组织学生参加在黑龙江、甘肃举行的全国大学生机器人比赛、计算机博弈比赛，取得多项冠、亚、季军。参加在无锡举行的中国大学生服务外包创新应用大赛。举办第三届校级程序设计比赛和多媒体比赛、第二届计算机博弈比赛并取得圆满成功。

（6）学院有学生辅导员5人、班主任20人。班主任中党员11人，超过1/2；专业教师17，占2/3；高学历高职称比例高，其中博士和硕士各8人、副教授5人、其余均为中级职称。党总支组织辅导员分别走访拉萨大学和桂林电子工业学院，交流学习学生党建、学生管理与服务工作、就业工作、科技文化活动的经验。

（赵刚）

【对外交流】

（1）学院及各系部举行各类学术交流会多场。

（2）教师 30 多人次参加各类培训、进修、国内教研类会议；多名教师次参加国际交流和国外、境外考察活动；教师多人次参加国内科技学术会议。

（3）推进同爱尔兰都柏林格里菲斯学院（GCD）、爱尔兰考克大学（UCC）的本科生联合培养项目。4 月安排 UCC 来校宣讲；拟定赴 UCC 学习课程认定和学籍管理规则并实施。今年已有 6 名学生分别赴 GCD 和 UCC 留学。

（周维真 李宁）

【党建工作】

（1）学院共有 5 个教工党支部，教工党员 32 人，占教工总数的 50.8%。其中青年教工中党员比例达到 72%、高级职称教师中的党员比例为党员 52%。学生按专业分为 3 个党支部，学生党员 187 人，占学生总数的 13.75%，其中 2011 年发展学生党员 108 人。

（2）在 2011 年度党内评优中，计算机科学技术系教工党支部被评为校级先进党支部，李宁、杨大利、郭佳琦被评为校级优秀党员。计科学生支部与北京市通州区于家务回族乡北辛店村的红色“1+1”活动，获得北京市高校红色“1+1”优秀活动三等奖。

（3）开展丰富多彩的党员活动，组织教工党员参观满洲里国门景区、草原牧区、哈尔滨工程大学，教工支部书记井冈山培训，学生党员参观天津大沽口炮台、周恩来邓颖超纪念馆等。组织部分学生参观重庆歌乐山集中营旧址并走进国企，进行革命传统教育和社会实践活动。

（赵刚）

【其他重要事项】

（1）积极稳妥地引进高层次人才，积极争取外地生源名额；接收博士（博士后）3人。

（2）完成副高及以下教师岗位的聘任工作。完成专业基础部领导更替的人事安排工作。

（李宁）

经济管理学院

【发展概况】经济管理学院（School of Economics & Management，以下简称经管学院）于2006年12月在原北京机械工业学院工商管理分院和原北京信息工程学院工商管理系、经济贸易系的基础上组建而成。学院下设会计系、财务与投资系、工商管理系、人力资源管理系、经济与贸易系和营销管理系6个系。学院现有会计学、财务管理、市场营销、工商管理、人力资源管理和经济学本科专业6个，其中会计学、财务管理一批在京招生专业2个；北京市实验教学示范中心1个，校级实验实习中心1个，本科教学实验室5个。学院现有一级学科硕士点3个，二级学科硕士点6个，工商管理硕士（MBA）专业硕士学位授权点1个，工业工程领域专业硕士学位授权点1个；管理科学与工程和企业管理北京市重点建设学科2个，技术经济及管理为北京市重点学科；北京市哲学社会科学社科研究基地——北京知识管理研究基地1个；实验经济学研究中心、知识管理研究所和企业成长研究中心校院级研究机构3个。学院利用北京市专家人才优势，与著名科研机构、政府职能部门和企业，建立长期稳定的合作关系。这些研究机构和研究团队不仅承担着北京市教委科技创新平台知识管理与技术经济专项建设任务，也为国家科技部、北京市科委等政府相关部门及企业提供决策咨询服务，同时形成产学研用相结合的格局。

学院师资队伍实力雄厚，教师中拥有一批有突出贡献中青年专家、政府津贴专家、跨世纪学科带头人、北京市创新拔尖人才、北京市高层次人才、北京市政府顾问、国家注册审核员、中国注册会计师、中国注册税务师、 国家高级职业指导师和证券投资专家等。他们分别在计量经济、科技管理、证券投资、质量管理、资产评估、企业成长、人力资源、并购和财务会计教学与科研领域颇有建树。学院学科建设、科学研究、社会服务的成果直接引入教学，带动学生参与；为培养理论功底扎实、实际动手能力强、适应环境快的应用型人才，奠定良好的育人基础。毕业生广受用人单位的好评。

学院与爱尔兰都柏林格里菲斯学院、爱尔兰考克大学、美国威斯康辛大学帕克塞德分校、美国博林格林州立大学、美国蒙哥马利奥本大学、英国安格利亚鲁斯金大学、澳大利亚维多利亚大学开展了多样化的合作办学项目。

2011年，学院有教职工123人，其中专任教师102人，教授15人、副教授34人，具有博士学位31人，博士生导师2人、硕士生导师25人。

2011年，学院毕业生667人，其中研究生42人，本科生625人；招生610人，其中研究生 62 人，本科生 548 人；在校生 2446 人，其中学术型学位硕士 141 人，专业型学位硕士 24 人，本科生 2276 人；联合培养博士生 5 人。

2011 年师资队伍建设取得显著成绩：有博士学位教师比例提高到 35%，引进博士 1 人，3 人考取博士，2 人获得博士学位；国内外访问学者 4 人；4 人晋升教授，5 人晋升副教授；1 人获得北京市科技创新先锋、教育部新世纪优秀人才；聘请兼职教授 6 名，发挥了他们的积极作用。

（葛新权　郑玮）

【学科建设】实施以学科建设为龙头、凝练提升冲击博士学科研究方向，明确树立一流意识，明确长远一流发展目标。①积极创造条件尽最大努力，整合资源，集中力量，打造知识管理研究与管理科学与工程博士学科建设平台，积极参与申报博士项目工作；②工商管理和应用经济学一级硕士点获得批准；③会计学和金融学两个二级硕士点获得批准，MBA 获得批准；④完成 3 个北京市重点（建设）学科的建设任务；⑤完成北京知识管理研究基地建设任务；⑥召开学院学科工作会议。

4 月 24 日，经济管理学院组织召开学科建设工作研讨会，传达学校学科会议精神与近期工作安排与要求，部署学院学科建设工作，对申报管理科学与工程博士学位授权一级学科准备工作、完善二级硕士学科培养方案、制订一级学科下会计学和金融学二级学科培养方案，以及申报资产评估专业硕士、会计学专业硕士工作进行布置。会议由葛新权教授主持，学院各学科带头人、教授和部分年轻博士参加了本次会议。

（葛新权　郑玮）

【教学工作】强化并大力发展研究生教育，研究生规模与质量并重，把培养与锻炼年轻副教授为重要任务。积极组织研究生招生工作，完成招生任务，招收第一批 MBA 学员。为研究生新生开设研究生成才教育专题讲座，组织研究生开展学术交流，邀请国外高校教授为研究生开展学术前沿讲座。组织专业硕士校外导师的申报及评选工作。完成一年一度的研究生开题和硕士论文答辩的组织工作。

贯彻“结合实际，巩固评估成果，落实质量工程”的工作思路，2011 年教学建设取得很大成绩。完成实验教学中心建设项目两项：完成中央财政支持地方专项——文管综合实践教学中心大学生综合能力与素质训练平台建设项目 172 万元，已投入使用；完成文管综合数字化资源建设 10 万元项目，该项目属原创性已验收并投入使用。

组织开展学科竞赛项目并取得优异成绩：2011 年经济管理实验教学中心组织并参加第 26 届国际企业挑战赛中国赛区比赛，取得竞赛三等奖和最佳组织奖；成功举办第三届中国大学生就业模拟大赛，经济管理学院参赛队分别获得一、二、三等奖；组织参加市级 2011 年创业设计大赛取得“宜信杯”大学生创业设计竞赛三等奖 2 项，最佳组织奖 1 项；组织参加“中华会计网校杯”2011 年北京市校园财会大赛获得北京市第二名；成功举办校级金融投资模拟交易大赛，经济管理学院 TOPBOSS 经营模拟沙盘大赛。

实验教学中心2011年主要开展实验教学、条件建设、数字化资源建设、学科竞赛、开放性实验和科研服务等工作。接待外访6个单位，发挥辐射示范作用；全年完成 6 个专业总计486学时的实验、课程设计和142学时的开放实验，总人机时数达140000学时，保质保量完成任务。为部分学院部分课程提供相应的实验教学服务。对全校开放实验7项，获得了好评。

调研8个大学的实验教学示范中心建设，接待国内外7所大学来访，就实验教学进行广泛深入的交流。

（陈元凤 张虹 孙永平）

【科学研究】学院科研工作取得好成绩，科研项目的申报获资助的级别和层次有很大提高。获得资助的包括自然科学基金项目、科技支撑项目以及省部级重大项目等。组织申报并获得资助的其他项目包括北京市优秀人才项目、北京市教委项目、北京市哲学社会科学规划项目等；发表的学术论文的质量有很大提高，学术著作数量有所增长；继获得国家级、省部级和行业奖，2011年学院教师的科研成果“知识管理服务平台建设”获得北京市科学技术二等奖，“一种有毒有害物质评价系统”获得国家发明专利；为规划好学院未来科学研究，组织总结学院在“十一五”中取得的科研成绩，制定学院“十二五”科研工作规划，并为配合学校科技大会的召开组织科技周活动；完成科研平台建设任务。

（葛新权 刘宇）

12月2日下午，学院葛新权教授主持的北京市哲学社会科学规划重大项目“北京市生活垃圾减量化对策研究”启动会在京隆重召开。项目负责人葛新权教授汇报“北京市生活垃圾减量化对策研究”的研究背景、研究内容、预期目标、实施方案。专家组在认真听取了项目汇报后，进行了充分的沟通和交流，针对项目课题从技术、管理等方面提出了富有建设性科学意见，并进行了讨论。北京市社科规划办主任王祥武对项目启动会进行了总结，并指出项目“北京市生活垃圾减量化对策研究”提供的信息量大，深度高，思路开阔，最后强调希望项目组要扎实工作，为北京市城市垃圾减量化做出积极贡献。会议由北京市哲学社会科学规划办公室副主任李建平主持，北京市节能环保中心副主任郑栓虎、中国社科院数技所副所长齐建国、北京交通大学经济管理学院院长刘延平、北京市固体废物管理中心主任唐丹平、北京市环境卫生工程集团一清分公司总经理陈永生等到会。

（葛新权　郑玮）

【学生工作】2011年，学院学生工作坚持以学生党建工作为龙头，以学风建设为中心，以爱国主义教育为主旋律，以丰富多彩的校园文化活动为载体，营造学院学府文化氛围，为学生的成长成才服务。

学生工作的基本思想是“以党风带学风”，规范学生党员发展过程、加强学生党员的思想教育，加强基层党组织的建设，确保党员的模范作用和党组织的战斗堡垒作用。

高度重视就业工作，树立“关爱学生，以人为本，主动为学生就业服务”的工作观念，建立信息渠道，做好指导与咨询，抓住每一次就业专场招聘会的机会积极宣传毕业生，尽量联系有吸引力的就业单位做宣讲。2011年经管学院宽口径统计一次就业率98.08%，高于全校95.67%的平均就业率；经管学院本科毕业生实际签约率49.76%，高于全校47.07%的平均水平。

以庆祝建党90周年系列活动为载体，积极开展大学生德育工作；引导学生学习积极性，努力推进学风建设。加强辅导员和任课老师沟通，落实辅导员听课制度。推动学生学业规划和自我发展，鼓励学生成长成材，学院在全院开展6场讲座及交流活动，引导学生深入思考，努力学习专业知识，储备知识和能力，增强竞争力。

完成本年度的奖励和资助工作。本年度共有 5 人获国家奖学金、76 人获国家励志奖学金、144 人获一等助学金、186 人获二等助学金，920 余人次学生获得不同层面的奖学金，申请贷款 132 人，勤工助学岗位 45 个。

开展学生心理素质系列教育。开展“关爱心灵，快乐生活”心理健康教育系列活动，以引起学生对心理健康问题的重视，健康快乐地生活和成长。主要内容包括：系列讲座、思想状况调查、心理委员培训、主题班会、交流互动、电影观摩等。开展丰富多彩的文体活动。积极动员和组织学院学生参加学校运动会，获得最佳组织奖一等奖、最佳开幕式表演奖、最佳观众奖、团体总分第一名、男子团体第二名、女子团体第一名；学校三球联赛女排第一、男足第二；组织参与红五月合唱节，获得优秀奖。打造精品校园文化活动。继续举办系列精品校园文化活动，如：“青春绽放”涂鸦大赛、“I English”英语晚会、“做文明人”摄影大赛、百科知识竞赛、十佳歌手大赛、十佳主持人大赛，营造良好的校园文化氛围，为同学提供展现自我的舞台。创新实践能力培育工作。重视学生科技创新能力的培养。组织申报本科基金项目，立项 20 项共计 9900 元；组织申报“大学生科技创新计划项目”，立项 33 项，其中市级 26 项，共计 21.1 万元。进行学生专项工作机制尝试，科学调配辅导员的分工。坚持听课制度，辅导员月报制度，定期例会制度，互相交流工作经验，搭建工作交流平台。提高学生工作干部队伍的素质和能力，有 5 名辅导员参加北京市教工委等单位举办的专项业务培训。一名辅导员参加“第四届全国辅导员工作创新论坛”。

2011 年，12 名同学获北京市三好学生、优秀团员、优秀学生干部、优秀团干部，5 个班集体、团支部获北京市先进班集体、先进团支部；11 个班级、团支部荣获校级先进班集体、优秀团支部称号，167 人次获得校三好学生、优秀学生干部、优秀团员、优秀团干部称号；1 名辅导员被评为 2010—2011 学年北京信息科技大学优秀辅导员；11 名班主任被评为 2010—2011 学年北京信息科技大学优秀班主任。

（周宇　崔凯）

（1）3 月 13 日 19:00 经济管理学院十佳歌手大赛决赛在清河校区二教隆重举行。

（周宇　崔凯）

（2）3 月 16 日下午，经济管理学院在清河小营校区图书馆 108 召开 2011 年毕业生就业工作动员大会。招生就业工作办公室主任杜世智参会并进行工作指导。学院党总支书记谢瑞峰，副院长张虹，副书记曹晋红、崔凯，各系系主任、各教工党支部书记、辅导员以及毕业班班主任参加动员会。谢瑞峰对 2011 年经管学院就业工作提出三点要求：一是要动员各方力量，挖掘一切就业途径，最大限度地为学生提供就业信息；二是要关注特殊学生群体，工作要做细、做实；三是要做好毕业生的文明离校工作。杜世智分析 2011 年的高校就业形势和就业工作，介绍学校就业工作的基本思路与工作部署。参会老师针对就业工作的一些疑惑以及在工作中遇到的一些具体问题与招就办进行讨论和交流。

（费衍慧　曹晋红）

（3）3 月 23 日，经济管理学院为毕业班学生举办“就业宣讲会”。大中电器招聘主管的精彩宣讲，受到学生热烈欢迎。经管学院的党总支副书记曹晋红以及辅导员孟海亮、胡银枝、马众老师出席本次活动。

（费衍慧　曹晋红）

（4）3月23日，经济管理学院“新星杯”演讲比赛决赛于清河校区阶梯教室顺利举行。学院团总支书记周宇、校级演讲比赛优秀选手代表等作为评委出席此次大赛。

（周宇　崔凯）

（5）4月6日中午，经管学院“感恩在初春”手绘贺卡大赛在清河校区一号公寓楼下举行作品展示活动。此次比赛参赛者有65名，最终选入展出的优秀作品共35份。

（周宇　崔凯）

（6）4月12日晚，“悦纳自己，关爱他人”主题班会在清河校区一教403举办，此次班会分为认识自己、接纳自己、关爱父母、关爱同学和关爱集体五部分。阳光心苑社长、组织部长、会计0902班班长、班级信息员共同主持这次活动。会上大家畅所欲言，分享着彼此对于“善待自己，关爱他人”的感受，整个班会在“写下你的爱”这一活动进行的时候达到高潮，大家纷纷在小纸条上写下对自己最关心的同学、最感谢的同学的祝福和希望，并且由其他同学抽签讲出来。

（费衍慧　崔凯）

（7）4月16日，阳光心苑部分成员与会计（0902）班同学前往颐和园进行“亲近你我，给力幸福”的踏青活动。此次活动加强了学院班级与心理社团的联系，促进班级心理健康工作的良性开展，对进一步指导班级心理委员在集体中展开心理健康工作起到示范作用。

（费衍慧　崔凯）

（8）4月20日，学校招生就业工作办公室和经济管理学院共同邀请正大集团相关负责人来我校组织以“校企合作，成就未来”为主题的实训与就业宣讲会。经济管理学院党总支副书记曹晋红、学院08级辅导员组织并参加了本次活动。

（费衍慧　曹晋红）

（9）4月24日晚6点30分，学院在清河小营校区图书馆805举办第四届TOP-BOSS经营模拟竞赛经验交流会。陈元凤、马众老师，往届TOP-BOSS获胜选手，以及准备参加本届比赛的80余名学生参加了交流会。

（费衍慧　崔凯）

（10）4月26日，“追求绿色时·尚拥抱绿色生活”志愿签名活动率先在清河校区拉开帷幕，过往同学积极参与其中。本次“环保达人”活动不但让同学们了解了环境保护的重要性，掌握基本环保知识，同时，号召广大同学自觉加入到低碳环保的队伍中，为环保事业贡献自己的一份力量。

（周宇　崔凯）

（11）6月9日下午，学院在清河小营校区图书馆108会议室召开毕业生座谈会。院长葛新权、党总支书记谢瑞峰、教学副院长张虹、党总支副书记崔凯、各系系主任、2007级辅导员以及来自各班的19名毕业生代表参加了座谈会。学院领导向参加座谈会的毕业生赠送了纪念品。

（费衍慧　崔凯）

（12）10月31日，举办学生干部培训班。为进一步加强学生干部队伍建设，增强学生干部的团队协作意识，提高学生干部的综合素质和工作能力，在学生干部中营造乐于学习、勤于工作、善于管理的氛围，学院举办学生干部培训班。培训内容是由学院团总支结合实际，以“提高素质，培养能力，发挥领军作用”为出发点，针对学院团总支、学生会、新闻中心学生干部开展的理论与实践相结合的指导，包括以“学生干部的基本素质和职能”、“执行力·领导力”为主题的两场讲座，以及进行工作方法和工作技巧讨论的经验交流会。

（周宇　崔凯）

（13）11 月 5 日下午，学院“同心杯”师生联谊趣味运动会在清河小营校区运动场举行。经管学院党总支副书记曹晋红、崔凯，团总书记周宇出席本次活动。学院 19 个党支部组建参赛队伍，500 余名师生参加。

（周宇　曹晋红）

（14）为丰富大学生的课余生活，提高大学生的综合素质，增强团队精神和集体凝聚力，学院于 11 月 14 日中午在清河校区篮球场举行 “迎新杯” 篮球赛决赛。

（周宇　崔凯）

（15）11 月 17 日，学院“职业引领 · 梦想导航”第三届职业生涯规划节开幕式在清河小营校区图书馆前隆重举行。学校党委书记郑君礼、校长柳贡慧、党委副书记杨军以及相关部门领导应邀出席，学院领导、部分教师和学生代表参加。开幕式由学院党总支书记谢瑞峰主持。开幕式后，分专业学业职业生涯规划的“经管学堂”系列讲座、“智联杯”校园求职大赛将陆续展开。大赛由学院人力资源专业老师担任评委，邀请知名企业人力资源经理或部门主管，对学生进行现场求职面试指导，实习、就业“直通车”将首次创新性地为同学们开启。

（周宇　崔凯）

（16）11 月 20 日，“志愿服务宣传月”活动在清河校区正式拉开帷幕。“志愿服务宣传月”旨在宣传志愿服务精神，弘扬乐于奉献的高尚品质，增强当代大学生的社会责任感，志愿服务宣传月内容有“同心”志愿团队招募工作、“志愿电影放映周”、“优秀志愿者经验交流会”、“志愿者在行动——我为北京发展献力量”等。

（周宇　崔凯）

（17）11 月 23 日，为提高学生的口语能力，增强同学对英语学习的兴趣，学院英语演讲比赛决赛在清河校区一阶教室举行。本次英语演讲比赛由学院新闻中心主办、英语联盟协办。会计 1104 班的郭海伦获一等奖，经济 1102 班毛羽、财务 1101 班王诗蒨获二等奖，其余 7 名同学获鼓励奖。

（费衍慧　崔凯）

（18）11 月 27 日，学院举办第五届“新晨杯”大学生辩论赛总决赛。人力代表队摘得本届“新晨杯”辩论赛桂冠。

（费衍慧　周宇　崔凯）

（19）11 月 30 日下午，学院在清河校区大阶梯举办“《学生手册》知识竞赛”决赛。本次竞赛分为必答题、抢答题和风险题三个环节，从多方面考察了选手对《学生手册》的掌握程度与应用能力。人力 1101 班荣获本次大赛冠军。

（费衍慧　马骏　崔凯）

（20）11 月 30 日下午，学院在清河小营校区报告厅举行“智联杯”校园求职大赛决赛。最终五号选手刘文涓获得本场比赛冠军。本次大赛首次创新性地开启了实习、就业“直通车”，来自智联招聘与北京工人疗养院的代表为本次比赛表现优异的选手颁发聘书。

（费衍慧　周宇　崔凯）

（21）12 月 5 日，学院团总支在清河校区召开志愿经验交流会，学院毕业生——奥运优秀志愿者路璐主讲，2011 级“同心志愿团队”成员 100 余人到场参加。

（费衍慧　周宇　崔凯）

（22）12 月 7 日晚，学院第二届“智慧擂台”百科知识竞赛决赛在清河校区大阶梯教室举行。参加本次决赛的一共有六支队伍，题目内容涉及志愿服务、天文地理、礼仪、文学、生活、专业知识等方面，全方位考察参赛选手综合能力素质以及团体协作能力经过激烈角逐，人力1001班团支部荣获一等奖，会计1003班、财务1001班团支部获二等奖，工商1101班、财务1103班、人力1101班团支部获三等奖。

（周宇　曹晋红）

（23）12月22日，为庆祝建院五周年，学院2011年“齐聚星辰”迎新年晚会在清河小营校区大学生活动中心隆重举行。校党委副书记刘筱毅出席晚会，学院党政领导、教授、系主任、支部书记以及广大师生代表参加。

（费衍慧　周宇　崔凯）

【对外交流】2011年，学院与爱尔兰都柏林格里菲斯学院、爱尔兰考克大学、美国威斯康辛大学帕克塞德分校、澳大利亚维多利亚大学、英国桑德兰城市学院以及安格里亚鲁斯金大学等6所国外大学联合培养学生项目持续招生。学院共外派学生37名，赴爱尔兰都柏林格里菲斯学院学习的学生1名；赴爱尔兰考克大学学习的学生1名；赴美国威斯康辛大学帕克塞德分校参加交换的学生9名，其中第五批5名，第六批4名； 2010年报名参加MIB项目的学生有11人，于2011年8月开始陆续赴澳大利亚拉筹伯大学参加第二阶段学习；赴英国桑德兰大学短期交流的学生15名。

学院派出1名教师学术考察团赴法国进行学术交流与合作办学的洽谈。

2011年，学院共接待来自爱尔兰、美国、澳大利亚、英国等国外代表团、学者专家的来访，双方就国际合作办学、学术交流等问题进行广泛的交流与磋商。

（1）1月10日，爱尔兰都柏林格里菲斯学院校长一行与经管学院学生进行座谈，就两校合作的2+2项目的入学条件、学习方法、教学方式等进行详细解答，参观经济管理学院的实验室。参加会见的有经济管理学院院长葛新权、国际交流处卢静教授和范玉涛老师。

（2）1月12日，经济管理学院副院长刘宇教授、国际交流处卢静老师会见来自爱尔兰国立考克大学国际交流处负责人Louise Tobin教授等一行2人。目前学校与考克大学的合作项目中已有经济学专业的2+2项目和3+1项目，会上双方首先就合作专业增加的可能性进行探讨，就两校合作模式和合作方式进行深入详谈，达成以下合作意向：①教师学术交流和双语培训，双方选派优秀教师赴对方学校进行学术交流；②学生短期学习交流互派；③促进与考克大学其他专业的合作办学项目。

（3）11月4日下午，来我校访问的美国威斯康辛大学帕克赛德分校（以下简称UWP）校长Deborah Ford教授、商学院院长Fred Ebeid教授、James Wang教授等一行3人在经济管理学院会议室进行“3+1+1”项目说明会。本次说明会由刘宇副院长主持，30余名学生参加。

（4）爱尔兰考克大学经济系2+2项目负责人戴克澜·乔丹博士、3+1项目负责人弗兰克克劳利老师受邀来校宣讲。该宣讲会由经管学院主办，经管学院新闻中心承办，来自经管学院各专业20多名学生参加。宣讲的主要内容包括2+2项目和3+1项目的入学条件、在爱尔兰考克大学学习的优势及注意事项，针对我校拟参加本项目的学生存在的一些疑惑进行了答疑。2010年我校已参加3+1项目的两位同学分别被英国的利兹大学和曼彻斯特大学录取，继续攻读硕士学位。

（5）5月17日晚，由经济管理学院主办、经管学院学生会新闻中心承办的“爱尔兰风情英语交流会”在清河小营校区举行。爱尔兰考克大学中国区办公室2位老师以及两名外国留学生一同参加。整个活动用英语进行。

（6）8月8日，我校第一批赴英国桑德兰城市学院短期交流学生和带队教师一行16人顺利返回北京。参与本次交流活动的学生来自全校各学院，活动从7月19日到8月8日，历时三周，其中桑德兰市两周，伦敦市一周，分别入住桑德兰大学校园和金斯顿大学校园。交流内容主要包括三部分：英语语言学习、专题讲座、参观学习。此次交流活动还得到了当地政府的支持与帮助。在为期3周的交流时间里，同学们英语交流能力得到了很大提高。

（7）11月3日下午，经济管理学院在清河小营南校区四教2001举办与澳大利亚维多利亚大学师生交流会。经济管理学院副院长刘宇、杜昱老师，维多利亚大学的Marcelle和Jane教授出席了本次交流会。双方就各自的文化进行交流。

（何琼　刘宇）

【科研工作】科研项目和经费创历史新高。2011年学院科研项目申报获得资助的有自然科学基金项目、科技支撑项目以及省部级重大项目等。组织申报并获得资助的其他项目包括北京市优秀人才项目、北京市教委项目、北京市哲学社会科学规划项目等。2011年学院发表学术论文质量有很大提高，学术著作数量有所增长。继获得国家级、省部级和行业奖之后，2011年学院教师的科研成果“知识管理服务平台建设”获得北京市科学技术二等奖，“一种有毒有害物质评价系统”获得国家发明专利。

组织总结学院在“十一五”中取得的科研成绩，制定学院“十二五”科研工作规划，组织科技周活动。完成科研平台建设任务。

（葛新权　刘宇）

【党建工作】学院党总支下设26个党支部，其中7个教工党支部，19个本科生学生党支部。学院共有党员482人，其中教工党员74人，占教工总数的61%，本科生学生党员408人，占在校学生总数的17%。

（孙晨　谢瑞峰）

（1）经济管理学院团总支分别于2011年3月3日、6日在清河和清河小营校区举办《感动中国2010年度人物颁奖典礼》观影会。

（周宇　崔凯）

（2）3月9日，经济管理学院团总支以“全家总动员”趣味运动会为主题的团日活动拉开帷幕。本次2009级“全家总动员”主题团日活动共计3场。3月9日第一场趣味运动会在清河校区隆重举行，另外两场于3月16日举办。

（周宇　崔凯）

（3）3月9日，为引导广大学生积极关注时政，提升政治素养，经济管理学院团总支在清河一教501组织广大团干召开“两会”学习座谈会。学院辅导员出席座谈会。

（周宇　崔凯）

（4）3月23日，为庆祝建党90周年，激发学生爱党、爱国、爱校情怀，引导学生向真、向善、向美，经济管理学院举办“第二届新闻风尚节”。系列活动包括“拍，在春天里”摄影大赛、“绘出爱、传递爱”手绘贺卡大赛以及“大学那些事儿”校园点滴捕捉大赛三个主题活动。“拍，在春天里”摄影大赛主题围绕庆祝建党90周年展开，共收到投稿作品60余幅，最后进入评选展示阶段的作品22幅。作品内容丰富，从不同角度，不同侧面反映了近年来祖国的巨变和现有的幸福以及和谐的生活。

（周宇　崔凯）

（5）4月6日，经济管理学院会计学生党支部11名代表前往昌平区陈庄，开展“走进新农村，感受新变化”主题党日活动。

（毛江一　曹晋红）

（6）4 月 9 日，经济管理学院经济第一学生党支部党员、入党积极分子一行 10 余人赴中国国家博物馆、毛主席纪念堂，开展“学党史、颂党恩、促党建、跟党走”主题党日活动。

（毛江一　曹晋红）

（7）4 月 19 日晚 7:00，学院庆祝建党 90 周年之“知恩于心 感恩于行”主题晚会在清河校区二教大阶梯教室隆重举行。校党委副书记刘筱毅，校纪委书记刘勇，校党委常委、组织部部长邵长生，有关党政职能部门领导、学院领导及所有辅导员和 200 余名团干参加晚会。

（周宇　曹晋红）

（8）5 月 8 日晚，学院在清河小营校区报告厅举办“感悟光辉历程，争做时代先锋”主题团日活动公开赛决赛。学院领导及部分团总支干部代表出席此次活动并担任评委。

（周宇　崔凯）

（9）5 月 10 日晚，为迎接建党 90 华诞，展现青年学子爱党爱国深切情怀，学院在清河小营校区大学生活动中心举办“同心杯·红歌唱响青春”合唱比赛。校党委书记郑君礼、党委副书记刘筱毅、校党委常委组织部部长邵长生及相关职能部门和学院有关领导出席，学院部分老师及 500 余名学生参与本次活动。

（谢司　曹晋红）

（10）5 月 11 日下午，学院 19 个学生党支部一行 60 余人，赴北京现代汽车有限公司，开展学院“学党史·颂党恩·促党建·跟党走”主题系列党日活动之一的“跟党走·进基层”党日活动。

（毛江一　曹晋红）

（11）5 月 18 日，为庆祝建党 90 周年，学院在清河校区举行以“青春映红党旗·画笔描绘生活”为主题的第二届涂鸦大赛。最终，人力 1002 班的朱鑫琳 “心向阳光，生活多彩”的作品获得本次比赛桂冠。

（周宇　崔凯）

（12）5 月 18—31 日，为认真贯彻落实胡锦涛总书记在清华大学百年校庆重要讲话精神，进一步在广大学生党员中开展创先争优活动，深化学校“四个工程”，尤其是“成长工程”，学院党总支开展“争当学习标兵，担当社会责任”主题党课学习活动。

（毛江一　曹晋红）

（13）5 月 21 日下午，历届优秀校友返校主题报告演讲活动在清河校区大阶拉开帷幕，纪念合校三周年。优秀校友代表成勇、曹阳分别作演讲。优秀毕业生代表、学院领导、经管学院辅导员、各学生党支部党员及学生代表到场参与此次活动。

（费衍慧　曹晋红）

（14）5 月 31 日是第 24 个世界无烟日，学院党总支向全院学生党员发出倡议：“拒绝吸烟，低碳健康”。全院 300 多名男性学生党员和入党积极分子在“创建无烟校园承诺书”上签字承诺。

（毛江一　曹晋红）

（15）10 月 9 日、10 月 15 日，学院财务学生党支部分赴北京市顺义区五彩鹿孤独症儿童康复中心、北京市顺义区南彩镇小营，开展红色“1+1”志愿服务活动。10 月 22—23 日，学院会计学生党支部和营销学生党支部到北京市昌平区长陵镇康陵村开展以“会计核算走进新农村”和“动手实践，服务乡村”为主题的红色“1+1”志愿服务活动。

（毛江一　曹晋红）

（16）10月19日，学院团总支在清河校区召开团干培训会。

（周宇　崔凯）

（17）10月26日，学院团总支在清河校区篮球场举行2011级“全家总动员”主题团日活动。

（周宇　崔凯）

（18）11月2日至23日，举办学院第五届业余党校。本次党课参加结业考试311人，结业人数305，未结业人数6人，通过率98.1%。通过评选，9人被评选为优秀党课小教员，19人被评选为优秀学员。

（李哲谦　费衍慧　曹晋红）

（19）11月18日晚，在清河校区二阶一、一教102和107教室隆重举办第五期学生业余党校演讲比赛。本次演讲比赛的主题为——“以史为鉴，争做优秀党员”、“传承辛亥革命精神，争做国家建设栋梁”以及“知责任、做栋梁，从现在做起”。参加此次演讲比赛的选手共有66名，400余名同学到场观看了比赛。工商1101班桑丹、人力1101班郑好媛以及经济1102班包娜荣获一等奖；6名同学获得二等奖，9名同学荣获三等奖。

（费衍慧　曹晋红）

【其他重要事项】

（1）2011年1月5日下午，学院开展英语学术沙龙活动。

（郑玮　陈雪红）

（2）6月20日下午，在校“党旗更鲜艳”教职工歌手大赛中，经济管理学院由18位教师组成的小合唱以一曲《游击队之歌》荣获二等奖，王慧老师《美丽的草原我的家》荣获优秀奖。

（郑玮　李光华）

（3）11月16日，中国人民大学六西格玛质量研究中心主任何晓群教授到校做了题为《六西格玛（6sigma）管理与竞争战略》的报告。这是经济管理学院学术月系列活动之一。

（郑玮　葛新权）

（4）11月19日，科技部委托安徽省科技厅，组织专家对经济管理学院葛新权教授主持的国家科技人员服务企业项目《基于GIS的企业智能化管理信息系统建设》进行验收。专家组认为，该项目结合企业实际，开发基于GIS的企业智能化管理信息系统，开展技术培训与服务工作，为企业制定市场战略提供决策支持，强化企业客户管理，提升企业自主创新能力。项目对促进学校发展现代服务业信息技术研究及产业化应用及对我校管理科学与工程、企业管理学科具有重要推动作用。

（葛新权　郑玮）

（5）11月20日，学院召开教学工作研讨会。学院领导、各系室正副主任，各专业导师、教学骨干、管理人员等参加会议。会上，学院院长葛新权首先就落实学校教学工作会议、就业工作会议精神，提出了学院下一阶段的教学工作重点。会议围绕教学质量滑坡防范和质量工程建设进行了深入研讨。与会老师根据各专业的特点，结合从教经验和国内外其他大学相同专业建设情况，对学院教学工作提出建设性的意见和建议。他们表示在以后的工作中，牢记学府文化，增强责任心和使命感，转变教育教学观念，不断提高教学质量，努力为学院教学工作再上台阶贡献力量。

（郑玮　张虹）

（6）11月30日下午，中国社会科学院数量经济与技术经济研究所研究员、《数量经济技术经济研究》副主编李金华教授应邀来到经济管理学院，作题为“经济学管理学学术论文的创造要领”的学术报告。

本次学术报告会由我院院长葛新权教授主持，工商管理教学团队成员等近30位教师参加了这次学术活动。

（葛新权 郑玮）

（7）12月8日下午，学校兼职教授、神华集团有限责任公司副总经理李东为经济管理学院师生作题为“关于神华集团有限责任公司转变经济发展方式问题的思考”的首场报告。柳贡慧校长和冯喜春副校长出席报告会。冯喜春副校长主持了报告会。学校办公室、人事处、经济管理学院相关领导、部分教师和研究生参加了这次报告会。

（葛新权 郑玮）

信息管理学院

【发展概况】信息管理学院（School of Information Management，以下简称信管学院）于2007年9月在原北京机械工业学院经济管理系信息管理与信息系统教研室和原北京信息工程学院信息系统系基础上组建而成。学院设系5个、研究机构1个。学院现有信息管理与信息系统、信息安全、电子商务、审计学（计算机审计方向）和管理科学5个本科专业，其中信息管理与信息系统专业是北京市特色建设专业，信息管理与信息系统和信息安全专业是本科一批次招生专业。学院拥有跨学院共建的管理科学与工程北京市重点建设学科和硕士学位授权点。一批在京招生专业2个；校级实验实习中心1个，本科教学实验2个。学院现有一级学科硕士点1个；硕士专业学位授权点1个。

2011年，学院有教职工60人，其中专任教师46人，教授6人，副教授16人，具有博士学位23人，硕士生导师10人。

2011年，学院毕业生数370人，其中研究生10人，本科生360人；招生336人，其中研究生16人，本科生320人；在校生1330人，其中学术型学位硕士24人，专业型学位硕士11人，本科生1295人。

（李忱）

【学科建设与研究生教育】学院拥有跨学院共建的管理科学与工程一级学科硕士学位点、信息管理与信息安全自主设置二级学科硕士学位点和物流工程专业学位硕士点，开展智能决策系统、物流与供应链管理、信息系统安全等学科方向的科研工作和研究生培养，支撑5个本科专业，初步形成了交叉渗透、协同发展的学科专业建设格局；学院拥有北京信息科技大学信息系统研究所、国家审计署－北京信息科技大学联合实验室、北京信息科技大学－IBM联合人才培养基地等科学研究及人才培养基地，立足北京、面向全国，为国民经济信息化建设培养应用型高级专门人才。

（李忱）

【教学工作】2011年，1名教师在学校举行的青年教师教学基本功大赛中获二等奖、2名教师在学校教师实验教学基本功大赛中获二、三等奖，25名同学在市级以上大学生学科竞赛中获奖，学院获竞赛最佳组织单位奖。

(1) 组织起草了信息管理与信息系统、信息安全、电子商务、计算机审计和管理科学五个本科专业2011—2013年三年专业建设规划。

（2）2011年5月，学院与中央财经大学共同承办教职委信息管理与信息系统专业建设与课程体系建设研讨会。扩大学院的影响。通过与同行的沟通交流，优化了专业培养方案，进一步明确专业培养定位、提炼专业培养特色、理顺课程体系与实践课程体系的建设思路。

（3）国际合作办学进展顺利。2011年，学院与美国辛辛那提大学商学院签署合作办学协议，开展“2+2”、“3+1”学分互认双学位项目。已有3名学生前往澳大利亚、美国等大学学习，满足学生海外留学深造的需求。

（4）学科竞赛活动丰富多彩。2011年信息管理学院作为承办单位组织开展了五项学科竞赛，即信息安全竞赛、数据库应用技能竞赛、电子商务技能竞赛、信息技术应用创意竞赛和计算机审计技能竞赛。竞赛范围覆盖了学院所有专业和学校相关专业，学生参赛队达到170组（545人）。为学院及全校更多学生提供了锻炼和展示自我创新意识和实践应用能力的平台。

（5）顺利完成本科生推免工作。2011年学院通过通知、初选、笔试、面试等考核、选拔工作，完成推荐免试攻读硕士研究生工作，共推荐4名优秀学生获得免试直接攻读硕士研究生的资格。

（6）接收19名专升本学生进入学院信息管理与信息系统专业学习。

（徐晓敏）

【科研工作】2011年，学院继续执行《信息管理学院科研工作奖励实施办法（暂行）》。科研实到经费209万元，以第一承担单位正在主持4项国家级纵向项目和4项省部级纵向项目，其中新增获批1项国家科技支撑计划项目；以第一作者单位发表学术论文45篇，进入三大检索论文新增17篇，获得软件著作权登记18项。

（蒋文保）

【学生工作】2011年，先后成立计算机审计、电子商务协会，组织开展信息安全协会、绿色之星社团周年纪念活动，组织开展纪念建党90周年“永远跟党走”系列主题活动；“三球联赛”获足球冠军，运动会获最佳入场式奖；荣获“新星杯”新生创业创意大赛一等奖，新生校庆校规知识竞赛第一名；成功举办“心梦起航”新年联欢会；团总支换届改组工作圆满完成，科技创新工作深度推进。

（张曼萍）

（1）3月27日，依托计算机审计专业成立的学生社团计算机审计协会成立。

（2）4月6日至5月30日，学院团总支举办纪念建党九十周年“永远跟党走”系列主题活动。

（3）4月22日，信息管理学院获2011年田径运动会最佳入场式奖。

（4）4月27日，学院团总支在清河小营校区图书馆举办“绿色之星”协会成立十周年、计算机网络安全协会成立七周年系列纪念活动启动仪式，校纪委书记刘勇参加启动仪式并参观协会成果展。

（5）4月27日，中国核能行业协会理事长、原国防科工委副主任张华祝参观“绿色之星”协会成果展并举行“福岛核事故及其对我国环境的影响”的专题讲座，校长杜林出席讲座。

（6）5月11日，信息管理学院获2010—2011赛季“信息科大杯”三球联赛足球联赛冠军。

（7）5月24日，学院团总支换届工作圆满完成，新一届团总支增设创新实践部，为推动科技创新工作的深入开展做好组织保障。

（8）3月30日，学院在二教101教室举行班委工作交流培训会。

（9）9月，学院学生邹凌虹等荣获2011年度ThinkQuest全球应用开发大赛中国区一等奖。

（10）9月30日，学院学生会举行班级工作交流展示会。

（11）11月21日，信息管理学院作品《交通运输信息查询网站》荣获学校第二届“新星杯”新生创业创意大赛一等奖。

（12）11月下旬，学院学生在第五届“长江杯”亚洲青少年音乐比赛中获得优异成绩，信管1004班陈欣获得业余少年组冠军，同班同学徐佳获得业余少年组二等奖。

（13）11月29日，学院团总支开展第六届“创新杯”大学生创业设计竞赛动员会。

（14）12月19日，学院“心梦起航”新年师生联欢晚会在清河小营校区大学生活动中心举行。

（15）12月21日，依托电子商务专业的学生社团电子商务协会成立，校团委书记李华涛及相关老师出席成立仪式。

（史三军）

【对外交流】

（1）4月26日至5月2日，信息管理学院院长李忱率团一行6人顺利完成赴美国南康涅狄格州立大学（Southern Connecticut State University-SCSU）和辛辛那提大学（University of Cincinnati-UC）的交流和访问。

（2）由学院和中央财经大学信息学院联合承办、教育部高等学校“管理科学与工程类”学科专业教学指导委员会、国际信息系统协会中国分会（CNAIS）和清华大学出版社联合主办的《2011年“信息管理与信息系统”专业建设与课程（体系）建设研讨会》于2011年5月13—15日在中央财经大学学术会堂成功举行。

（3）9月7日至10月7日，学院派杨孔雨、尹春华、孙志恒、王晓敏一行4人赴美国威斯康辛大学帕克塞德分校进行教育交流访问。

（4）10月28日至11月20日，学院组织全院300余名新生分4批赴北京现代汽车有限公司开展认知实践活动，拓展学生视野，培养学生创新实践意识，促进应用型人才培养。

（郑晓明）

【党建工作】2011年，学院党总支围绕“创先争优”、“基层组织建设年”、“党员在线学习”等工作，组织开展支部书记研讨会，党日活动，对党总支、党支部、党员考核等系列活动，加强党员的责任意识，奉献意识，服务意识。2011年，学院党总支下属党支部11个，其中教工党支部5个，学生党支部6个。全院共有党员252人，其中：教工党员45人，学生党员207人。2011年发展学生党员127人，学生党员占全院学生总数14.98%。

（李健）

（1）3月17日，院党总支在健翔桥校区召开党支部书记培训会暨党支部工作研讨会，明确下一步工作方向，推进创先争优工作的开展。

（2）3月25日，举办“2011年上半年党支部书记培训暨党支部工作研讨会”，对深入开展创先争优活动进行新的工作部署，进一步明确了支部工作方向。

（3）4月9日，信息管理学院教工党支部联合开展“肩并肩共建绿色北京”暨“学习社会主义新农村建设”主题党日活动，党员同志们在此次参观学习活动中受益颇深，拓宽了科学发展的思路。

（4）4月27日，信息管理与信息系统、学生工作与办公室教工党支部同学生第一、第二、第三党支部开展共建活动，取得良好效果。

（5）4月28日，信息管理学院教职工摄影作品展在小营校区图书馆九层宣传橱窗中正式展出，此次摄影活动丰富了教职工业余文化生活，活跃了学院气氛，增进了教职工间的交流，展示出新时代教职工的精神风貌。

（6）5月15日，信息管理学院第三学生党支部开展“走进新农村，开辟新课堂”主题党日活动，商讨与秦家屯村支部进一步共建事宜，为进一步拓宽学生党支部和党员发挥作用的有效途径、创新党组织活动内容和形式、引导学生党员在提升素质、改进学风、树立形象中创先争优树立了典范。

（7）5月18日，信息管理学院电子商务教工党支部针对大一学生开展以“适应、成长、发展”为主题的学长导航活动，受到大一学生的欢迎，在很大程度上消除了自身发展的困惑和迷茫，对他们今后的成长和发展起到了很好的作用。

（8）5月27日，信息管理学院第四学生党支部与密云县环境卫生管理所所在党支部开展了主题为“党员服务到基层，环卫与我 1+1”的党支部共建活动，在场学生党员均有所感悟，增强了志愿服务意识，并与环管所党支部达成了共建共识。

（9）9月25日，信息管理学院第五党支部开展了“深入绿色军营，争做时代先锋”的主题党日活动。同学们受益匪浅，并就进一步完善沙河机场的网站后台、建设电子公告服务平台达成了合作意向。

（10）10月3日，电子商务教工党支部赴天津耀华滨海学校看望玉树灾区学生，送去学习、生活用品。

（11）10月20日，信息管理学院党总支开展“树立形象 服务学生”新生入党启蒙教育活动。此次教育活动扩展了2011级新生对党组织的了解，坚定了他们追求入党的决心，也使他们深刻感受到了学院党总支和学生党支部的热情关怀。

（12）10月21日至10月23日，信息管理学院学生党支部、团总支、学生会主要学生干部赴南京中山陵开展缅怀纪念活动，并赴南京大学、南京师范大学开展学习实践活动。

（13）11月20日，信息管理学院第三学生党支部开展了以“争做服务先锋队”为主题的党日活动。参与同学纷纷表示不仅领略了一代伟人运筹帷幄决胜千里之外的军事才能，更体会到了服务群众的乐趣，坚定了自己为人民服务的意识。

（14）10月29日，信息安全举办导师与学生见面会活动，为信息安全系学生解决学习中的实际问题。

（15）11月4日，学生工作与办公室教工党支部召开“服务人民群众树形象”专题讨论活动，提高支部党员的服务意识和服务水平，践行党员的先锋模范作用。

（16）11月24日，信息管理学院举办“2011—2012学年度初级党课结业典礼”。学员们表示将不断深入学习党的基本知识，始终以一名共产党员的身份来严格要求自己，在思想和行动上不断进步，争取早日加入中国共产党。

（曲青　郑晓明）

人文社科学院

【概况】人文社科学院（School of Humanities and Social Sciences，简称人文学院）于2006年12月在原北京机械工业学院人文社会科学系和原北京信息工程学院社会科学部经济贸易系行政管理教研室的基础上组建而成。2011年，学院有教职工62人，其中专职教师52人，专职教师中，教授7人，副教授15人，具有高级职称的教师占全体教师的42.3%；具有博士学位的教师11人，具有硕士学位的教师32人，共占全体教师的82.7%。2011年，学院本科毕业生140人，研究生毕业生6人。招生157人，其中，研究生9人，本科生120人，专升本28人。学院在校生553人，其中，学术型学位硕士21人，本科生532人。

2011年3月，按照教育部关于设立独立的直属学校领导的思想政治理论课教学科研二级机构的要求，在人文社科学院史学哲学部、政治经济学与法学部的基础上成立了政治理论教育学院，下设德育与法学教研部、哲学教研部、中国近现代史教研部、马克思主义中国化教研部4个二级机构；2011年11月，在原人文社科学院公共管理系、信息传播系的基础上组建了人文社会科学系，下设公共管理教研部和传播学教研部2个机构。原人文社科学院党总支更名为人文社科党总支，机构人员不变。政教学院与人文社科系合署办公到2011年底。政治理论教育学院承担全校思想政治理论课及“马克思主义中国化”硕士点的教学管理任务，人文社科系承担行政管理、传播学2个本科专业的建设工作，具有包括媒体编辑机房、录音棚、演播室、电脑辅助电话调查实验室等综合实验中心，实验设备总值达500余万元。两部门共同使用的资料主要有图书资料、期刊资料、音像资料三大类。其中图书资料共计11927册，包括马列、哲学、政治、经济、教育、文学、历史、综合七类；期刊资料每年100多种，音像资料502套。

（何颖利）

【学科建设与研究生教育】加强学科建设，推进研究生教育工作。

（1）经国务院学位委员会第二十八次会议审核，获得马克思主义理论一级学科硕士学位授予权；展开马克思主义理论一级点的建设及研究生培养方案修订工作；启动公共管理学位点的申报准备工作；筹划传播学相关学位点的入库建设工作。

（2）组织出版《党的建设与实践研究》学术论文集一部。

（3）先后组织三轮次研究生的考试面试，安排11版研究生课程大纲修改、根据授课过程的实际情况进行课程调整、完成新导师培训任务，完善研究生工作室建设，启用外请专家承担学术前沿课程。

（何颖利）

【教学工作】推动思想政治理论课建设，加强专业教学，丰富教研活动，完善实验室和资料室管理。

（1）3月，召开思想政治理论课综合实践教学优秀作品展示暨颁奖晚会，表彰优秀集体项目作品与个人项目作品，获奖作品被编辑成《感知与收获——2010年思想政治理论课综合实践教学优秀作品集》。

（2）组织优秀生赴白洋淀进行社会实践活动。并将近三年优秀生社会实践的文集汇编成册，印制《红色记忆——2008—2010年思想政治理论课优秀生社会考察作品汇编》。

（3）与宣传部、学工部、研工部等部门共同组织纪念建党90周年征文；开展纪念辛亥革命100周年征文活动。

（4）进行思政课教学改革，探索新的授课方式。编印《争鸣与探索——“中国近现代史纲要”课程辩论赛记录》以及《马克思主义经典原著读书报告选编》两本教改学生作品文集。

（5）在本科教学中开展教学大检查。召开学生座谈会、各系部主任和教研室主任会议、全院大会等，通报教学检查情况，分析教学问题，提出解决问题的办法，将学生班级对任课教师的意见打印并反馈给教师。

（6）开展多种形式的教学研究活动。组织教师参加北京市思想政治理论课研讨会和北京市思想政治理论课基本功大赛，提高思想政治理论课教师教学水平。举办学院青年教师教学基本功大赛，选拔教师参加学校青年教师教学基本功大赛获得三等奖 2 人次。组织教师积极开展教学法研究，有 20 多名教师撰写教学改革和教学研究论文。

（7）组织专业课教师开展专业建设调查研究，制定人文社科系 2010—2013 年行政管专业和传播学专业建设规划、组织行政管理专业建设和传播学专业建设计划的学院论证会。两个本科专业三年建设规划的初步形成为今后行政管理专业和传播学专业的发展、教学计划的制定提供了一个可资借鉴和参照的重要依据。

（8）开展新生开学教育和专业认知教育，组织学生参观国家博物馆等有关单位，促使新生树立牢固的专业思想，帮助新生制定专业学习计划，为新生开展专业学习奠定良好的思想基础。完成 2011 年学生转专业工作。按照公正公平公开的原则，完成年度推荐免试研究生工作。

（9）加强专业教学。组织教师指导实习和毕业论文，选派具有较强科研素质的教师担任毕业论文指导教师；行政管理学专业教师在指导学生的社会研究方法课程设计时，专门增加课程设计报告、课程设计答辩等环节；传播学专业完成年度论文指导和答辩工作。

（10）鼓励教师参加并指导学生参加各级各类竞赛：组织教师参加学校、北京市组织的各类讲课比赛。1 名教师取得北京市教工委组织的思政课教学比赛二等奖。在第四届全国大学生广告设计大赛北京赛区比赛中，学生获广播类作品一等奖 1 项，二等奖 1 项，三等奖 5 项，优秀奖 6 项，平面类作品获一等奖 1 项，优秀奖 2 项。组织学生参加 2011 年第十届“全国信息化核心技能大赛”暨微软办公软件核心技能世界大赛，4 人获得学生组 Word2003 项目二等奖，1 人获得学生组 Excel2003 项目二等奖，3 人获得学生组 Excel2003 项目三等奖，学校获得 Word2003 项目组团体一等奖、Excel2003 项目组团体二等奖和集体优秀组织奖，指导教师老师获得 Word2003 项目和 Excel2003 项目的二等奖指导教师荣誉称号。承办“北京市人文知识大赛”半决赛。完成比赛的组织工作，所指导团队获得二等奖。

（11）加强实验室建设，制定 2011 年至 2013 年实验室建设三年规划，申报传播学实训平台建设项目、传播学资源库建设项目、动画捕捉项目、基于信息技术的公共管理平台建设项目（包括电子政务实践平台，行政管理案例分析系统，公共部门绩效考核系统，公共部门人力资源管理系统）、办公自动化实训平台以及思想政治理论课实训平台，争取专项经费资助，为行政管理专业、传播学专业的实践教学和思想政治理论课社会实践创造更好的实践教学条件。完成 44 万元的基于网络信息技术的公共管理平台建设项目的政府采购工作，此外，作为我市高校人文社会科学文管综合实验中心的组成单位之一，学院与经管学院、外语学院共同制定 2011 年至 2013 年文管中心建设规划。

（12）加强资料室建设，订购有关学科的学术期刊、杂志及音像资料 4 万余元。

（何颖利）

【科研工作】

（1）建设课题预备库。在现有校基金、教委课题、专项项目、人才项目库的基础上，继续完善项目库内容，将具有不同科研经验的教师组织进入不同级别的申报系列，使课题申报工作更具计划性，同时也使科研经费的使用更具广泛性。

（2）开展广泛的科学和学术研究活动。组织由教师和研究生为主体的学术沙龙，策划组织纪念建党90周年学术论坛。

（3）积极组织尝试国家级和省部级课题申报，继续鼓励和扩大其他级别课题的申报。本年度学院共提出各类纵项申请12项次，获准立项5项次，另有横向课题3项资金到账，总经费13.5万元。公开发表学术论文91篇，其中16 篇为核心期刊；出版学术专著5部。

（何颖利）

【学生工作】以学生思想道德建设和学风建设为重点，以“诚实守信，培育良好的考风”为切入点，加强大学生文明行为教育，引导学生积极参加大学生科技创新活动，营造良好学习氛围。

（1）开展丰富多彩的文化活动，包括举办优秀考研学长交流会、“优良学风班”总结座谈会，3—5月举办“相亲相爱一家人”班级文化节系列活动，内容包括趣味运动会、宿舍卫生评比、考研交流会、班级征文比赛、军旅篮球赛、宿舍DIY设计大赛以及期末总动员等7项活动；开展 “诚实守信，培育良好的考风” 主题班会及签名活动。

（2）学院学生申报校本科生基金获批2项。其中结题2项，参与学生3人，获得学校资助金额1000元。2011年学院学生申报学校大学生科技创新计划项目立项3项，批复金额9300元。2011年学院学生获得北京市大学生科技创新计划项目立项3项，批复金额15000元。学院和校团委、机电工程学院一起承办2011年学校动漫大赛暨第二届做文明有礼的北京人“大学生”杯动漫大赛选拔赛。

（3）积极开展少数民族学生教育工作，学院行政党支部党员与少数民族预科班和内地新疆班同学开展“一帮一”结对子活动；召开少数民族预科班和新疆内地班学生全体会，传达和学习校教发〔2011〕69号关于印发《北京信息科技大学少数民族预科班和内地新疆高中班学生学籍管理规定（试行）》的通知；由学生处主办，学院学生会承办2011年古尔邦节联欢会；注重少数民族学生入党积极分子的教育和培养。

（4）2011级迎新和新生入学教育工作。落实2011级新生的报到接待和入学教育工作，成立“2011级迎新工作小组”，制定学院“2011级新生入学教育活动方案”；2011年共录取本科生123人，实际报到119人，报到率为97%；召开新生及新生家长见面会；开展专业教育、学籍管理教育、行为管理及安全教育等。班主任主持召开见面班会和主题班会；以班级为单位，开展新生班级入学适应团体辅导，新生校情校规知识竞赛；组织全体新生参加体检和结核菌接种试验；组织2011级新生到国家博物馆参观学习。

（5）关心贫困学生、慰问留守学生、鼓励入伍学生等。2011年春节走访慰问学院寒假留校学生，为同学们送去慰问品；做好学生国防教育、军训动员、学生应征入伍动员和欢送及复员学生的学籍恢复等工作。近三年有4名在校生应征入伍。

（6）加强学生班主任建设，召开学生工作研讨会，向校级优秀班主任、辅导员颁发证书，向新任班主任颁发聘书。

（7）年度学生获奖情况：获国家奖学金1人，励志奖学金18人，国家一等助学金32人，二等助学金81人；享受秋季临时伙食补贴84人；校级三好学生19人，院级三好学生 30 人；校级优秀学生干部 13 人，院级优秀学生干部 18 人；校级先进班集体 1 个，院级先进班集体 3 个；校级优秀团员 8 人，院级优秀团员 17 人；校级优秀团干 4 人，院级优秀团干 9 人；校级优秀团支部 1 个，院级优秀团支部 3 个；北京市先锋杯优秀团干 1 人，北京市优秀团员 1 人。北京市三好学生 1 人；2011 年学校运动会获女子团体奖第五名和道德风尚奖；2011 年上半年和下半年，分别有 145 人次和 106 人次获得学校综合素质各类奖学金；参加学校百科知识竞赛获得第三名；获 2011 级新生校情应知应会知识竞赛三等奖。

（8）开展学生心理健康教育活动，关注心理问题学生。春季、秋季学期分别进行全院学生心理危机大排查，关注重点学生；在 2011 级新生中以班级为单位开展团体辅导；积极配合校心理咨询中心组织全院 2011 级新生参加网络版心理测试；发挥学院、班级、宿舍三级心理健康教育体系作用。对学院出现的心理问题学生，做到及时与家长沟通，及时上报学校心理咨询中心，及时落实专人关注。

（9）开展 2011 届毕业生就业指导、就业教育、文明离校、毕业典礼等工作。发挥校友资源作用，积极拓宽渠道，为毕业生提供有效就业信息。组织召开学院毕业生回访座谈会暨新大学成立三周年校友联谊会，30 余名校友回校参加座谈会；关注特殊群体学生就业，注重心理疏导，帮助其解决学院能解决的实际问题；召开 2011 届毕业生代表座谈会，同学们根据自身四年的学习生活经历针对学院课程设置、教学、管理及如何引导学生成长成才等方面提出宝贵的建议和意见；组织学生设计制作 2011 届毕业生纪念光盘，毕业生人手一份；评选出市级优秀毕业生 3 人，校级优秀毕业生 5 人；组织召开 2011 届毕业生毕业典礼；2011 届毕业生 140 人，截至 8 月 31 日，宽口径一次性就业率达到了 96.4%；对 2011 届毕业生进行毕业后追踪调查，撰写学院 2011 届毕业生就业工作分析报告，为进一步做好毕业生就业工作提供支撑材料；启动 2012 届毕业生就业工作，开展就业指导，建立沟通渠道和信息发布渠道，进行初步摸底调查；积极组织 2012 届毕业生参加校园招聘会，及时发布需求信息，有针对性地为毕业生和用人单位提供双向选择的机会。

（何颖利）

【党建工作】以“创先争优”活动为契机，加强党员教育，开展丰富多彩的党员活动，带动深化群众工作，积极发挥党群协调作用。

（1）按照学校党委及组织部的总体要求和安排，在党员中开展“创先争优”活动，开展“四个工程”的动员和教育；协助完成学院纪念建党 90 周年，参与学校纪念建党 90 周年的活动，4 名教师在学校纪念建党 90 周年学术论坛等活动中发言，学生参加“唱红歌 颂党恩”合唱比赛等；参加学校主题党日活动评比，分别荣获教师组和学生组三等奖；学生第二党支部开展党建知识竞赛、学生第一党支部参加了校级《纪念建党九十周年》党史知识竞赛，获得团体组二等奖，并代表学校参加北京市比赛，在北京西北地区的八个高校中取得了第二名的好成绩。

（2）加强对党员、教师的思想教育。组织教师参观“中国航空博物馆”、京郊新农村建设第一村——挂甲峪、协助组织教师赴长白山及大连的社会实践、考察日俄战争旧址等爱国主义教育基地，组织学生党员和部分入党积极分子参观平津战役纪念馆和天津博物馆等。

（3）开展院级党课教育培训，2011年共有120名同学参加学习培训，110名同学获得结业证书。在新生中开展向党组织递交入党申请书活动，截至12月共有58名同学递交入党申请书，占新生比例的48%；开展入党积极分子培训，50名同学参加学院培训，推荐53名入党积极分子参加校级党课培训；举办“入党与个人价值体现的关系”主题党课；召开“端正动机 早日入党”入党积极分子座谈会；一年来发展学生党员46人，按期转正党员40人。到2011年年底，在校学生党员达到109名，占全院学生总数的20.5%；调整学生党支部党员构成，成立新的学生党支部，学生党支部由原来的2个扩编为5个。

（4）注重少数民族学生入党积极分子的培养，申请科研专项课题研究。

（5）结合学校突发事件和学院学生日常管理工作，做好学生安全教育工作预案，重大节假日和寒暑假对学生去向进行登记造册，分年级或班级召开假期安全教育会，实行假期学院领导待班和学生班、年级负责人制度，确保工作的落实。“两会”期间、重大活动和毕业生离校期间，坚持辅导员晚上和周末值班制度，贯彻落实学校维稳工作会议精神和要求，维护校园和谐稳定。

（6）分工会积极组织本院教工参加学校组织的春季运动会、长走比赛、乒乓球比赛等活动；积极组织了女教工“三八节”的活动以及教职工的秋游等活动。

（何颖利）

政治理论教育学院

【概况】北京信息科技大学政治理论教育学院成立于2011年3月，是在北京信息科技大学原人文社科学院史学与哲学部、经济学与法学部的基础上组建而成的，简称政教学院。行政级别为正处级，党的基层组织隶属于人文社科党总支。人文社科系与政教学院合署办公到2011年年底。

政治理论教育学院下设马克思主义中国化教研部、哲学教研部、中国近现代史教研部、德育与法学教研部4个二级机构，承担全校思想政治理论课以及马克思主义理论硕士点的教学与学科建设任务。政治理论教育学院现有专职教师31人，其中教授4人，副教授12人，具有高级职称的教师占全体教师的52%，具有博士学位的教师6人，具有硕士学位的教师20人，双学位1人，硕士以上教师占全体教师的85%。政治理论教育学院拥有研究生机房与资料室两个教学辅助机构。

学院设有马克思主义理论硕士点。2011年，获得马克思主义理论一级学科硕士学位授予权。2011年，在校研究生21人，其中，新招收研究生9人，毕业研究生6人。马克思主义理论硕士学位类型为学术型学位硕士。

2011年政治理论教育学院科研经费到款额20.5万元，其中纵向科研经费到款额9.5万元，横向科研经费到款额11万元。出版学术专著2部，在国内众多学术期刊发表学术论文57篇。

（郭春燕）

人文社会科学系

【概况】人文社会科学系是2011年10月21日，在原人文社科学院公共管理、信息传播2个教学部和1个综合实验中心的基础上组建而成的，简称人文社科系，行政级别为正处级，党的基层组织隶属于人文社科党总支。人文社科系与政治理论教育学院合署办公到2011年年底。

人文社科系下设公共管理教学部、传播学教学部、综合实验室、系办公室。有专业教师22人，其中拥有研究生学历的教师占全体教师的近70%，拥有教授、副教授等高级职称的教师占全体教师的32%。2011年承担国家和省部级科研课题以及有关公共管理组织委托的若干政策咨询项目及企事业单位的横向课题4个，出版学术专著3部，在国内众多学术期刊发表了学术论文37篇。人文社科系综合实验中心下设计算机房、媒体编辑、录音棚、演播室、电脑辅助电话调查实验室等，拥有价值达500余万元的实验设备。依托这些设备为两个专业的学生开设行政管理、政策分析、电子政务、媒体编辑、网络传播、软件应用等方面的实验课程，锻炼和提高学生的专业技能。

人文社科系行政管理专业和传播学专业以培养高素质的应用型人才为目标，在关注学生理论素养培养的同时，注重创新教育、坚持双证制（毕业证书、职业资格证书）培养，在教学上突出实践环节，注重培养学生的动手能力，为学生适应快速发展的社会需要，走上理想的工作岗位奠定了坚实的基础。

（何颖利）

外国语学院

【发展概况】外国语学院（School of Foreign Studies，以下简称外语学院）于2006年12月在原北京机械工业学院外语系和原北京信息工程学院基础一部英语教研室、基础二部英语教研室的基础上组建而成。学院的人才培养目标：“培养适合社会经济发展要求尤其是适应北京市经济发展要求的高素质外语应用型人才”学院设外语系1个、大学英语教学部2个。学院现有英语专业1个（分商务和翻译两个方向）。市级实验教学示范中心建设点1个，校级本科教学实验室1个。院级实验教学中心2个。

2011年，学院有教职工88人，其中专任教师79人（教授4人，副教授16人）。

2011年，学院毕业生数90人，招生94人；在校生本科生394人。

（张日颖）

【学科建设】学院以外国语言学及应用语言学一级学科为依托，确定六个学术研究方向。外国语言学及应用语言学方向，学科带头人肖洪森教授；英语语言文学方向，学术带头人邱国旺教授；英语语言学方向，学术带头人任维平教授；TEFL方向，学术带头人 王朝晖副教授；经贸英语方向，学术带头人赖瑜副教授；翻译方向，学术带头人肖洪森教授（兼）。学科梯队进一步加强，较好推动学科的发展，科研水平和能力都有较大程度的提高。

（张日颖）

【教学工作】学院承担全校30个本科专业一、二年级在校大学生的大学英语教学工作及研究生的英语教学工作；同时承担英语专业（商务、翻译方向）本科生的培养教育。学院承办7项英语竞赛：全国大学生英语竞赛、CCTV杯大学生英语口语演讲比赛、北京市大学生英语口语演讲比赛；院级英语语法与词汇竞赛、听力与阅读竞赛、英语美文背诵比赛、词汇与阅读比赛，并取得良好成绩。英语专业2009级一次性四级通过率为53.17%；大学英语四级考试一次性通过率41.66%。2010级分级教学后，A、B班四级平均通过率为88.41%。2010年承担教改项目6项。2011年，英语自主学习平台建设取得积极进展，顺利完成一期建设任务，该平台在教学中正在起着积极的课堂辅助作用。

（邱国旺）

【科学研究】2011年，学院教师的科学研究意识得到加强，从事科研教师的数量增加。教师科研水平有定程度的提高，研究方向逐步与学院学科发展相一致。学院审议通过外国语学院“十二五”科研工作规划。2011年，学院共承担各类项目14项，项目总经费45.7万元。其中北京市及以上研究项目计3项。学科各方向相关教师发表论文31篇，其中核心期刊论文2篇，出版译著2部。其中，任维平教授承担的全国教育科学规划大学英语专项课题项目《大学英语循证教学法研究》实现学校全国教育科学规划项目零的突破；该课题组即将出版的专著《大学英语循证教学法》获2011年度北京市社会科学理论著作出版基金资助，实现学该项资助零突破；《大学生英语学习困难多维模型建立及干预研究》是学院首次获得的教育部人文社科规划项目。

（张日颖）

【学生工作】学院学生在全国和北京市各类学科科技竞赛中获奖6人次，其中特等奖1人次、二等奖1人次、三等奖4人次，首次获得CCTV杯全国大学生英语演讲比赛三等奖。在学校各类学科科技竞赛中获奖16人次，其中一等奖2人次、二等奖7人次、三等奖7人次。

（王瑾　邵飞）

【党建工作】学院党总支下属党支部8个，其中教工党支部4个，学生党支部4个。学院党员106人，其中教职工党员39人，学生党员67人。发展学生党员29人，学生党员比例63%。

（1）学院有共计80名同学向党组织递交入党申请书，其中一年级新生57人。一般培养入党积极分子59人，重点培养入党积极分子36人，推荐36人参加校级党课培训，上半年发展预备党员 16人，下半年发展预备党员14人。2011届毕业生党员离校39人，2012级新生党员5人，截至12月底，共有学生预备党员32人，正式党员35人，学生党员数占学院学生总数的16.91%。其中，学生第一党支部党员17人，学生第二党支部19人，第三党支部18人，学生第四党支部13人。

（王瑾　邵飞）

（2）修订《外国语学院党政联席会议事制度》《外国语学院关于执行“三重一大”制度的规定》《外国语学院党务公开制度相关规定》《外国语学院院务公开制度相关规定》等；制定和完善外国语学院党内生活制度、党总支工作制度及党支部工作制度，抓好党支部的例会制度及与党支部书记的定期谈心制度。抓好“成立以党支部书记及所在系（部）主任为主的学科研究工作小组”活动，树立典型示范，创建优秀团队，带动全院党组织在教学、科研上的活动；启动教师党员与学院特困生 “一对一，手拉手”重点帮困活动；采取“走出去”的方式，去北京郊区、周边省市参观工业园区、新农村建设、爱国主义教育基地等。定期举办学生干部培训班，落实学生干部培训制度。积极指导团总支、学生会展开活动，指导团总支积极开展假期社会实践活动。

（王红琦）

理学院

【发展概况】理学院（School of Applied Science）于2006年12月在原北京机械工业学院基础教学部和原北京信息工程学院基础一部、基础二部数学教研室、传感器北京市重点实验室、应用数学研究室的基础上组建而成。学院现有信息与计算科学、电子信息科学与技术、统计学以及数理实验班4个本科专业。学院下设数学系、统计学系、物理与电子科学系和大学物理实验教学中心四个教学单位。研究机构有传感技术研究中心（传感器实验室）、应用数学研究室，数学物理研究所。其中，传感器实验室是北京市重点实验室。

2011年，学院教职工93人，其中教授14人，副教授28人。兼职博士生导师2人，硕士生导师20人。具有博士学位教师占专任教师比例为47%。有国家级优秀教学团队1个，北京市属高校学术创新团队1个，北京市优秀教学团队1个；有全国劳动模范1人，北京市教学名师1人，教育部跨世纪（新世纪）人才1人，北京市中青年骨干教师7人，北京市师德标兵2人，北京市优秀人才2人。

2011年，学院毕业生156人，其中研究生22人，本科生134人；招生213人，其中研究生24人，本科生189人；在校生653人，其中：本科生603人，学术型学位硕士49人，博士生共计1人。

（贺芳　刘玉威）

【学科建设】

（1）学院拥有数学、电子科学与技术2个一级学科硕士点，其中，二级学科应用数学是北京市重点建设学科。数学一级学科下设4个二级学科硕士点。

（2）7月，学院召开应用数学暑期研讨会并出版论文集。

（李祥贵　曲青）

【研究生教育】2011年，微电子学学科、应用数学学科研究生发表论文31篇，其中：核心期刊论文30篇；市级以上竞赛获奖2项，取得发明专利9项，软件著作权6项。应用数学学科、微电子学学科各有1名研究生的硕士论文获学校优秀论文。

（吴伟）

【教学工作】

（1）学院紧紧围绕提高教学质量以及人才培养质量这一中心任务，规范各个教学环节，强化教学管理职能。信息与计算科学、电子信息科学与技术、统计学专业以及数理实验班通过校级三年专业建设规划论证。信息与计算科学专业与今日在线、同方电子、紫光同能三家企业签订实习基地合同。大学物理实验室和电子信息科学与技术专业实验室完成电路改造工作，排除了安全隐患。学院实验室的开放工作有序开展。积极推进并落实教学进程三级责任制（系主任、教学秘书、主管院长）和考试规范化建设。学院四个本科专业多次召开专业研讨会，积极探讨应用型人才的培养模式。

（2）组织完成2011年大学生科技创新计划立项工作，学院获批市级项目7项，校级项目2项。申报教学改革项目8项，其中重点课题1项，一般课题7项，教学改革项目结题8项。王昕老师获学校第五届青年教师教学基本功比赛理科组一等奖，学院获组织奖；殷树娟获第四届实验教学基本功大赛暨优秀实验项目二等奖，孟祥花获第四届实验教学基本功大赛暨优秀实验项目三等奖。2011年开放实验项目5项通过验收，其中2项优秀，3项合格通过。2011年校级优质课程1项获批准，校级课程建设项目6项获批准。侯吉成作为负责人的信息与计算科学专业教学团队被评为学校优秀教学团队。谢冬秀《解析几何》教材获校级优秀教材三等奖。

（3）6月9至10日，学院召开信息与计算科学专业建设研讨会。围绕加强信计专业学生实践教学环节中实践技能培训的实施方案及应用型人才培养目标，讨论当前信计专业理论教学、实验环境、实习基地和毕业设计中存在的问题及对策，与会教师在研讨中表示，该专业应对准专业，以理论为基础，结合实践，培养应用型人才；同时要培养学生的动手能力，尽可能地把理论知识运用到实际中。

（4）12月23日，学院组织召开理科实验班教学研讨会。对数理实验班的培养方案、课程设置、教学大纲、师资队伍建设、教学手段、教学内容、课堂教学等教学改革内容的改进、更新和提高等进行认真深入的探讨，旨在通过“数理实验班”这个平台，探索出一套成熟的教学研究型大学本科教学培养模式、教学方法和改革措施。

（杨志耘）

【科研工作】

（1）学院具有较强的基础理论研究和工程应用研究实力，新增国家“863”高科技项目、国家自然科学基金项目、北京市自然科学基金、北京市教委基金、军工预研和军工配套项目等多项。

（2）学院实到科研经费522.34万元，发表论文88篇，进入三大检索论文71篇，取得发明专利6项、获实用新型专利2项、软件著作权8项。

（吴伟　曲青）

【学生工作】2011年，学院学生在全国及北京市和学校各类学科科技竞赛中获奖175人次，其中，获得全国各类学科科技竞赛奖项67人次，获北京市各类学科科技竞赛奖项3人，获校级各类学科科技竞赛奖项105人次。2人获得国家奖学金，20人获得国家励志奖学金，93人获得国家助学金，为30余名贫困生提供勤工助学岗位。

（1）3月15日，美国辛辛那提大学（The University of Cincinnati）文理学院数学系主任张爽教授到学院交流讲学，并与学院学生就专业学习、出国等事宜进行亲切交流。

（2）5月5日，学院成功举办“感悟光辉历程，争做时代先锋”主题团日活动公开赛。通过活动增强各支部的组织力、凝聚力和战斗力，有利于进一步发挥学院各团支部的先锋和战斗堡垒作用。

（3）“爱心照亮希望”为主题的“爱心支教”活动是学院学生自发组织的志愿支教活动，活动旨在提高大学生的自身素养，充分发挥大学生的主观能动性，使同学们充分认识到自身的价值，增强志愿服务社会的意识并提高社会实践能力。

（4）10月26日下午，学院邀请美国英特尔集团高级工程师Tim Waite先生向学生开展有关IC设计行业的历史和发展趋势的讲座。

（刘玉威　曲青）

【党建工作】2011年，学院党总支下属党支部8个，其中：教工党支部6个，学生党支部2个。截至2011年底学院党员129人，其中：教职工党员57人，占教工总数的60.6%；本科学生中党员72人，占本科生数的14.7%。2011年学院发展学生党员44人，转正16人。

（1）1月20日，学院党总支利用寒假组织教工党员前往福建省龙岩市古田会议会址参观。此次活动旨在纪念中国共产党建党90周年，对党员们进行革命传统教育，增强党员们的爱国情感。

（2）5月22日，学院党总支组织学生党员赴平西抗日战争纪念馆，开展以“缅怀先烈、学习党史、坚定信念、创先争优”为主题的党日活动。

（3）6月2日，学院召开毕业生党员座谈会，学院院长李祥贵、党总支书记滕功清和教学副院长于肇贤与毕业生们亲切座谈。

（4）6月12日，在纪念中国共产党建党九十周年之际，学院统计系教工党支部16名党员和入党积极分子乘车前往位于北京市顺义区的焦庄户地道战遗址，开展党员教育活动。

（5）10月9日，组织学院学生党支部党员赴“京西第一党支部”的诞生地门头沟区雁翅镇田庄村，开展“走进京西山区，踏寻红色足迹”的红色“1+1”活动。

（6）11月23日，学院党总支邀请首都师范大学教授，硕士研究生导师，首都师范大学青年教育艺术研究所所长，首都师范大学演讲中心主任，中共北京市委讲师团特约报告人郭海燕教授为学院部分师生作题为“重温党的历史 坚定理想信念”的专题报告。学院党总支书记滕功清，副院长盛炎平，党总支副书记贺芳及部分党员教师出席了报告会。

（黄东英）

【对外交流】2011年，学院重视对外交流工作，3名教师受邀出国访问，邀请3位专家来校进行学术交流。

（1）5月7日，北京高校数学教育发展研究中心落户学校，中心的成立有利于推进学院的数学教育模式、教学内容、教学方法。

（2）学院师生参与、协助组织在人民大会堂举办的大学生数学建模20周年庆典会议，并提供会议服务。

（3）3月15日，美国辛辛那提大学（The University of Cincinnati）文理学院数学系主任张爽教授参观访问学校。与学院探讨联合办学相关事宜，与学院部分老师与研究生、本科生进行交流座谈。

（4）9月27日，香港理工大学理学院副院长程昌麒教授访问学院，做题为《香港理工大学本科数学教学情况》的专题报告，介绍香港理工大学的办学历史 、办学规模、专业设置和数学类课程在服务专业教学中的实践等情况，同与会人员就培养应用型人才模式、数学类课程的设置、数学类课程如何与专业课相结合、实践教学的部署与落实、课堂教学与课后辅导、课程评价、考核方式等热点问题展开讨论。

（5）新加坡国立大学数学学院包维柱教授来校进行学术交流，为师生作学术报告。

（李祥贵　曲青）

体育部

【发展概况】体育部（P.E）于2006年12月在原北京机械工业学院体育教研室和原北京信息工程学院体育教研室、基础二部体育组的基础上组建而成。体育部设教研室2个、部办公室，场地器材管理室。

2011年，体育部有教职工34人，其中专任教师28人，行政人员3人，场地管理人员3人。专任教师中，教授1人，副教授5人，讲师21人，助教1人；国家级裁判1人，国家一级裁判11人，90%以上教师完成研究生主要课程学习，并取得结业证书。

（保月明　勇刚）

【教育教学】

（1）按学校第一届本科教学工作会议

精神，进一步加强教学管理、巩固教学成果，把提高教学质量作为重点工作来抓。组织两个学期的教学检查工作，组织教学观摩，举办公开课。对学生信息员反馈的教学情况进行重点检查和整改，提出改进措施。在完善教学制度的基础上，组织学生评教，对存在问题做认真分析并提出改进措施。修订体育课程教学计划、教学大纲。全年完成本科教学工作量14089学时，完成体育达标测试工作量2171课时。

（2）开展多种形式活动，加强师德建设，重点加强青年教师的培养。体育部青年教师徐涛老师参加校第五届青年教师基本功比赛，获得三等奖。积极号召教职工树立“教书育人，管理育人，服务育人”的意识，不断提高自身素质，适应新大学建设发展的新形势。

（3）完成全校全日制本科在校生的《学生体质健康标准》达标测试工作。达标率77.01％，其中及格率31.74％、优秀率3.42％、良好率41.85％。完成2010年体能测试达标补测任务4000余人次。

（保月明　勇刚）

【科学研究】2011年，体育部教改立项结题1项；自然基金项目1项；高教研究项目1项；人才强教项目1项；发表论文5篇；申请课程建设1项。

（保月明　勇刚）

【党建工作】2011年，体育部直属党支部有教职工党员19人。在开展“创先争优”活动中，以开展丰富多彩的活动为载体，进一步提升教师党员的集体凝聚力和荣誉感。经过精心策划，认真组织开展以“纪念建党90周年、深入推进创先争优”为主题的三次系列党日活动，这三次活动分别被定义为：一份社会责任的感悟、一个革命圣地的洗礼和一部革命影片的震撼。主题鲜明、内容丰富，取得良好的效果，获得主题党日活动评选二等奖。2011年6月在革命圣地大寨举行预备党员转正大会。

（保月明　勇刚）

【群体竞技】

（1）牵头与相关部门密切协作，成功举办学校田径运动会，体育部全体教职员工第一次作为运动会裁判员方阵集体参加入场式。

（2）组织学校代表队参加第49届北京市大学生田径运动会、第八届北京市大学生越野攀登比赛、首都高校第三届大学生毽球比赛、北京市第二届速度轮滑比赛、北京市大学生定向越野锦标赛、首都高校龙舟锦标赛及跆拳道比赛、游泳锦标赛、游泳冠军赛、乒乓球比赛、毽绳比赛等12大项北京市大学生体育竞赛活动，获得第一名9人次、第二名4人次、第三名8人次、第4名到第8名22人次的好成绩。

（3）在保证正常教学秩序情况下，对各学院、研究生部等举办的各种学生体育竞赛活动给予大力支持。在场地器材、裁判技术指导等方面的大力支持各学院举行的院级新生运动会、学生会组织的“三球联赛”等群体活动；积极扩大学校在北京高校中的影响，积极承办2011年首都高校跆拳道精英赛赛事，得到了大体协及跆拳道分会领导的肯定，荣获了大体协颁发的“突出贡献奖”。

（4）贯彻国家体育总局的有关精神，及时调整2011—2012学年第一学期的体育教学内容，在全校大一、大二年级的体育教学里增加第九套广播体操的教学内容。目前学校一、二年级的学生都能完成第九套广播体操。

（保月明　勇刚）

计算中心

【发展概况】计算中心（Computer and Information Management Center）成立于2007年3月。由原清河小营校区计算中心、原健翔桥校区计算中心、原基础二部微机机房合并组成。中心设有计算机基础教研室、计算机实验室。计算机基础教研室主要承担全校非计算机专业的《计算机基础》和《C语言程序设计》两门计算机基础课程的教学、建设任务。计算机实验室由清河小营校区机房、健翔桥校区机房、清河校区机房组成，占地面积约1900平方米。中心现有各类型学生用计算机876台，其中清河小营校区机房260台，健翔桥校区机房326台，清河校区机房290。计算机实验室主要承担学校各专业本科生计算机上机实践和学生的自由上机任务。中心除承担教学任务外，还提供一些公益性活动场地、设备支持及各种计算机应用能力培训。中心有教职工27人，其中专任教师11人，副教授3人，具有博士学位教师3人，硕士生导师2人。中心计算机实验室有实验技术人员13人，其中高级职称3人，中级职称8人；博士学位1人，硕士学位1人。

2011年，计算中心在学校党政直接领导下，在计算中心全体老师的共同努力下，在各自的岗位上，努力工作，圆满完成了所承担的各项工作任务。

（周长胜）

【教学工作】

（1）5月14日，计算中心计算机基础教研室举办第二届C语言基本技能比赛，吸引了全校各年级各专业同学的参加，为学校培养和选拔编程优秀人才提供了参考。

（2）计算中心计算机基础教研室组织教师对《大学计算机基础》和《大学计算机基础实验指导与习题解答》教材进行修订，新修订的教材将操作系统的介绍升级到Windows7，办公软件的介绍升级到Office2010，在全国高校处于领先地位，2011年9月由清华大学出版社出版。

（3）网络教学平台有了专属服务器和网址（http://cms.bistu.edu.cn），在部分课程中使用网络教学平台进行辅助教学，实现了程序设计作业的自动批改及实验报告提交的无纸化，为实现低碳生活做出贡献。

（4）2011年下半年，学校督导组对计算中心的《C语言程序设计》课程进行专项督导，督导组专家通过听课、与学生和教师座谈等方式，了解当前C语言程序设计的教学情况，并将发现的问题与老师们及时沟通，推动C语言程序设计的教学水平上一个新台阶。

（李文杰）

（5）刘亚辉老师获第五届青年教师基本功比赛鼓励奖。刘梅彦老师等主编的《大学计算机基础实验指导与习题解答》（第一版）获校级优秀教材三等奖。

（林乐荣）

【科学研究】2011年，中心实到科研经费27.8万元；中心获北京市教委项目立项1项，横向科研课题立项1项；在各类学术期刊和会议上发表论文10余篇，进入三大检索论文9篇（含一篇补检论文）。

（林乐荣）

【党建工作】计算中心直属党支部有党员14人，其中预备党员1人，占教职工总数的52%。2011年，直属党支部在工作中，坚持以邓小平理论和“三个代表”重要思想为指导，深入贯彻落实科学发展观，在校党委的工作指导下，按照工作要求稳步求进，切实做好教职工的思想政治工作，注意发挥党支部的战斗堡垒作用和党员的先锋模范作用，为完成计算中心的各项工作提供了强有力的思想保证，取得了较好的成绩。

（1）在创先争优活动中，结合学校“魅力工程”的开展和“示范党支部”的创建工作，结合教师岗位特点，认真组织好主题实践活动和党日活动，以“一学、二观、三红”为主题的党日系列活动被我校评为优秀党日活动二等奖。

（2）以纪念建党九十周年活动为契机，通过组织党员重温入党誓词，井冈山、南昌以及新农村的红色之旅活动，深入开展理想信念教育，加强党性修养。

（3）按照学校换届选举工作实施方案，在校党委组织部的工作指导下，顺利完成直属支部委员会的换届选举工作。

（4）计算中心1人被评为“北京信息科技大学优秀共产党员”，发展1名新党员。

（孙晨）

【其他重要事项】

（1）超额完成实践教学任务，2011年全年完成教学上机人时数约40万，其中上半年上机人时数约17万，下半年上机人时数约23万。计算机实验室根据计算机软件发展的情况，积极更新最新软件，现装有操作系统达6种之多、应用软件100种以上。

（2）清河校区完成两个机房（511房间、513房间）的强电改造工作，使得可以使用的机房数达到了6个，学生使用计算机台套数达到了290台。

（3）为了配合学校的防震加固，计算机实验室圆满完成2010—2011学年小学期的实践教学工作。

（4）完成2011年专项建设的增项项目。

（5）完成2012年本科教学项目库的申报工作。

（6）积极开展开放式实验室建设，2011年开设了“计算机局域网组建基地”项目。

（7）学校的一卡通统一更新为CPU卡，计算中心实验室积极配合，对相应的刷卡设备和软件进行调整。

（8）配合其他学院、部门完成工作，如全国计算机等级考试、大学生心理测试、“C语言程序大赛”、“全国大学生信息大赛”、“全校程序设计大赛”等公益性活动。

（赵玉双）

机电实习中心

【发展概况】机电实习中心成立于1993年，是学校直属的一个教学基层单位。机电实习中心的主要任务是保证高质量完成面向全校的金工实习、电工电子工艺实习等工程实践教学任务，按照学校“培养高级应用型人才”的办学指导思想，通过对学生进行现代工程实践训练，使学生掌握现代制造工艺知识，增强工程实践能力，提高综合素质，树立团队精神、安全意识，培养创新精神和创新能力。实习中心场地建筑面积3200平方米，实习指导教师28人，是学校内最大的工程实践教学基地。金工实习设备有110余台，电工电子实习仪器设备及实训台200余套。机电实习中心下分三个部：冷工部、热工部、电工电子部。冷工实习面积1900平方米。热工实习面积460平方米。电工电子实习面积406平方米。冷工部分车工组、铣工组、钳工组、刨磨组、数控组、维修组。热工部分铸工组、焊工组。电工电子部分电工组、电子组。

（段德君）

【实习教学工作】全年，中心顺利完成各项实习教学工作。金属工艺学实习教学工作总量为86320人/时，电工电子工艺实习教学工作总量为31600人/时，共计117920人/时。

（段德君）

【大学生科技创新工作】中心设有大学生科技创新基地，创新基地面积40平方米，提供专用场地、各类设备及专业指导，是大学生参加各类科技创新大赛的平台。学生在创新训练中，开发具有创新思路的实用新型设备，培养综合运用知识的能力和解决实际问题的能力。创新平台为培养具有创新能力的应用型人才发挥了重要作用。

（段德君）

【科研工作】中心获批1项科研课题，多人参与横向、纵向课题、学院高教和教改等多项课题。

（段德君）

【专项设备购置】中心经过调研、论证和汇报，完成三年设备购置规划，完成价值120万元的3台“立式加工中心”的专项设备采购工作。

（段德君）

【党支部工作】中心在编人员18人，中心党支部隶属直属党总支，有党员11人。中心党支部积极配合直属单位党总支和工会工作，组织开展各类党群活动，中心教师形成较强的凝聚力。

（段德君）

继续教育学院

【发展概况】继续教育学院（The School of Continuing Education，简称继教院）于2004年10月，在原北京机械工业学院和北京信息工程学院成人教育基础上组建而成。学院根据国家成人教育事业发展趋势，坚持“依托学校整体品牌优势和学科专业的优势，立足北京，面向全国重点省份，学历教育与非学历教育并举，稳定规模，多层次办学”的办学指导思想；进一步明确“以学生为本，以市场为导向，加大教育教学改革力度，培养受市场欢迎的应用型人才”的办学定位。学院学历教育设有夜大、函授两种学习形式，校内分别在清河小营、酒仙桥、金台路、健翔桥四个校区组织夜大教学；在海南、新疆、山东、河南、广东、安徽、广西、江西、甘肃、江苏等省、自治区设立了12个函授站，招收高中起点本科、专科起点本科、高中起点专科三种学习层次，开设电子信息、机械、经济、管理、艺术等五大门类、24个专业。2010年学历教育各层次在校生3900余人；举办了计算机等级考试辅导、公务员考试辅导、会计继续教育培训等非学历教育项目。

2011年，继续教育学院在学校党委和行政的统一领导下，新一届领导班子围绕学校党政工作要点，在保持成人学历教育规模的基础上，根据《国家及北京市中长期教育改革和发展纲要》精神，坚持可持续发展的指导思想，积极探索成人学历教育、大学后的继续教育以及职业技能教育相衔接的办学方向与管理运行模式，坚定多元化的发展道路，积极搭建非学历教育工作“进学校、进社区、进企业”的特色平台，为服务首都和地方经济建设，优化人才结构等方面发挥了积极的作用，呈现出良好的发展势头。

2011年，继续教育学院共有教职工总数37人。管理人员11人；教辅人员3人；专任教师23人。其中，具有副高级职称的5人、中级职称18人、初级职称4人。

学院2011年各类成人学历教育毕业生共计1836人。其中，函授毕业生1276人；夜大学毕业生560人。授予成人学士学位51名。其中，管理学学士 28名，工学学士23名。评选优秀毕业生14名。

（高宏山）

【学历教育工作】学院的学历教育招收高中起点专科、专科起点本科和高中起点本科三种教育层次，开设电子、机械、经济、管理、艺术五大门类，设置有计算机科学与技术、机械设计制造及其自动化、会计学、机电一体化和环境艺术设计等共计27个专业，分别在学校的4个校区、京内五个教学点和全国部分省市的12个函授站开展夜大和函授教育教学工作。各类成人学历教育在校生近5000人。在教学管理与教学实践方面，学院本着“优化课程设置，适应成教特点”为原则，积极推进教育教学改革。

（1）优化专业设置，修订教学计划。适应成人学习特征，在保证主干课程和两课的前提下，开展教学计划（大纲）的研讨与修订工作，修订2011级会计学（专升本）、机械设计制造及其自动化（专升本）、机电一体化（专科）三个专业的教学计划，聘请校内专业教授撰写《机床电器控制》《机电一体化技术》《企业战略管理》《大学英语》等相关课程的教学大纲，突出实践教学的比例，使之更加适应成教学生对专业“职业性、针对性、实用性”的学习要求。

（2）着力开展内涵建设，深化教育教学改革。在全面推进《继续教育学院教学改革实施意见》的同时，在完成主干课程教学标准、落实教学实践过程的基础上，学院组织校内的相关专家对各专业的课程设置、课堂教学和实践环节进行反复论证，开展对教学和考试方式改革的调研与试点工作，任课教师和教学管理针对改革试点进行跟踪调查，听取教师和学生对试点工作的意见，检验教改工作的实际成效，并逐步将试点成果在夜大教学实践中进行推广。

（3）注重教师专业知识更新，提高教师队伍整体素质。有计划地选派专职教师参加理论学习和专业深造，增强专职教师更新专业知识的主动意识，凝练课堂教学的授课艺术，提升课堂教学的整体实效。2011年，学院具有硕士学位教师增至8人，具有副高级专业技术职务的教师增至5人，在校内外刊物公开发表论文22篇，师资队伍的专业素质与教学水平整体得到提高；为加强教师和管理人员的科研能力，学院积极组织参加教育部教师培训中心开办的“国家精品课程”师资培训班、“高校教学管理的创新与实践”培训班，2011年，学院共组织24名教师及管理人员参加培训，并通过考核获取结业证书，对提高学院教学和科研管理水平起到了推动作用。

（4）召开以“规范管理、稳定规模、推进函授教育可持续发展”为主题的函授教育工作会议，就教学管理、办学质量和师资队伍建设等相关问题，与各函授站主管领导和代表进行广泛的交流和研讨。会上，部分函授站就招生、教学管理、学生工作、学习实践等环节及函授站建设方面的工作思路进行了交流。

注重“应用型、复合型”人才的培养方向，利用地方资源，有计划、有组织面向农村、社区、厂矿寻找函授办学新的发展途径，探索新的教育内容与教学方法，实施多层次、多形式、多渠道的函授办学模式，进一步提升函授办学的社会效益。

建立函授站工作台账（一站一账）、绘制函授站教育教学一览表，在全面分析和综合测评现有函授站的基础上，对具有新的增长点和可持续发展的函授站给予重点扶持，建立激励和奖励相结合工作机制，在撤销与新建函授站的工作中，坚持严格、慎重的态度。

（5）加大招生宣传力度，圆满完成招生计划。

2011 年学院各类成人高等学历教育招生计划为 2510 人。近年来，由于受国家教育大环境的影响，目前，在经济较发达的地区社会人员学历拥有量已趋于饱和，成人学历教育生源逐年下滑。对此，学院于 2011 年年初就 2011 年招生专业结构进行了调整，将有限的资源用于考生重点青睐的专业，尽最大的可能为社会人才需求提供服务，并相继开展了专业整合、计划调配和招生宣传等工作。在北京市及各省教育主管部门的大力支持下，通过学院招生部门同志的不懈努力，学院 2011 年完成各类学历教育招生计划 2000 余人。

（高宏山）

【非学历教育工作】学院在明确方向，注重社会效果，维护学校声誉的前提下，着力开展非学历教育市场的研发与培训项目的培育工作。2011 年学院开办“社工师”考前辅导及继续教育、“社会工作者”辅导班、“人力资源师考试”辅导班、“全国计算机等级考试及辅导”、“会计从业人员继续教育”等 9 个培训项目，参加考试培训人数达 2000 余人；向国家相关部委申报的“现代机械设计理论与方法”、“高精度数控机床的诊断与维修及前沿技术”培训项目，现已获得批准立项。经北京市职业技能鉴定管理中心批准，学校将正式设立“人力资源师”考点；在保持已有培训项目的同时，还积极与政府部门和企业建立合作关系，目前“招商引资培训”、“军地两用人才专业技能培训”、“工程硕士”等培训项目正在协商论证中，学院非学历教育工作已初现成效。

（高宏山）

【党建工作】

（1）加强党的组织建设。遵照校党委关于撤销学院党总支建制，成立继续教育学院党支部并划归教辅单位党总支的决定，按照党委、党总支的要求，遵照组织程序，认真推选学院党支部委员人选，报经上级党组织批准后，及时成立了学院党支部，并积极开展工作，保证了党的基层组织建设和党员的思想建设。

（2）充分发挥党支部成员在党建工作中的作用。建立党支部委员分工责任制，积极有效地开展相关工作，使全体教职工在日常工作中感受到党组织在思想上有教育、政治上有关怀、工作上有培养、组织上有关心，切实将基层党建工作落到实处。

（3）注重学院行政和支部班子的作风建设与能力建设。坚持党管干部的原则，主动适应科学发展对领导干部的新要求，遵照上级党组织要求，领导班子成员积极参加各类培训学习，按时完成处级干部和党员干部在线学习，努力将学院领导班子建设成为符合科学发展要求的领导集体。

（4）注重党建工作研究。完成校级党建课题的结题工作，形成题为《在夜大学生中开展入党积极分子培养工作的研究》党建论文，就如何在夜大学生中开展思想政治教育工作，总结摸索出行之有效的实施办法。

（5）加强党员的思想建设、组织建设、作风建设、制度建设和反腐倡廉建设。2011 年学院党支部以开展争先创优活动为契机，安排教师党员开设示范课，组织开展《庆祝建党 90 周年》主题征文活动及优秀党员、优秀党务工作者、优秀班主任评选活动，评选校级优秀共产党员 1 名，在党总支开展的《建党 90 周年主题征文》活动中有 4 名同志分获二、三等奖，有效地促进了党员队伍建设和党员的先锋模范作用。

（6）认真做好党员发展工作。本着“坚持标准，保证质量，改善结构，慎重发展”的方针，以对党的事业高度负责的态度，在青年教师中开展入党启蒙教育和入党积极分子培养工作，2011 年党支部发展教师党员 1 名，预备党员转正 1 名。培养夜大学生入党积极分子 18 名，保证党员培养与发展工作不见断的进行。

（高宏山）

【其他重要事项】

（1）围绕学校建设与发展，制定学院运行模式改革建议报告。根据学校《2011 年党政工作要点》中对继续教育学院改革的总体要求和《国家中长期教育改革和发展规划纲要》对继续教育的指导性意见，学院分别对北京四所兄弟院校的继续教育进行走访调研，学习兄弟院校成功的办学经验。在学习调研的基础上，结合学校、学院实际，在加强内涵建设，扩大办学自主权、激发办学活力、发挥继续教育窗口作用的同时，突显学校学科优势、扩大学校社会影响、辐射学校社会责任，使继续教育与学校的发展相适应。经过反复论证后，向学校提交了《继续教育运行模式改革建议报告》。

（2）坚持发展规划《纲要》为指导，制定继续教育“十二五”工作设想。遵照国家教育发展规划《纲要》所提出的“建设学习型社会”、“建设人力资源强国”的战略方针，依据学校“十二五”发展规划中对继续教育发展的目标要求，结合工作实际，制定继续教育“十二五”工作设想，明确提出：坚持以稳步发展为主题，以市场需求为导向，以提高人才培养质量，创新工作能力和服务社会为核心的工作要求。在成人学历教育与非学历教育方面，分别制定出相应的工作目标和多项保障性措施，促进成人教育可持续发展，努力构建社会满意的继续教育。

（高宏山）

十一、表彰与奖励

获集体奖励与表彰

奖项	获奖单位
2011 年首都劳动奖状	北京信息科技大学
2011 年首都文明单位	北京信息科技大学
北京高校党建和思想政治工作先进校提名奖	北京信息科技大学
2011 年首都大学生暑期社会实践先进单位	北京信息科技大学
2011 年北京青年艺术节优秀组织奖	北京信息科技大学
北京高校党建研究会 2008—2010 年度学会工作先进单位	北京信息科技大学
市教委直属系统 2010 年决算工作编报先进单位	北京信息科技大学
2010/2011 学年度北京市教育事业统计工作质量评估优秀集体一等奖	北京信息科技大学
北京市 2011 年度首都国家安全工作先进集体	北京信息科技大学
全国 R&D 资源清查工作教育系统先进集体	北京信息科技大学
首都教育先锋先进集体	经管学院工商管理教学团队
首都高校庆祝建党 90 周年宣讲活动优秀组织奖	党委宣传部
全国高校教师网络培训工作先进集体	人事处
北京市内部审计先进集体	审计处
北京高校后勤先进党组织	后勤党总支
北京市公安局集体嘉奖	保卫处
北京市老干部工作先进集体	离退休工作办公室
北京市高等教育学会“优秀高等教育研究机构”	高教研究室
2011 年北京市网络图书馆虚拟参考咨询评比集体二等奖	图书馆
2011 高等教育信息化先进单位	网络管理中心

教工获奖励与表彰

一、教育教学方面奖励与表彰

奖项	获奖人
北京市第七届教学名师奖	李邓化
第五届北京高校思想政治理论课教学基本功比赛个人二等奖	郭春燕
首都教育先锋先进个人	祝连庆　张　建
第七届北京青年教师教学基本功比赛	

文史类 B 组二等奖　　黄　胜

理工类 B 组三等奖　　王立勇

2012 年北京高校人才强教深化计划

教学创新人才　　李邓化

二、科学研究方面奖励与表彰

北京市科学技术奖二等奖

项目名称：知识管理服务平台研究与应用

获奖者：　刘　宇　唐五湘　张　健　周飞跃　田肇云　程桂枝　周秀玲　孙　静　王　斌　何　琼

北京市科学技术奖三等奖

项目名称：高速旋转飞行体姿态敏感技术

获奖者：　张福学　张　伟

项目名称：食品质量安全检测方法与可追溯体系建设

获奖者：　张　健

国防科学技术进步奖二等奖

项目名称：大波束开角收发换能器系列

获奖者：　王丽坤　秦　雷

国防技术发明奖三等奖

项目名称：多功能微机械陀螺及其应用技术

获奖者：　张福学　张　伟

电子信息科学技术奖一等奖

项目名称：微机械摆检测和控制旋转体姿态的技术

获奖者：　张福学　张　伟　王丽坤

中国机械工业科学技术奖二等奖

项目名称：大型旋转机电设备安全运行趋势预测技术及其监测系统的研发与应用

获奖者：　徐小力　王红军　王少红　吴国新　谷玉海　李　东　黄　民

中国机械工业科学技术奖三等奖

项目名称：机械制造技术基础

获奖者：　韩秋实　王红军　张怀存

中国仪器仪表学会科学技术奖二等奖

项目名称：基于设备状态趋势预示技术的监测仪器系统研发及应用

获奖者：　徐小力　王少红　谷玉海　吴国新　王立勇　王红军

中国电子教育学会 2011 年思想政治教育优秀研究成果

特等奖　　傅正华

一等奖　　曾毅红

二等奖　　谌　兵

二等奖　　钟名扬

2011 年“丹柯杯”优秀研究成果

二等奖 郑君礼

二等奖 赵爱玲

专利授权

其中：发明专利

一种液相化学反应制备氢氧化铅纳米棒的方法 邹小平

一种限域稳定扩散火焰制备碳纳米管的方法 邹小平

水平姿态敏感芯片及其制造方法、水平姿态传感器 张福学

圆柱形叠堆晶片水声换能器 王丽坤

柱形多层圆管压电换能器 王丽坤

叠堆压电球壳水声换能器 王丽坤

LEVEL POSTURE SENSING CHIP AND ITS MANUFACTURING METHOD, LEVEL POSTURE SENSOR 张福学

Piezoelectric quartz accelerometer（英国） 张福学

New piezoelectric quartz level sensor 张福学

多视点云精确配准方法 吕乃光

大尺寸工业摄影测量系统的空间误差场获取方法及基准装置 董明利

双目视觉传感系统结构参数的标定方法 娄小平

使用光电自准直仪测量数控回转工作台的定位精度的方法 燕必希

摄像机标定方法 董明利

绝缘电阻测试系统 李 东

耐压测试系统 王晓飞

微机械可调微波带通滤波器 缪 旻

一种机械故障预测的特征提取方法 徐小力

一种车辆变速箱故障诊断方法及其检测系统 徐小力

一种动力设备故障监测预报方法及其系统 徐小力

一种旋转设备故障预测方法及其装置 徐小力

一种机电设备非线性故障预测方法 徐小力

一种机电设备神经网络故障趋势预测方法 徐小力

太阳能光伏发电全天候自跟踪系统 徐小力

系统测试方法及装置 牟永敏

一种有毒有害物质预警分析方法及系统 葛新权

具有高压电力设备绝缘在线监测功能的变电站自动化系统 李 娟

旋转弹用加速度计 苏 中

数字式石英加速度计 李 擎

石英加速度计及其装配方法 苏 中

实用新型

具有软开关机的压力监控系统 艾 红
一种模拟旋转机械故障的转子实验装置 谷玉海
计算机组成原理实验系统 王铁峰
一种液压缸 陈秀梅
一种简易搜救机器人 王红军
高亮度LED 王晓玲
无驱动结构微机械陀螺及其信号处理电路 张福学
一种硅微机械陀螺仪 张福学

外观设计

手臂式体温测试仪 姜 可

软件著作权

汉英互译词典软件 吕学强
基于内容的图像检索系统软件 吕学强
小说网站内容抓取系统软件 吕学强
证书图片文字提取系统软件 吕学强
人脸识别系统软件 吕学强
基于物联网的智能家居控制系统 WiTerminalz V1.0 邹小平
基于 ARM9 与 GPRS 的智能家居数据采集系统 SmartHomesys V1.0 邹小平
ARM9 移动基站太阳能光伏发电监控系统 Solarpv V1.0 邹小平
基于 ARM9 的电液转辙机综合测试系统 eHysmachine V1.0 邹小平
基于 ARM9 的 MONA 娱乐健身控制系统 MonaBodysls V1.0 邹小平
基于新型硅微机械陀螺仪的旋转和非旋转载体姿态解调系统 张福学
基于 Zigbee 的无线温度监控系统 ZigbeeWiTMS V1.0 邹小平
基于无驱动结构的微机械陀螺的横向和滚动角速度解调系统 张福学
云粒子测量系统的粒子数据分析显示软件 焦瑞莉
AD 采样蓝牙无线传送微硅陀螺测试及信息管理系统 V1.0 范 京
多频外差法三维形貌测量系统 娄小平
立体视觉测量相机标定程序 娄小平
混沌神经网络交通流预测系统 朱春梅
玻璃实时检测识别系统 V1.0.0 许宝杰
数控装备的产品语意及人机工学在线数据库系统 V1.0 姜 可
生产线设备管理与服役状态预测系统 V1.0 王红军
基于最近邻近分类算法的中文文本自动分类系统 V1.0 蔡 英
Web 突发事件新闻信息挖掘与推送系统 v1.0 张仰森
动词多义词词义标注一致性检验系统 v1.0 张仰森
面向订单的生产计划编制及管理系统 v1.0 张仰森
综合型语言知识库系统 V1.0 张仰森

OpenGOV 政府信息门户管理信息系统 V1.0	李宝安
e-HOTEL 酒店预订网络化管理系统 V1.0	李宝安
CPS 汽车零配件网络化销售管理系统 V1.0	李宝安
LEYOU 旅游服务管理信息系统 V1.0	李宝安
IPAS 电信产品服务管理信息系统 V1.0	李宝安
e-COAL 煤炭销售网络化管理系统 V1.0	李宝安
LDM 物流企业商品配送管理信息系统 V1.0	李宝安
OMAT 石化物资管理信息系统 V1.0	李宝安
文采智能文档处理系统	李　宁
面向复合文档的在线办公软件系统	李　宁
联机手写数学公式识别系统 V1.0	郝保水
数学公式查找与匹配系统 V1.0	郝保水
Keyboard 数据库安全检测与管理系统 V1.0	岳　清
分布式学籍管理系统	徐雅斌
网上选课系统	徐雅斌
MS SQL Server 数据恢复软件 V1.0	张京生
ZFS 文件系统数据恢复软件 V1.0	张京生
JFS2 文件系统数据恢复软件 V1.0	汪中夏
AATN 自适应信任协商系统	蒋文保
信飞内部网络安全审计与预警系统 V1.0	陈　昕
基于模式信息系统总体设计软件 V1.0	徐晓敏
字符图像验证码安全性评测工具软件	王兴芬
信飞业务风险评估与预警决策支持系统 V1.0	陈　昕
信飞 SNMP 网络拓扑自动发现与管理系统 V1.0	陈　昕
信飞 SNMP 网络管理系统 V1.0	陈　昕
信飞内部网络管理与安全监控系统 V1.0	陈　昕
信飞高速网络通信协议性能评价系统 V1.0	陈　昕
信飞高速局域网主机监控与管理系统 V1.0	陈　昕
信飞 Netflow 网络流量监控系统 V1.0	陈　昕
信飞企业商务智能应用系统 V1.0	陈　昕
信飞网上课程学生自主学习系统 V1.0	陈　昕
信飞 IP 网络性能评价与管理系统 V1.0	陈　昕
基于自然语言处理技术的垃圾邮件过滤系统	康海燕
基于 WEB 的中文聊天机器人系统	康海燕
领域问答系统生成工具软件	康海燕
基于问句表征的 web 问答系统	康海燕
高动态捷联惯性导航姿态算法仿真软件	苏　中

基于捷联导引头的比例导引制导律设计仿真软件 李 擎
MEMS 陀螺多尺度软阀值小波滤波仿真软件 李 擎
MEMS 陀螺 UKF 滤波去噪仿真软件 李 擎
加速度计单元测试软件 苏 中
过载开关性能数据采集软件 苏 中
直流电动舵机 FSMC 仿真软件 李 擎
风力发电机组低于额定风速运行特性分析软件 李 擎
MEMS 陀螺仪随机漂移 LS-SVM 滤波软件 李 擎
轴对称多曲面融合谐振子振动特性分析软件 苏 中
基于虚拟现实的搜索引擎软件 V1.0 申闫春
基于互联网的虚拟环境及虚拟场景开发系统 V1.0 申闫春
钟形陀螺谐振子振动特性分析软件 苏 中
直流电动舵机控制系统测试软件 李 擎
小型多通道数据记录仪任务调度软件 苏 中

三、其他方面奖励与表彰

2011 年首都劳动奖章 李邓化
2006—2010 年度“首都精神文明建设奖” 赵爱玲
北京高校优秀党务工作者 鲁 雷
北京市“首都国家安全工作先进个人” 韩俊彦 魏元燃
北京市公安局“个人三等功” 张 卫
北京市公安局“个人嘉奖” 王义和 崔天佑
2011 年度高校系统交通安全工作先进个人 汉 明 刘 伟
2011 年度北京高校后勤工作先进个人
思想政治工作先进个人 李荣华 孙 伟
物业工作先进个人 陈建伟 何淑琴 马德云
商贸工作先进个人 赵 齐
接待工作先进个人 田文生 朱 伟
北京教育系统“五五”法制宣传教育先进个人 王义和
北京教育考试院 2010—2011 年全国计算机等级考试工作先进个人 任立群
教育系统第二次全国 R&D 资源清查先进集体和先进个人 王占武
首都高校纪念中国共产党成立 90 周年理论研讨征文二等奖
《以创先争优活动成效提升大学文化软实力》 鲁雷 邵长生
第五届“长江杯”亚洲青少年音乐比赛
优秀指导教师奖 肖 潇
第一届北京市大学生计算机应用大赛优秀指导教师 王亚飞 李学华 马力妮
2010/2011 学年度北京市教育事业统计工作质量评估优秀个人一等奖 刘永林
九三学社中央优秀社员 汪效梅

中国公路学会科学技术奖一等奖 赵爱玲

中国高校校报好新闻奖

消息类二等奖 谌　兵

北京新闻奖（高校校报系列）

消息类一等奖 谌　兵

图片类二等奖 王肖楠

消息类三等奖 谌　兵

版面类三等奖 王肖楠　谌　兵

学生获奖励与表彰

北京市先进班集体

财 0902 班　测控 0802 班

工业 0901 班　计科 1005 班　信管 0906 班

研 1001 班　英 0902 班

北京市三好学生

安秋月　陈新颜　陈胤羽　程艳敏　邓碧辉　董　玢　高晓梦

李　杰　刘恩甫　史贵云　王　昊　许松伟　颜培圣　尹家宝

于文鹏　袁龙霞　袁张丹　赵　贤　周万骏

北京市优秀学生干部

甘朝阳　李　维　尚文天　温佳露　闫晓蔚　赵丹妮　郑天宇

首都大学、中专院校“先锋杯”优秀团员

陈祥臻　张欢欢　孟　新　王念念　曹　伟　安秋月　金　钊

尹家宝　张冰叶　扬任瑞　杨　茜　韩璐杉　高圣寒　周朝挥

张　峰　赵丹妮

首都大学、中专院校“先锋杯”优秀基层团干部

张庚杰　何子嘉　袁张丹　王　振　王立梅　张　雷　马　欢

王　璐　李晓洁　张　迪　程　雪　李　悦　李　婷　张艳娇

万会娟　侯成龙　柏航周

中国高校校报好新闻奖

消息类三等奖　刘婷婷

通讯类三等奖　王　晴　王晓涵　吴　悠

北京新闻奖（高校校报系列）

通讯类一等奖　王　晴　王晓涵

言论类二等奖　　周　超
言论类三等奖　　范　霖
通讯类三等奖　　范　霖　王　晴
标题类三等奖　　刘婷婷　邓立黎

学生竞赛获奖

校级以上学生竞赛获奖

2011 年土耳其国际 RoboCup 公开赛

“中型组”比赛冠军　秦　彪　杨飞潺　洪博文　马力博　周方宇
“中型组”技术挑战赛规定项目比赛季军　秦　彪　杨飞潺　洪博文　马力博　周方宇

2011 中国机器人大赛暨 RoboCup 公开赛

“中型组”比赛亚军（一等奖）　黄　斌　王长云　洪博文　杨飞潺　谭庆晨　田宏志　王　研　刘　伟
“中型组”技术挑战赛规定项目比赛三等奖　黄　斌　王长云　洪文博　杨飞潺　谭庆晨　田宏志　王　研　刘　伟
“中型组”技术挑战赛自选项目比赛二等奖　黄　斌　王长云　洪文博　杨飞潺　谭庆晨　田宏志　王　研　刘　伟
类人机器人点球比赛项目亚军（一等奖）　张　军　刘　博　邵　俊　韩宗凯　周　浩　杨立秋　任立波　王俊杰　林　杰　胡晓泊
类人机器人技术挑战赛项目三等奖　张　军　刘　博　邵　俊　韩宗凯　周　浩　杨立秋　任立波　王俊杰　林　杰　胡晓泊
类人机器人竞速比赛项目季军　张　军　刘　博　邵　俊　韩宗凯　周　浩　杨立秋　任立波　王俊杰　林　杰　胡晓泊
类人机器人公开赛项目第四名（二等奖）　张　军　刘　博　邵　俊　韩宗凯　周　浩　杨立秋　任立波　王俊杰　林　杰　胡晓泊
家庭服务机器人搜寻取物项目季军　张　军　徐鑫鑫　王　秀　李　羚　李　群　王俊杰
家庭服务机器人自定位与导航项目季军　张　军　徐鑫鑫　王　秀　李　羚　李　群　王俊杰
家庭服务机器人特定人识别项目三等奖　张　军　徐鑫鑫　王　秀　李　羚　李　群　王俊杰

家庭服务机器人快速跟随项目三等奖 张 军 徐鑫鑫 王 秀 李 羚 李 群 王俊杰
家庭服务机器人非特定项目三等奖 张 军 徐鑫鑫 王 秀 李 羚 李 群 王俊杰
家庭服务机器人家庭组比赛三等奖 张 军 徐鑫鑫 王 秀 李 羚 李 群 王俊杰
类人机器人竞速比赛冠军 曲 文 杜新杰 张海涛 郭云开 谈小凤 赵巧巧 姜 楠 王思宇 谢鹏程 王 秀 李 羚
类人机器人点球比赛三等奖 曲 文 杜新杰 张海涛 郭云开 谈小凤 赵巧巧 姜 楠 王思宇 谢鹏程 王 秀 李 羚
RoboCup 类人组（kid-size）亚军（一等奖） 曲 文 杜新杰 张海涛 郭云开 谈小凤 赵巧巧 姜 楠 王思宇 谢鹏程 王 秀 李 羚
微软（MS）Nao 类人仿真三等奖 高晓光 杨 忱 李 娟 李 杨
微软（MS）3D 类人仿真季军 安永跃 李 萌
微软（MS）轮式微型机器人 5 ： 5 仿真三等奖 宋 涛 杜叶飞
微软（MS）轮式微型机器人 11 ： 11 仿真二等奖 杜叶飞 包 华
微软（MS）机器人武术擂台赛仿真季军 夏华林 郑瑞娟 管 君 吴 林 车 玲
机器人水球仿真 2D（3 ： 3）季军 李占宇 曲江枫 张 进
水中机器人 2D 仿真抢球大作战三等奖 林 达 陈 晓
水中机器人 2D 仿真水球斯诺克亚军 陈 晓 林 达
水中机器人 2D 仿真带球接力一等奖 包 华 田 雨 林 达
水中机器人 2D 仿真协作过孔冠军 张 进 曲江枫 李占宇
水中机器人 2D 仿真花样游泳冠军 包 华 张 进 陈 晓
FIRA 仿真组（5 ： 5）三等奖、（11 ： 11）三等奖 王俊涛 梁宇辰 马宸超 钱凌波

第五届 HONDA 中国节能竞技大赛最佳技术奖 机电工程学院捷能车队

第二届大学生方程式汽车大赛最佳高速壁障项目国内第一 奇才丰华 FSC 车队

全国三维数字化创新设计大赛全国竞赛

三等奖 陈德瑞 谢金超 刘 松 纪 昕 邓琳晖 宫天明 冉旭阳 庞肇春
最佳工业设计奖 陈德瑞 谢金超 刘 松 纪 昕

2011 第五届全国虚拟仪器设计大赛

三等奖
基于 LabVIEW 小型供热节能系统的设计 朱宝伟 周 建 刘丽霞 赖 融 张 鹏

全国大学生电子设计竞赛（北京赛区）

二等奖 田 嵘 郑保文 尹 耀 田文龙 张 昊 余 潜

三等奖　孙丁丁　王保青　郑　望　卫海波　高晓梦　黄志豪　单宝银　殷　蒙　杨宗涛　孙晓溪　梁　钊　李　明　王補平　彭宇文　杨婉秋　崔智超　聂嘉文　刘联盟

第十三届全国机器人大赛暨2011年FIRA世界杯机器人大赛中国队选拔赛

FIRA仿真5：5二等奖　王俊涛　梁宇辰　马寰超　钱凌波
FIRA仿真11：11三等奖　王俊涛　梁宇辰　马寰超　钱凌波

2011年度第六届全国大学生“飞思卡尔杯”智能车竞赛

全国总决赛创意组
优秀奖　叶根圣　戴建辉　孙宏宇　王雅瀚　梁　钊
全国总决赛摄像头组
优秀奖　陈　威　顾　鸣　王志鹏　陈　庚　余　凡　梁　钊
华北赛区电磁组
二等奖　程志彪　刘青林　邱靖鹏　杜　姣　安斯文
华北赛区光电组
二等奖　林明泉　彭　辉　李　琼
三等奖　严浩方　张一龙

第二届全国大学生电子信息类创新作品评选

二等奖　郭　静　李　莹　周万骏　张　昊
三等奖　成常宝　梁　冰　李　波　王　颖

全国ACM程序设计比赛

铜奖　张博文

“国信蓝点杯”全国软件专业人才开发与设计大赛

C语言本科组
二等奖　陈治名　涂璟东
三等奖　刘梦婷

“北科杯”首届全国大学生计算机博弈大赛暨第五届全国机器博弈锦标赛

六子棋二等奖　连珠六子　汪　昶　文大勤
苏拉卡尔塔二等奖　扬帆(BestOne)　王显宝　张　琦　毕　然　唐　安
苏拉卡尔塔二等奖　超静思维(CJSW)　李静波　龚宏宇　韩裕华　沈　超　陶思拓
点格棋优胜奖23点　杨　宇

2011年中国大学生就业模拟大赛

一等奖　白　冰　朱旭东　刘玉珠　郭　爽

二等奖 韩　冬　王旭飞　苏海娇　李　腾　方想想
三等奖 肖　丹　赵丹丹　郄丹婷　王士武　戴建辉　黄蕊珠　李　阳　穆天旭　冀呈莹　陈新颜　谢孔凯

第二届中国大学生创意创业大赛

二等奖：大恒食品创业有限责任公司　陈冰瑶　曹锦平　郤　丝　朱鑫琳
　　　　北京林鸣醋吧有限责任公司　陈建鹤　李梦文　唐　银　徐雪莹

2011 年全国大学生信息安全竞赛

优胜奖 刘宗汛　陈宇航　赵丽仁　苗思宇　张京京　闫晓蔚　侯芳芳　田　园

2011 年第四届中国大学生（文科）计算机设计大赛

三等奖 卞　明　唐志君　纪梦宇

2011 年全国大学生英语竞赛 (C 类) 非英语专业

一等奖 陈欣台　周露崛　马萌伟　王振铎　任思童
二等奖 任思童　袁　博　邓春雪　宫天明　李　享　曹慧文　陈婷婷　刘　音　周星宸　谭傲楠　肖　丹　陈胤羽　倪　凡
三等奖 王　晨　崔成燕　孟韩梦　邹思旻　邓碧辉　周艳平　张宇帆　李洁璨　王一川　霍新雯　王晓晗　卞家磊　杜昊阳　高　锋　吴　垚　张朝晖　石　坤　吴凡晰　刘　帅　武俐洁　刘昕煜　刘雪建　尹　玲　米　研

“外研社杯”全国英语演讲大赛

三等奖 魏主恩

全国大学生数学竞赛

三等奖 李　浩

2011 年“北京联通杯”京港澳台大学生计算机应用大赛

一等奖 赵　业　晏　冉　何　昊　彭文欢　王鑫龙
二等奖 王補平　彭宇文　杨婉秋　李晓天　王振铎　王　峰　翁武毅　邓凯元　王祎辰　张馨冉　王　鹏

2011 年第 16 届中国赛区国际企业挑战赛 GMC 竞赛

全国比赛三等奖 陈胤羽　徐士尊　蔡云龙　杨　阳　邵佳琪　张　旭　肖子硕　李　威　李文娟　潘清翠　张江凯　张　欣　田　地　何　贞　翁航宇　李晓洁　黄英杰　阚厚芳　章莉莉　陈紫恒　王梦华　孟泽华　华学良　陈婷婷　陈诗晴　啜梦初　东　潇　孙碧琳　张琰明　张懿聪　樊孝勇　杜增炜　刘琼爱　倪梓淞　吴　月

“宜信杯”2011 年北京市大学生创业设计竞赛

三等奖

北京林鸣醋吧有限责任公司： 陈建鹤 徐雪莹 唐 银 黄美霞 周丽萍 王 芳

优秀奖

昌旭科技材料有限责任公司： 唐 银 祝松梅 洪惠塘 陈建鹤 郃 丝 陈冰瑶 王 睿

天实工业有限责任公司： 信 实 朱鑫琳 宋艳珠 崔华扬 陈冰瑶 李道远 姜裕强

“用友杯”第七届全国大学生创业设计暨沙盘模拟经营大赛

二等奖 刘仕勤 邢译达 郭 爽 王 旻 万 鑫

北京市大学生人文知识竞赛

二等奖 王晓康 王永沛 温雅楠 吴 悠 罗时语

全国大学生广告设计大赛北京赛区

一等奖 刘逸涵 田 昕 范 霖 贯一琦

二等奖 刘婷婷 乙梦超

三等奖 杨焯寓 曹 杨 康 帅 贾子涵 安 妍 姜 雪 高煦冬 黄志杰 陈 悦 刘 行 李文睿 金 山

优秀奖 刘婷婷 腾 瞭 吴 茜 王 晴 李 萌 李 萌 王 晴 邓碧辉 曾 妍 李 园 范 霖 田 昕 贯一琦 陈 维 刘 佳 周 超

2011 年北京市大学生英语演讲比赛

三等奖 周星宸

鼓励奖 孟怡晴 沈梦云 唐 金 孟庆鹏

2011 年北京市大学生数学建模与计算机应用竞赛

全国二等奖 陈光远 吴剑彬 张 瑞

北京市一等奖 黄蕊珠 刘亚欣 郭志惠 史迎迎 李紫未 王峰明

北京市二等奖 杜 丹 纪建伟 刘占兵 谷 雨 张海涛 牛 姣 金 硕 王钰茜 李华鹏 冯大森 匡冠华 胡京丰 邵佳琪 陈胤羽 魏红娟

第 28 届全国部分地区大学生物理竞赛

一等奖 刘长江 谢 宁 崔春旺 吴晨星 李晶晶 常国帅 巴雪艳 孙加林 田宏志 杨蒙昭 欧阳腾飞

二等奖 王信俊 韩啸晨 李 盖 钟 勋 李 浩 张雄豹 李惠敏 黄苗苗

三等奖 邓春雪 王宇辉 王传鹏 刘书平 孙辛子 顾 磊 王志良 李继文 王小保 唐 欢 李 勇 莫朗锋 刘 康 刘 闯 刘 娟 程鹏翔

倪　凡　安晓倩　苏　茂　孟韩梦

2011 年北京市大学生物理实验竞赛

二等奖

实验研究肥皂泡或肥皂膜的物理特性　李紫霄　吴凡晰　彭雨荷

三等奖

测量发光二极管的物理特性及实用　蒲元培　杨　飞　尹　耀

智能高效光伏充电控制器　陈龙光　张鹏飞　林亚智

菲涅尔透镜聚光对光伏发电效率的实验研究　王振飞　陈　桢　顾　磊

北京市大学生数学竞赛

三等奖　李　浩

北京高校思想政治理论课学生社会实践优秀论文评选

优秀奖　胡　林　陈　鑫　李博雅　易花兰　李雅晶　庄　湲

首都挑战杯大学生学术科技作品竞赛获奖

自然科学类

三等奖 ResFleam 资源放血针　雍　斌

哲学社科类

二等奖基于经济发展与民主进步关系的理论研究　危斯明

三等奖农民工维权调查研究报告——基于北大东门工地建筑工人的维权状况　冀呈莹

我国电信运营商营销渠道合理化布局及单个店面价值评估模型　李宗洁

“林海雪原”杯第十三届全国机器人大赛

一等奖

全自主导航冠军、人对机器人的 1vs1 点球冠军、全自主型 3vs3 机器人足球冠军、半自主型 3 人组队冠军、半自主型 4vs1 追捕

孙丁丁　王嘉祎　王　昊　宋振宇　田文龙　张　昊

二等奖

半自主型 11vs11 机器人足球、双人舞蹈

孙丁丁　王嘉祎　王　昊　宋振宇　田文龙　张　昊

三等奖

半自主型 5vs5 机器人足球、短跑、长跑、阶梯跑、平衡木、击剑、摔跤、拳击、跆拳道、投篮、高尔夫球、单人舞蹈、八人舞蹈、芭蕾舞

孙丁丁　王嘉祎　王　昊　宋振宇　田文龙　张　昊

“三星杯”第二届国际仿人机器人奥林匹克大赛

一等奖

芭蕾舞亚军、八人舞蹈亚军、广播体操亚军、高尔夫球季军、击剑、投篮、摔跤
孙丁丁　王嘉袆　王　昊　宋振宇　田文龙　张　昊

二等奖

跆拳道、长跑　孙丁丁　王嘉袆　王　昊　宋振宇　田文龙　张　昊

三等奖

拳击、双人舞蹈　孙丁丁　王嘉袆　王　昊　宋振宇　田文龙　张　昊

第八届全国研究生数学建模竞赛

三等奖　方乃伟　杨　梅　姜　阳

ThinkQuest International Competition 2011 全球竞赛

中国区一等奖　邹凌虹　刘　彤　晏　冉　黄欣宇　冀呈莹　Joakim

2011 中国水中机器人大赛——首届水中机器人国际邀请赛

一等奖

2D 仿真水球（1：1）、2D 仿真带球接力
孙　凯　曲江枫　徐　丰（另研究生3人）

二等奖

2D 仿真双鱼竞速、2D 仿真抢球大作战、2D 仿真协作过孔
徐　丰　曲江枫　孙　凯（另研究生3人）

2011 年第一届全国大学生智能设计竞赛

二等奖　任立波　周　沫　魏　朝

三等奖　王俊杰　车维崧　董建桥　梁　钊

鼓励奖　陆　阳　肖　元　陈　威　王　钊　林　鹏　杜　姣　李　晨
安斯文　毛　旺　李望博　顾　鸣　杜亦楠　陈　威　顾　鸣

国际大学生程序设计比赛亚洲区场地赛

大连赛区铜奖　郑　程　张博文　毕　然

上海赛区铜奖　郑　程　张博文　毕　然

第六届全国信息技术应用水平大赛

一等奖　熊　玮

三等奖　宫天明

优秀奖　王建伟　杨君佑　王　君　杨春汉　徐晓晨　李　阳　贾　然　胡　然

“星空”杯信息技术应用创意竞赛

一等奖　陈　欣　付仁露　野雪莲　王芬芬　郑运鹏

二等奖　岳梦柳　王　哲　凯　旋　孙　易　李雪洁　王　岳　王　茜　郝　彬

孙　萌　温志成　陈双飞　詹家宁

三等奖　李华鹏　王钰茜　金　硕　缪文喆　王佳媛　吕蕃崴　姬　磊　尹　硕　双　震　段红波　徐　硕　苏兆楠　张　驰　王伯文　花　实　刘嘉隆　王　聪

2011 年第十届“全国信息化核心技能大赛”暨微软办公软件核心技能世界大赛中国区选拔赛总决赛

Word2003 项目大学组

一等奖　冀呈莹　董　鑫　邓碧辉　陈　梦

Excel2003 项目大学组

二等奖　王　晴

三等奖　贾子涵　刘婷婷　曾　妍

第五届“用友”杯全国大学生会计信息化技能大赛

团队二等奖　张　展　黎　丽　黎雅漫　刘甜甜　李午祺

团队三等奖　董　玢　郄丹婷　郭　涛　赵小英　孙艺桐

“中华会计网校杯”第三届校园财会实务大赛

第二名　杨潇琳　刘　萍　杨　阳

第五届“长江杯”亚洲青少年音乐比赛

业余少年组一等奖　陈　欣

业余少年组二等奖　徐　佳

2011 年 CMUC 新星杯魔术比赛

舞台组优秀节目奖　周　伟

2011 年国际大学生物联网创新创业大赛暨第五届美新杯中国赛区总决赛

优胜奖

基于物联网的无线智能家控网络系统　张荣荣　郭昌飞　杨　园　封红英

2011 年美新杯大学生物联网创新创业大赛北京赛区

二等奖

基于物联网的无线智能家居控制系统　张荣荣　郭昌飞　杨　园　封红英

北京市大学生第七届跆拳道比赛

男子组 58kg 第一名　于泓博

女子组 67kg 第二名　陈　静

校内学生竞赛获奖

2011年北京信息科技大学第二届汽车应用技术创新设计大赛

一等奖　田　堃　史家华　张斯琦　陆　阳　孙丁丁　王峰明　马伯龙

二等奖　韩可心　孙旭光　戴霄玥　孟　新　孙世超　郭少波　林纯梁　宋丽冉　刘伯龙　赵淳溪　王凯伟　庞肇春　陈　冉　刘畅龙

三等奖　刘　斌　贾宗博　王志奇　窦伟杰　李　响　胡彦明　赵　方　曲文峰　陈唐建　卢铁军　刘振博　王秀杰　刘春蕾　韩　燚　李东明　田燕林　杨素芬　杨海苗　曹孟钊　关天昊　齐延清　熊梓鹰　李　杰　刘瑜谨

2011年北京信息科技大学机械创新设计大赛

一等奖　韩雪辉　李　想　王　宇　赵　楠　王西江　翁　迪　许　可　陈思盈　许荣凯　宋宏斌

二等奖　李　浩　陈海婷　曾绍庭　洪博文　诸钧鸿　赵宗禹　代鹏飞　梁　云　杨羽蒙　刘　星　刘　强　徐　盼　赵洪涛　李　杰　贾思雨　许　佳　许岩梅　马晓彤　陈海婷　李　浩　洪博文　曾绍庭　诸钧鸿

三等奖　叶　星　王　昊　杨清雨　纪梦宇　李　洁　周建波　李海跃　王　松　王振宇　刘思宇　么曼实　高　延　曹超骏　李嘉文　胡　涛　王　君　张文科　张积夫　杨裕平　雒晓文　夏　岩　王　涛　于小飞　肖　爽

鼓励奖　王凯伟　杨春汉　赵淳溪　伊力奇　石　凯　张迪龙　潘晓琳　牛锴林

2011年第三届北京信息科技大学智能车学科竞赛

一等奖　刘诗涵　陈　庚　余　凡　肖必成　刘宝帝　叶根圣　王晨宇　韩永琪　张一龙　朱　喆　严浩方　林明泉　袁辰旭　王志鹏　程志彪　安斯文　杜　姣　刘青林

二等奖　李　明　李　博　于　爽　胡铭文　王　键　王　航　陈　威　顾　鸣　罗　俊　彭　辉　李　琼　席　圆　乔　磊　周　为　张　军　许松伟　朱宝伟　祝　武　栾栢霖　邱靖鹏　王俊杰　陆　阳　李玥琪　王梦爽　王　颖　李　莹

三等奖　王保青　郑　望　孙丁丁　田梦莹　董　楠　田文龙　许文玮　石　坤　刘　含

优秀奖　梁　钊　马立博　尹　多

鼓励奖　梁　钊　马立博　尹　多　孙宏宇　董建桥　倪　瞿　赖　融　宋晓坡　王居正　张　帅　赵馥强　聂若仪　杜增文　周万骏　王志国　王博洋　孙朝晖　白　晓　王嘉祎　高树磊　戴建辉　高　龙　魏建勇　杨婉婧

2011 年北京信息科技大学第二届机器人技术应用创新设计大赛

中型组

一等奖　张宗义　曹　禹

二等奖　田　野　李斌斌　刘　博

三等奖　张一依　聂鑫鑫　叶　子　洛宇文　黄峰明　王绪磊

类人组

一等奖

足球组　谈小凤　郭云开　赵巧巧　张雄豹　郭春江

点球组　谢鹏程　姜　南　陈志伟　华晨惠　陈良宇

竞速组　张海涛　王思宇　林　杰　马闪闪　谢　宁

三等奖

足球组　张海涛　林　杰　马闪闪　华晨惠

点球组　郭云开　姜　南　王思宇

竞速组　谢鹏程　谈小凤　赵巧巧

慧鱼组

一等奖　吴　比　张晨曦　刘思宇　黄思盛　曹超俊

二等奖　王长云　幺曼实　李宏亮　王振宇　魏晨阳　陈　莹　纪梦宇　姚　娟　李志华

三等奖　李　阳　盛泰斌　王立洋　朱　彪　王志文　黄安彬　张晓鹏　李勇坪　王忠兴　赵家园　徐　伟　李　毅　马　新　石　超　宓　建

3D 组

一等奖　贾　然　熊　玮　杨君佑

二等奖　张　超　宫天明　卞家磊

三等奖　胡　然　刘畅龙　王小宝　王建伟　徐晓晨　杨春汉　李　阳　王　君　陈　玟

2011 年北京信息科技大学电子设计竞赛——“达盛杯”嵌入式系统专题赛

一等奖　王補平　彭宇文　杨婉秋　翁武毅　王　峰　蒲元培

二等奖　曹慧文　王　华　程建明　赵康辉

三等奖　孟　辉　刘宝民

北京信息科技大学第三届程序设计大赛暨 ACM 选拔赛

专业组（计算机学院）

特等奖　史玉峰

一等奖　庄毅萌　杜　婧

二等奖　周文敏　张　派　张东升　阳雄俊

三等奖　周怡安　刘　畅　谭杨兵　范　斌　张雷瀚　黄惠娟　张凌飞

最佳女生奖　杜　婧

北京信息科技大学第三届多媒体设计比赛

一等奖　杨　超　陈　凯　陈诗晴　赵　峥　王梦华　陈婷婷　刘泽阳　闫　冉

二等奖　杨　超　李晓磊　张红卫　孙　萌　张红卫　霍常然　王　昊　霍常然
刘泽阳　冉振林　王　宁　刘婷婷　乙梦超　郭雨丝　赵卓然　刘　莹

三等奖　郭逸欣　刘　琨　王珊珊　金凯月　张丽亚　黄　昭　王　迪　张　敏
王　昊　惊　鸿　李丽蕊　崔嫄杉　王　丽　申　宇　韩　冬　李博雅
赵学智　徐晓楠　马　臣　肖亦佳　张　宁　康　杰　杨　森　伍静伊
肖亦佳　马　臣　李丽蕊　郭安妮　梁禹辰

北京信息科技大学第三届创业者经营模拟沙盘大赛

一等奖

U12 北京前景科技有限公司　刘泽琳　杨　阳　崔　晓　王思嘉　王雪瑶

二等奖

U17　吕纯洁　梁妍梅　李雪飞　张洪薇　李　蕾

U18 齐得隆冬锵有限公司　张丹丹　潘咿霖　陈　蕾　李　鑫　张　欣

三等奖

U13 fervent　陈胤羽　金雅洁　董雨欣　杨子羽　裴　杨　陈　宇

U3　沃尔沃大白兔　张雯晴　王思璐　刘　婧　蒋林竹　张毓卿

U15 星辰国际　桂世平　邢　堃　张　重

北京信息科技大学金融投资模拟交易大赛

一等奖　刘少华　张　鑫　唐　银　樊孝勇　赵明超　张克阳

二等奖　陈　伟　赵　晗　纪建伟　韩　梅　李　振　杨　蕊

三等级　李　琳　杨　冬　倪梓淞　刘仕勤　买买提　翁云浩　孔凡婷　李　爽
韩炜晨　岳　晨　寇晓峰　张明月　温佳栋　张洪薇　李　蕾

2011 年北京信息科技大学物理竞赛

多学时组

特等奖　谢　宁　李惠敏

一等奖　刘　闯　李　盖　王　洁　程鹏翔　罗　彪　李勇茂　郑　鑫　常国帅
刘长江　崔春旺　吴晨星

二等奖　刘金玲　张　派　刘　康　闫红利　林亚智　庄毅萌　李继文　陈　宇
张夏勇　邵京良　李定森　邓春雪　巴雪艳　刘跃康　孟韩梦　柯文超
王信俊　马闪闪　张博洋　魏文强　张雄豹　钟　勋　王传鹏　朱　铭
杨蒙昭　李永波　美丽曼　孙加林　田宏志　骆艳东

三等奖　李晓萌　刘鲲鹏　王盼盼　王志良　秦思佳　石　界　张鹏飞　王　滕
戴子纬　陈大俊　王　旭　王宇辉　郭　娇　何建梅　张晓彬　程　盼
刘　娟　王小保　王海波　刘世杰　梁治斌　王荣欣　闫文飞　苏禹龙
洪博文　李　浩　蔡伊君　陈　萌　陈彦玮　覃亦华　胡海滨　吕鹏程
邓易安　李润姿　陆芝杨　王　帆　张　蕾　韩啸晨　倪　凡　刘书平
赵　辉　孙辛子　安晓倩　莫朗锋　孟凡迪　张栋梁　陈小北　高志新
黄苗苗　贾静怡　胡文娟　席晓慧　苏文苑　陈　山　周　忻　于　琳
邢　睿　刘一楠　刘佳庆　张　敏　袁有励　袁　涛　郭凯文　项　伟
赵凯文　王青利　唐　欢　华晨惠　刘佳惠　郭晓梅　赖笑辰　张　悦
郭佳珣　折延栋　赵金滔　谭杨兵　吴　淼　顾　磊　李　辰　郭晓敏
张航航　龙家作　董颖博　苏　楠　张　迎　欧阳腾飞

少学时组

二等奖　周梦杰

三等奖　潘　诚　葛会强

北京信息科技大学第五届大学生数学竞赛

一等奖　曹慧文　王宇辉

二等奖　李继文　徐德科　王明辉　黄　昭　纪建伟　孙加林　安晓倩　闫　文

三等奖　张　靓　田宏智　许瑶瑶　李　浩　杨明生　马梅兰　付仁露　郝瑞霞
郑宇宁　闵炜振　刘书平　赵　辉　王永文　杨　鑫　曾开强　胡清清
付玲玲　张楷苓　刘文利　陈依依　常文涛　严俊栋　常国帅　巴雪艳
王　鹏　职　亮　颜培圣　乔　宇　王　瑞　郭　娇

北京信息科技大学第四届大学物理实验技能竞赛

一等奖　蒲元培　杨　飞　陈　桢　吴凡晰　彭雨荷　李紫霄　刘文利　杨　爽
顾　磊

二等奖　姜　楠　谷　雨　王思宇　刘中新　张宇星　刘家兴　梁　钊　胡海滨
李鹏飞　罗　彪　张子豪　张鹏飞　林亚智　徐德科　佟啸昂

三等奖　张海涛　杜　宇　郭云开　李紫燕　郭凯文　唐志军　赵晓飞　李晶晶
李　维　李　宁　林新平　曹慧文　王　华　程建明　林　杰　翁武毅

王　峰　任宏志

北京信息科技大学第四届数学建模竞赛

一等奖　傅子熠　高晓梦　袁张丹　牛锴林　陈　玟　邱靖鹏
二等奖　曾开强　周朝挥　蔡云龙　吴　比　李宏亮　谭庆晨　倪茂昌　郝志天
赵子竹　杨　阳　封娇洁　肖　硕　付仁露　罗　莎　郭洪卫　齐彦超
赵泊龙　常馨蔚　黄蕊珠　刘亚欣　郭志惠　郭　华　刘　音　翟盼盼
郭云开　吴　章　卢　岩　洪博文　李　浩　张晓彬　杜　丹　李文霞
纪建伟　孙东临　潘力斌　江爱津　何调爱　霍文杰　田宏志　杨明生
李泽龙　田　晴　李旭颖　张　晶　杨　超　张江凯　翁航宇　陈胤羽
邵佳琪　魏红娟
三等奖　闫振宇　赵旭阳　邓凯元　顾艳阳　刘中元　李惠敏　杜增文　王梦爽
刘文利　李雪阳　李继文　顾　翔　张建华　张海涛　林　叶　史迎迎
王峰明　李紫未　王金宝　冯宇然　徐汝强　王　瑞　邓敦学　孙建洲
孔凡婷　张　倩　李文娟　唐荣宽　王　岐　洪广富　王凤霞　王明辉
黄　昭　郭　靖　霍新雯　郑　磊　郝娜萱　林媛媛　蔡穗仙　刘哲良
李季萱　李小帅　陈　郡　刘　睿　金　硕　王钰茜　李华鹏　赵丹妮
孙景宜　朱劲松　王新新　刘泽林　王思嘉　唐　杰　李通达　张海涛
王　丽　王　倩　邓太胜　马　森　曹宇博

优秀组织工作者奖　吴　伟　李忠刚　权铁汉　侯　婷　郑晓明　孟李辛
优秀指导教师奖　薛春艳　王爱文　黄静静　华冬英　冯美强

2011 年北京信息科技大学大学生英语竞赛

英语专业类
一等奖　郭雨丝
二等奖　杨婷婷
三等奖　李紫彤
非英语专业类
一等奖　李　享　张朝晖　米　研
二等奖　安筱优　赵晗湘　陈欣怡　霍新雯　付仁露　郑路宽
三等奖　周露崛　李挺婷　鹿艳梅　陈婷婷　谭傲楠　王晓晗　张保成　丁一凡
马萌伟　肖　丹　何蒙巧　王　芳　邹思旻　尹　玲　印　娟　王成兴
张　淳　曹明琛　周　越　陈　亮

2011 年北京信息科技大学大学生英语听力、阅读竞赛

一等奖 高 峰 魏 伟
二等奖 谈小风 张扬洋 石 坤 缪文喆
三等奖 谭祁彬 周露崛 郑路宽 王 昊 易花兰 韩裕华 夏明朝 杨焯寓
刘甜甜 王 然 马 群 翁航宇
纪念奖 饶毓书 卞家磊 刘艳民 王振宇 茹克娅·阿山 谢思 张清欣 刘文利
野雪莲 石 倩

2011 年北京信息科技大学大学生英语词汇、语法竞赛

一等奖 霍新雯 米 妍
二等奖 王 芳 谭傲楠 王 丹
三等奖 王 丹 尹 玲 苏文苑 刘金玲 庄毅萌
付仁露 于 琳 刘大伟 朱 丹
纪念奖 崔成燕 晓 彬 谢 青 顾 磊 张东升 章莉莉 黄 颖 张夏勇
孙泽华 陈婷婷 林天舒 周 瑾

北京信息科技大学英语演讲比赛暨“外研社杯”全国英语演讲比赛校级选拔赛

一等奖 魏主恩
二等奖 张迪龙 孟怡晴
三等奖 徐 晋 常皓月 赵泊龙

北京信息科技大学英语演讲比赛暨北京市大学生英语演讲比赛校级选拔赛

一等奖 周星宸
二等奖 孟怡晴 沈梦云 唐 金 孟庆鹏
三等奖 梁丽萍 于 莉 钟 瓅 王思远 梁雨辰
竞赛服务工作奖项
优秀主持人奖 宋澳博 王楚瑜
优秀服务工作奖 张 凯 王永沛 王鑫媛 刘伊铎 宋 航 庄冰如 侯静怡
王 潇 贾 雁 陈 冉 姜 珊 郝延山 秦柳明 邢剑桥

2011 年北京信息科技大学广告艺术设计大赛

企业公益类
一等奖 刘逸涵
二等奖 谢 莹 方 莹
三等奖 刘 玥 蔡红娟 吴志远
优秀奖 尹相涛 赵 楠 魏主恩 周昱寰 王玉娇
品牌类
一等奖 王 昊

二等奖　李牧然　张源洁
三等奖　周　芒　霍常然　吴　悠
优秀奖　马文双　高　宇　罗时雨　赵刘坡　陈霈然　曹　杨
广播类
一等奖　田　昕　范　霖　贯一琦
二等奖　刘婷婷　乙梦超　邓碧辉　曾　妍　李　园
三等奖　贾子涵　安　妍　姜　雪　高煦冬　黄志杰　陈　悦　刘　行　李文睿
金　山
优秀奖　刘婷婷　高腾瞭　吴　茜　王　晴　李　萌　李　萌　王　晴　范　霖
田　昕　贯一琦　陈　维　刘　佳　周　超
策划类
一等奖　范　霖　田　昕　贯一琦　李文睿　吴　茜
二等奖　刘婷婷　陈　维　刘　佳　周　超　王　晴　李　萌　邓碧辉　曾　妍
李　园
三等奖　贾子涵　姜　雪　安　妍　陈　梦　常皓月　段　冉　王鑫缘　闻泽汉
侯　静　怡段倩

2011 年北京信息科技大学电子商务网站设计技能大赛

一等奖　杨　易　刘　凡　李俊力　石　倩　陈莉莉　郭鑫磊
二等奖　章飞龙　刘甜甜　刘华青云　王伯文　吴　渴　詹维骁　陈婷婷　李心悦
闫　晨　袁航涛　庄性华　卢燕午
三等奖　辛建雪　文晓萌　吴　司　王　硕　李英楠　张羊凡　马继文　闵博闻
孙林光　吴萌萌　赵建欣　孙璐璐　黎雅漫　孟泽华　李悦颖　方筱芸
刘　浩

2011 年北京信息科技大学电子设计竞赛

一等奖　田　嵘　郑保文　尹　耀　孙丁丁　王保青　郑　望　翁武毅　李晓天
王　峰　孙晓溪　韩永琪　李　明　王　争　李蒙蒙　林明泉　崔智超
聂嘉文　刘联盟　冯梦璐　李东妮　汪海鹏　郑路宽　王　角　李　娟
二等奖　陈新颜　王明辉　倪茂昌　邱靖鹏　彭　辉　李　琼　单宝银　殷　蒙
杨宗涛　王補平　彭宇文　杨婉秋　高亚男　高　辰　张博朝　翟　欣
马利宣　申振华　吕建楠　陈　欢　陈　瑶　田文龙　张　昊　余　潜
卫海波　高晓梦　黄志豪　闫　戈　丁　伟　刘亚杰　万文钢　赵汨龙
常好思　任宏志　王海艳　曹凯乐
三等奖　黄文慧　谢芷晴　徐继坚　许松伟　杨国钧　张羽冲　王　聪　刘　悦
赵玉山　张起豪　张　奥　周敬东　吕莎莎　高雪莹　张　朕　曹慧文
程建明　王　华　柯婉婉　张志宾　殷晓龙　蒲元培　杨　毅　庞　博

赵晓飞 李晶晶 陈 现 侯 龙 牛 娇 李光浩 曹丽娜 齐 彦 申雪松

突出贡献奖 健翔桥校区办

优秀组织奖 自动化学院 光电信息与通信工程学院 理学院

优秀组织工作者奖 沈文珍 李 越 李春云 魏宁萍 付军荣 付晓辉 寻宪生 王丽霞 唐胜春 杨鸿波 张金龙 高晶敏

优秀辅导教师奖 冯志江 王 勇 苏 进 王亚飞 李振松 倪晓明 杨 飞 陈福彬 张 利

2011 年“乐成 3G”杯北京信息科技大学计算机应用大赛

一等奖 李晓天 王振铎 王 峰 翁武毅 赵 业 晏 冉 何 昊 彭文欢 王鑫龙 王補平 彭宇文 杨婉秋

二等奖 邓凯元 王祎辰 张 馨 冉王鹏 王逸宁 王子龙 刘宏畅 韩佳萌 何 祎 赵俊杰 王 欣 贾 铮 韩之行 李 建 欣王韬

三等奖 张志宾 柯婉婉 殷晓龙 赵晓飞 李 鑫 于东洋 闫东日

北京信息科技大学 2011 年 Oracle 杯数据库应用竞赛

一等奖 王佳媛 缪文喆 韩天晓 周朝挥 郑运鹏

二等奖 陈 凯 蒋洪浩 王 环 丁一凡 闵博闻 魏 伟 谭祁彬 缪文喆 韩天晓 朱佳星 王延鹏 田英强

三等奖 卫枫雁 许 佟 邹莉娟 王钰茜 金 硕 李华鹏 张千惠 吕蕃崴 闵博闻 肖运文 杜 倩 杜 丹 李小帅 杨菲菲 孙宏良 张博文 何萌鑫

鼓励奖 秦 思 周 璇 刘占兵 陈 晓 侯 越 叶菲菲 李 杰 罗冰鑫 王笑梅 巩 蕾 陈 玮 饶毓书 赵亦龙 夏鸣朝 高 爽 李 娇 董 晟 朱 林 李 颖 孟之云 王 宾 张敬云 谭丽萍 肖青春 岳梦柳 凯 旋 王 哲 李紫未 史迎迎 林陈欣 刘伟利 顾振兴

北京信息科技大学 2011 年“360 安全卫士杯”信息安全竞赛

一等奖 宋健豪 宋君易 赵永生 张健乔 祁 鑫 徐振宇 谢 青 屈明超

二等奖 陈宇航 闫 晔 许晓晓 陈建明 黄浩然 张婧妍 靳博越 朱 地 朱万祥 陈婷婷 黄 圳 熊佳琦 常乐乐 马天宁 王 涛 杨 易

三等奖 张梦洋 薛羽青 任莫予 郭景欣 葛会强 周梦杰 李申申 王盟盟 吉鸿文 徐 静 赵旭昆 张晨辉 樊 军 沈鹏翔 雷晓通 姚兴仁 李玉乐 蒋 磊 张 鑫 刘辰麟 陈浩彦 唐维圣 李皓阳 任 磊

北京信息科技大学 Microsoft Office 大赛

Excel2003 组
一等奖　　贾子涵
二等奖　　刘　钰　王　晴
三等奖　　吴　茜　刘婷婷　王　昊
优秀奖　　曾　妍　刘　佳　范　霖　温佳露
Word2003 组
一等奖　　贾子涵
二等奖　　邓碧辉　阴亚雄
三等奖　　刘　佳　陈　梦　吴　悠
优秀奖　　王　晴　曾　妍　李　园　陈松月

北京信息科技大学 C 语言基本技能比赛

一年级组
特等奖　　涂璟东
一等奖　　王　拙　文春鹏
二等奖　　周文敏　史玉峰　庄毅萌
三等奖　　刘恩炙　陈佳硕　顾　磊　徐振宇　苏心宇　张　派
高年级计算机专业组
特等奖　　郑　程
一等奖　　张博文　毕　然　王虹旭　陈治名
二等奖　　黄　严　荆　榆　曹天野
三等奖　　姜奇辰　唐安杰　李雷阳
高年级非计算机专业组
特等奖　　叶凯歌
三等奖　　贾　铮　傅子熠　郭晓梅

北京信息科技大学第六届创新杯大学生学术科技竞赛

一等奖
高楼逃生装置　唐　众
ResFleam 资源放血针　雍　斌
基于虚拟布景技术的个性 DV 制作技术　宋　洁
二等奖
北京市顺义区交通发展情况　胡玮珊
促进现代化新型社区建设发展——关于大学生社区工作者的调研报告　李海洋
农民工维权调查研究报告——基于北大东门工地建筑工人的维权状况　冀呈莹
用于流行病学调查人员跟踪系统研究　成于谨
太阳能——我们能做得更好　藏锦希

三等奖

我国电信运营商营销渠道合理化布局及单个店面价值评估模型　李宗洁

瘦身座椅　于小飞

远程数据采集系统设计　邓大伟

红外激光导盲器　秦　浩

基于 2.4GHz 的无线控制系统　尹　耀

用于狭窄环境的检测装置　王　跃

基于经济发展与民主进步关系的理论研究　危斯明

2011 年北京信息科技大学第三届机器人大赛

类人机器人竞技赛

高尔夫组

一等奖　李韦辰　王保青　孙丁丁　郑　望

二等奖　解连鑫　甄凡凡　刘爱华

拳击组

一等奖　郝英东　邹建勇　王广富　郑成苗

二等奖　晏宇豪　蔡记恒　李　浩　张鹏飞　谢　天　赵晗宇　胡庆恺　陈树业

三等奖　李韦辰　孙丁丁　王保青　郑　望　韩闻天　王　为　田文龙

机器人 5vs5 足球赛

仿真组

一等奖　王俊涛　钱凌波　梁宇辰　马宸超　李　超　王　争

二等奖　王　赛　安晓倩　耿啟翔　胡程翔　邱靖鹏　李　琼

三等奖　刘　含　胡　薇　齐彦超　谷　梦　卢　森　潘安宇　张　淳　刘书平
周艳红　戴建辉　张　靳

机器人 5vs5 足球赛

半自主组

一等奖　毛　旺　杨立秋　裴嘉贺　魏　朝

二等奖　谢　天　赵晗宇　胡庆恺　陈树业　周艳红　刘书平　齐彦超

三等奖　任立波　李望博　张凯伦　廖　祺　杜亦楠　李　晨　杜　姣

半自主型机器人队形组

一等奖　杜亦楠　李　晨　杜　姣　李望博

二等奖　曹　禹　王治中　丰　雨　姚嘉欢　褚　旭　彭玉鹏　张凯伦　周润泽　林鹏

三等奖　莫朗锋　李玥琪　赵　辉　孙辛子　刘　含　胡　薇　严　君
阿布杜·阿巴斯

半自主型 4vs1 追捕组

一等奖　莫朗锋　李玥琪　赵　辉　孙辛子

二等奖　张　淳　王玉琦

三等奖　杜亦楠　李　晨　杜　姣　李望博　彭玉鹏　张凯伦　周润泽　林　鹏

机器人创意设计组

一等奖　任立波　周　沫　魏　朝

二等奖　彭玉宾　李昕妍　卜灿灿　刘　松

三等奖　陆　阳　肖　元　刘　超　聂　超　周　帅　王志国　王　昊　田文龙

机器人舞蹈赛

类人个人组

一等奖　谢　天　赵晗宇　林源峰　胡庆恺　陈树业

二等奖　李韦辰　孙丁丁　王保青　郑　望

三等奖　赵　辉　莫朗锋　李玥琪　孙辛子　刘　含　胡　薇

仿生个人组

一等奖　李满征　董建桥　梁　钊　周宗瑜

二等奖　田文龙　王俊杰　赵馥强　宋晓坡　肖永兴

三等奖　王　新　宋　典　谢瑞欣　杜亦楠　李　晨　杜　姣　李望博

团体组

一等奖　王俊杰　董建桥　林　鹏　李满征

二等奖　杜亦楠　李　晨　杜　姣　李望博　李韦辰　王保青　孙丁丁　郑　望

三等奖　刘　含　胡　薇　毛　旺　廖　祺　裴嘉贺　魏　朝　段潇羽　孙　一
陆　阳　肖　元

北京信息科技大学第三届计算机博弈比赛

六子棋

一等奖　晁楚频　李清华　郑海贝

二等奖　成春香　张石磊

点点连格棋

一等奖　NightElf　李东明　包　华

二等奖　BZP　周露崛　张博文　何萌鑫

亚马逊

一等奖　郭琴琴

二等奖　马技超

三等奖　姬　辉　孙建旺　方乃伟

苏拉卡尔塔棋

一等奖　文　彬　荆禄娜　杨　梅

二等奖　李静波　沈　超　韩裕华　陶思拓

三等奖　张　进　倪廓廓　张丽娜

北京信息科技大学第二届大学生节能减排社会实践与科技竞赛

一等奖　郭　静　李　莹　周万骏　张　昊　张绍峰　成常宝　吴　莹　李　波
王　颖　梁　钊　尹　多　杨晓婷　冯　乐
二等奖　彭玉宾　贾　誉　佟　毅　张绍峰　吴　莹　彭玉宾　贾　誉　佟　毅
张绍峰　吴　莹　陈炳杰　邹思旻　郑　帆　郭　静　张　昊　尹上元
三等奖　孙宏宇　李　莹　王梦爽　张　朔　何　斌　陈佳吉　陈伟晴　魏鸿凯
逍　遥　杨浩征　王峰明　孟　新　张斯琦　孙世超　陆　阳　孙丁丁
蓝文超　史家华　杜增文　刘加明　杨小跃　钟天齐　刘　婧　李晓龙
优秀奖　卜灿灿　李昕妍　王　炜　陈　诚

十二、附　录

党政发文目录

序号	文 号	文件名称	文件日期
1	校党发〔2011〕2 号	关于印发 2010 年工作总结的通知	3.8
2	校党发〔2011〕3 号	关于印发 2011 年工作要点的通知	3.8
3	校党发〔2011〕4 号	印发《关于实行重大事项报告制度的规定》的通知	3.18
4	校党发〔2011〕5 号	关于印发 2010 年学院（体育部 计算中心 机电实习中心）处级干部年度考核办法的通知	3.24
5	校党发〔2011〕6 号	关于成立北京信息科技大学“十二五”事业发展规划编制机构的通知	3.24
6	校党发〔2011〕7 号	关于调整学校保密委员会成员的通知	3.29
7	校党发〔2011〕8 号	关于在教学 教辅 校区办 高教研究室等单位推进廉政风险防范管理工作的通知	3.28
8	校党发〔2011〕9 号	关于印发纪念中国共产党成立 90 周年活动安排的通知	3.30
9	校党发〔2011〕10 号	关于印发 2011 年党风廉政建设和反腐败工作主要任务分工的通知	3.30
10	校党发〔2011〕11 号	关于成立北京信息科技大学校友会筹备工作组的通知	4.1
11	校党发〔2011〕12 号	关于印发贯彻落实党代表大会代表任期制相关工作的意见的通知	4.2
12	校党发〔2011〕13 号	关于印发中国共产党北京信息科技大学代表大会代表提案提议工作暂行办法的通知	4.2

（续表）

序号	文　号	文件名称	文件日期
13	校党发〔2011〕14 号	关于印发新大学成立 3 周年庆祝活动总体工作方案的通知	4.13
14	校党发〔2011〕15 号	关于调整老干部工作领导小组成员的通知	4.15
15	校党发〔2011〕16 号	关于进一步做好新形势下学校离退休工作的意见	4.29
16	校党发〔2011〕17 号	关于印发《贯彻落实〈北京市离退休干部工作领导责任制〉实施办法》的通知	4.29
17	校党发〔2011〕18 号	关于成立政治理论教育学院的决定	4.29
18	校党发〔2011〕19 号	关于成立思想政治理论课建设工作领导小组的通知	4.29
19	校党发〔2011〕20 号	关于评选表彰先进党支部 优秀共产党员及优秀党务工作者的通知	5.13
20	校党发〔2011〕21 号	关于成立北京信息科技大学党建和思想政治工作研究会的通知	5.16
21	校党发〔2011〕22 号	关于印发推进学习型党组织建设实施方案的通知	6.8
22	校党发〔2011〕23 号	关于表彰先进党支部 优秀共产党员和优秀党务工作者的通知	6.20
23	校党发〔2011〕24 号	关于表彰纪念建党 90 周年征文活动优秀论文的决定	6.22
24	校党发〔2011〕25 号	关于成立心理健康教育及心理咨询相关机构的通知	9.19
25	校党发〔2011〕27 号	关于成立艺术教育中心的通知	9.26

（续表）

序号	文　号	文件名称	文件日期
26	校党发〔2011〕28号	关于印发区县人大代表换届选举工作实施方案的通知	9.27
27	校党发〔2011〕29号	关于印发《北京信息科技大学深入开展“提高办学质量促发展、服务人民群众树形象”活动实施方案》的通知	10.10
28	校党发〔2011〕30号	关于印发2011年下半年重点工作的通知	10.10
29	校党发〔2011〕31号	关于印发《党风廉政建设责任制考核办法（试行）》的通知	10.17
30	校党发〔2011〕32号	关于印发《廉政风险防范管理检查考核办法（试行）》的通知	10.17
31	校党发〔2011〕33号	关于印发《贯彻落实校级领导班子“三重一大”决策制度的实施办法》的通知	10.17
32	校党发〔2011〕34号	印发《关于进一步完善处级干部任免票决制的办法》的通知	10.19
33	校党发〔2011〕35号	关于成立港澳台事务办公室的通知	10.21
34	校党发〔2011〕36号	关于组建人文社会科学系的决定	10.21
35	校党发〔2011〕37号	关于基层党组织更名的通知	10.21
36	校党发〔2011〕38号	关于学校领导班子成员工作分工的通知	10.21
37	校党发〔2011〕39号	关于调整党风廉政建设责任制领导小组的通知	10.25
38	校党发〔2011〕40号	印发《关于加强在重点工作中了解干部表现的实施办法》的通知	11.3

（续表）

序号	文　号	文件名称	文件日期
39	校党发〔2011〕41 号	印发《关于处级干部外出请假报备的规定（试行）》的通知	12.2
40	校党发〔2011〕42 号	关于调整学校信访工作领导小组的通知	12.5
41	校党发〔2011〕43 号	关于调整学校党校校务委员会的通知	12.5
42	校党发〔2011〕44 号	关于调整学校人才工作领导小组和工作组的通知	12.5
43	校党发〔2011〕45 号	关于调整学校党的建设工作领导小组的通知	12.5
44	校党发〔2011〕46 号	关于调整学校民族宗教工作领导小组的通知	12.5
45	校党发〔2011〕47 号	关于调整学校师德建设领导小组和工作小组的通知	12.5
46	校党发〔2011〕48 号	关于调整学校保密委员会成员的通知	12.5
47	校党发〔2011〕49 号	关于调整学校关心下一代工作委员会的通知	12.5
48	校党发〔2011〕50 号	关于调整学校老干部工作领导小组成员的通知	12.5
49	校党发〔2011〕51 号	关于调整校办企业规范化建设领导小组的通知	12.5
50	校党发〔2011〕52 号	关于调整学校财经工作领导小组的通知	11.9
51	校党发〔2011〕53 号	关于印发《2011 年院系行政班子换届实施方案》的通知	12.7

（续表）

序号	文　号	文件名称	文件日期
52	校党发〔2011〕54号	关于印发《2011年院系党的总支部委员会 直属支部委员会换届选举工作实施办法》的通知	12.16
53	校党发〔2011〕55号	关于印发《推荐提名出席党的十八大代表候选人初步人选工作方案》的通知	12.20
54	校党发〔2011〕56号	关于调整“十二五”事业发展规划编制机构的通知	12.20
55	校党发〔2011〕57号	关于调整学校安全稳定工作领导小组等七个组织机构的通知	12.30
56	校党发〔2011〕58号	关于调整学校大学生思想政治教育工作领导小组的通知	12.30
57	校党发〔2011〕59号	关于印发学校“十二五”事业发展规划的通知	12.30
58	校党干〔2011〕1号	关于王立民等同志任职的通知	1.14
59	校党干〔2011〕2号	关于李相豸等同志职务任免的通知	1.14
60	校党干〔2011〕3号	关于胡滔等同志职务变动的通知	10.8
61	校党干〔2011〕4号	关于张树人同志任职的通知	10.27
62	校党办〔2011〕1号	关于印发落实《党的建设工作五年规划》主要工作任务分工方案的通知	4.15
63	校党办〔2011〕2号	关于印发“固基”工程实施方案的通知	6.10
64	校党办〔2011〕3号	关于召开庆祝中国共产党成立90周年大会的通知	6.22

（续表）

序号	文　号	文件名称	文件日期
65	校纪发〔2011〕1号	关于印发2011年纪检监察工作要点的通知	3.22
66	校纪发〔2011〕2号	关于印发“一案两报告”制度的通知	3.22
67	校纪发〔2011〕3号	关于印发纪检监察案件通报制度的通知	3.22
68	校密发〔2011〕1号	关于调整学校定密小组成员的通知	3.29
69	校密发〔2011〕2号	关于设置保密工作办公室兼职副主任的通知	3.29
70	校密发〔2011〕3号	关于印发2011年度保密工作要点的通知	3.29
71	校密发〔2011〕4号	关于成立申请保密资格审查认证工作机构的通知	5.25
72	校密发〔2011〕5号	关于印发《保密资格审查认证工作任务分解表》的通知	9.23
73	校密发〔2011〕6号	关于印发《北京信息科技大学保密工作管理规定》的通知	10.9
74	校密发〔2011〕7号	关于印发《北京信息科技大学保密工作责任制》的通知	10.9
75	校密发〔2011〕8号	关于印发《北京信息科技大学保密委员会工作制度》的通知	10.9
76	校密发〔2011〕9号	关于印发《北京信息科技大学国家秘密事项定密和密级变更规定》的通知	10.9
77	校密发〔2011〕10号	关于印发《北京信息科技大学涉密人员管理规定》的通知	10.9

（续表）

序号	文　号	文件名称	文件日期
78	校密发〔2011〕11号	关于印发《北京信息科技大学研究生参与国防科技项目研究的保密管理规定》的通知	10.9
79	校密发〔2011〕12号	关于印发《北京信息科技大学保密教育工作管理规定》的通知	10.9
80	校密发〔2011〕13号	关于印发《北京信息科技大学国家秘密载体保密管埋若十规定》的通知	10.9
81	校密发〔2011〕14号	关于印发《北京信息科技大学涉密文件管理的暂行规定》的通知	10.9
82	校密发〔2011〕15号	关于印发《北京信息科技大学保密要害部门部位管理规定》的通知	10.9
83	校密发〔2011〕16号	关于印发《北京信息科技大学涉密区的安全管理规定》的通知	10.9
84	校密发〔2011〕17号	关于印发《北京信息科技大学涉密区门禁卡使用管理规定》的通知	10.9
85	校密发〔2011〕18号	关于印发《北京信息科技大学计算机和信息系统安全保密管理规定》的通知	10.9
86	校密发〔2011〕19号	关于印发《北京信息科技大学通信及办公自动化设备保密管理规定》的通知	10.9
87	校密发〔2011〕20号	关于印发《北京信息科技大学手机使用保密管理规定》的通知	10.9
88	校密发〔2011〕21号	关于印发《北京信息科技大学宣传报道保密管理规定》的通知	10.9
89	校密发〔2011〕22号	关于印发《北京信息科技大学接待工作的保密管理规定》的通知	10.9
90	校密发〔2011〕23号	关于印发《北京信息科技大学涉密活动和涉外活动保密管理规定》的通知	10.9

（续表）

序号	文　号	文件名称	文件日期
91	校密发〔2011〕24 号	关于印发《北京信息科技大学信息公开保密审查办法》的通知	10.9
92	校密发〔2011〕25 号	关于印发《北京信息科技大学对外科技交流保密提醒制度》的通知	10.9
93	校密发〔2011〕26 号	关于印发《北京信息科技大学保密检查工作规定》的通知	10.9
94	校密发〔2011〕27 号	关于印发《北京信息科技大学泄露国家秘密事件报告和查处规定》的通知	10.9
95	校密发〔2011〕28 号	关于印发《北京信息科技大学保密考核与奖惩管理规定》的通知	10.9
96	校密发〔2011〕29 号	关于印发《北京信息科技大学保密工作档案管理规定》的通知	10.9
97	校密发〔2011〕30 号	关于印发《北京信息科技大学保密工作经费管理规定》的通知	10.9
98	校密发〔2011〕31 号	关于印发《北京信息科技大学涉密人员保密补贴发放规定》的通知	10.9
99	校密发〔2011〕32 号	关于印发《北京信息科技大学复印机使用安全保密管理规定》的通知	10.9
100	校密发〔2011〕33 号	关于印发《北京信息科技大学密品管理规定》的通知	10.9
101	校密发〔2011〕34 号	关于印发《北京信息科技大学协作配套保密管理规定》的通知	10.9
102	校密发〔2011〕35 号	关于印发《北京信息科技大学中间机使用管理办法》的通知	10.9
103	校密发〔2011〕36 号	关于下发《北京信息科技大学涉及国家秘密事项及工作秘密事项一览表（试行）》的通知	10.9

（续表）

序号	文　号	文件名称	文件日期
104	校密发〔2011〕37 号	关于调整我校保密要害部门部位的通知	10.9
105	校密发〔2011〕38 号	关于评选 2011 年度保密工作先进集体和先进个人的通知	12.2
106	校密发〔2011〕39 号	关于设立光电信息与通信工程学院保密室的通知	12.8
107	校密发〔2011〕40 号	关于印发《北京信息科技大学涉密计算机安全策略》的通知	12.8
108	校密发〔2011〕41 号	关于贯彻“六五”保密法制宣传教育规划的意见	12.29
109	校党关〔2011〕1 号	关心下一代工作委员会关于印发 2011 年工作要点的通知	4.10
110	校工发〔2011〕1 号	关于开展首都“教育先锋”先进集体和先进个人推荐评选工作的通知	2.25
111	校工发〔2011〕2 号	关于做好北京信息科技大学第一届教职工代表大会第二次会议提案征集工作的通知	3.1
112	校工发〔2011〕3 号	关于召开北京信息科技大学第一届教职工代表大会暨第一届工会会员代表大会第二次会议的通知	3.15
113	校工发〔2011〕4 号	关于印发《北京信息科技大学工会经费审查委员会工作条例（试行）》的通知	3.24
114	校工发〔2011〕5 号	关于印发《北京信息科技大学工会财务管理办法》的通知	3.24
115	校工发〔2011〕6 号	关于调整部分部门工会设置的通知	3.29
116	校工发〔2011〕7 号	关于对从事教育工作满三十年教职工进行表彰的决定	12.13

（续表）

序号	文　号	文件名称	文件日期
117	校工发〔2011〕8号	关于评选2011年工会工作积极分子的通知	12.19
118	校工发〔2011〕9号	关于召开北京信息科技大学第一届教职工代表大会暨第一届工会会员代表大会第三次会议的通知	12.20
119	校发〔2011〕1号	关于调整住房补贴工作领导小组组成人员的通知	1.11
120	校发〔2011〕2号	关于成立第四届学校教师职务聘任委员会的通知	1.18
121	校发〔2011〕3号	关于成立经营性资产管理委员会和大学科技园管理委员会的通知	3.10
122	校发〔2011〕4号	关于成立抗震加固协调工作领导小组的通知	3.21
123	校发〔2011〕5号	关于印发抗震加固协调工作领导小组成员单位工作职责的通知	3.24
124	校发〔2011〕6号	关于成立科研机构的通知	4.24
125	校发〔2011〕7号	关于成立公务用车问题专项治理工作领导小组的通知	5.15
126	校发〔2011〕8号	关于印发公务用车问题专项治理工作实施方案的通知	5.15
127	校发〔2011〕9号	关于成立北京北信科电子厂关闭前清算工作小组的通知	5.31
128	校发〔2011〕10号	关于成立科研机构的通知	6.22
129	校发〔2011〕11号	印发《北京信息科技大学关于开展清剿火患战役暨消防平安二号行动工作方案》的通知	10.31

（续表）

序号	文　号	文件名称	文件日期
130	校发〔2011〕12 号	关于成立高端信息产业技术研究院建设工作领导小组的通知	10.31
131	校发〔2011〕13 号	关于印发《北京信息科技大学其他专业技术职务聘任实施方案》的通知	11.11
132	校发〔2011〕14 号	关于印发《北京信息科技大学工勤技能岗位设置与聘任实施方案》的通知	11.11
133	校发〔2011〕15 号	关于成立学校其他专业技术职务聘任委员会和学校其他专业技术职务聘任考核推荐组的通知	11.11
134	校发〔2011〕16 号	关于成立工勤技能岗位聘任委员会和学校工勤技能岗位聘任考核推荐组的通知	11.11
135	校发〔2011〕17 号	关于印发《北京信息科技大学 2011 年其他专业技术职务聘任岗位核定及下达方案》的通知	11.17
136	校发〔2011〕18 号	印发《北京信息科技大学关于其他专业技术职务岗位基本职责的规定》的通知	11.18
137	校发〔2011〕19 号	印发《北京信息科技大学关于首次其他专业技术职务岗位聘任各系列各级岗位基本条件的规定》的通知	11.18
138	校发〔2011〕20 号	关于印发《北京信息科技大学节能管理办法》的通知	11.23
139	校发〔2011〕21 号	关于调整学校公务用车问题专项治理工作领导小组的通知	12.2
140	校发〔2011〕22 号	关于调整学校公用房屋使用管理工作领导小组的通知	12.2
141	校发〔2011〕23 号	关于调整学校经营性资产管理委员会和大学科技园管理委员会的通知	12.2
142	校发〔2011〕24 号	关于调整第四届教师职务聘任委员会的通知	12.2

（续表）

序号	文　号	文件名称	文件日期
143	校发〔2011〕25 号	关于调整学校信息化建设工作组织机构的通知	12.30
144	校发〔2011〕26 号	关于调整法律事务工作小组的通知	12.30
145	校干〔2011〕1 号	关于李学华等任职的通知	1.14
146	校干〔2011〕2 号	关于张世忠等职务任免的通知	3.24
147	校干〔2011〕3 号	关于郭春燕等任职的通知	4.29
148	校干〔2011〕4 号	关于王宗广等职务变动的通知	10.10
149	校干〔2011〕5 号	关于卢静任职的通知	10.21
150	校干〔2011〕6 号	关于何深思等任职的通知	10.21
151	校干〔2011〕7 号	关于王兴伟等职务任免的通知	12.15
152	校干〔2011〕8 号	关于戈新生等任职的通知	12.27
153	校干〔2011〕9 号	关于李祥贵等任职的通知	12.27
154	校干〔2011〕10 号	关于李忱等任职的通知	12.27
155	校干〔2011〕11 号	关于周长胜等任职的通知	12.27

（续表）

序号	文 号	文件名称	文件日期
156	校办发〔2011〕1号	关于成立北京信息科技大学校友会筹备工作委员会的通知	5.18
157	校办发〔2011〕2号	关于印发《北京信息科技大学迎接2011年新生入学工作实施方案》的通知	6.14
158	校办发〔2011〕3号	关于提交学校“十二五”专项工作子规划及学院“十二五”事业发展规划（送审稿）的通知	12.27
159	校教发〔2011〕7号	关于公布2010年校级优秀毕业设计（论文）评选结果的通知	2.22
160	校教发〔2011〕8号	关于公布北京信息科技大学第三届实验教学基本功大赛暨优秀实验项目评选结果的通知	2.23
161	校教发〔2011〕9号	关于推荐2010年大学生学科竞赛优秀辅导教师的通知	3.2
162	校教发〔2011〕10号	关于开展2011年大学生学科竞赛项目立项申报的通知	3.2
163	校教发〔2011〕14号	关于批准2010年教学改革立项项目的通知	3.9
164	校教发〔2011〕22号	关于制定2011—2013年本科专业建设规划的通知	3.16
165	校教发〔2011〕23号	关于调整大学生学科竞赛管理委员会的通知	3.18
166	校教发〔2011〕55号	关于批准设立2011年大学生学科竞赛项目及承办单位的通知	3.25
167	校教发〔2011〕58号	关于公布2010年大学生学科竞赛优秀承办单位及优秀辅导教师评选结果的通知	3.29
168	校教发〔2011〕59号	关于举办第五届青年教师教学基本功比赛的通知	4.2

（续表）

序号	文　号	文件名称	文件日期
169	校教发〔2011〕60号	关于组织开展2011年校级优秀教学团队建设立项的通知	4.8
170	校教发〔2011〕61号	关于印发《北京信息科技大学大学生科技创新计划项目管理暂行办法》的通知	4.12
171	校教发〔2011〕62号	关于成立大学生科技创新计划领导小组的通知	4.12
172	校教发〔2011〕63号	关于开展实验教学示范中心数字化资源建设项目申报的通知	4.14
173	校教发〔2011〕64号	关于印发北京信息科技大学学生实验守则的通知	4.14
174	校教发〔2011〕65号	关于开展第四届教学名师奖评选的通知	4.19
175	校教发〔2011〕67号	关于印发北京信息科技大学教学工作委员会工作条例的通知	4.24
176	校教发〔2011〕68号	关于印发北京信息科技大学学生课堂行为规范的通知	4.24
177	校教发〔2011〕69号	关于印发《北京信息科技大学少数民族预科班和内地新疆高中班学生学籍管理规定（试行）》的通知	4.27
178	校教发〔2011〕71号	关于公布北京信息科技大学第四届教学名师奖获奖名单的通知	5.13
179	校教发〔2011〕72号	关于印发北京信息科技大学学生缓考规定的通知	5.25
180	校教发〔2011〕73号	关于做好2010—2011学年第二学期期末考试工作的通知	5.25
181	校教发〔2011〕74号	关于印发《北京信息科技大学聘请企业人员承担本科教学工作的管理办法（试行）》的通知	5.29

（续表）

序号	文　号	文件名称	文件日期
182	校教发〔2011〕77 号	关于对 2005—2008 年市级教改项目进行结题验收的通知	6.8
183	校教发〔2011〕78 号	关于公布北京信息科技大学第二届校级优秀教材评选结果的通知	6.9
184	校教发〔2011〕79 号	关于公布第五届青年教师教学基本功比赛结果的通知	6.13
185	校教发〔2011〕80 号	关于印发《北京信息科技大学优质课程 精品课程评选与管理办法》的通知	6.13
186	校教发〔2011〕81 号	关于印发《北京信息科技大学课程建设项目管理办法》的通知	6.15
187	校教发〔2011〕82 号	关于大学英语四 六级考试工作安排的通知	6.15
188	校教发〔2011〕84 号	关于公布 2011 年度校级优秀教学团队评选结果的通知	6.22
189	校教发〔2011〕85 号	关于公布延期验收的 2008 年校级课程建设项目结题验收结果的通知	6.24
190	校教发〔2011〕86 号	关于成立北京信息科技大学 2012 年推荐优秀应届本科毕业生免试攻读硕士学位研究生遴选工作领导小组的通知	9.15
191	校教发〔2011〕87 号	关于印发《北京信息科技大学本科课程评估方案》的通知	9.30
192	校教发〔2011〕88 号	关于评选 2011 年校级优质课程的通知	9.30
193	校教发〔2011〕89 号	关于申报 2011 年度课程建设项目的通知	9.30
194	校教发〔2011〕114 号	关于开展 2011—2012 学年第一学期期中教学检查的通知	11.4

（续表）

序号	文　号	文件名称	文件日期
195	校教发〔2011〕121号	关于印发《北京信息科技大学院级教学督导组工作指导意见》的通知	11.14
196	校教发〔2011〕122号	关于举办第四届实验教学基本功大赛暨优秀实验项目评选的通知	11.18
197	校教发〔2011〕124号	关于公布2007—2009年部分校级教改项目结题验收结果的通知	12.2
198	校教发〔2011〕125号	关于大学英语四 六级考试工作安排的通知	12.9
199	校教发〔2011〕126号	关于做好2011—2012学年第一学期期末考试工作的通知	12.26
200	校教发〔2011〕128号	关于公布我校2011年校级优秀毕业设计（论文）评选结果的通知	12.28
201	校教发〔2011〕129号	关于组织申报我校2011年度教学改革项目的通知	12.31
202	校技发〔2011〕1号	关于调整《北京信息科技大学学报》编委会委员的通知	3.28
203	校研发〔2011〕2号	关于印发《北京信息科技大学硕士学位授予工作实施细则》的通知	1.18
204	校研发〔2011〕3号	关于印发《北京信息科技大学硕士学位论文评阅及答辩工作的规定》的通知	1.18
205	校研发〔2011〕4号	关于成立工程硕士教育指导委员会和工商管理硕士（MBA）教育指导委员会等机构的通知	3.31
206	校研发〔2011〕6号	关于下达2012年推荐优秀应届本科毕业生免试攻读硕士学位研究生名额的通知	9.19
207	校研发〔2011〕8号	关于对我校学科与研究生教育建设类项目建设成果考核中相关论文要求的通知	10.19

（续表）

序号	文　号	文件名称	文件日期
208	校研发〔2011〕10号	关于调整工程硕士教育指导委员会和工商管理硕士（MBA）教育指导委员会等机构的通知	11.17
209	校学位发〔2011〕1号	关于表彰2011届优秀硕士学位论文获得者的决定	3.22
210	校学位发〔2011〕2号	关于印发《北京信息科技大学授予普通高等教育学生学士学位工作细则》的通知	4.27
211	校学位发〔2011〕3号	关于印发《北京信息科技大学2007级至2010级普通高等教育本科学生授予学士学位适用范围的说明》的通知	4.27
212	校学位发〔2011〕4号	关于调整学校成人教育学位评定分委员会的通知	11.17
213	校人发〔2011〕1号	关于聘任傅正华等同志正高级教师职务责任岗位的通知	3.8
214	校人发〔2011〕2号	关于聘任李淑琴同志正高级教师职务重要岗位的通知	3.8
215	校人发〔2011〕3号	关于公布2010年教职工年度考核结果的通知	3.14
216	校人发〔2011〕4号	关于聘任陈迎潮同志正高级教师职务责任岗位的通知	3.14
217	校人发〔2011〕5号	关于聘任杨兴林等同志正高级教师职务重要岗位的通知	4.1
218	校人发〔2011〕6号	关于聘任刘永成同志正高级教师职务重要岗位的通知	4.1
219	校人发〔2011〕7号	关于聘任吴国新等同志副高级教师职务骨干岗位的通知	4.1
220	校人发〔2011〕8号	关于聘任齐兵等同志中级教师职务岗位的通知	4.1

（续表）

序号	文　号	文件名称	文件日期
221	校人发〔2011〕9 号	关于确认王莹等同志中级教师职务的通知	4.8
222	校人发〔2011〕10 号	关于聘任高英等同志副高级教师职务骨干岗位的通知	4.21
223	校人发〔2011〕11 号	关于聘任史三军等同志中级教师职务岗位的通知	4.21
224	校人发〔2011〕12 号	关于调整教学工作委员会的通知	5.15
225	校人发〔2011〕13 号	关于调整学术委员会的通知	5.15
226	校人发〔2011〕14 号	关于聘任祁志生等同志副高级教师职务骨干岗位的通知	5.27
227	校人发〔2011〕15 号	关于聘任谷玉海等同志中级及以下教师职务岗位的通知	5.27
228	校人发〔2011〕16 号	关于确认杨颖梅同志讲师职务的通知	6.4
229	校人发〔2011〕17 号	关于聘任肖滨等同志副高级教师职务骨干岗位的通知	6.4
230	校人发〔2011〕18 号	关于聘任彭克勤等同志副高级教师职务骨干岗位的通知	6.4
231	校人发〔2011〕19 号	关于聘任李艳平等同志中级及以下教师职务岗位的通知	6.4
232	校人发〔2011〕20 号	关于调整学位评定委员会的通知	6.7
233	校人发〔2011〕21 号	关于责任岗空缺以后相关职责落实的指导意见	6.23

（续表）

序号	文　号	文件名称	文件日期
234	校人发〔2011〕22号	关于首次教师职务全员聘任工作中校外同行专家评议费问题的通知	6.24
235	校人发〔2011〕23号	关于首次教师职务全员聘任中职务晋升人员的任职资格时间起点的通知	6.24
236	校人发〔2011〕24号	关于首次教师职务全员聘任中职务晋升人员一次性核发工资待遇差额的通知	6.27
237	校人发〔2011〕25号	关于聘任贾红霞等同志副高级教师职务骨干岗位的通知	10.20
238	校人发〔2011〕26号	关于聘任王庆华等同志中级及以下教师职务岗位的通知	10.20
239	校人发〔2011〕27号	关于聘任卓奕君等同志中级教师职务岗位的通知	10.20
240	校人发〔2011〕28号	关于聘任陈涛等同志教师职务岗位的通知	10.20
241	校人发〔2011〕29号	关于成立学校部分管理服务岗位聘任小组的通知	12.2
242	校人发〔2011〕30号	关于印发《教职工2011年年度考核实施办法》的通知	12.12
243	校人发〔2011〕31号	关于聘任陶靖中等同志其他专业技术职务岗位的通知	12.13
244	校人发〔2011〕32号	关于聘任彭永云等同志工勤技能岗位的通知	12.13
245	校人发〔2011〕33号	关于聘任胡波等同志管理服务岗位的通知	12.13
246	校人发〔2011〕34号	关于首次其他专业技术职务全员聘任中职务晋升人员的任职资格时间起点计算的通知	12.21

（续表）

序号	文　号	文件名称	文件日期
247	校人发〔2011〕35号	关于首次其他专业技术职务全员聘任中职务晋升人员一次性核发工资待遇差额的通知	12.21
248	校人发〔2011〕36号	关于王海燕 齐兵中级教师职务任职时间的通知	12.26
249	校人发〔2011〕37号	关于调整学校门诊部机构设置的通知	12.28
250	校人发〔2011〕38号	关于调整学校现代测控技术教育部重点实验室建设管理委员会的通知	12.29
251	校人发〔2011〕39号	关于调整学校学位评定委员会的通知	12.29
252	校人发〔2011〕40号	关于医疗保险工作机构及主要职责的通知	12.30
253	校人任〔2011〕1号	关于席军等职务任免的通知	3.24
254	校学发〔2011〕1号	关于公布2009—2010学年辅导员考核结果的通知	1.12
255	校学发〔2011〕2号	关于公布2009—2010学年班主任考核结果的通知	1.12
256	校学发〔2011〕50号	关于对2008—2009学年 2009—2010学年辅导员 班主任工作考核等级为优秀 良好的人员进行表彰的决定	5.13
257	校学发〔2011〕61号	关于表彰2011届优秀毕业生的决定	6.16
258	校学发〔2011〕76号	关于成立征兵工作领导小组的通知	11.7
259	校学发〔2011〕82号	关于调整学生申诉处理委员会的通知	11.17

（续表）

序号	文　号	文件名称	文件日期
260	校招生发〔2011〕3号	关于做好2011级新生入学资格审查工作的通知	9.15
261	校就业发〔2011〕1号	关于印发《北京信息科技大学2012届本科毕业生就业工作计划》的通知	12.30
262	校资发〔2011〕1号	关于做好2011年政府采购工作的通知	3.9
263	校资发〔2011〕2号	关于印发《北京信息科技大学闲置与报废国有资产处理办法（试行）》的通知	3.25
264	校审发〔2011〕1号	关于印发北京信息科技大学领导干部经济责任审计工作联席会议制度的通知	3.28
265	校勤发〔2011〕1号	关于成立基础设施改造项目评标小组的通知	2.28
266	校勤发〔2011〕2号	关于成立北京快客印刷厂停业清算工作领导小组的通知	4.1
267	校勤发〔2011〕3号	关于做好我校流动人口和出租房屋基础调查工作的通知	4.24
268	校勤发〔2011〕4号	关于调整北京信息科技大学防汛应急指挥部成员的通知	4.25
269	校勤发〔2011〕5号	关于印发《北京信息科技大学校园施工管理规定（试行）》的通知	4.29
270	校勤发〔2011〕6号	关于调整北京信息科技大学防汛应急指挥部成员的通知	6.17
271	校勤发〔2011〕7号	关于印发《北京信息科技大学基础设施改造工程项目管理办法》的通知	6.22
272	校勤发〔2011〕8号	关于印发《北京信息科技大学基础设施改造工程招标投标管理暂行办法》的通知	6.23

（续表）

序号	文　号	文件名称	文件日期
273	校勤发〔2011〕9 号	关于迎接北京市高等院校控烟督导检查工作的通知	9.19
274	校勤发〔2011〕10 号	关于进一步规范小型基础设施改造工程项目实施程序的通知	11.2
275	校勤发〔2011〕11 号	关于印发《北京信息科技大学学生公寓管理办法》的通知	12.13
276	校勤发〔2011〕12 号	关于调整学校绿化工作委员会成员的通知	12.25
277	校勤发〔2011〕13 号	关于调整学校爱国卫生运动委员会成员的通知	12.25
278	校勤发〔2011〕14 号	关于调整学校住房补贴工作领导小组组成人员的通知	12.25
279	校离退发〔2011〕1 号	关于印发《北京信息科技大学离退休人员特困基金管理办法》的通知	3.7
280	校高教发〔2011〕1 号	关于印发《北京信息科技大学校级高教研究课题立项管理办法（修订）》的通知	5.9
281	校高教发〔2011〕2 号	关于申报 2011 年度校级高教研究课题的通知	5.8
282	校高教发〔2011〕3 号	关于 2011 年度高教研究立项审批结果的通知	11.29

2011年授予硕士学位人员名单

机电工程学院（41人）

机械制造及其自动化（9人）

吉　彬　刘若竹　潘少为　石　磊　吴克坚　杨　杰　郑　申　蔡　明　向　俊

机械电子工程（18人）

陈海燕　程壮壮　杨　志　章国根　赵义飞　周　峰　哈　亮　李　辉　刘　轩

王　茂　赵二辉　白　丽　刘　然　刘亚平　宋福霞　王　犇　夏　娟　董和媛

机械设计及理论（8人）

常　俊　郭　超　黄肖雄　宁　萌　王　超　王晶晶　陈早芬　徐玉祥

车辆工程（3人）

王　菲　姚广伟　张良城

工程硕士——机械工程领域（3人）

于建华　王　潇　王　晗

光电信息与通信工程学院（44人）

测试计量技术及仪器（19人）

冯　健　李　昊　廖　磊　林义闽　刘鹏飞　吴　霆　梁　波　刘富国　刘　佳

牛　悦　徐炜君　于振欢　赵鹏飞　董政洁　李　燕　武影影　段凤霞　张立伟

宗　敏

精密仪器及机械（6人）

高　静　何　巍　周　锐　陈庆鹏　陈云芳　樊瑞英

信号与信息处理（9人）

马泽民　吴同海　张　旸　逯永广　马　丁　莫宏飞　沈冰夏　龚　琳　赵宇航

工程硕士——仪器仪表工程领域（10人）

姜德涛　朱海霞　蔡湘平　王泮义　史娟娟　管明扬　何　栋　鲍　岩　程德志

樊文敬

自动化学院（36人）

检测技术与自动化装置（17人）

陈　淞　陈伟曹　刘　洪　曾志亮　张　锐　张志新　吴海龙　周　枫　高　杨

刘丽丽　郝　翠　李聪颖　李喜林　王　娟　熊丽满　张凤萍　李庆武

控制理论与控制工程（16人）

李明辉　李　涛　武　磊　夏　嵩　杨　鹏　张　伟　张　文　赵海平　林禄辉

马建民　曲少杰　史述东　唐　义　陈　晨　刘立华　张震宇

模式识别与智能系统（3人）

刘　博　代　芳　周艳霞

计算机学院（49 人）

计算机应用技术（49 人）

陈佳欣　邓学正　樊　凯　国　杰　姜　宇　刘玉威　罗宪华　马　健　孙兴义
孙振权　涂培宏　张继松　张耀伟　安西平　甘润生　高　徽　谷　伟　郭　江
韩光强　李　超　李润之　李胜东　李铁强　刘　海　刘　鹏　吕华溢　苏文杰
张　凯　张　嵩　张　宇　赵　飞　郑金纲　郑育辉　钟　鼎　姜智荧　黎美秀
何　佳　蒋　冰　李飞娟　刘玉芳　刘志杰　石　竹　帖春华　王　磊　王　燕
夏艳霞　翟春丽　张建丽　朱金金

经济管理学院（57 人）

管理科学与工程（14 人）

王　剑　吴盛武　向旭东　林吉会　邵甘绪　郭少旭　江　影　周文玲　王秋月
杨莉娟　杨　旸　张　炜　张晓霞　赵　静

企业管理（9 人）

黄华枧　蒋亚夫　傅胜坤　雷　蕾　叶　笑　孙著萍　王　莎　杨　英　孙　宁

技术经济及管理（12 人）

靳现凯　彭　玮　常贵臣　李建圆　侯　慧　刘程程　张　琳　周秀芬　方　芳
牛莉莉　任荣华　杨凤鲜

国民经济学（9 人）

韩　聪　李　磊　孙海程　王方军　张元龄　朱芳芳　成　琴　贾　博　周月莉

数量经济学（5 人）

潘垟光　王和俊　夏　斌　汪晶晶　魏旭明

工程硕士——工业工程领域（8 人）

聂喜荣　晁代立　任倩倩　王　量　李瑾莹　刘云玲　宋海莉　殷志杰

理学院（20 人）

应用数学（8 人）

郝新江　陈少峰　郭富磊　李永伟　徐　健　王聪丽　邹　静　单　晨

微电子学与固体电子学（12 人）

单言丰　吕学明　王　凌　杨刚强　张茂盛　郭　亨　纪明明　李绍鹏　李白华
唐会彦　张伟伟　陈　颖

人文社科学院（6 人）

马克思主义中国化研究（6 人）

郇志松　单连良　孔　瑞　肖彭莲　戚　端　刘泽政

2011 年授予同等学历人员硕士学位人员名单

企业管理（1 人）
陈秀娟

2011 年授予在职工程硕士学位人员名单

仪器仪表工程领域（4 人）
李漫　张伟　黄茜　杜凯

2011 年硕士研究生毕业生名单

机电工程学院（41 人）
机械制造及其自动化（9 人）
吉　彬　刘若竹　潘少为　石　磊　吴克坚　杨　杰　郑　申　蔡　明　向　俊
机械电子工程（18 人）
陈海燕　程壮壮　杨　志　章国根　赵义飞　周　峰　哈　亮　李　辉　刘　轩
王　茂　赵二辉　白　丽　刘　然　刘亚平　宋福霞　王　犇　夏　娟　董和媛
机械设计及理论（8 人）
常　俊　郭　超　黄肖雄　宁　萌　王　超　王晶晶　陈早芬　徐玉祥
车辆工程（3 人）
王　菲　姚广伟　张良城
工程硕士——机械工程领域（3 人）
于建华　王　潇　王　晗
光电信息与通信工程学院（44 人）
测试计量技术及仪器（19 人）
冯　健　李　昊　廖　磊　林义闽　刘鹏飞　吴　霆　梁　波　刘富国　刘　佳
牛　悦　徐炜君　于振欢　赵鹏飞　董政洁　李　燕　武影影　段凤霞　张立伟
宗　敏

精密仪器及机械（6 人）

高　静　何　巍　周　锐　陈庆鹏　陈云芳　樊瑞英

信号与信息处理（9 人）

马泽民　吴同海　张　旸　逯永广　马　丁　莫宏飞　沈冰夏　龚　琳　赵宇航

工程硕士——仪器仪表工程领域（10 人）

姜德涛　朱海霞　蔡湘平　王泮义　史娟娟　管明扬　何　栋　鲍　岩　程德志
樊文敬

自动化学院（36 人）

检测技术与自动化装置（17 人）

陈　淞　陈伟曹　刘　洪　曾志亮　张　锐　张志新　吴海龙　周　枫　高　杨
刘丽丽　郝　翠　李聪颖　李喜林　王　娟　熊丽满　张凤萍　李庆武

控制理论与控制工程（16 人）

李明辉　李　涛　武　磊　夏　嵩　杨　鹏　张　伟　张　文　赵海平　林禄辉
马建民　曲少杰　史述东　唐　义　陈　晨　刘立华　张震宇

模式识别与智能系统（3 人）

刘　博　代　芳　周艳霞

计算机学院（49 人）

计算机应用技术（49 人）

陈佳欣　邓学正　樊　凯　国　杰　姜　宇　刘玉威　罗宪华　马　健　孙兴义
孙振权　涂培宏　张继松　张耀伟　安西平　甘润生　高　徽　谷　伟　郭　江
韩光强　李　超　李润之　李胜东　李铁强　刘　海　刘　鹏　吕华溢　苏文杰
张　凯　张　嵩　张　宇　赵　飞　郑金纲　郑育辉　钟　鼎　姜智荧　黎美秀
何　佳　蒋　冰　李飞娟　刘玉芳　刘志杰　石　竹　帖春华　王　磊　王　燕
夏艳霞　翟春丽　张建丽　朱金金

经济管理学院（57 人）

管理科学与工程（14 人）

王　剑　吴盛武　向旭东　林吉会　邵甘绪　郭少旭　江　影　周文玲　王秋月
杨莉娟　杨　旸　张　炜　张晓霞　赵　静

企业管理（9 人）

黄华枧　蒋亚夫　傅胜坤　雷　蕾　叶　笑　孙著萍　王　莎　杨　英　孙　宁

技术经济及管理（12 人）

靳现凯　彭　玮　常贵臣　李建圆　侯　慧　刘程程　张　琳　周秀芬　方　芳
牛莉莉　任荣华　杨凤鲜

国民经济学（9 人）

韩　聪　李　磊　孙海程　王方军　张元龄　朱芳芳　成　琴　贾　博　周月莉

数量经济学（5 人）

潘垟光　王和俊　夏　斌　汪晶晶　魏旭明

工程硕士——工业工程领域（8 人）

聂喜荣　晁代立　任倩倩　王　量　李瑾莹　刘云玲　宋海莉　殷志杰

理学院（20 人）

应用数学（8 人）

郝新江　陈少峰　郭富磊　李永伟　徐　健　王聪丽　邹　静　单　晨

微电子学与固体电子学（12 人）

单言丰　吕学明　王　凌　杨刚强　张茂盛　郭　亨　纪明明　李绍鹏　李白华
唐会彦　张伟伟　陈　颖

人文社科学院（6 人）

马克思主义中国化研究（6 人）

郇志松　单连良　孔　瑞　肖彭莲　戚　端　刘泽政

2011 届本科毕业生、结业生名单

测控技术与仪器（光机电一体化）

毕业生（81 人）

张　然　焦晨静　徐　腾　王　彪　张　迪　陈冠坤　洪　宇　李　冲　李金钊
金　宁　唐贻发　周　为　张　隽　刘丹丹　滕　冉　刘　菲　张　良　谷　硕
张　欣　王玉洁　刘宇盾　杨　阳　邢志程　李国征　李兰军　于树雷　吴　锦
王　惺　许　婧　滕爱清　张　晶　刘亭婷　王　萌　马天琦　张　京　张仲伟
李旷达　叶晨雨　魏照庭　王　凯　石鹏冲　赵志强　卢东宁　彭玉超　王树桐
张立辰　刘　仁　王东超　周连海　成　展　阮球宾　尤　钢　任雄辉　陶飞飞
杜新杰　李仕佳　周海蛟　赵娇娇　彭　杰　薛　白　魏　强　李　森　郭凯华
周宏伟　马文彪　杨学辰　沈修华　李云强　张晟腾　王　达　李　乐　孙　勇
赵　洋　马　睿　周　嫱　张勇帅　刘　晨　王晨龙　武　龙　刘月龙　张东宇

结业生（10 人）

郝　强　徐永恒　杨　硕　王东泽　张　凯　秦文轩　杨中鹤　赵珊珊　杨　乐
肖云峰

电子信息工程

毕业生（165 人）

周丽新　轩　颖　陈　菲　彭　珊　刘　婧　刘　聪　李　俊　秦　龙　李　淼
胡月龙　邱　鹏　郑德东　麻俊鹏　张　盟　李　嘉　祁　昕　林明权　卢志新

张浩　张睿　马晨　王一帆　祁超　贺斌　张四龙　贾晓舟　张雅婷
许金兰　史建新　刘超　侯健　徐方略　冯禹旋　赵烁　徐凯　李皞
叶龙波　张智龙　武贺　朱秋龙　张振华　陈聪　仝华梓　孙爽　李治平
郭嘉　李成　李超　娄凌浪　杨松　曹浩志　陈皓　刘玥　王怀爽
王励威　杨爽　湛宝继　周翔宇　邢哲　高佳宁　亓迪　王鹏　韩潮
赵恩平　张津铭　陈灏　肖一兵　王彬　任海龙　罗茂宾　徐永锋　李豪峥
陈覃　连雪丰　梁奕璁　王若宇　冯韬　张源　王亚承　任晓龙　蔡芊
张玉梅　王月阳　刘亭　刘昕　杨潇　石昊　刘毅凯　刘凯铭　康凯
张佳　邢希　谭绪明　李一心　王贺　郭鑫　杨乐雨　郭宇　刘嘉琦
丁兴龙　王洋　齐鹏辉　张于峰　刘心宇　邓伟华　黄峰　许泽敏　邹凌峰
薛瑞普　范华龙　于金涛　郑志强　张艺　陈玲燕　王冉　郭昱煜　吴双
王明正　张亮　郑盼　王晓坡　宋晨　张杰超　张雨佳　李旦　焦立峰
谢隆龙　罗越　欧阳攀　肖航　杜明航　李杰　李阳　梁良　王剑
王立庆　王硕　赵乾伟　刘继新　林柳文　戴彧　芦默　肖英男　张璕
苑艺　白欣旭　杨超　李子龙　王尧　张芸鹏　王宁　曹翀　包晓晨
刘彩春　刘彦龙　胡凌娜　王帅　姜辰涛　冯蛟　王储桥　苏可新　宋燕云
娄悦　马驰　龚碎银

结业生（18人）

欧云庆　白艳秋　魏杰　康栋　石海鹏　李鹤林　杨屹嵩　赵嘉彬　时誌
姚远　于江　高辉　李阳　张明轩　莫石宏　王杰　王淅　冯凯

光信息科学与技术

毕业生（17人）

王媛　方昕　贾萌萌　陈静　张若一　张雪茹　周天择　王丽　宋志琦
郑海晶　马彬　刘贺　李熹岚　程诚　颜旭　杨飞　李奇

结业生（12人）

李倩然　赵宗雷　张强强　王述　李剑　郭松　王雨　聂长乐　李晨蔚
许祎飞　茅矛　刘洋

通信工程

毕业生（121人）

梁超国　邱妮娜　王欣欣　王天红　周际　刘佳　王慧洋　曾姝玮　李昂
邢梦楠　果青　庞宏杰　王磊　张亚宁　刘海涛　高扬　李哲　魏长浩
时晓杰　袁进　肖国畅　闫俊涛　吴俊　张朝晖　韩毅　金龙　景佳思
曹寅鹏　许靖源　王家骏　郭保旭　曾浩铭　刘伟东　汪汀岚　邢艺　谭丽明
王月　张伊菲　阎倩倩　蒲朝侠　吴凡　王灏然　叶春阳　张辰露　卜文昊
段洪然　李升起　张燕军　陈增龙　杨成　张楠　孟令宇　王欢　肖雪枫

康峰源 张 栩 杜康宁 李 洋 高 山 李博浩 徐 波 赵 爽 舒 俊
钟浩林 瞿建伟 何 晓 华 佳 余嘉琪 杨 威 闫 帆 方 方 周华琴
梁 广 田 峰 王 硕 崔云飞 朱超然 刘学斌 许博翔 马腾飞 曹佳乐
李 冲 冯宗明 周 汐 刘生才 孙明阳 任晓东 张 海 冯 彬 米 昂
孙蔡衍 孙 辰 洪 旭 肖 芳 王 宁 孟 昀 苏 月 耿伟红 李新杰
张胜男 郝艳飞 梁 超 石鸿飞 王 晔 张明洋 苏文铮 许晓建 朱 振
孙墨缘 崔天明 李 祯 韩三龙 吴 丹 李晨希 罗 聪 刘 伟 向晓玮
李 晨 唐海珂 刘 喆 阎 伟

结业生（5 人）

齐 飞 弭 杰 彭 贺 何欣欣 魏 征

车辆工程

毕业生（50 人）

丁 方 王 勇 苏云飞 董 旭 李 潇 韩 闯 许永魁 瞿 烨 卢铁军
曹伯义 秦 箫 高仟仟 轩 昂 王天龙 陈元磊 刘 政 卢 佳 李 鹏
娄 剑 王明钊 安 然 秦晓龙 刘 旭 白晓晨 王 乐 周月辉 王 卓
纪 赛 周冠宇 焦 宇 周建波 索 磊 齐 明 于 楠 魏 辰 魏金龙
孙 庆 梁雅楠 杨 巍 田 楠 金 翔 崔天祥 白志仁 白 杰 刘 峥
祖天宇 张秋实 颜 戈 郭志远 张 喆

结业生（13 人）

武 俊 郭志永 马 强 孙 凯 石柏浩 朱子龙 昌泰然 雍季凡 李 超
徐方洲 张鑫悦 付应超 王植平

工业工程

毕业生（26 人）

张 瑜 周亚楠 卢 迪 王思萌 段利娇 杜 琳 崔 艳 何 珊 杨 雪
张 云 赵竹梅 林 琳 解建影 黄天祎 李 凯 王璐瑶 宛辰晖 郭 帅
白 杨 赵秦昌 韩剑龙 章华实 果金超 周海星 汪明洋 李玥珺

结业生（9 人）

葛 攀 王银山 张 钊 武连斌 郎 雄 傅行云 王 超 孔祥龙 刘若鸥

工业设计

毕业生（46 人）

任 爽 石 琳 刘京华 谢春丽 王 紫 夏 菲 田洪芳 谢珊珊 周 然
张 萍 付佳一 于 佳 褚佳冀 王 涛 王 震 丁 翔 赵锦丰 陈 平
袁 铭 赵建伯 顾天媇 马 玥 张洪淼 张 帷 叶子婧 刘 月 王向荣

鲁建娇 张　盟 范　岳 陈宇航 张智恒 袁　正 施辰舞 濮翔龙 陈　龙
穆启和 王建强 任政宇 赵　宇 扈新程 刘安东 袁军帅 袁　怀 赵　勃
李海煜

结业生（12 人）

宗　訢 李　硕 马国振 王　金 王春龙 刘　洋 张晓刚 陈罗荣 张梦晓
李　鑫 吴小龙 王毅萌

机械设计制造及其自动化

毕业生（171 人）

蔡　汶 康　颖 韩利坤 黄天宝 叶　林 岳　飞 于占洋 杨　宇 王晓彬
赵　磊 戴　亮 谢海东 于福东 撒伯迪 刘　烁 李　想 刘晓强 侯陆陆
齐　冀 尹　鹏 刘尧尧 李永辉 刘　佳 杨　斌 杨丰先 姜田龙 侯　旭
单　川 于学文 罗英俏 陈　阳 孙婷婷 韩　阳 陈　浩 田　伟 刘建波
王　锋 甘　迪 詹绍通 张思源 卢贺东 周小京 解焕宇 张雪松 杨斯超
马东利 张海鹏 王　震 樊　伟 汪　海 张茜哲 朱　江 朱昊鹏 闫　旭
高继业 周俊涛 李倩楠 段晓娟 臧盈月 王　永 谭　超 尹浩洋 杜　潮
郑　兴 高瑞彪 马小贺 赵文广 伊　硕 刘桐晖 杨　铎 郭欣沛 乔龙飞
郑　勇 刘永锋 彭　凯 宋文建 于晓峰 熊　超 郝成龙 娄昆鹏 吴　凡
高鹏飞 穆晓旭 郝宏霞 王　辰 闫伟文 王　龙 王明亮 郝　瀚 徐　强
高　城 赵旭濛 田　硕 张海松 周　彬 张　翟 杨树凯 吴　洋 黄治群
钟国龙 季　昱 贾自珍 陈飞卿 戴进舫 李　翔 勾　杨 郭　润 孟芙丞
周钟仁 于　航 吴　迪 邱　迪 李欣迎 韩俊杰 甄　霜 肖　童 何　洋
赵化东 张　云 高华龙 袁宏超 王志远 高　岭 梁　岩 王梁兴 栾　崇
夏思锐 覃道伟 王　涛 闵鸿飞 陈　松 孟祥龙 许艳辉 徐晏军 刘旻晖
李海岩 任　烁 苏泽鑫 贺勇金 孙全龙 刘羽君 高　静 王君桥 吴　硕
于正洋 胡辰夕 齐　浩 王　凯 李　健 孟　磊 李　然 王兴勤 张晓林
宋云飞 王瀚宸 杨京龙 张　昊 张蓬来 王　强 王步殊 汤创业 王永龙
米江辉 顾　滨 陈　杰 宋　越 李慧浩 刘辰亮 张　林 员炜龙 王　慰

结业生（23 人）

李天谋 侯超群 郎　谦 陈　傲 范诗雨 刘　彪 孙梦龙 高　淼 卿　斌
聂　超 付　源 侯华屿 孙　章 狄元松 李依鹏 曹　鹏 焦　龙 张　东
马越强 张继超 史载天 卢　吉 张　兴

计算机科学与技术

毕业生（178 人）

续　冲 张　静 蒋　琳 陈双双 张　洋 崔　兆 姚海蛟 魏振雄 牛俊龙
徐宗开 杜　睿 黄宇轩 李天航 郭晶龙 马　龙 张　羽 王　维 胡佳祺

贾　斐　隗海源　赵　楠　毛德超　谭　龙　李鸿川　邓由由　薛　叶　朱　青
田永乾　朱文会　张　颖　郭　娜　隆　钰　崔自成　张　锐　邵凯鸣　吴子剑
张宇飞　刘笑晨　江啸啸　沈林楠　孟子辉　韩劲松　霍　然　陈　楠　夏　然
杨　光　徐海洋　高　超　吴传芳　周　政　郑展鹏　李　旻　仲　硕　杨　辰
谭博尧　刘　畅　孙童龙　杨婧婕　刘晓萌　赵维佳　张　倩　陈爱龙　赵广佳
满　朕　孙　月　黄晓龙　王立志　陈　超　束超君　白　鹤　宋　斌　刘建伟
闫　安　时　宇　刘宇辰　马妙锋　陈希仑　黄川琦　冷东辉　王云鹏　李晓天
朱天辰　周　权　律鹏飞　代丽平　安永跃　王思怡　张尉峥　王陆维　刘乾坤
戴　兵　赵　亮　李　飞　张　傲　徐　楠　蒋卫超　付辰昊　刘光雷　宋勃轩
朱　海　邢志山　闫　冉　段晓光　章　昉　魏　林　张珍伉　罗芙霖　张子瀚
李　龙　梁天宇　卫帝佐　高艳花　赵　欣　马　青　王　玥　赵晗湘　田士强
于燕超　王辰轩　郑迪好　李　强　杨　奇　张志勇　张汐然　陈力一　余有鹏
朱亚安　冯　超　陈清峰　张泽强　赵文宇　郭　谦　高　儒　宋世达　满志琼
杨　彬　赵　静　尹　政　宋　林　白昊轩　陈梦龙　张　强　宋　迪　刘井超
程　俊　张　琪　丁　汀　刘丽媛　高瑜蔚　季子峥　牛　岳　关　锋　戴　晋
梁　焱　刘　硕　马海轩　李　钊　范仲鹤　赖　康　李凡瑞　熊　星　马陇海
陈　晓　刘兰杰　张　宁　徐　鹏　苑仁翔　孟小珑　王自平　吴　秦　朱中奇
陈华兴　潘　博　唐　源　曾庆猛　郑　异　梁子轩　周　超

结业生（19 人）

尚　然　薛　辉　高　强　刘　畅　赵　辰　常　群　周　颖　段志斌　刁春丰
韦永连　吕　盟　张　宇　蒋欣霖　李　跃　黎宝三　郭　伟　邓瑞龙　宋　徽
任正胜

软件工程

毕业生（62 人）

郭梦璐　李　璐　陈　钰　刘满君　吴瑞红　彭　程　屈小凯　孟　飞　刘　迪
石　猛　刘云波　杨建林　朱　丞　刘　鑫　高　玮　郑宇辰　李　岩　李　楠
郭　松　温　爽　李　森　岳　阳　孟德龙　张靖威　杨　钢　刘　寅　马技超
郑　戴　王　震　王云汉　赵　哲　周　磊　管伯涵　姜峪海　陈　爽　袁明月
邢　娜　曹鹤婷　张文博　袁术广　王　旭　杨栩柠　李雪楠　边晓晨　孟昭跃
彭京洋　王小乐　闫　龙　郭鹏程　王　硕　戴宜通　丛　前　朱圣文　何玉龙
杨　诚　唐　禹　汤　锐　汤诏隆　胡晓磊　王欣硕　杨　鹏　曹文龙

结业生（4 人）

张世忠　王　刚　赵　阔　刘　达

信息与计算科学

毕业生（82 人）

詹玉婷 蒋金利 王　迪 郑　婷 魏安楠 陈　霞 连　凯 李新宇 冯洪涛
于文峰 朱　然 刘子龙 张思宇 魏　鹏 李燕杰 阎　冬 宁国东 赵　昭
刘　博 吴　曦 林文锦 罗　程 丁克明 马益俊 杨　洁 崔晓兵 关跃林
朱生勇 王翠婷 王　琦 孙佳颖 胡　鸣 周经纬 师　洋 栗　博 曹　洋
郑　斌 尹国鑫 郭小祯 张中源 张　宇 徐　豪 刘诚一 蒋　思 张　矗
周　斌 杨　昭 王德淳 冯晓文 洪宏足 林思民 王成钊 张茂辉 许立志
易宇朋 赵　旭 李秋晨 李　默 董勃超 宋天宇 龙海楠 刘　冬 隗宫月
刘　凯 王海涛 徐　硕 佟怿维 段来斌 柳　杨 刘　利 石　萌 陈勇威
邱宇晨 周宇轩 续怀文 张　桀 蒋立强 林益凡 钟徵晋 包　翔 李泽杰
康峋业

结业生（11 人）

杨　岳 王　强 沈　捷 李文良 李成武 迈　乐 李晨恺 王　钊 李　敏
谢亚辰 马涤尘

财务管理

毕业生（30 人）

孙亚悦 赵　妍 蒋　鑫 崔　蕾 闫文秀 马　璇 陈　思 张　杨 高馥晨
曾　卉 权太恒 谢丽然 王　尧 李　响 张　娜 张春伟 刘小爽 李红燕
宋　洁 陈礼云 梁　洁 曹锦平 石立明 王子睿 刘洪峥 黄　伟 尹郝鑫
刘建新 张　梦 曹　毅

结业生（2 人）

仲　翌 张　宇

财务管理（证券与投资）

毕业生（53 人）

孙玉娇 李淋淼 寇绍坤 周　燕 王　娇 李珊珊 陈皓星 石　慧 韩　佳
郭艳慧 张　畅 贾敏澜 李　萌 宋海超 王晓珑 张　骋 夏文博 张　腾
孙宇锋 邹　凯 孔令茂 蒲　飞 宋　健 张　辰 张　娟 于　航 魏海然
张小桐 张宇菲 杨　迪 杨晓晴 程　丹 温　蓉 张　佳 赵文娟 李建楠
董　清 王　腾 陈　曦 吴诗文 刘　颖 焦　烁 秦玉珍 王　金 王　琦
高郑鑫 韩　睿 李奇伟 李　飞 田笑一 林茂杰 盛德健 闫　冬

结业生（2 人）

卢　婕 杨　浩

工商管理

毕业生（64 人）

高　梦 苗翠竹 包　涵 王东霞 刘　腾 马　倩 果丽娟 李　默 谢德英
董晓晨 童佳叶 张晴晴 严书绯 胡春平 常学强 王忠杰 荣广川 孙晔扬

王 周 齐 迹 曹 奎 陈 卓 王东涛 倪 浩 庄思林 齐国松 陈赞君
马晓旭 段秋冬 郑福坤 何 涛 飞梓超 王 茜 王 梦 张君瑶 齐春苗
张亚楠 穆颖楠 朱鑫欣 王 洋 杨 文 吴 霞 周 旋 文遇炎 庄 鑫
赵瑛聘 张 蕾 苏 鹏 王易为 高 飞 马良承 张云昭 王思远 何 鑫
郑 林 方 圆 谭培建 嵇文明 李 哲 宋 丽 李兵兵 王 瑞 樊玉博
曹利杰
结业生（3 人）
崔向丹 付万杰 靳园丽

工商管理（商务管理）

毕业生（58 人）
胡杨梓 齐 鑫 杜丽娟 贾艳华 曾庆羽 宋 伟 高 妍 曹 雯 薛小舟
孙 静 陈 昊 侯 强 何 帅 王 闯 赵海波 袁 峰 胡 伟 沈伟佳
李承泽 项 超 滑建龙 蒋璐彬 田 霄 张 爽 车 爽 李 珊 罗亦彤
李 辰 宋 爽 高 旭 刘 昳 柳晓萌 王瑞雪 郈 茜 江明珠 刘 璐
杨 茜 赵晓曦 韩 蕾 方 砚 耿 硕 陈天爽 詹博璟 陈文龙 李 军
张长青 王 丹 马 悦 董晓菲 杨红振 贺 磊 王冠楠 张 飘 刘文文
唐 珂 孙 超 王 欣 郑 赛
结业生（13 人）
李 菲 邓通富 田 明 张 阳 邱 宇 黄少鹏 雷 蕾 于 朝 何 洋
姜 岩 周 航 高 嵩 樊 君

会计学

毕业生（42 人）
牛 磊 李晓娜 张 晶 童文雪 张 秀 胡耀楠 张 晶 商田田 刘 琪
吴 岫 刘 平 吴金端 刘艾琳 齐 娟 刘 玉 翁 蕊 王来平 牛美佳
王 京 周 艳 栾泓毅 郭紫芸 王嘉萱 李 静 王之南 刘馨元 杨晓龙
丁 一 胡 猛 单 磊 彭 坤 詹 佑 高 强 卢 岩 孙悠然 刘建超
王德恩 李擘然 刘公羽 詹冬硕 苏 琳 陈 姗
结业生（2 人）
魏 然 旷 鹏

会计学（注册会计师）

毕业生（103 人）
高浥楠 孙 敬 王维维 白梦阳 李 妍 邢 通 李 芹 李悦萌 吴 丹
丁 超 孔山平 周 静 孙振英 杨澍芃 李营营 王晓昕 陈欣然 李 媛

官　欣　高子健　夏　勤　闫　威　卢　腾　周雨舟　王　萌　邓　林　段　誉
林　晟　冯　旭　徐　楠　王雪菲　高丽丽　吴梦溪　田香朦　肖　艳　焦　艳
何　峥　马欣兰　韩雪媛　张童蕊　赵亚楠　任秋菊　刘梓欣　彭　乐　赵　冉
丁　艾　崔　茜　宋洁菁　张　敏　葛　媛　赵　峰　王　子　王文龙　杨毅南
朱　志　蒋龙蛟　潘教翔　章鸿飞　肖　鹏　范　鹏　石　瑶　李雪松　曹晓北
闫　婷　慈雪巍　郭　旭　刘　恋　陈天一　杨济伟　马　妍　聂晓雪　常荣芳
冯　笛　杨硕婕　白　婧　王　莹　刘　旸　张　丹　王晶雪　何文茜　刘　颖
胡文童　郑　艳　毛　珂　李　茜　徐向丹　徐　谋　潘　亮　王　宇　李　从
董　俊　黄步云　张晓晖　李成贺　陈志聪　冯莹莹　廖凌飞　毕　娇　王　倩
魏思斯　史　玺　乔　跃　高　霏

结业生（5 人）

蔡　宸　李　征　陈　蕊　刁文亮　黄甜平

经济学

毕业生（58 人）

张维怡　张　桥　赵婉宁　钱　墨　周　琪　韩　菲　吕　娜　陈素梅　刘　聪
韩　旭　门嘉璞　齐　慧　程素芬　梁　博　刘　旭　周　伦　贺　毅　赵　欢
张　亮　张海博　杨　锐　叶振华　金　磊　王将杰　陈爱东　郑　超　孙　丽
贾棋森　李　晗　李　冰　孙雪霏　张　倩　刘晓东　丁　欢　何　源　梁　茵
王　爽　陈　乐　唐　莹　李雪寒　熊雨薇　郭明洋　赵娇娇　孙之伟　李亚龙
李顺利　李　辰　周杨威　王文龙　乔祖平　李梦文　郭志伟　程　猛　魏　冉
李秋石　刘金驰　王　鹏　马仁杰

结业生（4 人）

李　宋　崔洪龙　郭雨晖　李　涛

经济学（国际贸易）

毕业生（59 人）

倪霄萌　张京艳　张曦予　王　蕾　马晓姮　潘婕桐　李莎莎　魏　丹　李玥霖
郭　娜　谭冬霖　闫　红　王林尉　杨　爽　杨　冉　古宗莹　徐　峤　张　萌
迟婧雯　李新新　王　嵩　王齐骁　孙　雷　田　园　明琳琳　王晓鹏　张　玥
王雪怡　王辰龙　赵晨洋　王　鑫　徐光耀　谢　峥　金晟男　鲁　情　刘　悦
陈思静　张　昕　孙冬梅　马新跃　黄琬婷　孙　烨　肖　馨　吴　怡　王春梅
王新星　张　晔　王　淼　李　曼　刘维维　梁　洁　王子平　李艺萌　宋　歌
周新欣　王　熙　孙　攀　崔兆鹏　王　玉

结业生（5 人）

黄　峰　晁　汐　李　辰　凌子时　闫天翔

人力资源管理

毕业生（52 人）

王国林 陈京霞 孔 丹 陈亚薇 刘 杨 张 倩 任 静 王 锐 王 晶
朱文佳 马晓寻 刘 冬 赵 静 魏 瑶 褚伯琳 宋 爽 刘 佳 何海红
孙雨婷 陈艳霞 刘宫羽 邱 锐 李 根 阙智辉 张抗抗 王 磊 梁 言
赵俊侠 刘 波 姜 琳 关 飒 张 宁 滑蒙蒙 薄艳娇 田海燕 成佳明
吴 思 赵乾坤 孟筱爽 朱 怡 王继敏 李 静 钟晗之 管恩姣 李 游
史军伟 冯立忠 王凌云 余冠兵 李 伟 姜 博 李晓璇

结业生（8 人）

杨 柳 郑晓宇 王 何 王梦怡 王 鑫 刘 航 苏 越 宋大为

市场营销

毕业生（58 人）

李金凤 王润琪 杨文翠 张艳伶 陈 迈 王泓滢 佟思维 苏 丹 闻 雪
张晓凯 杜京南 张 旭 茅皑菲 杨 曼 刘 强 窦增华 耿 超 张 殊
王弈枰 吴泽多 张宽亮 唐 超 林佳男 许文俊 郑士良 张冬冬 刘 威
高 翔 杨 月 李 姗 吴 聪 屈甜笑 郭梦晨 王婉婧 霍 源 胡蔓颖
刘 玢 景 丽 曹金华 周 游 高伟明 代 佳 王红超 边 辰 姚 辰
刘 震 陈景迪 王明阳 张 旭 耿 强 贺元欣 刘世里 汪宇琪 夏柳曼
李冬冬 吕 超 于 飞 李 颖

结业生（4 人）

刘 淼 李雪松 李 鹤 李 晶

电子信息科学与技术

毕业生（54 人）

杨 超 张 珏 白萌萌 王 欢 安东明 王 红 张晓雪 张 磊 梁 宇
冯 旭 康 凯 吕 明 崔 毅 齐 岳 赵 栢 付 强 李 扬 茹继航
高梦超 王风锦 王 雷 刘红军 王 瑞 郭雄华 薛 凯 刘 昊 王之白
张 迪 刘玉佳 李 莹 张孟杰 高丽佳 李 宇 彭 伟 许文龙 王 辰
闫 威 谢欣龙 王 尧 任 翔 徐卓彦 吕 欣 宗 逊 苏 幸 吕其聪
魏 远 段鹏飞 王 硕 赵云鹏 唐 轩 冯 辰 郝 超 周平平 袁少华

结业生（3 人）

孔雯雯 王 晨 马静玥

统计学

毕业生（25 人）

王 远 赵秋红 马 跃 崔飞飞 王 佩 杨 卉 高 敏 张秋艳 福 岩

陈素新 张 瑾 李盈霏 田晶晶 王倩倩 赵 芳 袁 洁 于 云 孙 响
韩 志 何俊杰 成 龙 郭学帅 张 亮 张 鑫 周一辰
结业生（无）

信息与计算科学

毕业生（46 人）
毕 竞 曹 璐 曹璐璠 谢 维 李 娟 袁 迪 韩 璐 刘立娟 邢 芊
刘 茜 何熙源 康 净 王 淦 郑 盟 侯雅晨 李 威 刘 烁 李 硕
付 鹏 裴志韬 赵 洋 杨金潭 王云鹏 吴林辰 李 培 周 萍 薛紫砚
陆 续 张 欢 张 梦 张伽琳 陈小梅 张永慧 文泽斌 何 玮 靳克欧
王宇辰 骆凯瓯 宋 全 刘学硕 韩 奕 曹 蕊 李丹京 高晓颖 赫 然
胡经纬
结业生（6 人）
赵 嘉 刘武华 张 鹏 谢 超 丁 正 戴国龙

传播学（网络传播）

毕业生（24 人）
赵 斌 张 璇 刘 晔 张 媛 张 哲 王 莹 成 晓 王 娣 贾思琦
贾斯迪 王 烁 赵丽玲 高 勍 卢 艺 郝白冰 胡 永 李庭煊 李昊远
周思锐 满志禹 王蓬博 王 雪 申小可 刘羽飞
结业生（3 人）
崔 杨 刘 征 张翰文

行政管理

毕业生（24 人）
顾晶尧 蔡紫晔 王 倩 金子园 裴建春 宗丽娜 王 迎 李 爽 白雪娇
张 旭 李文静 杨 倩 吉彦凝 李 静 杜凯霞 徐 蕊 卓 晨 石芳舟
曹 梦 张 硕 琚海波 孙韵捷 杜 晨 秦 虎
结业生（无）

行政管理（办公自动化）

毕业生（29 人）
王 珏 孙亚维 张莎莎 周 航 张 洋 程 英 刘 佳 陈 瑶 杜 杰
任 淼 王瑾瑜 李思蒙 黄欣然 段 玫 高乃明 梁梅春 王翠丽 郎兰兰
宋 凯 张嘉琦 周 超 马铁键 陈 晨 李坤宇 徐俊新 安 龙 解 峰
李 铁 张凌志
结业生（无）

行政管理（电子政务）

毕业生（59 人）
王 濛 张萌萌 田佳佳 刘孟鑫 杨 琳 王 颖 荣亚姣 张云彦 韩京晏

刘建辉　李　影　王　雪　汪梦蕾　崔　畅　曹一帆　李浩思　王连颖　杨砚雯
姜　楠　李小飞　陈一帆　苗文涛　梁　健　王　鑫　武文斌　张辰龙　郭锦鹏
杜晓琦　梁　霄　金　平　崔　媛　张　蕊　杨静茹　董　超　荆　炜　王　瑶
王　欢　姚焕杰　郜思婷　徐　佳　刘晨曦　王京翌　赵　宁　秦　芳　高　宇
康　健　杨　希　崔禹昂　马东辉　赵　冉　郝英男　陈　海　吕中杰　李奇男
裴　超　蔡德龙　张泽耀　张凯强　李　轩

结业生（1 人）

胡　博

英语

毕业生（15 人）

王海静　张垛婷　姜　越　古　真　林　滕　温　金　赵　博　彭　柳　崔颖丽
王　蕊　郝国萍　张涵冰　王　瑶　唐一帆　沙朝阳

结业生（1 人）

孟　斌

英语（经贸英语）

毕业生（84 人）

田　雪　穆莹琨　卢雯倩　赵星涵　辛美辰　张子南　张　梅　段梦桥　李颖辉
姚　森　董盼盼　魏安琪　薛方静　鲍亦洁　刘　颖　李　晨　张紫楠　赵　琮
王　岚　陈　鸿　李　烜　梁　莹　贾　堃　曹立刚　蔡源朕　刘　正　赵德馨
董雷杰　臧良欣　许辰辰　刘　畅　张　倩　云　淼　孙一丹　刘小可　屈新芳
谢瑞佳　高思萌　黄　杰　侯越滢　倪兰星　芮　阳　刘　宇　何佳玲　杜　朴
汤田家　秦　姣　吕　彦　于　萍　侯　烨　曹　欢　倪克松　王　帆　任江斌
刘莱阳　付沿名　芦云笛　金立雯　任艳琼　潘玲娜　董　荃　杨凯歌　窦晓曦
陈佳星　赵　爽　张　莹　王雅茜　刘雨桐　刘洪超　刘若辰　郭青兰　汤湘君
周方圆　陈　浩　刘　晶　孙笑飞　魏　宏　刘佳硕　焦逸洲　李含音　张理民
张雨乔　杜　淼　韩新彪

结业生（3 人）

杜茜茜　魏　鑫　王　紫

电子商务

毕业生（29 人）

孙　佼　吕　娜　杨　淼　田音心　陈　曦　曾　莹　刘秀峰　许彦彦　闫　爽
朱　敏　崔唯希　余　青　许晗铮　刘　辰　董京冉　李　昂　王伯华　王佳熠
安兆玮　朱　强　曹建青　许　占　陈志铭　朱程辉　田　彪　郑小龙　侯　续
石　岳　李　啸

结业生（无）

管理科学

毕业生（26 人）

刘长娥　张文月　王嵩睿　赵　迎　苏　凡　孙育惠　裴阳阳　胡　磊　李珊珊
赵建超　张国峰　冯　申　王　琦　赵　超　张大波　王海涛　郝　强　韩　亮
韩建楠　谷　利　刘颜珲　金雨楠　黄光宇　黎绍甫　花紫云　尹　胜

结业生（4 人）

姚嘉宁　孔德珮　朱旭东　刘国宏

审计学（计算机审计）

毕业生（29 人）

宋丹维　赵晶晶　许　晨　肖红梅　娄　鹣　徐　伟　赵梦偶　刘芯蕊　田　聪
王　妍　胡文悦　曹可营　王　慧　张　盼　项雅洁　宋晶晶　肖　莹　韩　箫
陈金岭　朱　凯　郭　丛　许镜函　梁　爽　张　旭　沈　乐　陈　凯　于江滨
毛希轲　徐辰皓

结业生（2 人）

李　擎　张继超

信息安全

毕业生（60 人）

李　洋　高　飞　韩　蕊　刘欣妍　张秋实　陈哲茹　杜博欣　杨博龙　郭　澍
张　昊　金光硕　许晨晖　张依淼　王　欢　史志彪　王　克　孟金龙　王　安
杨　彬　刘嘉隆　郭　俊　吴镇乐　许凌川　尹绪森　袁　媛　颜娟丽　张　麒
殷　越　王鹤沩　张琳琳　陈青兰　刘　歌　陈　雯　张　雯　张雪飞　陈　莉
程　静　蒋　嘉　李　冰　任　杰　沈海洋　赵　龙　杨任屹　房念非　吴松晏
贾　颖　杨　鑫　朱　荻　王景灏　孙　健　姜雪竹　王　博　李　翀　陈裕枫
温孝福　张　凯　李　达　张　卓　龚振文　蔡洺铭

结业生（4 人）

何元伯　宋雅超　张　杪　马忠绪

信息管理与信息系统

毕业生（187 人）

郝静怡　王东贺　孙熹畅　甄海云　李泽彤　张　玉　张霭昕　黄　娟　钟小慧
武俐洁　张英杰　刘宇辰　石　岩　边　宇　周　雷　何权潍　侯祎萌　罗　爽
陈振虎　刘国营　汪　魏　陈昊宇　于　放　张　洋　朱世玉　高山山　徐　腾
陈少硕　秦浩学　何　舜　张　维　曹　茜　李　楠　曹月苹　杨　岳　丁　凡
李　晴　周丽丽　蔡冬梅　左　腾　孙　硕　孙　泓　张　强　陆　璐　贾燕涛
王子龙　朱海旭　高　辰　孙　诤　冯　琦　申海文　唐国锦　霍东磊　杨　倩
孙春涛　张丽媛　吴雪莲　田　鑫　胡潇晨　徐冠军　刘　冉　王剑峰　林　晨

贾新宇 杜靖蓉 陈晶晶 杨静雨 宋鹏飞 王　萌 赵新颖 覃　兰 高艳妮
刘梦婷 赵　杨 崔　跃 张　爽 李东岳 李　宁 毛羽生 董　博 苗海峰
李旭栋 肖　盟 吴　桐 夏　禹 吕　东 孙金乐 邓严华 肖　烨 刘　昂
金　馨 姜瑞雪 刘智鑫 马丹丹 郎靓颖 张晓昱 尹振超 李依婵 闫　研
刘　凤 齐　淼 陈宇洁 吴晓彤 耿　超 周　隆 刘小猛 陈　晨 邢光宇
闫　旭 王宇宸 隗　晋 张文凯 张　蒴 汪秋云 苏义超 孟　飞 赵金晶
杨　岳 张子铎 李　健 窦　达 马翔宇 苏　策 康云龙 朱　营 黄晶晶
张绚绚 沈　爽 毕　烨 孔　颖 隗　娟 张　薇 于艳华 乔　叶 杨小艺
程　宇 刘席席 王雅娟 丁能达 张如刚 谢冠男 王凯来 周大龙 林子强
张秀峰 张金葆 刘志鹏 王　冠 吴　锟 童　锰 刘徐兵 徐言顺 张继晗
李元春 周　畅 沈海涛 王宏光 杨　洁 梁　雪 王　潇 陈晓曦 袁一楠
王　祎 张文文 李　准 何明蔚 王乐陶 孟薇薇 肖铝丝 贺喜萍 杨晓玉
张程翔 管　都 李　悦 王兆歆 牛永迪 张小桐 周　舟 何　贤 连振远
吴　鑫 贲有为 张　博 徐亚洲 杜　峰 王　涵 刘　杰

结业生（17 人）

卞晓旭 徐润桢 钟　青 黄　强 赵　东 张继辰 陈　超 王　伟 王　震
肖　晓 陈明佳 周　勉 周羽丰 徐少文 刘　宁 姚　洋 陈　龙

电气工程及其自动化

毕业生（57 人）

刘　静 王　平 魏琳达 刘甲一 张甜媛 秦　琼 马　辉 王远东 张艾南
李见冬 耿文立 谷　宇 王震宇 柴天帅 龙　雨 魏　玮 王秀全 王永超
宋　强 张文哲 赵庆松 左　伟 刘海泉 王　敏 万　伟 王　瀚 王　岩
王雪超 徐　鹏 刘　婧 徐　倩 张　洁 刘　婕 范小芹 翟李亮 李　飞
田玉昆 王雪元 钟　硕 张立猛 苏洪健 卓　越 张子琦 于承志 冒蕾蕾
李　哲 宋　浩 杜　寻 闫　飞 赵　东 叶逸峰 谢健鹏 何　玎 孔祥仁
王增军 申　岗 陈　朋

结业生（14 人）

付利飞 刘佳润 王　雨 肖　兴 孙海涛 韩　竹 王聪男 卢云飞 徐一新
巩翛然 陈佳欣 朱　佳 姜　楠 刘立文

智能科学与技术

毕业生（29 人）

闫　聃 杨　栋 张小龙 周明远 彭　浩 许啸铎 高　宁 施　政 李燕林
宋　健 田蔚光 丁　毅 王志达 蒋　超 李林峰 徐　喆 李　杰 徐淮宁
黄　挺 杨　越 王　熙 贾子健 王海屹 胡　楠 杨　昕 张小威 朱　彬
董　楠 赵景博

结业生（2 人）

方　辰 孙　沪

自动化

毕业生（127 人）

王　然　谭莎莎　佟　玲　刘梦石　张夏丽　董婷婷　林　健　张慧松　郭　冉
罗　天　刘颖强　宋　棪　张　兵　许　成　席　冲　李可想　王家仑　牟森林
刘爱华　刘诗涵　王京伟　赵郭龙　刘橙赤　陆成龙　陈龙伟　李　军　翟海新
郭雪然　金月丽　李晨阳　张佳伟　张　超　陈　汐　柴　峥　孟令杰　纪　刚
李　祥　王海博　张　岩　穆鹏跃　吴寰宇　肖必成　邬银军　季　林　滕尚志
崔宇昆　所　屾　高赫然　陈艳梅　倪高伟　马牧天　贾晓曦　李笑梅　董文爽
陈　爽　方　营　温　倩　王　晔　石　硕　艾鹏文　王春龙　梁瑞东　郑　旭
温彤帅　刘　志　孟晓炜　张振民　章　涛　成钊松　钱运锴　张诗剑　刘　京
李晟飞　龙　征　刘　刚　王俊伟　王晨宇　于　航　高　深　张德歧　王云戈
雷文静　韩　雪　董　晨　梁　爽　金晓凤　安　立　徐　喆　刘士兴　金　迪
王　巍　王　淼　席　圆　张志奇　于浩波　章伟云　宫国浩　袁辰旭　李　辰
刘　印　王东贺　孙　晨　吴　兵　徐铁鑫　高洪松　朱　喆　耿　平　陈　丽
吕孟醒　耿晓雅　李　锐　杨晨辰　李　贺　李　旺　李国祥　刘宝帝　董　文
杨　威　梁　晨　李东洋　车　建　汤捷羽　徐　阳　龚德强　胡　翔　贾惟宜
康　萌

结业生（20 人）

林宇哲　钱　琼　孙道宁　冯玉龙　贺　俣　姚　远　李　强　胡振兴　耿京京
于建磊　周升亮　李　智　彭一鸣　杨　纯　孙　宇　李高健　李　齐　李艺源
郭博文　张昱晨

学校事业发展统计数据

表 12-1 教职工情况（2011/2012 学年初） （单位：人）

职称	合计	校本部教职工数					科研机构人员	校办企业职工	其他附设机构人员	另有其他人员			
		合计	专任教师	行政人员	教辅人员	工勤人员				聘请校外教师	离退休人员	附属中小学幼儿院教职工	集体所有制人员
合　计	1359	1299	754	257	128	160	26	16	18	21	956	0	0
其中：女	706	684	442	134	73	35	7	3	12	5	448	0	0
正高级	104	102	99	3	0	0	1	0	1	6	83	0	0
副高级	278	263	221	24	18	0	12	3	0	12	201	0	0
中　级	587	557	392	99	66	0	12	8	10	3	0	0	0
初　级	105	96	17	61	18	0	0	2	7	0	0	0	0
无职称	285	281	25	70	26	160	1	3	0	0	0	0	0

表 12-2　专任教师学历情况（2011/2012 学年初）　（单位：人）

教师情况	合计	博士研究生			硕士研究生			本科			专科及以下		
		合计	其中：获学位		合计	其中：获学位		合计	其中：获学位		合计	其中：获学位	
			博士	硕士		博士	硕士		博士	硕士		博士	硕士
1. 专任教师	754	204	203	1	313	1	312	226	0	63	11	0	0
其中：女	442	90	89	1	202	0	202	148	0	49	2	0	0
正高级	99	62	62	0	27	1	26	9	0	3	1	0	0
副高级	221	72	72	0	82	0	82	62	0	22	5	0	0
中　级	392	68	67	1	182	0	182	137	0	37	5	0	0
初　级	17	0	0	0	0	0	0	17	0	0	3	0	0
无职称	25	2	2	0	22	0	22	1	0	1	0	0	0
2. 聘请校外教师	21	0	0	0	9	2	7	10	0	0	2	0	0
其中：女	5	0	0	0	0	0	0	4	0	0	1	0	0
正高级	6	0	0	0	5	2	3	1	0	0	0	0	0
副高级	12	0	0	0	5	1	4	6	0	0	1	0	0
中　级	3	0	0	0	1	0	1	1	0	0	1	0	0
初　级	0	0	0	0	0	0	0	0	0	0	0	0	0
无职称	0	0	0	0	0	0	0	0	0	0	0	0	0
聘请校外教师中：外教	0	0	0	0	0	0	0	0	0	0	0	0	0
其他高校	6	0	0	0	5	2	3	1	0	0	0	0	0

表 12-3 资产情况一览表（2011/2012 学年初）

产权性质	占地面积（平方米）			图书（万册）		计算机数（台）		语音实验室座位数	多媒体教室座位数	固定资产总值（万元）				
	合计	其中:绿化用地面积	其中:运动场地面积	合计	当年新增	合计	教学用（台）			合计	教学、科研仪器设备资产		信息化设备资产值	
											合计	当年新增	合计	软件
学校产权	333178	96132	52865	95.64	4.89	7934	6912	966	14385	80427.21	34783.40	3337.56	13147.98	2433.01
非学校产权	8217	0	7267	0	0	0	0	0	0	0	0	0	0	0
独立使用	7267	0	7267	0	0	0	0	0	0	0	0	0	0	0
共同使用	950	0	0	0	0	0	0	0	0	0	0	0	0	0

表 12-4 校舍情况一览表（2011/2012 学年初） （单位：人）

校舍类型	学校产权校舍建筑面积				正在施工面积	非学校产权校舍建筑面积		
	合计	其中				合计	独立使用	共同使用
		危房	当年新增	被外单位借用				
总　计	331224	0	5100	15672	0	2360	2360	0
一、教学及辅住用房	84800	0	2506	0	0	0	0	0
教　室	33884	0	0	0	0	0	0	0
图书馆	9661	0	0	0	0	0	0	0
实验室、实习场所	29811	0	2506	0	0	0	0	0
专用科研用房	4873	0	0	0	0	0	0	0
体育馆	1351	0	0	0	0	0	0	0
会　堂	5220	0	0	0	0	0	0	0
二、行政办公用房	31183	0	2594	0	0	2360	2360	0

（续表）

校舍类型	学校产权校舍建筑面积				正在施工面积	非学校产权校舍建筑面积		
	合计	其中				合计	独立使用	共同使用
		危房	当年新增	被外单位借用				
三、生活用房	111231	0	0	0	0	0	0	0
学生宿舍	75758	0	0	0	0	0	0	0
学生食堂	12757	0	0	0	0	0	0	0
教工单身宿舍	4337	0	0	0	0	0	0	0
教工食堂	0	0	0	0	0	0	0	0
生活福利及附属用房	18379	0	0	0	0	0	0	0
四、教工住宅	104010	0	0	15672	0	0	0	0

表 12-5　硕士研究生情况（2011/2012 学年初）（单位：人）

名称	毕业生数	授予学位	招生数		在校生数				预计毕业生数
			合计	其中应届生	合计	一年级	二年级	三年级	
总计	253	253	345	210	919	345	311	263	263
硕士	253	253	345	210	919	345	311	263	263
国家任务学术型学位硕士	116	116	150	87	466	150	160	156	156
自筹经费学术型学位硕士	116	116	68	42	255	68	81	106	106
国家任务专业学位硕士	0	0	94	69	134	94	40	0	0
自筹经费专业学位硕士	21	21	33	12	64	33	30	1	1

表 12-6　普通本科学生情况（2011/2012 学年初）（单位：人）

名称	毕业生数	授予学位数	招生数		在校生数					预计毕业生数
			合计	其中应届生	合计	一年级	二年级	三年级	四年级	
总计	2477	2453	2683	2655	10665	2851	2698	2554	2562	2674
本科	2477	2453	2683	2655	10665	2851	2698	2554	2562	2674
高中起点本科	2371	2348	2570	2542	10440	2738	2586	2554	2562	2562

（续表）

名称	毕业生数	授予学位数	招生数		在校生数					预计毕业生数
			合计	其中应届生	合计	一年级	二年级	三年级	四年级	
专科起点本科	103	102	110	110	220	110	110	0	0	110
第二学士学位	3	3	3	3	5	3	2	0	0	2

表 12-7 成人本专科学生情况（2011/2012 学年初） （单位：人）

名称	毕业生数	授予学位数	招生数		在校生数					预计毕业生数
			合计	其中：应届毕业生	合计	一年级	二年级	三年级	四年级	
总计	1836	62	1479	0	3351	1479	1850	22	0	1850
函授	1276	15	916	0	2085	916	1169	0	0	1169
本科	237	15	156	0	384	156	228	0	0	228
专科起点本科	237	15	139	0	367	139	228	0	0	228
专科	1039	0	760	0	1701	760	941	0	0	941
高中起点专科	1039	0	760	0	1701	760	941	0	0	941
业余	560	47	563	0	1266	563	681	22	0	681
本科	210	47	131	0	324	131	171	22	0	171
专科起点本科	210	47	131	0	302	131	171	0	0	171
专科	350	0	432	0	942	432	510	0	0	510
高中起点专科	350	0	432	0	942	432	510	0	0	510
脱产	0	0	0	0	0	0	0	0	0	0

媒体报道

报道单位	报道标题	报道日期
现代教育报	《北京评出5所党建和思政工作先进高校》	1月10日
北京商报	《“中关村速度”给力科学城》	1月13日
京华时报	《90后不啃老赚第一桶金》	2月8日
新京报	《90后大学生练摊“不啃老”》	2月9日
北京日报	《新井老师，您还好吗？》	3月14日
北京晚报	《新井老师您在哪儿？》	3月14日
北京晨报	《新井老师，您在日本还好吗？》	3月14日
北京日报	《昨夜，京城熄灯一小时》	3月27日
北京日报	《69个星级益民书屋出炉》	4月26日
北京日报	《关于授予2011年首都劳动奖状、首都劳动奖章和北京市工人先锋号的决定》	4月30日
现代教育报	《大学生“村官”：青春在希望的田野上闪光》	5月5日
北京晚报	《北京高校数学教育发展研究中心成立》	5月9日
北京晚报	《北京高校教学教育发展研究中心成立》	5月10日
北京日报	《14所高校联手打造精品课》	5月12日
中国教育报	《北京高校数学教育发展研究中心成立》	5月13日
北京商报	《拓尔思即将登陆创业板》	5月30日
北京考试报	《北京信息科技大学：26个专业计划在京招1300人》	6月15日
北京日报	《首家市属市管高校校办企业上市》	6月16日
北京晚报	《市属高校企业首次上市》	6月21日
法制晚报	《中央民族大学等6所高校将于5年内迁离北京城区》	7月14日
北京日报	《六所高校将在新城建新校区》	7月14日

（续表）

报道单位	报道标题	报道日期
北京晚报	《机器人世界杯北京“水”卫冕》	7月18日
北京晨报	《“机器人世界杯”北京学生夺冠》	7月18日
北京日报	《北京大学生卫冕机器人世界杯》	7月19日
北京考试报	《研招访谈北京信息科技大学新增9个一级学科》	7月20日
北京晚报	《北京大学生卫冕机器人世界杯》	11月14日
北京日报	《节能大赛北京大学生三连冠》	11月15日
光明日报	《学习，就是要不断创新——北京信息科技大学学生创新蔚然成风》	11月26日
中华读书报	《中国出版集团 “双推计划”走进北京信息科技大学》	11月30日
新华书目报	《书香校园活动走进北京信息科技大学》	12月2日
北京日报	《老贺造车》	12月29日
新华网、网易、新浪、腾讯、千龙网、中国日报网	《世界节电日京城学子：环保灯下 “捧读一小时”》	3月27日
新华网	《调查显示：北京社区图书馆八成有专款支持》	4月22日
新浪教育	《第六届首都大学生创意文化节 北京信息科技大学》	5月10日
新华网、网易、凤凰网、千龙网、新民网等	《北京高校数学教育发展研究中心在京成立》	5月13日
人民网、中央“创先争优活动网”、理论网	《北京信息科技大学：扎实开展四项工程，加强党员队伍建设》	6月2日
新华网	《北京一家搜索引擎公司在创业板上市》	6月16日
新浪教育	《2011年北京大学生集成电路设计大赛成功举办》	9月19日
新华网	《第5届中国节能赛 北京大学生卫冕最佳技术奖》	11月14日
网易、北方网、京报网、新民网、天津网、大洋网	《北京大学生卫冕节能赛》	11月14日
北京电视台《法制进行时》	校安保人员成功抓获骗盗手机嫌犯	1月12日
科技中国	《制造强国需先进工具开路》	2011年第5期
中国大学教学	《北京高校数学教育发展研究中心成立》	2011年第5期
教育与职业	《北京信息科技大学捷能车队再获HONDA中国节能竞技大赛最佳技术奖》	2001年第12期